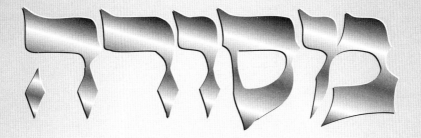

מסורה

ArtScroll® Halachah Series

Rabbi Nosson Scherman / Rabbi Gedaliah Zlotowitz
General Editors
Rabbi Meir Zlotowitz ז״ל, *Founder and President*

the shabbos

Published by
Mesorah Publications, ltd

הלכות שבת השייכים לבית
זכרון נפתלי

home

**A comprehensive halachic guide
to the laws of Shabbos
as they apply
throughout the home**

Volume 2

by Rabbi Simcha Bunim Cohen

FIRST EDITION
Ten Impressions ... August 2003 — July 2020
Eleventh Impression ... December 2020

Published and Distributed by
MESORAH PUBLICATIONS, Ltd.
313 Regina Avenue
Rahway, New Jersey 07065
www.artscroll.com

Distributed in Europe by
LEHMANNS
Unit E, Viking Business Park
Rolling Mill Road
Jarrow, Tyne & Wear NE32 3DP
England

Distributed in Australia & New Zealand by
GOLDS WORLD OF JUDAICA
3-13 William Street
Balaclava, Melbourne 3183
Victoria Australia

Distributed in Israel by
SIFRIATI / A. GITLER — BOOKS
POB 2351
Bnei Brak 51122

Distributed in South Africa by
KOLLEL BOOKSHOP
Northfield Centre, 17 Northfield Avenue
Glenhazel 2192, Johannesburg, South Africa

ARTSCROLL® HALACHAH SERIES
THE SHABBOS HOME II
© Copyright 2003, by Rabbi S. B. Cohen, Lakewood, N.J.

ALL RIGHTS RESERVED.

No part of this book may be reproduced
in any form *without* **written** *permission from the copyright holder,*
except by a reviewer who wishes to quote brief passages in connection with a review
written for inclusion in magazines or newspapers.

THE RIGHTS OF THE COPYRIGHT HOLDER WILL BE STRICTLY ENFORCED.

ISBN 10: 1-57819-375-3
ISBN 13: 978-1-57819-375-2

Please address any questions or comments
regarding this book to the author:
Rabbi Simcha B. Cohen
37 5th Street
Lakewood, N.J. 08701

Typography by Compuscribe at ArtScroll Studios, Ltd.

Printed in PRC

In memory of our beloved parents

צבי הערש בן שמואל משה ע"ה Weissbrot
ציפורה פייגא בת שלום יוסף ע"ה Weissbrot

חי' רבקה בת חיים צבי ע"ה Miller
יהודה בן דוד ע"ה Miller

תנצב"ה

Dedicated by their children

Shalom and Shifra Devorah Weissbrot

And in honor of our children

מיכאל אהרן ואשתו חנה בילה Weissbrot
רונן צבי Weissbrot

Dedicated by
Berkowitz לאה פיגה and יעקב

In honor of our children
איתן מאיר בן יעקב יהושע
יונתן אפרים בן יעקב יהושע
פנחס זכרי״ה בן יעקב יהושע
Berkowitz

In honor of our Parents
משה דוד בן שרגא פייבעל
אסתר ליבע בת הרב אפרים מיכל הלוי
Berkowitz

משה אריה בן אברהם יצחק
רבקה בת פינחס
Beer

לזכר נשמת
הרב אפרים מיכל הלוי בן זאב נחמי״ה
פעשע ביילע בת הרב אהרן אשר
הרב ישראל יהודה הלוי בן הרב אפרים מיכל הלוי
Pruzansky

שרגא פייבעל בן יעקב
מאשע בת זכריה לב
Berkowitz

אברהם יצחק בן יונה
חנה בילה בת מנחם מנדל הלוי
Beer

פנחס בן דוד אייזיק
רייזל בת משה
Slodzin

מכתב הסכמה מאת מורינו ורבינו
רבן ומאורן של ישראל מו״ר צדיק יסוד עולם
ר׳ אביגדור מיללער זצ״ל

כ״ה אב שנת תשנ״ז

בשמחה רבה אנו מקבלים בשורת הספר החדש הלכות יום טוב מאת הרב שמחה בונם כהן שליט״א אשר כבר יצא טבעו בעולם כפוסק מומחה, וכבר נתפזרו ספריו בעולם התורה ונתקבלו בתשואות חן. ולכן גם החיבור החדש הזה בודאי יפעול ויברא הֵד בין שלומי אמוני ישראל הצמאים לדבר ה׳ זו הלכה. ולהמחבר הגדול והמומחה הזה נאמר כולנו לך בכחך זה והושעתָ את ישראל להוסיף חיבורים נחמדים לאורך ימים מאושרים.

תמוז תשנ״ט
מאד שמחתי לראות את המחבר הגדול הזה מוסיף והולך הלאה במלאכתו הקדושה.

אביגדור הכהן מיללער

מכתב הסכמה מאת אדוני אבי
מורי ורבי הגאון שליט״א

ג׳ חשון תש״ס

לכבוד בני מחמד נפשי הרב שמחה בונם הכהן שליט״א
שמחתי לשמוע כי בקרוב הנך עומד להעלות על מזבח הדפוס ספרך החשוב על עניני מוקצה בשפה המדוברת, פרי יגיעתך בנושאים בענינים קשים ומסובכים אלו.

הנה כבר יצא שמך ברבים על שקידתך המרובה בתורה, וכי אתה חותר תמיד להגיע לאסוקי שמעתתא אליבא דהלכתא ולסכם הלכה למעשה. והנה שמת לילות כימים להאיר את שבילי ההלכה ועלה בידך בסיעתא דשמיא להגיש לפני דורשי ה׳ שלחן ערוך בין לבני תורה והן לעמא דְבַר בשפה ברורה, וזכית להסכמתם של מרנן ורבנן גדולי הפוסקים בדורנו.

וכמעשיך בספריך הקודמים כן זכית כאן להוציא דבר שלם ומפואר אשר כל רואי׳ ולומדי׳ יגמרי עליו את ההלל.

והנני תפלה כי יזכה אותך השי״ת להוסיף ולהפיץ מעיינותיך חוצה מתוך בריות גופה ונהורא מעליא יחד עם ב״ב היקרים שיחי׳ לאי״ט ונזכה שלא תמוש התורה מפינו ומפי זרענו וזרע זרענו עד עולם.

כברכת אביך אוהבך בלו״נ
משה הכהן קאהן

בע"ה

RABBI ARYEH MALKIEL KOTLER
BETH MEDRASH GOVOHA
LAKEWOOD, N.J. 08701

ארי' מלכיאל קוטלר
בית מדרש גבוה
לייקוואוד, נ. דז.

א' דר"ח מנחם אב תשס"ג

המדברים בצרה גדולה בחרו, וקאי על דיבוריה של שבת, ודבר דבר שלא יהא דיבורך של שבת כדיבורך של חול ואז גדולה בחרו, ע' רש"י שה"ש כי אות היא ביני וביניכם אות גדולה היא בינינו שבחרתי בכם וכו' עכ"ל ועל ידי שמתרוממים להכנס בגדר עולמה וקדושתה של שבת ניכר באות הגדולה של שבת, וי"ל עוד שבתו"כ בחוקותי זכור את יום השבת לקדשו יכול בלבך כשהוא אומר שמור הרי שמירת הלב אמורה הא מה אני מקיים זכור שתהא שונה בפיך ופי' בראשונים שתהא זוכר הלכות שבת וע"י זה גדולה בחרו יתרוממו להכנס לעולמה וקדושתה של השבת

מתוך אהבת בנפש נפשי ידידי היקר הרב הגאון הנעלה, ירא ה' באמת מרביץ תורה וירא שמים לרבנן מוהר"ר שמחה בונים כהן שליט"א נכד מרן הגאון הצדיק ממאטערסדארף זצ"ל רב דקהל עטרת ישראל פה בלייקוואוד יע"א, לבחון בגדולה בהוצאת לאור פרי עמלו ויגיעתו ונפלא איתמחי גברא בשימוש לרבים וביחוד המלקטים והמעוררים ואיתמחי קמיעי בספריו הראשונים לברר וללבן הלכות שבלוו בבירורים הנלוים בשערה בהלכות שבת ויו"ט ועוד, ולעשות אזנים לתורה להעיר ולהאיר ולאסוקי שמעתתא אליבא דהלכתא; ונתקבלו בחיבה בין חובשי התורה ללומדים ומעיינים ומעשיהן אל כן מעשהו עתה בהוצאת עוד ספר חשוב של הלכות שבת ובקרבו על המועמד של סידור שלימה בס"ד, יפוצו מעינותיו חוצה יוסיף עוד כחו וכחו להגדיל תורה ולהאדירה, ובהיות חלקו בין מזכי הרבים להמשיך עבודתו הפוריה בהרבצת התורה והיראה, ונזכה לראות בקימת קרן התורה בבגא"ג במהרה.

הכותב לכבוד התורה אריה מלכיאל קוטלר
בס"ד בית מדרש גבוה

Table of Contents

Preface xix

Acknowledgments xxi

15 Sowing 225

The *Av Melachah* / Amount Required for Prohibition / At What Point Does the *Melachah* of Sowing Take Place / Applicability of the Prohibition / Eating Fruits and Vegetables Outdoors / Planting in Flowerpots / Changing the Position of a Perforated Flowerpot / Nonperforated Flowerpot / Planting in Water / Promoting Growth / Watering Plants / Putting Cut Flowers Into Water / The Prohibitions / Filling a Vase With Water / Adding Water to a Vase / Putting Flowers That Are Not Completely Opened Into a Vase Containing Water / Putting Flowers That Are Completely Open in a Vase Containing Water / Protecting Growth / Covering Plants / Spraying Insecticide / Pruning a Tree / Removing Debris / Opening a Succah Roof Which Has Rain Water on It / The Succah Is Standing on Grass / Water Collected on an Outdoor Chair or Table / Septic Tanks — Cesspool, Sewer / Water Sprinklers / Opening Curtains Next to a Plant / Serving Drinks Outdoors

16 Plowing 246

The *Av Melachah* / Where the *Melachah* Is Applicable / Activities Included in the *Melachah* of Plowing / Plowing and Loosening the Ground / Loosening the Ground Through Liquids / Pouring Water / Pouring Strong Liquids / Leveling the Ground / Sweeping Floors / Washing Floors / Rolling Balls / Playing *Kugelach* / Making Furrows in the Ground / Compressing the Earth / Pulling Objects Along an Earthen Surface / Baby Carriages, Wheelchairs / Removing Obstacles From the Ground / Enriching the Soil / Making Holes in the Ground / Basic Rule / Making a Hole in Loose Dirt or Sand / Exposing a Hole / Removing Mud From Shoes / Removing Excrement From

Shoes / Walking With a Cane or High-heeled Shoes / Rubbing Saliva or Mucus Into the Ground / Playing in a Sandbox / Moving a Barrel / Sitting on a Chair on an Earthen Surface / Sweeping Floors / Washing Floors / Playing Ball Outdoors

17 Reaping 265
The *Av Melachah* / Torah Prohibition / Situations to Which the Melachah Is Applicable / Constructive Purposes / Methods of Reaping / Running Through Tall Grass / Rabbinic Prohibitions of קוֹצֵר / Removing Seeds That Did Not Yet Take Root / Dried-out Grass / Different Types of Plants / Flowerpots / Perforated Flowerpot / Plucking / Moving a Perforated Flowerpot / Nonperforated Pot / Dried-out Trees / Removing Growing Items From Water / Activities Prohibited Because They May Lead to Reaping / Using the Tree Itself / Using Something That Is Directly Supported by the Tree / Using Something That Is Indirectly Supported by the Tree / Climbing Up a Tree / Leaning or Sitting on a Tree / Placing or Leaning an Object on a Tree on Shabbos / Prior to Shabbos / Removing Objects From a Tree / Shaking a Tree / Smelling Fruits on a Tree / Riding an Animal / Touching Trees / Fruit That Falls From a Tree / Picking Fruit and Vegetables / Removing Growing Beans From Water / Extracting Sap From a Tree / Running Through Tall Grass / Walking Upon Flowers / Moving Potted Plants / Plucking Potted Plants / Removing Garments From a Tree / Placing Garments, Hats on a Tree / Swings, Hammocks / Climbing a Ladder Which Is Leaning Against a Tree / Leaning Against a Tree and Tying Shoes

18 Gathering 288
The *Av Melachah* / Conditions Required for the *Melachah* to Apply / Fundamental Rules of the *Melachah* / Items Needed to Transgress the *Melachah* / Items to Which the *Melachah* Applies / Regathering Previously Gathered Fruit That Became Scattered / Permitted Method of Gathering Produce / Gathering for Beauty / Rabbinically Prohibited Forms of Gathering / Items Found in the Ground / Regathering Fruit That Became Scattered / Produce That Became Scattered Over a Large Outdoor Area / Produce That Became Scattered Over a Small Outdoor Area / Produce That Became Scattered Indoors / Stringing Figs / Gathering Fruit / Making a Bouquet of Flowers / Stringing Diamonds

19 Winnowing 300
The *Av Melachah* / To Which Item the *Melachah* Applies / Methods of Doing the *Melachah* / How the Throwing Is Done / Amount Required for Prohibition / Rabbinic Prohibitions / Winnowing Without Separating / Throwing Bread Crumbs / Pouring Water From a Height / Aerosol Spray / Adding Water to a Vaporizer

20 Sifting 308
The *Av Melachah* / Basic Criteria of the *Melachah* / The Elements of the Mixture / Mixture Must Require Sifting to Be Usable / Straining Liquids / Permissible Acts of Straining / Straining Large Items From a Liquid / Straining Two Waste Items / Sifting Sugar, Salt or Flour / Tea and Coffee / Pulp in Orange Juice / Removing Pulp so That the Juice Will Flow Freely / Straining Water From Food Items / Straining Seeds, Pits / Straining Liquids to Remove Large Fruits / Water Filter on a Faucet / Strainer in Sink Drain / Removing Contact Lenses From Solution / Sifting Sand

21 The *Melachos* Involved in Preparing Wool 318
Combing / The Prohibition / Practical Applications / Combing Hair; Combing a Wig / טוֹוֶה, Spinning / מֵיסֵךְ, Mounting the Warp on the Loom / עוֹשֶׂה שְׁתֵּי בָתֵּי נִירִין, Setting Two Heddles / אוֹרֵג, Weaving / פּוֹצֵעַ, Removing Two Threads

22 Coloring 322
The *Av Melachah* / Biblical Prohibition / Rabbinic Prohibition / Temporary Coloring / Coloring Human Skin / Soiling a Cloth (or Other Object) — Is It Prohibited as an Act of Dyeing / Soiling Tissues or Paper Napkins / Adding Color to Foods and Liquids / Nail Polish / Face Powder / Eye Makeup / Lipstick / Creams Used for Covering Blemishes / Dyeing Hair / Removing Cosmetics on Shabbos / Disclosing Tablet / Urine Testing / Taking a Suntan / Wiping Blood Away From a Wound / Wiping Up Spills / Photochromic (Photogray) Lenses / Toilet Deodorizers / Polishing Shoes / Making Coffee / Adding Red Wine to White Wine in Order to Change the Color

23 Trapping 339
The *Av Melachah* / Activities Prohibited Under the *Melachah* of Trapping / The Torah Prohibition of Trapping / The Rabbinic Prohibition Against Trapping / Weak or Sickly Animals / Bringing an

Animal From Loose Confinement Into Close Confinement / Semi-domesticated Animals / Permitted Acts of Trapping / Slow-moving Animals / Domesticated Animals / Special Leniencies Regarding the *Melachah* of Trapping / Animals and Insects That Inflict Pain / Where They Inflict Severe Pain / Where They Inflict Minor Pain / Insects That Do Not Inflict Pain / Trapping in Order to Prevent a Monetary Loss / Instructing a Non-Jew / Setting Traps / Trapping Bees, Yellow Jackets, Hornets / Closing the Door of a Room When There Is an Animal Inside / Opening and Closing the Door of a Birdcage on Shabbos / Closing The Door to a Large Room Containing an Insect / Trapping a Fly Between the Window and Screen / Freeing a Trapped Animal / Insect Repellents

24 Slaughtering 355
The *Av Melachah* / Torah and Rabbinic Prohibitions / Removing a Fish From Water / Drawing Blood / Causing a Bruise / Cases in which It Is Permitted to Kill Animals or Insects / Where They Endanger Human Life / Lice / Drowning an Insect / Spraying Insecticide / Removing a Scab / Pulling Out Teeth / Using a Toothpick / Drawing Blood for Medical Purposes / Sucking Blood / Draining Pus From an Abscess / Setting an IV Line — Administering an Injection / Brushing Teeth / Removing Splinters

25 Skinning 363
The *Av Melachah* / Basic Rules of the *Melachah* / Torah and Rabbinic Prohibition / Removing Skin After Cooking

26 Tanning 365
The *Av Melachah* / Activities Included in the *Melachah* / Soaking and Salting the Hides / Applying the *Melachah* of Tanning to Food / Pickling / Replacing Pickles in the Pickle Jar / Salting / Foods to Which the Salting Prohibition Applies / Permissible Methods of Salting / Foods That Are Entirely Exempt From This Prohibition / Making Salt Water / Bending New Leather Shoes / Inserting Shoe Trees / Oiling Articles of Leather / Salting Vegetables

27 Scraping 374
The *Av Melachah* / Materials to Which the *Melachah* Applies / Scraping Leather Shoes / מְמָרֵחַ, Smoothing / Definition / Torah Prohibition / Rabbinic Prohibition / Less-thick Substance / Placing Thick Substances Without Smoothing Them / Substances That Are

Excluded From the Prohibition of Smoothing / Applying the Prohibition of Smoothing to Items of Food / Squeezing Out of a Tube / Smoothing Items of Food / Icing a Cake / Food or Cream in Tubes / Smoothing Egg Salad or Tuna Salad / Spreading Butter, Jelly, etc. / Using a Scoop / Soap / Bar Soap / Liquid Soap / Deodorant / Aerosol and Roll-on Deodorant / Solid Deodorant / Lipstick or Chapstick / Brushing Teeth With Toothpaste / Facial Creams and Hand Creams / Putting Wax on Braces / Earplugs / Shoe Polish / Silly Putty; Play Dough; Modeling Clay / Baby Oil / Use of Creams and Ointments by Someone Who Is Ill

28 Cutting 388
The *Av Melachah* / Necessary Conditions for the *Melachah* to Apply / Rabbinic Prohibition / *Melachah* Applies to Hard and Soft Materials / Cutting Food Items / Cutting or Tearing Paper / Tearing Plastic Bags From a Roll / Tearing Toilet Paper on Its Perforated Line / Opening Small Packets of Sugar, Salt, Etc. / Cutting Pills, Suppositories / Cutting a Candle

29 Tracing Lines 398
The *Av Melachah* / Torah and Rabbinic Prohibitions / Methods of Performing the *Melachah* / Hard or Soft Materials / Food Items / Making Lines in *Challah* or Cake / Tracing Lines Into Modeling Clay or Play Dough / Creasing the Corner of a Page

30 Building 401
The *Av Melachah* / Torah and Rabbinic Prohibitions / Activities Included in the *Melachah* of Building / Improving the Ground / Leveling the Ground / Digging in the Ground / Building a Structure / Repairing or Adding to a Structure / Assembling Movable Utensils / Utensils That Fold and Unfold / Practical Applications of the Prohibition to Improve the Ground on Shabbos / Sprinkling Sand on Mud / Practical Applications of the Prohibition to Add to or Repair an Existing Structure on Shabbos / Attaching Objects to Walls / Pounding Nails Into the Wall / Attaching Hooks to a Wall / Pressing Thumbtacks Into a Bulletin Board / Replacing the Rod of a Shower Curtain / Replacing the Cover of a Baseboard Heater / Hanging a Picture on the Wall / Towel Rack — Toilet-Paper Holder / Child-Safety Gates / Doors and Windows / Using a Door That Came Off Its Hinges / Replacing a Door That Came Off Its Hinges / Doorknobs /

Mezuzah Fell Off the Doorpost / Covering a Broken Window / Replacing Window Shades or Blinds / Toilets, Sinks, Drains, / Repairing a Toilet / Using a Plunger on a Toilet or Sink / Sink Strainer / Replacing the Handle of a Sink Faucet / Replacing Drain Covers / Placing a Carpet on the Floor / Indoor Swing / Practical Applications of the Prohibition Against Assembling Utensils / Furniture / Replacing Shelves or Pegs in a Small Bookcase / Rehanging the Door of a Small Bookcase or Cabinet / Replacing Doors, Shelves or Pegs in a Large Bookcase or Cabinet / Returning a Drawer to a Dresser / Replacing a Chair or Table Leg / Caps for Furniture Legs / Folding Bed or Table / Lowering and Raising a *Shtender* / Children's Items / Crib / Folding Cribs, Playpens, Strollers, Pack-n-Play / Replacing the Wheel of a Stroller or Carriage / Lego Blocks / Refrigerator / Replacing the Door / Replacing Shelves / Eyeglasses

31 Temporary *Ohel* 429
The Torah Prohibition Against Erecting an *Ohel* on Shabbos / The Rabbinic Prohibition Against Erecting a Temporary *Ohel* on Shabbos / The General Permit to Erect a Temporary Wall / The Case in Which Erecting a Temporary Wall Is Prohibited / Unfolding a Temporary Wall Which Is Attached to the House / Spreading a Tablecloth / Spreading a *Tallis* Over People / Draping a Blanket Over Chairs / Covering Pots / Spreading a Tarpaulin on Top of *S'chach* / Returning a Drawer to Its Position / Covering an Open Box / Awnings / Carriage Hoods / Mosquito Nets / Umbrellas / Unfolding Cribs, Playpens and Carriages / Adding a Wall to a *Succah* / Creating a Private Domain

32 Demolishing 450
The *Av Melachah* / The Biblical Prohibition / The Rabbinic Prohibition / Types of Structures and Objects That May Not Be Demolished on Shabbos / Removing Objects That Are Attached to a Structure / Cases Where It Is Permitted to Remove Objects Attached to a Structure / Disassembling Movable Utensils / Large Utensils / Small Utensils / Cases Where It Is Permitted to Disassemble a Small Utensil on Shabbos / Dismantling a Temporary Wall / Removing a Window Screen From a Window / Removing Broken Glass From a Window Frame / Removing a Door / Breaking Down a Door to Free a Child / Removing Nails or Screws From a Wall / Doorknobs / Child-Safety Gates / Removing a Toilet-Tank Lid / Pulling Up a Carpet / Removing

a Picture From the Wall / Towel Rod / Removing Drain Covers / Unscrewing a Faucet Filter / Movable Utensils / The Handle of a Pot / A Broomstick / A Watch / Removing the Door of a Bookcase / Removing a Shelf From a Bookcase

33 Extinguishing a Fire 463
The *Av Melachah* / The Torah Prohibition / Rabbinic Prohibition / Extinguishing a Fire / Decreasing the Size of a Fire / Removing Fuel From a Fire / Cases in Which One Is Permitted to Extinguish a Fire on Shabbos / Where the Fire Endangers Human Life / Extinguishing a Fire Through Indirect Causation (גְרָמָא) / Electric Lights and Electrical Appliances / Electrical Appliances / If a Tablecloth Catches Fire on Shabbos / Opening a Window Next to Burning Candles / Carrying a Table Containing a Burning Oil Lamp / Carrying a Table Containing a Burning Candle / Lowering a Gas Flame / Turning Off Gas on Stove With Electronic Ignition

34 Kindling a Fire 472
The *Av Melachah* / Torah and Rabbinic Prohibitions / Activities Included in the *Melachah* of Kindling a Fire / Creating Fire / Striking a Match / Creating Fire With Sparks / Creating Fire With a Magnifying Glass / Lighting From an Existing Fire / Making Metal Red Hot / Electric Lights / Enlarging or Prolonging a Fire / Driving a Car / Raising an Electric Light / Sterilizing a Needle / Adding Oil to a Lamp / Moving a Table That Contains a Burning Oil Lamp / Sparks Created by Static Electricity / Electrical Appliances / Practical Applications of the Prohibitions on Turning On Electrical Appliances on Shabbos / Kitchen Appliances / Refrigerators / Opening an Oven Door / Telephones / Using the Telephone in an Emergency / Microphone; Intercom; Hearing Aid / Using a Microphone / Using an Intercom / Hearing Aids / Doors and Doorbells / Automatic Doors / Using a Doorbell / Security System / Motion Sensor / Surveillance Cameras / Burglar Alarms / Adjusting Timers on Shabbos / Elevators / Using an Electric Blanket / Rabbinic Prohibitions Based on the Prohibition Against Kindling a Fire / Washing One's Body /

35 *Makeh BePatish* 499
Definition of the *Melachah* / Clarification of the Parameters / Types of Activities Classified as *Makeh BePatish* / Making an Article Usable / Perfecting or Improving an Article / Creating or Assembling

a Utensil / Repairing or Reassembling a Broken Utensil / Repairing or Reassembling Broken Utensils / Repairs That Are Permitted / Removing an External Obstruction / Temporary Repairs / Normal Adjustment / When A Broken Article Is *Muktzeh* / Items to which *Makeh BePatish* Applies / Food Items / Practical Applications / Clothing / Removing Price Tags, Pins or Thorns / Rubbing Chalk Marks Off a Garment / Reshaping a Crushed Hat / Inserting a Shoe Tree / Inserting Shoelaces / Inserting a Belt / Repairing A Run In Hosiery / Personal Accessories and Jewelry / Combing a Wig That Lost Its Shape / Spraying a Wig / Attaching a Band to a Watch / Adjusting the Time / Winding a Watch / Reinserting Eyeglass Lenses / Repairing Temples of Eyeglasses / Separating Pages / Toys / Inflating Balls / Inflating Balloons / Paper Airplanes / Construction-Type Toys / Household Utensils / Sharpening a Pencil / Bending a Safety Pin / Assembling a Fruit Cup / Straightening a Plastic Cup, Paper Napkin, Aluminum Foil / Attaching the Handle of a Broom / Attaching the Handle of a Pot / Attaching a Needle to a Syringe / Bending a Key Into Shape / Straightening a Bent Hook / Winding Up an Automatic Swing / Shaking Down a Thermometer / Removing Rust / Immersing Utensils in a *Mikveh* / Furnishings / Adding a Leaf to a Table / Reinserting a Seat Cushion / Opening a Playpen, Folding Bed, Folding Table / Reinserting a Drawer or Sliding Door / Hanging a Swing on a Frame Indoors / Reattaching a Wheel to a Carriage / Faucet Handle / Doorknob / Rabbinic Prohibitions Based on *Makeh BePatish* / Producing Musical and Other Sounds / Clapping on Simchas Torah / Clapping in Honor of a *Mitzvah* (e.g. at the Shabbos Meal) / Dancing / Children / Immersing Utensils in a *Mikveh* / Separating *Challah* / Perfuming Clothing and Other Objects / Folding Garments

Preface

It is with deep gratitude to Hashem that I present this last volume in the series of *Hilchos Shabbos* to the English-speaking public. The *sefarim* are a topical organization of laws compiled from the *Shulchan Aruch* and its commentaries, other major halachic works and various responsa. It is hoped that they will provide the reader with quick and ready access to the wealth of source material regarding these topics.

The series begins with *The Radiance of Shabbos*, which discusses the laws of lighting candles, *kiddush*, *lechem mishneh*, *bircas hamazon* and *havdalah*. The second volume, *The Sanctity of Shabbos*, deals with the *halachos* of what one is permitted to tell a non-Jew to do for a Jew on Shabbos. The third volume, *The Shabbos Kitchen*, discusses some of the thirty-nine categories of *melachah* which are forbidden on Shabbos pertaining to the kitchen. The two volumes of The *Shabbos Home* discuss all the other thirty-nine categories of *melachah* which are forbidden on Shabbos. The *sefer Muktzeh: A Practical Guide* discusses the *halachos* of *muktzeh* on Shabbos. In addition, in the *sefer Children In Halachah*, Chapters 11 through 22 discuss the *halachos* which pertain to children on Shabbos.

It is our hope that this *sefer Shabbos Home, Volume Two* in conjunction with all the other *sefarim* will meet the needs of a broad spectrum of people.

Below is a list of the thirty-nine categories of *melachah* (labor) forbidden on Shabbos and where they are treated in *The Shabbos Kitchen* and the two volumes of *The Shabbos Home* (Chapters 1-14 are in Volume 1, Chapters 15-35 are in Volume 2).

1. זוֹרֵעַ — *Sowing* — Shabbos Home, Chapter 15
2. חוֹרֵשׁ — *Plowing* — Shabbos Home, Chapter 16
3. קוֹצֵר — *Reaping* — Shabbos Home, Chapter 17
4. מְעַמֵּר — *Gathering* — Shabbos Home, Chapter 18
5. דָשׁ — *Threshing* — Shabbos Kitchen, Chapter 8

6. זוֹרֶה — *Winnowing* — Shabbos Home, Chapter 19
7. בּוֹרֵר — *Selecting* — Shabbos Kitchen, Chapter 7
8. טוֹחֵן — *Grinding* — Shabbos Kitchen, Chapters 9-10
9. מְרַקֵּד — *Sifting* — Shabbos Home, Chapter 20
10. לָשׁ — *Kneading* — Shabbos Kitchen, Chapter 11
11. אוֹפֶה (מְבַשֵּׁל) — *Baking* — Shabbos Kitchen, Chapters 1-7
12. גּוֹזֵז — *Shearing* — Shabbos Home, Chapter 11
13. מְלַבֵּן — *Whitening* — Shabbos Home, Chapter 12
14. מְנַפֵּץ — *Disentangling* — Shabbos Home, Chapter 21
15. צוֹבֵעַ — *Dyeing* — Shabbos Home, Chapter 22
16. טוֹוֶה — *Spinning* — Shabbos Home, Chapter 21
17. מֵיסֵךְ — *Mounting the warp* — Shabbos Home, Chapter 21
18. עוֹשֶׂה שְׁתֵּי בָתֵּי נִירִין — *Setting two heddles* — Shabbos Home, Chapter 21
19. אוֹרֵג — *Weaving* — Shabbos Home, Chapter 21
20. פּוֹצֵעַ — *Removing threads* — Shabbos Home, Chapter 21
21. קוֹשֵׁר — *Tying* — Shabbos Home, Chapter 13
22. מַתִּיר — *Untying* — Shabbos Home, Chapter 14
23. תּוֹפֵר — *Sewing* — Shabbos Home, Chapter 6
24. קוֹרֵעַ — *Tearing* — Shabbos Home, Chapter 7
25. צֵידָה — *Trapping* — Shabbos Home, Chapter 23
26. שׁוֹחֵט — *Slaughtering* — Shabbos Home, Chapter 24
27. מַפְשִׁיט — *Skinning* — Shabbos Home, Chapter 25
28. מוֹלֵחַ — *Salting* — Shabbos Home, Chapter 25
29. מְעַבֵּד — *Tanning* — Shabbos Home, Chapter 26
30. מְמַחֵק — *Smoothing* — Shabbos Home, Chapter 27
31. מְחַתֵּךְ — *Cutting to size* — Shabbos Home, Chapter 28
32. כּוֹתֵב — *Writing* — Shabbos Home, Chapter 1
33. מוֹחֵק — *Erasing* — Shabbos Home, Chapter 2
34. בּוֹנֶה — *Building* — Shabbos Home, Chapter 30
35. סוֹתֵר — *Demolishing* — Shabbos Home, Chapter 32
36. מְכַבֶּה — *Extinguishing* — Shabbos Home, Chapter 33
37. מַבְעִיר — *Kindling* — Shabbos Home, Chapter 34
38. מַכֶּה בְּפַטִּישׁ — *Striking the final blow* — Shabbos Home, Chapter 35
39. מוֹצִיא מֵרְשׁוּת לִרְשׁוּת — *Taking out from one domain to another* — Shabbos Home, Chapters 8-10

Acknowledgments

I have had the great privilege of being brought up in the home of my dear parents, my father and teacher, HaRav HaGaon, Rav Moshe Cohen שליט״א, and my mother, Rebbetzin Gittel Cohen תחי׳.

The atmosphere was permeated with *mesiras nefesh* for the study and teaching of Torah, love for every Jew, and striving to help people in their times of need. Their love for Torah and their devotion to *mitzvos* and *gemilus chasadim* is an unending inspiration to the entire family. I am deeply grateful for their help and encouragement. May Hashem grant them many years of continued health, and may they see their children, grandchildren and great-grandchildren following in their footsteps.

Mere words cannot suffice to express my appreciation to my dear father-in-law, Rabbi Shmuel Elchonon Brog שליט״א, and mother-in-law, Rebbetzin Shaina Brog שתחי׳.

By the way they live their lives, they are constant teachers of *mesiras nefesh*, of love for learning and teaching Torah, of *chesed* and *yiras Shamayim*.

We and our children continuously benefit from their care and, above all, from their concern and their *tefillos* for our well-being and *hatzlachah*.

The calmness and *simchas hachayim* with which they have raised their children have had an immense effect on me, and has doubtlessly helped me learn with the *menuchas hanefesh* so vital to writing a *sefer halachah*.

May Hashem grant them many more years of *nachas* and health, and may we always be worthy of their inspiration and encouragement.

We have been blessed by the words of encouragement and the *berachos* of our dear grandmother, Rebbetzin Miller תחי׳. As the right hand of our grandfather, the *Tzaddik Hador*,

HaRav Avigdor Miller, *zt"l*, she helped him raise and educate their wonderful generations in Torah, *chesed* and *yiras Shamayim*. May Hashem bless her with many more healthy years, full of *nachas* from her beautiful *doros yesharim mevorachim*.

When you deal with master craftsmen, you are often left in awe at the apparent ease with which their work seems to be performed. However, it is only their immense skill that allows this illusion to accur. In truth, much hard work and effort has gone into their labors.

I again have the privilege of having this *sefer* reviewed by Rav Chaim Mordechai Goldenberg שליט״א. The accuracy of this *sefer* and the *halachos* it presents, as well as the preciseness and clarity of its expression, are in no small measure due to his incisive comments and intimate knowledge of the material discussed. I thank him for helping produce a work that is easily used for reference, as well as a *sefer* to learn from.

Mr. Yechezkel Meisels has been a cherished friend and supporter of this project from its inception. His support has given me the impetus to carry this task through to its successful conclusion. May the *zechus* of the Torah studied in these books bring him and his family much blessing, health, *nachas* and prosperity.

Rabbi Yechezkel Danziger שליט״א has been a friend and a mentor for many years. A true professional, his insights and advice, as well as his hard work, have brought many ideas from thought to life. His involvement in this *sefer* bears testimony to his friendship and ability to understand and teach both the readers of this *sefer* and myself.

Rabbi Zev Meisels put in endless hours of work in order to put forth a true work of perfection. He spared no effort in bringing this *sefer* to the outstanding level that it has attained. It is due to this outstanding clarity of expression that so many of the difficult concepts of *Hilchos Shabbos* have been made lucid. May Hashem grant him health and *nachas*, and may he be *zocheh* to continue to spread the *dvar Hashem* — the *halachah* — for many years.

Rabbi Moshe Rockoff has given of his talent and time in editing and perfecting this *sefer*. His efforts are deeply appreciated. May Hashem grant him much *hatzlachah* in all his endeavors.

Rabbi Eli Herzka has brought his talent and vast erudition to bear on the *Makeh BePatish* chapter. May Hashem bless him with continued success in his works.

I would like to extend a heartfelt word of appreciation to Mrs. Estie Dicker תחי' who exhibited tremendous patience and skill in typing this work. Her ability to work calmly under the pressure of multiple changes and deadlines has been exceptional in every way. May Hashem bless her together with her חשובער husband Rabbi Asher Dicker שליט"א with *nachas* from their entire family.

I would like to thank HaRav Meir Zlotowitz שליט"א and HaRav Nosson Scherman שליט"א. They are more than my publishers. They are treasured friends who always make themselves available to me. Their constant guidance, counsel and confidence is greatly appreciated.

I would like to extend a *yasher ko'ach* to Mrs. Chumie Lipschitz תחי' for her skillful typesetting, and to Mrs. Faygie Weinbaum תחי' for her meticulous proofreading.

It is my pleasure to thank R' Avrohom Biderman שליט"א who went beyond the call of duty in bringing this project to completion. May Hashem bless him with *nachas* and health.

Words are inadequate to express my הכרת הטוב to Mr. Zalman Shapiro שליט"א for all that he does for me. May Hashem grant him and his wife true Torah *nachas* from their children.

I am gratefully indebted to the citadel of Torah, the famed Beth Medrash Govoha of Lakewood, New Jersey where I have studied for many years, and to its illustrious *Roshei Yeshivah* שליט"א. May Hashem grant them the strength to continue their dedicated and invaluable work on behalf of Torah.

I am deeply grateful for the wonderful friendship shown to me and my family by Mr. Norman and Mrs. Leah Rivkah Mayberg. Their warmth and deep feelings for us are mutual in every way.

Their generosity is manifest in their support of many charitable causes and projects that promote the dissemination of Torah, including the publication of this *sefer*. May Hashem reward their kindness and caring with long happy years of health and Jewish *nachas*.

Finally, I would like to take this opportunity to express my deep appreciation for the constant support and assistance I have always received from my wife, Basya Rivka תחי׳, who has had a major share in all aspects of the publication of this *sefer*. May Hashem grant us much *nachas* from our dear children and allow us to achieve ever greater heights in His service.

Simcha Bunim Cohen

XV / Sowing — זוֹרֵעַ

I. The Av Melachah

זוֹרֵעַ, *sowing,* is one of the thirty-nine *Avos Melachos* that are prohibited on Shabbos.[1] Sowing was required in the *Mishkan.* Herbs were planted in order to provide the raw material for the production of the dyes used to color the tapestries.[2]

II. Definition

The *melachah* of זוֹרֵעַ, *sowing,* is defined as any activity that causes or improves the growth of any plant.[3]

III. Amount Required for Prohibition

One transgresses the *melachah* of זוֹרֵעַ, *sowing,* by planting or improving the growth of even the smallest seed or plant.[4]

---

1. משנה שבת דף עג. והמשנה שם מונה את מלאכת זורע כמלאכה ראשונה של הל״ט מלאכות. והגמרא שם בדף עג: הקשתה ״מכדי מכרב כרבי ברישא״ (ר״ל שקודם חורשין) וא״כ ליתני חורש והדר ליתני זורע. וע״ז מתרצת הגמרא דהתנא בארץ ישראל קאי, דזרעי ברישא והדר כרבי (ופירש״י דבארץ ישראל הקרקע קשה ואי אפשר לכסות הזרע בלא חרישה לאחר הזריעה, ואשמעינן דגם החרישה לאחר הזריעה היא מלאכת חרישה). נמצא דבאמת לדידן מלאכת זורע היא מלאכה שניה של הל״ט מלאכות.

2. רש״י שבת דף עג ד״ה האופה.

3. במועד קטן דף ב: איתא ״מה דרכו של זורע לצמוחי פירא״. ועיין בר״ח בשבת דף עג: וז״ל: ירושלמי, כל דבר שהוא משביח הפרי חייב משום זורע, עכ״ל.

4. כתב הרמב״ם בפ״ח מהלכות שבת ה״ב וז״ל: הזורע כל שהוא חייב, עכ״ל. וכ״כ הרוקח סי׳ נז וכ״כ האגלי טל מלאכת זורע. אמנם עיין ברש״י דף עג. ד״ה האופה וז״ל: ושיעורן של אלו בגרוגרת, חוץ מחורש דבכל שהוא, לקמן בפרק הבונה, עכ״ל. ועיין במנחת חינוך במלאכת זורע בשם הפמ״ג בפתיחה כוללת שמדייק שרש״י חולק על הרמב״ם וסובר דזורע צריך שעור, מהא דכתב רש״י דשיעורן של אלו בגרוגרת חוץ מחורש דמשמע דבכל מלאכות בעינן שעור חוץ מחורש. וכ״כ לדייק הצמח צדק בחידושיו לשבת, ובשו״ת שבט הלוי ח״ט סי׳ פח הלכה ד, וכ״כ בחי׳ המיוחסים להר״ן שבת דף עג. שכתב וז״ל: מן הזורע עד האופה שעורייהו כגרוגרת, עכ״ל. הרי מבואר מזה דגם הר״ן סובר דמלאכת זורע צריכה שעור.

ועיין בספר עתים לבינה (על ספר העתים, עמוד 330 הערה יא) שהביא דברי רש״י

IV. At What Point Does the Melachah of Sowing Take Place?

There is a dispute among the authorities when the *melachah* of זוֹרֵעַ, *sowing*, is transgressed. Some authorities rule that one transgresses the *melachah* of זוֹרֵעַ, *sowing*, as soon as he places the seed on or in the ground in a place where it can germinate. Even if the seed is subsequently removed or blown away by the wind before it actually germinates, the prohibition has been transgressed.[5]

דסובר דגם מלאכת זורע צריכה שעור, וכתב שם דמקור לדברי רש״י הוא ירושלמי שבת פ״ז ה״ב, דאיתא שם וז״ל: כל אילין שיעורייא אם לאוכלים כגרוגרת, עכ״ל, הרי מבואר דהירושלמי סובר דזורע צריך שיעור והוא כגרוגרת. ועיין במגיד משנה על הרמב״ם הנזכר לעיל שכתב דהמקור להרמב״ם דזורע לא צריך שעור הוא מהגמרא שבת דף ד: שאיתא דהמצניע לזרע והוציאו בשבת חייב בכל שהוא, ובפרק הבונה שם דף קג. איתא בזה״ל: החורש כל שהוא למאי חזי, לביזרא דקרא (פירוש, לגרעין של דלעת), עכ״ל, וכתב המגיד משנה שחזינן מכאן שהזריעה בכל שהוא, ועוד שלא נזכר בה שיעור.

אמנם עיין בספר חמדת ישראל אות ח שהביא דברי הפמ״ג וכתב דאינו כדאי משום דקדוק קל כזה לעשות מחלוקת בין רש״י להרמב״ם, וכוונת רש״י שכל המלאכות מחורש ואילך צריכין שעור חוץ מחורש וזורע, והסברא נותנת דכך הוא כוונת רש״י דכל תכלית החרישה היא לזרוע, עי״ש, וכן כתב בשו״ת ערוגת הבושם סימן פ, דגם רש״י סובר דזריעה שיעורו בכל שהוא.

5. כתב המנחת חינוך במצוה לב בקונטרס מסך השבת מלאכת זורע וז״ל: דעל הזריעה שזרע חייב אף בלא השריש ונקלט כלל, כגון שנתקלקל תיכף ע״י איזה סיבה או שתיכף הגביה מן הקרקע חייב על מעשה הזריעה. ולא דמי לאפיה, דקודם שנאפה אינו חייב כמבואר בש״ס התירו לרדותה קודם שתאפה כדי שלא יבא וכו׳ דהתם האפיה היא המלאכה וחייב בשעת אפיה, אבל הכא המלאכה היא הזריעה וחייב תיכף על הזריעה וכו׳, עכ״ל. וכתב עוד שם וז״ל: ונראה פשוט אפי׳ אם זרע אדעתא להגביה תיכף מן הקרקע ולא יצמח כלל מ״מ מעשה הזריעה במקום צמיחה אסרה התורה, וזה הוי ליה מלאכה, א״כ הו״ל כבונה על מנת לסתור או כותב על מנת למחוק דודאי חייב על המעשה, הכא נמי, כן נראה ברור, עי״ש. וכ״כ המנחת חינוך במצוה רצח, רק שהוסיף שם קצת ביאור למה שאני מלאכת זריעה ממלאכת אפיה דבמלאכת אפיה אינו חייב רק אם יש תוצאה (ר״ל דהתבשיל מתבשל) ומאי שנא ממלאכת זורע דחייב בשימת הגרעין בארץ ולא בעינן השרשה, וע״ז כתב המנחת חינוך וז״ל: על כרחך צריך לומר דיש חילוק, בשלמא מבשל או אופה גמר האפיה או הבישול נקרא בשם אפי׳ או בישול, אבל קודם שנאפה לא נקרא בשם אפיה כלל אף דנתן לתוך התנור, אבל לשון זריעה חל תיכף כשמנפץ הזרע על גבי קרקע הוי זורע, עכ״ל. הרי מבואר מדברי המנחת חינוך דמלאכת זריעה אינה צריכה השרשה, אלא עצם מעשה הנחת הגרעין בקרקע הוי המלאכה. וכדברי המנחת חינוך סוברים כמה אחרונים, והם: האפיקי ים ס״ד ענף א, אגלי טל

Other authorities rule that one does not transgress the *melachah* unless the seed actually begins to germinate. This

---

מלאכת זורע דין ב אות ח, ודבר אברהם ח״א סי׳ כג אות ה־ו.

ועיין בחידושי רבינו משה קזיס שבת דף ד. בד״ה התירו לו שהאריך בזה, וכדאי להעתיק דבריו וז״ל: ראוי לדעת שיש מלאכות שהאדם עוסק בהן מתחלה ועד סוף כגון הכותב והתופר וכו׳ ובשעת גמר שעור המלאכה שהוא מתחייב בה הוא עושה המעשה אז בידים. ויש מלאכות אחרות שדי שיעשה מעשה בתחלת המלאכה ולאחר שסלק ידו ממנה נגמר מאליו השעור הצריך להתחייב עליה, כגון האופה שהניח הפת בתנור ואין הפת נאפה מיד אלא לאחר זמן נגמרה אפייתו אע״פ שאינו עושה בו מעשה אחר, וכן הנותן צמר ליורה לצובעו אין הצבע נקלט מיד עם הנחתו שם אבל הוא קולט לאחר מכאן, וכן הזורק מרשות לרשות משעה שזרק נגמר המעשה שלו אבל אין המלאכה נגמרת עד שינוח החפץ, ובכל אלו אין החיוב כ״א עד שנגמר המלאכה כפי השעור הצריך לה, ובעי׳ שיהיה מזיד מתחלה ועד סוף להתחייב סקילה, או שוגג מתחלה ועד סוף להתחייב חטאת. ונ״ל שהזורע משעה שהניח הזרע בארץ במקום שראוי לצמוח חייב לאלתר ואין אומרים בו שאינו חייב עד שישריש, ולפיכך מיד שזרע נתחייב, ואינו מועיל לו מה שיסיר הזרע מן הארץ קודם שישריש או קודם שיתחיל להשתנות. וא״ת מאי שנא הזריעה מאפיית הפת והני אחריני דאמרן שאינו מתחייב בהן עד שנגמר המלאכה כשעור הצריך לה, ואין להשיב ששם המלאכה מורה על כך כי זורע מקרי משהניח הזרע בארץ ולא מקרי אופה עד שיאפה הפת ולא צובע עד שיצבע, דהיא גופה תקשי כי היכי דאמרו זורע למה לא אמרו נותן פת לתנור ונותן צמר לצבע, או במקום אומרם זורע יאמרו מצמיח, וי״ל לתרץ כי המלאכות יש לנו ללמוד אותם ממה שהיו במשכן ושם היו כפי מה שדרך העולם לעשות, ומלאכת הזריעה מסתמא כשהניח האדם הזרע בארץ גמר מלאכתו ואינו צריך לעשות בה פעולה אחרת ולפיכך משזרע נגמרה המלאכה ההיא, אבל האופה דגמרי׳ לה מבישול סממנין שהיה במשכן ותכלית מלאכה ההיא היא לבשל אע״פ שאפשר שלפעמים יתבשל הדבר במה שיניח התבשיל לתוך היורה שע״ג האור מבלי שיתעסק בה עוד, פעמים רבות יקרה ג״כ שלא יספיק אותו המעשה הראשון ויצטרך להוסיף שם אש ולהגיס ביורה, ואדרבה יהיה כן על הרוב, וכן הצובע על הרוב יצטרך לו להוסיף סממני׳ או להרבות באש, והזורק מרשות לרשות נמי אע״פ שנעשית המלאכה מכח זריקתו בתחלה בלבד מ״מ הזריקה היא תולדה דהוצאה וההוצאה צריך שיתעסק בה מתחילה ועד סוף, ולפיכך בכל אלו אין החיוב עד שתיעשה המלאכה כשעור הצריך. וצ״ע המולח את העור שחייב משום מעבד אם חייב מיד כשהניח המלח על העור ולא יועיל לו אם ינפץ מיד המלח מעליו, או דילמא אינו חייב עד שיתעבד העור מכח המלח, דשמא אורחא דמלחא הוא שלפעמים צריך להוסיף עליו מלח או להפך העור ולהתעסק בו, ולפי זה נ״ל שאפשר שימלח העור בשבת ושיגמר עבודו בו ביום בכדי שיתחייב עליו, דאל״ה לא משכחת לה מולח דחייב, עכ״ל. הרי מבואר מדבריו דמלאכת זורע שאני משאר מלאכות וחייב במעשה הזריעה.

ואין להביא ראיה דהמ״ב חולק ע״ז ממה שכתב בסי׳ שלו ס״ק לג עמ״ש המחבר שיש ליזהר מלהשליך זרעים במקום ירידת גשמים שסופן להצמיח, ואם ישליך לתרנגולים לא ישליך אלא כשיעור שיאכלו בו ליום או ליומיים. וכתב ע״ז המ״ב דטעמא דליום או יומיים שרי משום דבזמן מועט כזה לא יצמחו וכל שכן דלא ישרשו בקרקע ויתחייב למפרע משום זורע, עכ״ד. ולכאורה אם המ״ב סובר כהמנחת חינוך דמלאכת זריעה

occurs on the third day after it has been placed in the ground. Although it is no longer Shabbos at that time, the transgression takes effect retroactively to the time he placed the seed in the ground on Shabbos. If, however, the seed is removed or blown away before it germinates, the *melachah* is not transgressed.[6]

נשלם בשימת הגרעין בקרקע ולא בשעת השרשה הא נתחייב מיד בשימת הגרעין בקרקע. ואין לומר דלעולם מלאכת זריעה היא בשימת הגרעין בהקרקע אבל כל זה הוא דוקא אם כוונתו שהגרעין ישריש ויצמח אבל בנידון דידן שמשליך זרעים שלא בכוונת זריעה אלא לאכילת תרנגולים אין על זה שם מלאכת זריעה אלא א״כ יושרשו הזרעים בקרקע, זה אינו, שהרי הבאנו בשם המנ״ח שאפי׳ אם מניח על מנת להגביהו תיכף חייב. אבל נראה דיש לחלק דהתם מניח הזרעים במקום שבמציאות לא ישרשו, כיון שהתרנגולים הרעבים מתהלכים שם. משא״כ כאשר מניח זרע אפי׳ ע״מ להגביהו תיכף, דהתם מצד מעשהו הראשון הי׳ משריש והי׳ במקום שראוי להשריש אם לא שעשה מעשה נוסף להגביהו, משא״כ כשמניח במקום התרנגולים הרי המקום מצד היותו מקום התרנגולים הוא מקום שבמציאות לא ישריש הזרע שם, ופשוט.

6. ועיין בספר טל אורות (מהגאון ר׳ יוסף בן ג׳ויא) בביאור מלאכת זורע וז״ל: ודע דבמלאכת הזורע לא אמרינן דאינו חייב משום זורע אלא עד שישריש באותו יום כל שהוא, כדין שאר המלאכות, אלא דבשעה שהוא קובע יחור או שרביט בארץ להתגדל, או שבוזר זרעים בארץ, דהיינו חיטים ושעורים כדי להצמיח, מיד חייב משום זורע וכו׳. אך מה שיש לפקפק קצת הוא, משום דהנוטע בשבת יחור בארץ הוא כדי להתגדל, וכן הבוזר חיטים בארץ הוא כדי להצמיח, אם כן עיקר המלאכה שאסרה תורה, אינו אלא הצמיחה או הגידול. וכיון דעיקר מעשהו דהיינו הצמיחה והגידול אינו מעלה ומוריד לשבת, אלא לחול בזמן ההיתר, נמצא שאין זה זורע או נוטע בשבת אלא בחול, ולמה יחוייב בשבת משום זורע, מאחר שגוף האיסור דהיינו הצמיחה והגידול לא נעשה בו ביום. דהא ליתא, דהא אמרינן בפרק כלל גדול דף עג. זומר חייב משום נוטע, ופירש רש״י ז״ל זומר להצמיח הגפן, והלא בעת הזימור אינו מצמיח כלל, אלא על כרחך צריכין אנו למימר כיון דאותו זימור שעשה בשבת גורם להצמיח הגפן, אף שאינו מצמיח אלא בחול, סוף סוף כיון דעל ידי הזימור שנעשה בשבת הוא דמצמיח חשבינן לה התחלה בזריעה מאותה שעה שזימר בשבת וחייב, ה״ה נמי מי שזורע או נוטע בשבת חיטים, כיון דאותה זריעה שזרע בשבת גורם להצמיח, אף שאינו מצמיח בו ביום, מכל מקום התחלת הזריעה חשבינן לה מאותה שעה שזרע בשבת, ולהכי הזורע בשבת חייב, הכלל העולה ממה שכתבתי דהזורע בשבת אף שלא השריש בו ביום חייב משום זורע, עכ״ל. הרי מבואר מדברי הטל אורות דהחיוב של מלאכת זורע הוא על הנחת הגרעין במקום שאפשר להצמיח, ולא בענין השרשה בשבת. אמנם בטל אורות הביא שם שיטת ההלכות קטנות וז״ל: ומיהו בח״ג מהלכות קטנות שלי הוכחתי דמשמע דאין הזורע חייב עד שיזרע דבר שישריש או ינץ בו ביום, עכ״ל. והטל אורות משיג על ההלכות קטנות וז״ל: ולענ״ד דברים תמוהים הם ולא ימצא שום סברא בעולם שיאמר כן, דהא קא חזינן שקובעין יחור בארץ או שזורעין זרעים בארץ לא ראינו שום צמיחה וניצה בו ביום כלל, ואפי׳ הכי מיחייב משום זורע או משום נוטע, וכו׳. ועוד, הגע עצמך שזרע או נטע בשבת סמוך לבין השמשות, דאי אפשר בעולם דבשעה אחת שישריש וינץ בו ביום, אטו מי לא

Since this dispute pertains to a Torah prohibition we rule stringently. Therefore, one must assume that placing a seed in or on the ground on Shabbos in a place where it can germinate transgresses a Torah prohibition. However, since some authorities rule that the prohibition is not transgressed until the seed begins to germinate, one should remove the seed immediately after Shabbos and thereby prevent the transgression according to these authorities.[7]

מיחייב משום זורע, ותו, מי ששורה חיטים בשבת אטו צומחים בו ביום, ואפילו הכי חייב משום זורע, אלא ודאי דליכא להא כלל, עכ״ל. הרי דשיטת ההלכות קטנות היא דאינו חייב משום זורע רק בתנאי שישריש ביום השבת.

עכ״פ מדברי שניהם חזינן דיסוד מלאכת זורע היינו מעשה השרשה, ורק פליגי בזה דלהבעל הלכות קטנות צריך שישריש ביום השבת, ולהטל אורות חייב גם אם ישריש אחר השבת, אבל עכ״פ השרשה בעינן כדי להתחייב משום מלאכת זורע, ודלא כהמנחת חינוך ושאר אחרונים דלעיל הע׳ 5, דלדידהו אפילו אם בסופו של דבר לא נשרש, חייב.

ולפי הנך תרי אחרונים אם מוציא את הגרעין מן האדמה קודם השרשה אינו עובר על זורע כיון דהזריעה לא פעלה כלום, וכ״כ להדיא הרש״ש בשבת דף עג. ד״ה הזורע וז״ל: הזורע הן אף כל זמן שלא נשרש כמאן דשדי בכדא דמי, מ״מ כיון דע״י זריעתו עתה ישרש אח״כ, חייב כמו אופה וצולה דחייב אע״פ שנאפה ונצלה אח״כ מאליו. והנה אם לקט הזרע קודם שנשרש נראה דפטור למפרע על מה שזרע כיון דלא נתקיימה מחשבתו, ודבר זה יש ללמוד וכו׳, משא״כ הכא היכא דלא נשרש עדיין לא נעשה כלום דכמאן דשדא בכדא דמי, והנה בזורע משמע דחייב אף דההשרשה לא תהיה אלא בחול, וכן הנוטע חייב אף דזמן קליטתו נמשכת, ומזה נ״ל דכן האופה בשבת עם חשיכה חייב אף דאין שהות שתגמר אפייתו מבעוד יום, עכ״ל. הרי מבואר מדברי הרש״ש דאם מוציא האדם את הגרעין קודם השרשה אינו עובר על המלאכה.

ובאמת מצינו סמך לשיטת הני האחרונים בתשובת הרמב״ם, הובא בפירוש הקדמון ממצרים (נדפס ברמב״ם בהוצאת הרב שבתי פרנקל, פ״ח מהלכות שבת) וז״ל: והזורע לא נתנה בו שיצמח על כל פנים ויגיע לתכליתו אבל מעת שנתפשט הגרגיר לצמוח בדבר מועט נתחייב, עכ״ל. הרי מבואר להדיא דכדי להתחייב בעינן שהגרעין יפעל דבר מועט לכל הפחות.

7. כתב השביתת השבת מלאכת זורע סי״ג וז״ל: ומ״מ טוב לחוש לסברא הראשונה ואם השליך זרעים בגינה או במקומות לחים יראה ללקטם קודם שיצמחו, אך אם הם מוקצים אין נראה להתיר ללקטם, עכ״ל. ועל מה שכתב השביתת השבת דטוב ללקט הזרעים אפי׳ בשבת אם אינם מוקצים לכאורה צ״ע, דאם מלקט הזרעים בשבת אליבא דשיטת המנחת חינוך שעובר על מלאכת זורע מיד בהנחת הגרעין בקרקע א״כ אם יגביה הגרעין בשבת יעבור על איסור קוצר, וא״כ לכאורה יותר טוב ללקוט הזרע אחר השבת, ועדיין לא יעבור על מלאכת זריעה דבענין ג׳ ימים להשרשה כדי לעבור על המלאכה [ואף שיש לחלק, דאפשר דמלאכת זריעה היו עושים במשכן בצורה זו של הנחת הגרעין, ועצם מעשה זה הוא המלאכה ואף אם בסוף לא נשרש, כיון שמצד מעשהו הי׳ ראוי לישרש אח״כ. משא״כ גדר מלאכת קוצר הוא שעוקר דבר ממקום גידולו, ולא ממקום שהי׳ ראוי לגדול אח״כ] מ״מ ודאי עדיף להמתין עד אחר השבת, לצאת מכל ספק.

V. Included in the Melachah

The following types of activities are included in the *melachah:*
1. Initiating Growth
2. Promoting Growth/Watering Plants
3. Protecting Growth

1. Initiating Growth

A. Methods

The *Av Melachah* includes all the different methods of causing a plant or seed to begin growing: sowing (scattering seed over a field, as with grain), planting (placing an individual seed into a hole in the ground, as with trees), grafting (a branch from one tree onto another), layering (bending a branch or vine into the ground, where it gives rise to new shoots), and replanting (a sprout, sapling, bulb or plant).

B. Applicability of the Prohibition

The prohibition applies to seeds, bulbs or plants placed on soil from which they can grow. Placing these on soil which cannot produce growth is not a prohibited activity.

For example, planting seeds in desert sand is not forbidden because seeds cannot grow in the desert.[8] Similarly, placing seeds in a sandbox is not forbidden because they cannot grow there.[9]

Furthermore, one may place seeds in a place where people will trample them because seeds cannot grown in such an area.[10] Likewise, one may throw seeds on the soil for his chickens to eat.[11] These seeds will not grow because the chickens will eat

---

8. המחבר סי׳ שלו ס״ד כתב: יש ליזהר מלהשליך זרעים במקום ירידת גשמים שסופן להצמיח, עכ״ל. הרי מבואר דהאיסור הוא דוקא במקום שאפשר להצמיח אבל במדבר שאין סופן להצמיח מותר.

9. כנ״ל, דהא אינו מצמיח שם.

10. כנ״ל, דהא אינו מצמיח שם.

11. שו״ע סי׳ שלו ס״ד.

them. However, one may only throw out an amount that the chickens can consume in less than three days. Throwing a greater quantity is forbidden, because the chickens will not consume the excess. Thus, the seeds will begin to grow in the ground.[12]

C. Eating Fruits and Vegetables Outdoors

When eating fruits and vegetables outdoors one must be careful not to throw seeds or pits on the soil. The seeds or pits may germinate, which is a violation of the *melachah* of זוֹרֵעַ.[13]

D. Planting in Flowerpots

Planting in a flowerpot outdoors may be either a Torah or Rabbinic prohibition, depending on the type of pot used. [Planting in a flowerpot indoors is subject to a different rule, as will be explained below.]

1) A perforated flowerpot, עָצִיץ נָקוּב; i.e. a pot with a hole in it.

2) A nonperforated flowerpot, עָצִיץ שֶׁאֵינוֹ נָקוּב, a pot with no hole in it.

1. Perforated Flowerpot, עָצִיץ נָקוּב

A perforated flowerpot is considered attached to the ground because of its hole, which allows the plant to draw nutrients from the ground. Planting in a perforated flowerpot is thus considered planting in the ground,[14] and is forbidden *Biblically*. A flowerpot is categorized as perforated if it contains a hole through which a small root can fit.[15] The location of the hole is immaterial. It can be on the bottom or on the side of the pot,[16] because plants can draw in nutrients from the soil through either the bottom or side of a pot. Even if the pot is not resting on the

---

12. מ״ב סי׳ שלו ס״ק לג.

13. שו״ע סי׳ שלו ס״ד.

14. מ״ב סי׳ שלו ס״ק מב.

15. מ״ב סי׳ שלו ס״ק מב. ועי״ש שכתב שהוא פחות מכזית. ועיין בחזון איש שביעית סי׳ כב ס״ק א שכתב דאין אנו בקיאים בשיעור הנקב, ולכן כתב שלא יעשו בעציצים אלא נקב שיוכל להוציא את המשקין בריוח, עי״ש. וע״ע בזה בשו״ת מנחת יצחק ח״ח סי׳ צב.

16. מ״ב סי׳ שלו ס״ק מב.

ground, but is hanging above it — as high as it may be — it is nevertheless considered to be attached to the ground because a plant can draw a certain amount of nutrients from the ground even through the air. However, this is true only so long as there is no obstruction separating the pot from the ground.[17]

Under certain circumstances, even a plant growing in a nonperforated pot is considered connected to the ground. If the plant's leaves spread over its sides, exposing them to the soil beneath, they are able to draw nutrients from the ground. Thus, they are considered attached to the ground.[18]

An earthenware or wood flowerpot is considered perforated, even when it has no hole in it.[19]

A. Instances Where a Perforated Flowerpot Is Not Treated as Perforated

There are several instances in which a perforated pot is not treated as perforated, and planting in it therefore does not violate a Torah prohibition. If a perforated pot rests on glass, stone, metal or iron, the plants in it cannot draw nutrients from the ground. Similarly, if a perforated pot is standing in a house, where the floor of the house separates between it and the ground below, the plants cannot draw nutrients from the ground. Therefore, even perforated pots are treated in these cases as if they were nonperforated, because they are separated from the earth by nonporous material.[20]

---

17. אגלי טל מלאכת זורע ס"ק יא.

18. אגלי טל בהלכות קוצר ס"ג. חיי אדם כלל יב הלכה ב, טל אורות מלאכת קוצר, וע"ע בזה בערוך השלחן סי' שלו ס"ז.

19. שו"ע סי' שלו ס"ח.

20. החזון איש בהלכות שביעית סי' כב ס"ק א כתב דעציץ העומד על רצפה של אבן אינו יונק מן הארץ. וכ"כ בספר שביתת השבת (מלאכת קוצר בבאר רחובות סוף ס"ק ט). ועיין בספר ברית עולם דיני קוצר ס"ק טו וז"ל: ובמרוצף במרצפות ובין המרצפות סתום היטב כמו היום ברור שמותר, וכן אם העציץ של מתכות וזכוכית, וכן אם העציץ עומד על גבי טס ברזל מותר לטלטלו ביחד עם הטס, עכ"ל. וע"ע בזה בשו"ת נשמת שבת ח"ג הלכות זורע סי' קפא-קפב.

Based on the above, the following *halachos* are applicable to perforated flowerpots:

1. One may not move them from indoors to outdoors, because one thereby moves them from a place where they do not draw nutrients from the ground to a place where they can draw them.

2. Similarly, one may not take pots standing outdoors on nonporous material and place them on the earth, because this will cause them to draw nutrients from the ground.

B. Changing the Position of a Perforated Flowerpot

It is Rabbinically prohibited to lower a perforated flowerpot from a higher position to a lower position outdoors. The reason is, that although the plant draws nutrition from the ground even when it is very high (see D1 above), it draws more nutrition when it is lower.[21]

However, one is permitted to move a perforated flowerpot across the ground from one place to another because it is continuously on the ground, and moving it therefore does not diminish the amount of nutrition it draws from the ground.[22]

2. Nonperforated Flowerpot — עָצִיץ שֶׁאֵינוֹ נָקוּב

According to many authorities planting in a nonperforated flowerpot is only Rabbinically prohibited.[23] However,

---

21. שלחן ערוך הרב סי׳ שלו ס״ב, הובא לקמן בציון 24, אגלי טל מלאכת זורע ס״ק כב אות ב.

22. חוט השני הלכות שמיטה פ״א אות כג.

23. נחלקו האחרונים אם יש איסור מן התורה לזרוע בעציץ שאינו נקוב. והמקור לשאלה זו הוא מגמרא שבת דף קח. וז״ל הגמ׳: האי מאן דתלש פיטרא מאונא דחצבא מיחייב משום עוקר דבר מגידולו. מתיב רב אושעיא התולש מעציץ נקוב חייב ושאינו נקוב פטור, התם לאו היינו רביתיה הכא רביתיה, ע״כ תוכן דברי הגמרא. הרי מבואר מדברי הגמרא דאין כאן איסור תלישה מעציץ שאינו נקוב. והחיי אדם בכלל יא בנשמת אדם ס״ק א כתב דאכן דאין איסור תולש מעציץ שאינו נקוב, אבל זהו דוקא בנוגע איסור תלישה משום דכיון שאין הדרך לזרוע בעציץ שאינו נקוב לא נחשב תלישת הצמחים במקום כזה כעקירת דבר מגידולו דבמקום שאין הדרך לזרוע שם לא נחשב מקום גידול הצמחים, וכדי להיות אסור משום תולש בעינן שיתלוש דבר ממקום גידולו. אמנם מלאכת זורע שהאיסור הוא לאצמוחי פירא אינו צריך להצמיח פירא דוקא במקום גידולו כדי להתחייב מן התורה משום זורע לפיכך נכלל במלאכת זורע גם אם זורע

since a nonperforated flowerpot does not draw its nutrients from the ground, one may move it from the indoors to the outdoors.[24]

בעציץ שאינו נקוב. וכ״כ הערוך השלחן סי׳ שלו סעיף ל וז״ל: דזורע בין אם הם נקובים בין אינם נקובים דפשיטא דזורע חייב גם בעציץ שאינו נקוב ולא דמי לתלישה דכל מין זורע הוי אב מלאכה, עכ״ל. וכ״כ השביתת השבת מלאכת זורע ס״ק ב.

אמנם האגלי טל מלאכת זורע ס״ט כתב וז״ל: יראה לי שהזורע בעציץ שאינו נקוב הוא ג״כ תולדה, שאין אסורה אלא מדבריהם, עכ״ל. וסברתו משום דאין דרך לזרוע בעציץ שאינו נקוב וממילא הוי כזריעה כלאחר יד שהוא אסור רק מדרבנן. והגאון ר׳ מנחם זעמבא בספרו תוצאות חיים בסוף ס״ח כתב בפשיטות דהזורע בעציץ שאינו נקוב הוא רק איסור מדרבנן, וכתב שם דכן החליטו האחרונים.

ומלשון המ״ב משמע דהוא סובר כשיטת האגלי טל שכתב בסי׳ שלו ס״ק מא וז״ל: ואפי׳ אם העציץ הוא מונח בעליה ג״כ יש איסור בכל זה, עכ״ל. הרי משמע דרק יש ״איסור״ בעציץ שאינו נקוב ר״ל דיש איסור מדרבנן אבל מן התורה מותר.

ועיין בספר טל אורות (מהגאון הרב יוסף בן ג׳וייא) דפוס החדש דף צה וז״ל: ודע דהזורע בשבת בעציץ שאינו נקוב אינו אלא פטור, ואף על גב שהרמב״ם ז״ל לא כתב בפירוש דין זה מכל מקום סמך על מה שכתב בפרק ח מהלכות שבת בדין ג גבי קוצר ״התולש מעציץ שאינו נקוב פטור״, יעוין שם, ואם כן מה לי קוצר ומה לי זורע. והרא״ש ז״ל בשו״ת כלל ב סימן ד כתב בהדיא שאין דרך לזרוע בעציץ שאינו נקוב, יעוין שם באורך, ומכל מקום קשה מההיא דהשורה חיטים במים דחייב משום זורע, והלא אין דרך זריעה אלא מי שזורע חיטים בארץ אבל זריעה בלי עפר לא, ואיך אנו מחייבים למי ששורה חיטים משום זורע. וראיתי למהר״י חאג׳יז בעץ החיים במלאכת התולש שכתב וזה לשונו: וממה שפירש רש״י ז״ל בפרק שמונה שרצים דף קז. דבעציץ שאינו נקוב אין דרך זריעה שם. נראה שהזורע בעציץ שאינו נקוב פטור, וקשה דלמה גרע משורה חיטים במים בשבת דחייב משום זורע, ונראה דיש לחלק, שדרך כמה זרעים לשרותם במים קודם זריעה, אבל אין דרך לזרוע כלל בעציץ שאינו נקוב, עכ״ל הטל אורות.

ועיין בקהלות יעקב גיטין סימן ו דכתב ג״כ דבעציץ שאינו נקוב לא חשיב זורע ואסור רק מדרבנן.

ועיין בשו״ת שבט הלוי ח״ז סי׳ צד אות ג וז״ל: הנה לענין זורע בעציץ שאינו נקוב נסתפק בס׳ מגן אבות להגאון רמ״ב זי״ע, ובמנ״ח ושאר אחרונים נוטים דפטור כמו תולש מאינו נקוב, וכן הוכחתי במק״א מרבינו חננאל שבת צה ע״ב. וראיתי בס׳ תוצאות חיים על מלאכת הוצאה סי׳ ח במכתב של הגאון ר׳ אברהם לופטביר זצ״ל שהוכיח דזורע חייב גם באינו נקוב ממש״כ הרמב״ם דשורה חטים תוך המים חייב משום זורע, ולא גרע קרקע המונח באינו נקוב ממים דחייב. ויש מקום לחלק, דקרקע בעינן קרקע עולם או יניקה מקרקע עולם, משא״כ מים דאם חייב אין הבדל אם הוא בכלי או בקרקע, והגאון מהר״א לדרכו שחייב גם באינו נקוב כ׳ שם במכתב דאעפ״י דבשאר זורע חייב מיד גם אם לא נשרש עדיין, מכ״מ בעציץ שאינו נקוב חייב רק בהשרשה ע״ש, עכ״ל.

24. כתב בשלחן ערוך הרב סי׳ שלו סי״ב וז״ל: התולש מעציץ נקוב חייב מפני שהוא כמחובר לקרקע לפי שיונק מן הקרקע ע״י הנקב שמריח לחלוחית הקרקע דרך שם, ואפי׳ הוא מונח ע״ג יתידות שיש אויר מפסיק בינו לקרקע הרי הוא כמחובר לפי שיונק

E. Planting in Water

The *melachah* of זוֹרֵעַ includes placing certain types of seeds into water or any other chemical solution in order that they should sprout. Therefore, it is forbidden to place an avocado pit into a cup of water. Similarly, watering bean sprouts on Shabbos is forbidden.[25]

Removing the bean sprout on Shabbos violates the *melachah* of קוֹצֵר. Soaking wheat, barley or any type of seed to soften them in order that they germinate faster when they are placed in the earth is included in the *melachah* of זוֹרֵעַ.[26]

2. Promoting Growth/Watering Plants

A. Water

Watering live plants, trees, bushes, etc. is considered זוֹרֵעַ because it promotes plant growth.[27]

Watering plants is forbidden even if the intent is not to water the plants. For example, one is forbidden to wash one's hands

---

קצת מן הקרקע דרך האויר. ולפיכך אם היה מונח ע״ג קרקע והניחו ע״ג יתידות אינו חייב משום תולש מן התורה הואיל ועדיין כמחובר הוא, וכן אם היה מונח על גבי יתידות והניחו ע״ג קרקע אינו חייב משום נוטע מן התורה. אבל מד״ס אסור ליטלו מע״ג קרקע להניחו ע״ג יתידות משום שדומה לתולש, וכן אם היה מונח ע״ג יתידות אסור להניחו ע״ג קרקע משום שדומה לנוטע. וכ״ז בעציץ נקוב אבל בשאינו נקוב מותר, עכ״ל. הרי מבואר להדיא מדבריו דבעציץ שאינו נקוב מותר להניחו על גבי קרקע.

אמנם לכאורה צ״ע על דבריו, דבשלחן ערוך סי׳ שלו ס״ח נפסק דעציץ אפי׳ אינו נקוב יש ליזהר מליטלו מעל גבי קרקע ולהניחו על גבי יתדות או איפכא, בין שהוא של עץ ובין של חרס. הרי מבואר להדיא מהמחבר דאסור ליטול עציץ שאינו נקוב המונח על גבי יתדות ולהניחו על גבי קרקע, וא״כ לכאורה כל שכן דאסור ליטול עציץ שאינו נקוב שמונח בפנים ולהניחו על גבי קרקע. אמנם כתבו הפוסקים (עיין ביאור הלכה סי׳ שלו ס״ח ד״ה יתדות) דהטעם של המחבר שאסור ליטול עציץ שאינו נקוב מעל גבי יתדות ולהניחו על גבי קרקע אינו משום שאסור ליטול עציץ שאינו נקוב ממקום למקום, אלא רק הטעם הוא משום דאיירי בעציץ העשוי מעץ או חרס, וממילא יש חשש שאולי דינם כעציץ נקוב, ועציץ נקוב אסור לטלטלו אפי׳ היכא שרק מקרב אותו למקום יניקתו, כגון ליטלו מעל גבי יתידות ולהניחו על גבי קרקע. אבל עציץ שבודאי אינו נקוב כגון שעשוי מאבן או מתכת מותר לטלטלו ממקום למקום ואפי׳ ליטלו מהבית ולהניחו בחוץ על גבי קרקע.

25. שו״ת הר צבי או״ח סי׳ רח.

26. שו״ע סי׳ שלו סי״א.

27. שו״ע סי׳ שלו ס״ג.

over grass, even though it is not one's intent to promote growth of the grass. Since the water falling on the grass inevitably promotes its growth, the act of washing is forbidden [under the rule of פְּסִיק רֵישָׁא, *the inevitable consequence*, which causes an otherwise permitted act to be forbidden because of its inevitable, forbidden result].[28]

B. Other Types of Liquids

Liquids other than water will cause plant growth. Therefore, it is forbidden to pour any liquid (e.g. apple juice, soda) onto grass, growing plants, etc.[29] Urinating on growing plants is permitted because urine does not promote growth.[30]

C. Putting Cut Flowers Into Water

Flowers and grass cut from their roots are not living or growing plants. Therefore, one does not transgress the Torah prohibition of זוֹרֵעַ by placing flowers into water on Shabbos. However, there are Rabbinic prohibitions that prohibit placing flowers in water on Shabbos.

The Prohibitions

The Sages prohibited placing flowers or grass in water on Shabbos for two reasons:

1. Placing flowers whose blooms are not completely open in water causes them to open. Although causing blooms to open is not, strictly speaking, considered planting, the Sages prohibited doing so because it resembles planting.[31]

---

28. שו״ע סי׳ שלו ס״ג. ועיין בספר חוט השני (מהגאון ר״נ קרליץ שליט״א) חלק א פ״י שכתב וז״ל: אין איסור לירוק קצת בשבת ע״ג קרקע או ע״ג זרעים, כיון שאין דרך להשקות זרעים ע״י רוק ואין לחשוש בקצת רוק משום הצמחת הזרעים, עכ״ל.

29. שו״ע סי׳ שלו ס״ג.

30. שו״ע סי׳ שלו ס״ג.

31. כתב הרמ״א בסי׳ שלו סי״א וז״ל: ומותר להעמיד ענפי אילנות במים בשבת ובלבד שלא יהיו בהם פרחים ושושנים שהם נפתחים מלחלוחית המים, עכ״ל.

ונחלקו האחרונים בכוונת הרמ״א. דהפרי מגדים בסי׳ שלו בא״א ס״ק יג, והשלחן ערוך הרב בהלכה יח כתבו בכוונת הרמ״א דמותר ליתנם במים לכתחילה בשבת אף על פי שלא היו במים בערב שבת, וכ״כ הכפות תמרים בסוכה דף מב. ד״ה מתניתין. ולכאורה

2. Filling a vase with water on Shabbos involves undue טִירְחָא, *exertion*,[32] which is forbidden on Shabbos. [The Sages forbade activities that involve unnecessary or excessive טִירְחָא, *exertion*, because they detract from the aura of Shabbos and because they resemble weekday activities.]

The following are therefore prohibited:

1. Filling a Vase With Water

It is forbidden to fill a vase with water on Shabbos, even if one only wants to put in it flowers that are completely open. Filling the vase is in itself a prohibited act.

2. Adding Water to a Vase

One is forbidden to add water to a vase on Shabbos.[33] However, one is permitted to add water to a vase on Yom Tov.[34] For example, if one's *lulav*, *hadassim* and *aravos* are in a pail of water, additional water may be added on Yom Tov.

3. Putting Flowers That Are Not Completely Opened Into a Vase Containing Water

Flowers that have not completely opened may not be put into a vase of water on Shabbos because it resembles planting.[35]

לפ״ז דברי הרמ״א צריכין עיון, דעיין בסוכה דף מב. דאיתא במשנה התם: מקבלת אשה מיד בנה ומיד בעלה (לולב) ומחזירתו למים בשבת שלא יכמושו. רבי יהודה אומר בשבת מחזירין אבל לא מוסיפין, וביום טוב מוסיפין, ע״כ. הרי מבואר להדיא במשנה דבשבת רק מחזירין, וא״כ איך סתם הרמ״א דנתינה לכתחילה במים מותר בשבת. ועיין בהגהות חוות יאיר (נדפס בסוף ספר מקור חיים) שהניח דברי הרמ״א בצ״ע. וע״ע בענין בזה בשו״ת מהר״ם שיק או״ח סי׳ קלה, ובשלחן עצי שיטים ס״ג אות א בהגה.

אמנם שאר אחרונים ובהם החיי אדם בכלל יא הלכה ג, והתוספת שבת בס״ק כא, והערוך השלחן ס״ל, ובהגהות רע״א לשו״ע סי׳ שלו סי״א סוברים דאסור להניח פרחים במים לכתחילה בשבת,. וכוונת הרמ״א דמותר להחזיר אם היו כבר במים בכניסת השבת. ויש לעיין להני פוסקים שסוברים שאסור להניחם לכתחילה במים בשבת מהו האיסור. ועיין ברבינו חננאל בסוכה דף מב שכתב ומחזירתו למים בשבת ״ולא גזרינן משום השקאת זרעים״. ולגבי הדין שאין מוסיפין מים בשבת כתב ״דנראה כמשקה זרעים בשבת״. וא״כ זהו גם הטעם דהני פוסקים שסוברים שאסור להניח הזרעים במים בשבת לכתחילה, דהוא משום שנראה כמשקה זרעים בשבת, וכן כתבתי בפנים.

32. מ״ב סי׳ שלו ס״ק נד.

33. מ״ב סי׳ שלו ס״ק נד.

34. שו״ע סי׳ תרנד ס״א.

35. מ״ב סי׳ שלו ס״ק נד.

D. Putting Flowers That Are Completely Open in a Vase Containing Water

There is a dispute among the authorities whether one may put flowers that are completely open on Shabbos into a vase filled with water before Shabbos. Some *Poskim* rule that it is permitted since neither of the above-mentioned prohibitions apply. [Since the flowers are completely open, placing them in water does not resemble planting, and since the vase was filled prior to Shabbos, there is no undue exertion on Shabbos.] Nevertheless, some *Poskim* rule that even in this situation, one should not place flowers into water for the first time. Therefore, it is preferable to place even open flowers in a water-filled vase prior to Shabbos. If, however, one forgot to put the open flowers into the vase prior to Shabbos, he may rely on the *Poskim* who permit putting open flowers on Shabbos into a vase filled with water before Shabbos.[36]

Putting completely open flowers back into a water-filled vase on Shabbos is permitted according to all opinions.[37]

E. Placing Arba Minim Into Water

Similarly, it is forbidden to place the *lulav*, *hadassim* and *aravos* in water on Yom Tov. One should place them in water prior to Yom Tov, so that he will be permitted to remove them and replace them in the water on Yom Tov. In the event that one forgot to place them into water before Yom Tov, one may rely on the *Poskim* who permit placing opened flowers into a vase that was filled before Yom Tov.[38] [See above 2 concerning adding water on Yom Tov.]

3. Protecting Growth

◆§ Introduction

Protecting plants, trees etc. from destruction is included in the *melachah* of זוֹרֵעַ, since doing so enables them to continue

---

36. שעה"צ סי' שלו ס"ק מח.
37. מ"ב סי' שלו ס"ק נד.
38. שו"ע סי' תרנד ס"א.

to grow. Therefore, the following actions are forbidden on Shabbos:[39]

A. Covering Plants

It is forbidden to cover plants to protect them from damage or deterioration (e.g. the heat of the sun or the cold).[40] However,

---

39. בירושלמי פ״ז הלכה ב נמנו הרבה תולדות במלאכת זורע והם: המפסל (שנוטל את הפסולת), ומזהם (כשקליפת האילן נושרת מדביקים שם זבל להבריאו כדי שלא ימות האילן, א״נ שמושחים את האילנות בדבר שריחו רע כדי שיברחו התולעים מן הריח וימותו), המפרק (אבנים שעל עיקרי האילן), המאבק (שרשים המגולים מכסים אותן באבק), המעשן (עושין עשן תחת האילן כדי שינשרו התולעים שעליו), המתליע (נוטל התולעת מעל האילן), הקוטע (באילן כדי להקל מעל האילן), הסך (פגי תאינה סכין אותן בשמן כשהן חונטין כדי שיהיו בישולן שמינות), והמנקב (הפגין מנקבין אותן וממלאין את הנקבים בשמן), והעושה בתים (עושה בית לאילן להגן עליו מפני החמה). ובפנים כתבנו התולדות שיש בהם פרטי דינים שנוגעים למעשה בימינו.

40. תולדה זו נזכרה בירושלמי שהבאנו למעלה ״עושה בתים״ (ר״ל שעושה בית לאילן להגן עליו מפני החמה). ולכאורה הך תולדה הוא בגדר מבריח ארי, ואף על פי כן הוא חייב בזה משום תולדות זורע. והנה יש כמה סוגים של מבריח ארי: א) שאינו גורם במעשיו פעולת המלאכה בשבת, אלא מונע נזק שלא יזיק את מה שכבר עשוי [עיין שבת דף קנא: במשנה ״וכן קורה שנשברה״] וזה פשוט שמותר. ב) המלאכה פועלת עכשיו מאיליה רק שעתידה להפסק לאחר זמן, והאדם עושה מעשה להשאירו קיים וממילא תמשך פעולתה, ונמצא שהבריח ארי שלא תפסק המלאכה ומחמת מעשיו המלאכה נמשכת, אף על פי שהוא לא חידש את הפעולה. ג) כאשר יש כבר מזיק שכבר פועל בה נזק והוא מסירו, ועל ידי כן הוא מונע את המשך הנזק. והעושה בתים להגין על האילן לכאורה הוא מסוג ג׳.

ועיין בשביתת השבת מלאכת זורע ס״י שכתב וז״ל: אף על פי שלהרבה דיני התורה מבריח ארי שהוא סלוק ההיזק לא חשוב מעשה, אך לענין שבת ושביעית מצינו שגם מבריח ארי חשוב כעושה גוף הפעולה וכו׳ (והביא שם מעין הדוגמאות שהבאנו לעיל בשם הירושלמי ולבסוף מסיים) והנה אלא הדברים הם רק לסלק ההיזק בהאילנות ומ״מ חייב משום זורע, עכ״ל.

ועיין בחזון איש שביעית סי׳ כב ס״ק א ד״ה אף, שכתב שהסרת תקרה מעל גבי זרעים בשבת חשיבא תולדת זורע, ומשמע לכאורה מדבריו שהוא איסור מן התורה. אמנם עיין בחלקת יואב או״ח סימן י שכתב וז״ל: והנה ראיתי להירושלמי דמתליע באילנות או סך בשמן חייב עליהן בשבת, והובא גם באו״ז. ונ״ל דזה רק מדרבנן כי מן התורה לא חשיב מלאכת שבת רק אם ע״י המלאכה נעשה תיקון יותר, אבל אם התיקון הוא שלא יתקלקל יותר לא חשיב מלאכה כלל וכו׳. ולא עוד אלא דלפענ״ד אפי׳ אם עושה מלאכה גמורה בשבת למנוע הקלקול מיקרי מלאכה שא״צ לגופה, כיון שאינו מתקן רק מונע שלא יתקלקל, עכ״ל.

ועיין בשו״ת לב חיים סי׳ סט שכתב דבמקום הפסד מותר לכסות הצמחים. וכבר העיר על דבריו בשו״ת שבט הלוי ח״ד סי׳ לו דדבריו הם שלא כדברי הירושלמי.

one may cover plants before the sun rises, since they are not yet being damaged.[41]

B. Spraying Insecticide

It is forbidden to spray insecticide on growing plants.[42]

C. Pruning a Tree

Pruning a tree (i.e. cutting off undesired twigs, roots or branches) is included in the *melachah* of זוֹרֵעַ. Pruning promotes the tree's growth by giving it additional strength.[43]

D. Removing Debris

Removing rocks or any other type of debris which inhibit growth of trees or other types of vegetation is forbidden.[44]

VI. Practical Applications

A. Opening a Succah Roof Which Has Rain Water on It

1. The Succah Is Standing on Grass

It is common practice to place a covering on top of a succah in order to prevent rain from falling into the succah. Lifting the cover may cause the water from on top of the covering to fall on grass or trees. There is discussion among the *Poskim* whether or not this is permitted. Those who prohibit do so based upon the principle of פְּסִיק רֵישָׁא, *the inevitable consequence*, since the

---

41. שש״כ פרק כו הערה ל. ועי״ש שהביא מהגרש״ז אויערבאך זצ״ל וז״ל: דמותר למנוע נזק אפי׳ בשעה שהחום או הקור כבר מורגש, אם אין בזה דרך עבודה, אבל אם רגילין תמיד בעבודה שכזו, מסתבר דאסור, אפי׳ אם עושה פעולתו למנוע את הקלקול לפני בואו, עכ״ל. וע״ע בזה בש״ת הר צבי או״ח סי׳ קלג.

42. זהו תולדת ״המעשן״ הנזכר בירושלמי, הובא לעיל בציון 39.

43. עיין שבת דף עג: דאיתא דזומר חייב משום נוטע, ונוטע בכלל זורע אלא שזה בזרעים וזה באילנות. ועיין ברמב״ם פ״ז מהלכות שבת הלכה ג שכתב דזומר הוא אב מלאכה. אמנם עיין רש״י בשבת דף עג: ד״ה כולן דכתב דזומר תולדה דנוטע הוא. ועיין באגלי טל מלאכת זורע ס״ק ד שכתב דבאמת אין כאן מחלוקת בין רש״י להרמב״ם.

44. זהו תולדת ״מפרק״ שנזכר בירושלמי, הובא בציון 39.

grass or trees will inevitably get watered as a result of lifting the covering.[45]

There are, however, a few solutions to the problem:

A) Ask a non-Jew to open it. One is permitted to tell a non-Jew to do a permissible action (lifting the covering) even though it will inevitably result in a prohibited *melachah* being performed (watering the grass).[46]

B) Place a plastic cover on the ground in order that the water fall on it. Subsequently, if the water rolls off onto the grass it is permitted. This is based on the principle that a *melachah* performed through a *g'rama* (indirectly) is permitted on Shabbos for the sake of a *mitzvah*. Since watering the grass in this case is done indirectly (for the water first falls onto the plastic and only then rolls onto the grass), the *melachah* is permitted.[47] In the event that neither of these solutions is practical, some *Poskim* rule that if the grass is still wet from the rain, one is permitted to open the cover. Since the earth is still wet from the rain, the added water from the succah covering is not beneficial to the tree or grass, and opening the cover is therefore not forbidden.[48]

---

45. על פי שו״ע סי׳ שלו ס״ג.

46. בדין זה דפסיק רישא מותר על ידי עכו״ם עיין בסי׳ רנג ס״ה, ומבואר שם דגם פסיק רישא דניחא ליה מותר ע״י עכו״ם אפי׳ במלאכה האסורה מן התורה, וכן פסק בשו״ת אג״מ או״ח ח״ב סי׳ סח. וע״ע בזה בשו״ת שואל ומשיב מהדורא תליתאה ח״ג סי׳ ג, ובשו״ת מהר״ם שיק או״ח סי׳ קנח.

47. שו״ת הר צבי או״ח חלק א סימן קלג על פי האבן העוזר סי׳ שכח, ושו״ת אבני נזר סי׳ קצד אות ב. הגאון ר׳ שלמה זלמן אויערבאך זצ״ל, הובא בשש״כ פרק יב הערה נא.

48. לכאורה יש כמה צדדים להקל לפתוח השלאק אחר ירידת הגשמים כשעדיין הקרקע רטובה ממי הגשמים. דעיין בשו״ת הר צבי או״ח סי׳ קלה שנשאל בנוגע חפירה של שופכין שהיא סמוכה לאילן אמה או שתי אמות, והחפירה בנויה בכותליו של בנין אלא שעם כל זה האילן יונק מהלחלוחית של החפירה, אם מותר לשפוך מים בשבת לתוך החפירה. והשיב ההר צבי דאם יש בהחפירה מים כשעור השקה שהזרעים ישתו כל יום השבת אין כאן איסור בהוספת מים להחפירה בשבת. ועי״ש שהסביר ההיתר וז״ל: דיתכן דמכיון שהחפירה מלאה שופכין, באופן שבלי שפיכתו עכשיו שופכין נוספים ישארו שופכין במשך כל השבת להשקאת ושתיית האילן, אין כאן מעשה השקאה בשבת ואינו אלא כמוסיף השקאה לאחר השבת, עכ״ל. ואח״כ נסתפק שם וז״ל: אולם יש לעיין שהרי לח בלח יש בילה ועכשיו הרי נתערבו השופכין שהוסיף בשבת עם השופכין שהיו בחפירה מקודם, ומאן יימר שבשבת הזרעים שותים רק מהשופכין שהיו בחפירה מקודם

2. The Succah Is Standing on a Porch or Pavement

If the succah is standing on a porch or pavement, and the water will first spill onto the porch floor or the pavement before running off to the grass, it is permitted to open the covering. Since the water falls onto the grass through a *g'rama* (indirectly) it is permitted. [See above.]

B. Water Collected on an Outdoor Chair or Table

One may not remove the water from a chair, bench or table that is outdoors if the water will fall onto grass or trees because one is watering the grass or trees.

ולאחר השבת הזרעים שותים מהשופכין שהוסיף, הרי עכשיו כבר נתערבו כל השופכין ביחד והזרעים שותים מן הכל, נמצא שגם בשבת הזרעים שותים גם מהשופכין שהוסיף, עכ״ל.

אמנם הגאון ר׳ שלמה זלמן זצ״ל בספרו מנחת שלמה סי׳ צא כתב דמוכח מכמה מקומות דדבר שהיה נעשה גם בלי המעשה שהאדם עושה בשבת לא נכלל במלאכת מחשבת, אף על פי שעכשיו גם המעשה שעושה בשבת פועל. והביא ראיה לזה מדברי המ״ב בסי׳ שב ס״ק נה דמסתבר דלא מקרי שרייתו זהו כיבוסו אם הבגד כבר שרוי במים ולכאורה אמאי לא נאמר יש בילה והמים שהוסיף בשבת פועלים גבי השרייה, אלא ע״כ צריך לומר דאם האדם לא פעל שום דבר ע״י מעשהו לא נחשב בגדר מלאכת מחשבת, עי״ש. הרי שמה שמסתפק ההר צבי פשוט ליה להגרש״ז זצ״ל, וא״כ בציור שלנו כיון שהמים שעל השלאק לא פעלו כלום שהרי בלא״ה האדמה רטובה חסר במלאכת מחשבת.

ובאמת יש עוד סברא להקל, דעיין בכף החיים סי׳ שלו ס״ק כט שהביא מספר פתח הדביר וז״ל: ואם כבר השקה אותו אילן או צמח מבעוד יום כל צרכו, או שביום שבת קודש עצמו הגוי השקה אותן מים בכדי צרכן, ושוב בא ישראל והשקה בכוונה מכוונת לאותן הצמחים אינו חייב משום זורע, לפי שריבוי המים מרקיבים ומפסידים הצמחים כידוע, עכ״ל. ולכאורה זהו עוד טעם להקל לפתוח השאלק מיד אחר הגשמים כיון שהקרקע עדיין רטובה, ולא רק שלא אהנו מעשיו אלא מסתמא גם מקלקל הצמחים.

ועיין בשו״ת לב אברהם ח״א סי׳ נא שמצדד להקל וטעם ההיתר שלו הוא דבזמן יו״ט דסוכות כבר כלה האביב והזרעים הולכים ובלים והוי פסק״ר דלא ניחא ליה, ואף למ״ד דאוסר בפס״ר דלא ניחא ליה מדרבנן, מ״מ בזה דדילמא כבר נתגדלו העשבים כל צרכם ושוב לא יוסיפו לגדול הוי ספק פסק״ר בדרבנן דמותר. ועוד צירוף להתיר כתב בשם פתח הדביר דלאחר הגשם שכבר הושקו הזרעים כל צרכן אין המשקה חייב משום זורע, ויש לפקפק בדבריו ואכ״מ בזה.

ועיין בספר חוט השני מלאכת זורע פ״י שכתב וז״ל: אם במקום ההוא יש כבר מים ומוסיף מים בכוונה כדי להשקות יותר אסור ואם יש כבר מים ולא נתכוון להשקות ואינו פסיק רישא שיהיה תועלת לקרקע או לצמחים מותר לפתוח הגג, אבל יש ליזהר שלא ינטפו המים למקום שלא ירדו בו גשמים, עכ״ל.

C. Septic Tanks — Cesspool, Sewer

Causing water to flow from a septic tank, cesspool or sewer directly onto plants or grass is included in the *melachah* of זוֹרֵעַ. Therefore, using a sink or bathroom that causes such a water flow is problematic. One should consult a Halachic authority for guidance.

D. Water Sprinklers

One is permitted to have an automatic water sprinkler water the grass on Shabbos. However, the *Poskim* advise that the sprinkler should be turned off prior to Shabbos because it is a *zilzul Shabbos* (disparagement of the Shabbos).[49]

E. Opening Curtains Next to a Plant

The *Poskim* discuss whether or not it is permitted to open a window shade or curtain when the sun will shine directly on the plants. Since the sunlight is beneficial to the growth of the plant, this is considered זוֹרֵעַ. However, the *Poskim* agree that if the person's intent is merely to brighten the room, one is permitted to open the shade or curtain.[50]

---

49. כך שמעתי ממרן הגר״מ פיינשטיין זצ״ל.

50. בנוגע אם מותר לפתוח תריסי חלונות או וילון בבית כדי שיזרח השמש לתוך החדר, וכוונתו כדי להאיר החדר ולא להצמיח הפרחים והעציצים ע״י זריחת השמש, כבר האריכו פוסקי זמנינו בשאלה זו. וכעין שאלה זו נשאל בשו״ת הר צבי או״ח סי׳ קלג בשתילים שנטעו אותם בתוך בית קטן שלא יזיק להם הקור ובית זה פתוח לתוך דירתו, אם מותר לפתוח בשבת את החלונות שבתוך דירתו וע״י פתיחת החלונות הוא מרבה אויר לשתילים, שבגילוי אויר הם מצמיחים יותר טוב והוי גורם טוב לצמיחתם כהשקאה שהיא תולדה של זורע. והתיר שם בתנאי שהגידולים יהיו עומדים קצת רחוק מהפתח. ותוכן ההיתר הוא דכיון שהאדם אינו אלא גורם שהאויר או השמש יזרח על הגידולים וגם אינו מכוין לזה, הו״ל גרם מלאכה שאינו מכוין לזה שמותר אפי׳ במקום פסיק רישא. מבואר מדבריו דאם הגידולים אינם ממש אצל החלון מותר לפתוח התריסים, אבל אם הם מונחים ממש אצל החלון אין זה גרמא ועל כן אסור לפתוח התריסים.

אמנם שמעתי להתיר אפי׳ במונחים אצל החלון, על פי דברי המגיד משנה פי״ב מהלכות שבת ה״ב וז״ל: דהמכבה גחלת של מתכת אם נתכוין לצרף חייב משום מצרף ואם לא נתכוין לצירוף פטור, דאף על גב דקי״ל פס״ר חייב הכא שאני שהכוונה עושה את המלאכה מפני שכשהוא מתכוין הוא עושה מלאכה וכשאינו מתכוין אין בו מלאכה כלל שהרי אינו רוצה לעשות ממנו כלי, דומה לקטימת קיסם שהזכרנו פי״א דכל שאינו

F. Serving Drinks Outdoors

It is permitted to make a *kiddush* outdoors on Shabbos. However, care must be taken not to spill water or drinks onto the grass.[51]

קוטמו לחצות בו שיניו אף על פי שראוי לכך בקטימתו פטור שכל שהוא מפני תקון כלי מי שאינו מתקנו פטור, עכ״ל.

ובביאור בדברי המגיד משנה עיין בספר נתיב חיים דף רמח וז״ל: ונראה דיסוד הנ״ל שייך רק במקום שאינו תיקון גמור כגון במצרף גחלת של מתכת שהוא תיקון רק לעוסקים במלאכת הצורפות, ובדברים כאלו רק המחשבה מועלת ליתן עליו שם מלאכה, דכיון שאין כאן תיקון מעליא משום הכי רק כשחישב ע״ז שיועיל למלאכתו הו״ל תולדת מכה בפטיש, עכ״ל.

וא״כ לפ״ז י״ל בנוגע לפתוח התריסים כנגד הצמחים דאותו גידול שפועל זריחת השמש הוא מועט וא״כ אין לו חשיבות מלאכה אם אין כוונתו כשפותח התריס בשביל הצמחים. ובספר שלחן שלמה (מהגרש״ז אויערבאך זצ״ל) סי׳ רעז ס״ב אות ה ד״ה אסור כתב וז״ל: צ״ע לענין צמחים שהאור והאויר משפיעים [על צמיחתם, ולא מצינו שאסור לפתוח כנגדם את הדלת], ואולי כיון דהכח הראשון פעולתו לא מינכר, אך צ״ע מאי טעמא אין רואין את כל השמש ככח ראשון, וצ״ע בזה, עכ״ל.

51. הנה כתב המחבר בסי׳ שלו ס״ג דאסור ליטול ידיו ע״ג עשבים דהוי פסיק רישא (ר״ל בנוטל ידיו בלי כוונה להשקות העשבים, ואף על פי כן אסור ליטול ידיו דהוי פסיק רישא). והרמ״א הוסיף על המחבר בשם ספר התרומה וז״ל: ולכן טוב להחמיר שלא לאכול בגינות אם ישתמש שם עם מים, דבקושי יש ליזהר שלא יפלו שם מים, עכ״ל. והמ״ב בס״ק כט כתב דמים לאו דוקא דה״ה מי דבש ושכר שיש בהן מים. ולכאורה לפי דברי הרמ״א יוצא שאין לעשות קידוש או סעודה בחוץ אם יש שם משקים כגון יין סודה וכדומה דיש בתוכם מים, דהרמ״א כתב דטוב להחמיר.

אבל באמת י״ל דאם הוא עושה הסעודה בקרקע שאינה שלו לכל היותר הוא פסיק רישא דלא ניחא ליה או לא איכפת ליה והוא רק איסור דרבנן. ולכן בשלמא בציור של המחבר דאיירי שבודאי שופך מים על הקרקע אז אפי׳ אם הוא שופך במקום שאינו ניחא ליה עכ״פ אסור לעשות כן ועובר על איסור דרבנן, משא״כ בציור של הרמ״א דהוי רק חשש דישפוך דקשה ליזהר אז אפשר לומר דמ״ש הרמ״א דטוב להחמיר הוא רק במקום שאם ישפוך יהיה איסור דאורייתא (ר״ל במקום שניחא ליה בהשקאת הזרעים), אבל במקום שלא ניחא ליה או לא איכפת ליה כגון שהזרעים או העשבים אינם שלו דאז לכל היותר יהיה רק איסור דרבנן לא סובר הרמ״א דטוב להחמיר. והגר״ש פעלדער שליט״א הביא ראיה לזה, דהמ״ב שם ס״ק ל הוסיף בזה וז״ל: כתב הט״ז דבגינה שיש בה יותר משבעים אמה דהוי כרמלית ולא מהני בה שום היקף בלאו הכי צריך ליזהר, דהא אסור בטלטול ד׳ אמות. ולפ״ז אפי׳ בגינת חבירו יש ליזהר, עכ״ל. הרי מבואר דרק בגינה של יותר מע׳ אמה צריכין ליזהר בגינת חבירו, אבל בפחות מזה אין צריך ליזהר בגינת חבירו והטעם הוא כמו שכתבנו לעיל, דכיון דלכל היותר הוא פס״ר דלא ניחא ליה אין כאן חומרת ה״טוב להחמיר״ של הרמ״א.

אמנם כל זה נכון רק אם הסעודה או הקידוש הוא בחצר או בגינה שאינה שלו, אבל בחצר שלו דניחא ליה להשקות הזרעים דאז הספק הוא בחשש איסור דאורייתא

לכאורה בזה ודאי דיבר הרמ״א בשם ספה״ת דטוב להחמיר.

אולם אחר כך עיינתי בספר התרומה בפנים, וממשמעות דבריו לכאורה יהיה מותר לערוך קידוש גם בגינתו. דז״ל בסי׳ רלה: שבקושי יש לאכול בשבת במקום שיש זרעים, שאי אפשר שלא יביאו לשם מים לרחוץ ידים או לשתות או לרחוץ כלים, ושופכין מים על העשבים במזיד בשעת רחיצת ידיו ובשעה שרוצה לשתות וצומחין העשבים, עכ״ל. הרי מבואר להדיא, בדבריו דכל האיסור הוא משום שבמזיד ישפוך מים לרחוץ ידיו או כלים. וא״כ לכאורה אצל קידוש שאין נוטלים ידים ואין רוחצים כלים בגינה לכאורה אין כאן איסור. אמנם בספר התרומה כתב עוד חשש דבשעת שתיה ישפוך מים במזיד, וצריך לומר בכוונתו דכשירצה לשתות יצטרך להדיח הכוס וממילא ישפוך מים על הקרקע. ולכאורה חשש זה לא שייך אצלנו שאין הדרך לשטוף כוסות בסעודות שלנו. כיון שיש כוסות מפלעסטיק.

ועוד נראה לומר דכל החשש של הבעל התרומה מיירי כשאוכלים ממש על גבי הקרקע, אבל בזמנינו שאוכלים ושותים אצל השלחן אפי׳ אם ישפוך מים או שאר משקים הרי ישפכו על השלחן ומשם יש רק ספק אם ישפכו על הקרקע.

וכיון דהרמ״א כתב חומרא זו רק בלשון טוב להחמיר, א״כ לכאורה כיון שיש כמה סברות להקל אפשר לערוך קידוש בגינתו כמו שכתבנו.

ועיין בספר ויהי בנסוע דף רפט שכתב ביאור בדברי הרמ״א וז״ל: ולכאורה אפשר לומר שמ״ש הרמ״א שמשתמשים שם עם מים אין כוונתו ששותין שם מים, כי בשתיה באמת אפשר ליזהר שלא יפלו שם מים, ואפי׳ יפול מהם מים בשעת שתייתו הוה דבר שאין מתכוון ומותר לכתחילה שאינו אפי׳ קרוב לפסיק רישא. אלא כוונתו במה שכתב שמשתמשין שם עם מים היינו שנוטלין מהם לידים או מדיחים בהם כלים, לכן אפי׳ נוטל ידיו לכלי אחר או מדיח הכלי באיזה אופן שהוא בקושי יש ליזהר שלא יפלו על הארץ.

אמנם בספר התרומה בעצמו סימן רלה ומביא הב״י לשונו שממנו מקור דברי הרמ״א כתב בזה הלשון וטוב לשמור עצמו בשבת מלאכול במקום עשבים מחוברים מפני שבקושי יכול ליזהר שלא יפלו מים עליהם בשעת שתיה או בשעת נטילת ידים, עכ״ל. הרי אף על השתיה כתב שבקושי יש ליזהר שלא יפלו על העשבים וא״כ קשה שהלא במציאות ראינו שאינו כן ונראה לענ״ד שהכל לפי הענין כי מסתמא בעל התרומה מדבר כשמביא דלי של מים לצורך הסעודה דהיינו לנטילת ידים וגם להדיח הכוסות ובזה קשה להיזהר ליטול משם מים לשתיה כי לשאוב מן הדלי או להריק מן הדלי לתוך הכוס א״א שלא יפול על הארץ. אבל כהיום שלשתיה מביאין צלוחית ומריקין להכוס אינו קשה כלל ליזהר, עכ״ל.

XVI / Plowing – חוֹרֵשׁ

I. The Av Melachah

חוֹרֵשׁ, *plowing*, is one of the thirty-nine *Avos Melachos*.[1] Plowing was required for the construction of the *Mishkan*. Since vegetable dyes were used to color the fabrics of the *Mishkan*, it was necessary to plow the ground to prepare it for planting the herbs used as dyes.[2]

II. Definition

The definition of the *melachah* of חוֹרֵשׁ is plowing the ground for the purpose of preparing the earth for planting or sowing. Therefore, any type of work performed on the earth to achieve this result is equivalent to plowing.[3]

---

1. משנה שבת דף עג. והגם דבמשנה חשיב מלאכת זורע כמלאכה ראשונה של הל״ט מלאכות, באמת מבואר בגמרא דמלאכת חורש היא המלאכה הראשונה, דעיין בגמרא דף עג: דפריך דהא חורשים קודם שזורעים וא״כ למה תני במשנה זורע קודם חורש, ועי״ז משני בגמ׳ תנא בארץ ישראל קאי דזרעי ברישא והדר כרבי (פירש״י דבארץ ישראל שהקרקע קשה אין יכול לכסות הזרע בלא חרישה, צריך לחרוש שנית אחר הזריעה), ועי״ז בא התנא לאשמעינן דחייב גם על חרישה שניה. הרי מבואר דלפי המציאות מלאכת חורש היא המלאכה הראשונה של הל״ט מלאכות, והטעם דהתנא חשיב זורע בתחילה הוא לאשמעינן דחייב על חרישה שניה. וכן הרמב״ם בפרק ז הלכה א מונה מלאכת חרישה למלאכה ראשונה של הל״ט מלאכות.

2. רש״י שבת דף עג. ד״ה האופה. ועיין בתוס׳ חולין דף פח: ד״ה אלא שהקשו דהלא בניית המשכן היה במדבר וא״כ קשה איך זרעו במדבר, ועי״ז תירצו התוס׳ דשמא כשבאו שם ישראל היה מצמיח [ר״ל שנעשה נס וצמחו הזרעים במדבר].

ועיין בחידושי חתם סופר שבת דף עד. וז״ל: והיותר נכון בזה לפע״ד הוא דהרי בודאי במדבר לא חרשו וזרעו סממנים והתכלת הביאו עמם ממצרים כמו עצי שטים, ורק אנו מחשבים עשיית התכלת מתחילתו ע״י זריעה וקצירה וטחינה וכדומה, עכ״ל, ועי״ש.

3. האגלי טל במלאכת חורש ס״ק ט כתב דנחלקו הראשונים ביסוד איסור מלאכת חורש. דבשבת דף עג איתא ״החורש והחופר והחורץ כולן מלאכה אחת הן״. ורש״י שם כתב וז״ל: כולן מלאכה אחת הן, אינו חייב אלא אחת, דכולהו לרפויי ארעא עביד, עכ״ל, הרי מבואר דמלאכת חורש הוא ריפוי הקרקע. וכ״כ רש״י על הא דאמר רבא שם היתה

III. Where the Melachah Is Applicable

The *melachah* only applies to plowing or any other method of loosening the soil that could possibly improve the land for planting. If, however, the land is not fit for cultivation, the *melachah* does not apply.[4] Thus, for example, plowing in a desert is not prohibited because the earth is unfit for planting.

לו גומא וטממה בשדה חייב משום חורש, וע״ז כתב רש״י וז״ל: היינו חורש שהעפר שמילאהו רפוי וטוב לזריעה והשוה לקרקע להיות נזרע עם השדה, עכ״ל. וכן כתב רש״י על הא דאיתא התם דהיתה לו גבשושית ונטלה בשדה חייב משום חורש, וכתב רש״י דמרפי ארעא.

אמנם הרמב״ם בפ״ח מהלכות שבת הלכה א כתב וז״ל: חורש שהוא חייב, המנכש בעיקר האילנות, המקרסם עשבים, המזרד את השריגים כדי ליפות את הקרקע, הרי זה תולדות חורש, עכ״ל. הרי מבואר מדברי הרמב״ם דאף על פי שאין כאן ריפוי ארעא בהנך פעולות בקרקע מ״מ חייב משום חורש, דתכלית המלאכה היא ליפות הקרקע לזריעה.

הרי יש לנו מחלוקת בין רש״י והרמב״ם בגדר מלאכת חורש, דרש״י כתב דהוא רפויי ארעא, והרמב״ם סובר דהוא יפויי ארעא. וכתב האגלי טל דדברי הרמב״ם נובעים מהירושלמי פרק כלל גדול הלכה ב, שאיתא שם דכל להניית קרקע חייב משום חורש, וחשוב שם המברה בחרשין, המסקל אבנים, הבונה מדריגות, אף שאין זה ענין ריפוי הקרקע, אלא ע״כ דהחיוב במלאכת חורש הוא יפויי ארעא. ועי״ש שהביא שכ״כ הר״ח בשבת דף עג.: ולכאורה לפי דברי האגלי טל יוצא דרש״י שסובר דמלאכת חורש הוא ריפוי ארעא חולק על הירושלמי שזה המקור לדברי הרמב״ם דמלאכת חרישה הוא יפויי ארעא, ולכאורה קשה לומר דרש״י חולק על הירושלמי בלא מקור מהבבלי, ואולי משום שבבבלי לא מוזכר כן, וצ״ע.

ולכאורה יש להבין דברי האגלי טל שמחדש דיש פלוגתא בין רש״י והרמב״ם והר״ח בגדר מלאכת חרישה, דרש״י סובר דהוא רפוי ארעא והר״ח סובר דהוא יפוי ארעא, דלכאורה גם גדר רפויי ארעא וגם גדר יפוי ארעא מצינו בש״ס שלנו, דהנה איתא בשבת דף קג. דהחיוב במלאכת חורש הוא לייפות הקרקע דאיתא שם אם לייפות את הקרקע״ וכו׳, ולעומת זה מצינו במועד קטן דף ב: דהגדר של חורש הוא לרפויי ארעא ולא משום יפוי ארעא דאיתא שם ״מה דרכו של חורש לרפויי ארעא״ וכו׳ וא״כ קשה איך כתב הרמב״ם דהגדר הוא רק יפוי ארעא ואיך כתב רש״י דהגדר הוא רק ריפוי ארעא, וצ״ע.

ועיין במ״ב בהקדמתו לסימן שלז וז״ל: חורש הוא אחד מל״ט אבות מלאכות, וכיון שכונת החורש לרפויי ארעא דאז טוב לזריעה, וגם כוונתו להשוית הגומות וליפותו כדי שיהיה המקום שוה, עכ״ל. הרי דנקט המ״ב כדברי רש״י והרמב״ם גם יחד בביאור מלאכת חורש.

4. אור זרוע סי׳ נד, פנ״י שבת דף עג: ד״ה בגמרא, ומנחת חינוך מלאכת חרישה.

וראיתי בספר תורת המלאכות מלאכת חורש ס״ק ב שנסתפק מה הדין בשדה הראויה לזריעה רק שאינה עומדת לזריעה, האם שייך להתחייב בה משום חורש, כגון הסותם קבר בבית הקברות שאין בזה הכשרה לזריעה, עי״ש.

IV. Activities Included in the Melachah of Plowing

As stated above, the purpose of plowing is to prepare the earth for planting. Therefore, the following labors are included in the *melachah* of plowing because each one improves the earth in some manner for planting.

A. Plowing and loosening the ground
B. Leveling the ground
C. Making furrows in the ground
D. Removing obstacles from the ground
E. Fertilizing the soil
F. Making holes in the ground

A. Plowing and Loosening the Ground

1. The Av Melachah

As mentioned above, *plowing* the ground was necessary during the construction of the *Mishkan* in order to plant the herbs from which dye was prepared for coloring tapestries. Plowing which prepares the soil for seeds and roots to enter the ground is therefore an *av melachah.*

The prohibition of plowing includes both making furrows (חוֹרֵשׁ) and digging holes (חוֹפֵר). Each of these labors improves the ground for planting and seeding.[5]

2. Methods of Performing the Melachah

The *melachah* is performed by breaking up the earth with a plow, hoe or spade. Similarly, one transgresses the *melachah* even if one does not use a special tool for digging (e.g. stick, spoon or one's shoe), provided it is the usual method of breaking up the earth.[6] Furthermore, one transgresses the prohibition

---

5. בשבת דף עג: תנא החורש והחופר והחורץ כולן מלאכה אחת הן, ע״כ. ונחלקו הראשונים בביאור לשון הגמרא דכולן מלאכה אחת הן, דהרמב״ם פ״ז מהלכות שבת ה״ב חושב כולם לחלק מאב המלאכה, אמנם רש״י בדף עג: בד״ה מלאכה פי׳ דכולן מלאכה אחת לענין חיובא, דחייב רק אחת אם עשה אלו הג׳ מלאכות.

6. כתב הר״ן בחידושיו לשבת דף עג: בד״ה תנא וז״ל: החורש והחופר שחפר בסכין והניח העפר במקומו ושלשתן מייירי שעשאן בשדה, עכ״ל. הרי מבואר מדברי הר״ן

even if an animal or a machine performs the plowing, provided the person guides the animal or the machine.[7]

3. Amount Required for Prohibition

One transgresses the prohibition of חוֹרֵשׁ by plowing or digging even a minute piece of soil.[8]

4. Loosening the Ground Through Liquids

a. Pouring Water

Pouring water or other liquids onto the ground is included in the *melachah* of חוֹרֵשׁ, because the liquid softens the ground and is therefore similar to plowing.

דכדי להתחייב משום חורש לא בעינן כלי מיוחד לחרישה, דהא סכין אינו מיוחד לחרישה ואף על פי כן כשחופר בסכין עובר מן התורה על מלאכת חרישה.

אמנם לכאורה מרש״י משמע שלא כן, דעיין בשבת דף מו: בד״ה איסורא וז״ל: חריץ ליכא איסור דאורייתא דחופר כלאחר יד הוא, דחופר דאמר לקמן תולדה דחורש וחייב ה״מ חופר כדרכו במרא וקרדום, עכ״ל. הרי בפשטות משמע מלשון רש״י דכדי להתחייב מן התורה במלאכת חרישה בעינן מרא וקרדום דוקא. אמנם יש לומר דאין כוונת רש״י דבעינן דוקא כלי מיוחד לחרישה, אלא דבגוונא דאיירי התם בגרירת כסא וספסל התם אינו חייב מן התורה משום חורש משום דאין דרך לעשות חריץ ע״י גרירת כסא וספסל, וכתב רש״י לדוגמא דכדי להתחייב מן התורה בעינן מרא וקרדום, אבל אין זה דוקא, והתנאי הנצרך כדי להתחייב מן התורה הוא שרק יהיה כדרכו, ובסכין הוי שפיר דרכו בכך. [ואגב מה שכתב רש״י דעשיית חריץ ע״י גרירת כסא וספסל אינו אסור מה״ת אינו פשוט כ״כ, דעיין ברש״י שבת דף כב. בד״ה הלכה כר״ש וז״ל: ואע״ג דקעביד חריץ והוי תולדה דחורש או בונה, עכ״ל. הרי שכתב רש״י להדיא דעשיית חריץ ע״י גרירה הוה איסור מה״ת. וכ״כ רש״י בסוכה בדף לג: בד״ה והא שעשיית חריץ בכסא וספסל הוי איסור מה״ת, ועי״ש ברש״ש שעמד בסתירה זו, וע״ע בזה בספר הישר לר״ת סי׳ רלג.]

7. חזון איש או״ח סי׳ לו אות ב.

8. רמב״ם הלכות שבת פ״ח הלכה א.

ועיין בירושלמי שבת פ״ז הלכה ב ופרק י״ב הלכה ב שנחלקו כמה יחרוש ויהא חייב. ״רב מתניא אמר כדי ליטע כרישה (גרגיר של זרע כרישין), רב אחא בר רב אמר כדי ליטע זכרותה של חיטה (גרגיר של חיטה וקטן משל כרישה)״. הרי מבואר מהירושלמי דבעינן שעור למלאכת חורש, ונמצא דנחלקו בבלי וירושלמי, דלפי הבבלי חייב בכל שהוא.

ועיין באור זרוע הלכות שבת סי׳ נה וז״ל: לקמן בהבונה תנן החורש כל שהוא, כל שהוא למאי חזי, לביזרא דקרא, דכוותה גבי משכן שכן ראוי לקלח אחד של סמנין. ותמה אני המחבר מאי בעי בירושלמי פרק כלל גדול כמה יחרוש וכו׳, ומאי קא מיבעיא ליה הא מתני׳ פרק הבונה חורש כל שהוא, ונראה בעיני דקא מבעיא ליה כמה כל שהוא, עכ״ל. לכאורה משמע דהאור זרוע סובר דלא נחלקו הבבלי והירושלמי, רק דהירושלמי בא לבאר כמה הוא השעור של כל שהוא שנזכר בבבלי, וע״ע בזה באגלי טל מלאכת חורש ס״ק ד.

However, this is only forbidden if the ground will be planted or seeded while it is still wet. If nothing will be done until after the soil is dried one will not transgress the *melachah*, since no benefit will have come from watering the soil.[9] If one pours water in a place where plants are growing in the ground, one also transgresses the *melachah* of זוֹרֵעַ, planting.[10]

b. Pouring Strong Liquids

Pouring harsh liquids onto soil is not prohibited even though the soil is thereby softened. Such liquids do not make the soil more suitable for planting and in reality damage it. Consequently, the purpose of the *melachah* — preparing the ground for planting — is not achieved.[11]

---

9. אגלי טל מלאכת חורש סעיף ו וז״ל: המשקה שדה העומדת לזריעה תיכף טרם יתיבש לחלוחית המים, הרי זה תולדת חורש וחייב. לפיכך צריך ליזהר שלא ישפוך שופכין במקום העומד לזריעה טרם יתיבש לחלוחית המים, עכ״ל. והסביר שם בס״ק י וז״ל: ומה שלא הזהירו הפוסקים מלשפוך מים רק בשדה זרועה היינו משום דבאינו זרועה אף שעומדת לזריעה שמא ישהה מלזרוע עד שיתיבש לחלוחית המים ונמצא שלא פעל בשפיכת המים כלום, על כן לא חשוב חורש בודאי ולא חשוב פסיק רישא, וכיון שלא נתכוין לכך מותר. אך אם דעתו לזרוע בזמן קצר שאין שהות להתיבש כל לחלוחית המים נראה דאסור וחוששני לו מחטאת, עכ״ל.

ולפי זה מותר לשפוך מים על גבי הקרקע בימות החורף בזמן שאין הזרעים צומחים דעד שיגיעו ימות הקיץ כבר יתיבשו המים.

10. במסכת מועד קטן דף ב: איתא דהמנכש והמשקה מים לזרעים בשבת משום מאי חייב, רבה אמר חייב משום חורש, דמה דרכו של חורש לרפויי ארעא האי נמי מרפה, ורב יוסף אמר משום זורע, מה דרכו של זורע לצמוחי פירא האי נמי מצמח פירא. והקשה אביי דבין לרבה ובין לרב יוסף לחייב תרתי, כדמצינו בזומר וצריך לעצים שחייב משום נוטע ומשום קוצר, ועי״ש בתוס׳.

ונחלקו הראשונים איך פסקינן להלכה, הרמב״ם בפ״ח מהלכות שבת הלכה א פסק דהמשקה זרעים בשבת חייב משום זורע כרב יוסף וכן פסק האור זרוע סנ״ד. אמנם שאר הראשונים (הסמ״ג, הסמ״ק, היראים, והגהות מיימוני) פסקו כאביי דחייב משום תרתי, משום חורש ומשום זורע. והמ״ב בסי׳ שלו ס״ק כו כתב וז״ל: והמשקה את הזרעים חייב משום זורע דמועיל להצמיח וגם משום חורש שמרפיא הקרקע ע״י הלחלוח, עכ״ל.

11. כתב המחבר בסי׳ שלו ס״ג וז״ל: אבל מותר להטיל בהם מי רגלים או שאר משקין שאינם מצמיחין, עכ״ל. והמ״ב בס״ק כח הסביר למה מותר לשפוך שם מי רגלים וז״ל: לפי שעזים הם ושורפים את הזרעים ומונעים אותם מלהצמיח, עכ״ל. ובס״ק כט הסביר מה שכתב המחבר דה״ה דמותר לשפוך שאר משקין שאינם מצמיחין וז״ל: דהיינו כגון יין לפי שהוא עז וחזק ושורף ג״כ הזרעים, וכן שאר משקה שהוא כעין זה. וכתב המג״א דלכתחילה ראוי ליזהר אף במשקין, ועיין בא״ר שכתב דביין שהוא חזק אין ליזהר כלל, עכ״ל.

וכנראה שנחלקו האחרונים בכוונת המג״א בס״ק ז שהביא מספר הזכרונות דראוי

B. Leveling the Ground

Leveling the surface of the ground, by removing a mound or filling a hole with earth in order to facilitate planting, is a *toladah* of חוֹרֵשׁ, *plowing,* because the ground is thereby improved for planting.[12]

In earlier days many homes had earthen floors. These floors in the course of time would become unleveled from people walking over them, and thus needed to be leveled again. Leveling an earthen floor is a violation of the *melachah* of בּוֹנֶה, *building,* not *plowing,* because the earth inside a house is in any case not fit for planting. Since the leveling improves the use of the ground's surface as part of the house, it is considered building.[13]

1. Activities Forbidden to Prevent Leveling the Ground

Since leveling the ground of a field violates the *melachah* of *plowing,* and leveling the ground of a floor or path (ground inside a building) violates the *melachah* of *building,* the following activities were prohibited by the Sages in order to prevent such transgressions:

a. sweeping floors
b. washing floors
c. rolling balls

a. Sweeping Floors

The Sages prohibited sweeping an earthen floor (on Shabbos) because inevitably some uneven areas of the ground will

---

ליזהר אף בשאר משקין, דהמג״א בעצמו לא כתב טעם ע״ז. דעיין בא״ר שהביא המ״ב דכתב דביין שהוא חזק אין ליזהר כלל, דמשמע דהטעם דגם בשאר משקאות החמיר הספר הזכרונות הוא משום דאינן שורפין ואדרבה מצמיחין את הזרעים, והחיוב הוא משום זורע. אמנם עיין בהגהות חתם סופר לשו״ע על המג״א וז״ל: במג״א ס״ק ז ספר הזכרונות שם, וביאור דעכ״פ משום חורש איכא דמרפיא ארעא, ולא נ״ל, כיון דאחר שייבשו המי רגלים או היין שוב לא הוי ריפוי ארעא ובשעה שהמשקה טופח קשה לזרעים ואינו מצמיח א״כ ליכא משום חורש, עכ״ל. וכנראה דהחתם סופר הבין בכוונת הספר הזכרונות דהוא משום מלאכת חורש וע״ז חולק החת״ס.

12. רמב״ם פ״ח מהלכות שבת הלכה א, הובא בהקדמת המשנה ברורה לסימן שלז.

13. משנה ברורה שם .

be leveled out.[14] The Sages extended the prohibition to non-earthen floors as well in order to prevent one from mistakenly sweeping earthen areas.[15] However, the Sages did permit sweeping non-earthen floors in cities in which most homes have constructed (rather than earthen) flooring.[16] Accordingly, today one is permitted to sweep the floor. However, it must be done with a soft broom (whose bristles do not break).[17] Sweeping a paved yard in front of a house is permitted even if the area beyond is earthen. The pavement in front of one's house is deemed an extension of the house;[18] whereas the remaining area is not.

b. Washing Floors

Washing an earthen surface is prohibited because one may inadvertently level the earth in the process. Here too the Sages extended the prohibition to non-earthen floors, out of concern that one may mistakenly wash an earthen floor. Some *Poskim* rule that this prohibition is applicable even in cities where most of the homes have non-earthen floors. They distinguish

---

14. שו״ע סי׳ שלז ס״ב. וכנראה שפליגי הראשונים בגדר האיסור לכבד את הקרקע בשבת דרש״י בשבת דף קכד: ד״ה של, כתב דגדר האיסור הוא משום שבלי כוונה יבוא להשוות גומות, ואף שאינו מתכוין לכך הו״ל פסיק רישא. וכן הביא הר״ן מהראב״ד סוף פרק המצניע, וכ״כ הרוקח סי׳ נח. אמנם הרמב״ם בפכ״א מהלכות שבת ה״ג כתב דאסור לכבד את הקרקע שמא ישוה גומות, ומשמע מדבריו דאינו משום פסק״ר אלא הוא גזירה שמא בשעת הכיבוד יבוא להשוות גומות בכוונה. ועי׳ בשלחן ערוך הרב קונטרס אחרון סי׳ רעז ס״ק א שגם הוא הבין כן בדברי הרמב״ם וז״ל: עיין בכסף משנה פכ״א בשם הריב״ש שתמה על הרמב״ם שכתב גבי כיבוד שמא ישוה גומות, א״כ אינו פס״ר, ולמה אסור, ועי״ש מה שכתב בזה.

ועיין במ״ב בסי׳ שלז ס״ק ו שהביא טעם אחר וז״ל: דמזיז עפר ממקומו, עכ״ל. ועי״ש בשעה״צ ס״ק ג.

15. רמ״א סי׳ שלז ס״ב.

16. ביאור הלכה סי׳ שלז ס״ב ד״ה ויש מחמירין, וזהו תוכן דבריו. דהטעם דיש מחמירין אפי׳ במרוצף משום דגזרינן מרוצף אטו אינו מרוצף. ולפ״ז אם כל בתי העיר או עכ״פ רובם מרוצפים באבנים או בלבנים אפשר דמותר לכבד, דלא גזרו על רובה מפני מיעוטה, ולא על עיר זו מפני אחרת, עי״ש. וכ״כ האגלי טל במלאכת חורש דין יב, ובערוך השלחן סי׳ שלז ס״ה.

17. מ״ב סי׳ שלז ס״ק יד.

18. שש״כ פכ״ג הערה י.

between sweeping a floor and washing a floor. Sweeping a floor is considered an accepted daily necessity. The Sages therefore did not prohibit sweeping non-earthen surfaces (where most homes have such floors) because it would impose a significant hardship. However, washing a floor is not customarily considered a daily necessity. Since refraining from washing a floor (on Shabbos) would not impose any undue hardship, the Sages prohibited washing any type of floor (on Shabbos).[19]

---

19. כתב המחבר בסי׳ שלז ס״ג וז״ל: אין סכין את הקרקע ולא מדיחים אותו אפי׳ הוא מרוצף, עכ״ל. והמ״ב בס״ק יז הסביר דאפי׳ אם הוא מרוצף אסור להדיחו דגזרינן אטו שאינו מרוצף והקשה המ״ב דהא לענין כיבוד התיר המחבר בס״א (ר״ל במקום שמרוצף מותר לכבד ולא גזרו אטו אינו מרוצף), וע״ז כתב לתרץ בשם המגיד משנה וז״ל: משום דכיבוד הוא יותר דבר נחוץ מהדחה, עכ״ל. ביאור דבריו, דבכיבוד לא גזרו מרוצף אטו אינו מרוצף מפני שהוא צורך, משא״כ הדחה דאינו צורך כ״כ גזרו מרוצף אטו אינו מרוצף. אבל לכאורה כל זה אינו נוגע בזמנינו, אפי׳ אליבא דהרמ״א שפסק בס״א דגזרינן מרוצף אטו אינו מרוצף, דכבר כתבנו בציון 16 שהביאור הלכה ושאר אחרונים כתבו דאפי׳ אליבא דשיטת הרמ״א שגוזרין מרוצף מ״מ כשרוב העיר מרוצפת לא גזרינן, ולפיכך מותר לכבד בזמן הזה, וא״כ גם בהדחה כיון שרוב בתי העיר מרוצפים אין כאן מקום לגזור אטו אינו מרוצף ויהיה מותר להדיח רצפה בשבת.

אמנם ראיתי בשכ״כ פרק כא ס״ו שכתב דאין לשטוף את הרצפה גם אם היא מרוצפת. ובהערה כד כתב לחלק בין כיבוד שהתירו במרוצף להדחה שאסור גם במרוצף, שכן כיבוד נחוץ יותר, עכ״ד. הרי מבואר מדבריו דגם לפי סברת הביאור הלכה דכשכל העיר מרוצפת אין גוזרים אטו אינו מרוצף היינו רק בכיבוד שהוא נחוץ, אבל בהדחה שאינו נחוץ כ״כ גזרינן אפי׳ כשכל העיר מרוצפת.

אמנם לכאורה אין נראה לומר כן, דכל סברת המגיד משנה שכתב דבכיבוד דנחוץ יותר לא גזרינן אבל בהדחה גזרינן היינו דוקא במקום ששייך לגזור אטו שאינו מרוצף, כגון שאין רוב בתי העיר מרוצפים ושייך לגזור, דבזה כתב המ״מ לחלק בין כיבוד להדחה שבכיבוד אין גוזרים ובהדחה גוזרים. אבל במקום שלא שייך כלל חשש זה כגון כיום שכל מקומות המגורים מרוצפים, לכאורה אין מקום לאסור הדחה יותר מכיבוד, ודברי המ״מ אינם נוגעים כלל כשכל הבתים מרוצפים, וצ״ע על השש״כ שכתב בפשטות שאסור להדיח הרצפה בזמנינו כשכל הבתים מרוצפים.

ועיין בקצות השלחן סי׳ קמו אות נט שבאמת מדמה הדחה לכיבוד, דכמו שבכיבוד לא גזרו מרוצף אטו אינו מרוצף כשרוב בתי העיר מרוצפים ה״ה בהדחה. אמנם הוסיף הקצות השלחן חשש אחר לאסור הדחה אפי׳ כשרוב בתי העיר מרוצפים מטעם השואת גומות בין הרובדים. אמנם בזמנינו אין שום גומות בין הרובדים וממילא אין חשש זה נוגע לנו כלל.

ולכאורה יש להביא ראיה מדברי השביתת שבת שגם הוא סובר דכשרוב בתי העיר מרוצפים אין גוזרים אטו אינן מרוצפים, דכתב במלאכת חורש סי׳ כח דהטעם דאסור לשחק בתוך הבית עם אגוזים הגם דרוב בתי העיר מרוצפים הוא משום דהדרך לשחק

In situations where the non-earthen surface is very dirty (e.g. there is excrement on the floor), one may spray a cleaning fluid (e.g. windex) to clean the area. This is not considered "washing".[20]

Washing is defined as deliberately pouring liquid onto a floor for the purpose of cleaning it. However, wiping up a spill involves other halachic considerations. See *The Shabbos Kitchen* page 196.

Even though one is forbidden to wash floors on Shabbos, one is permitted, however, to sprinkle water on any type of floor in order to settle the dust.[21]

c. Rolling Balls

The *Poskim* prohibited rolling a ball or similar object on an earthen surface because of the concern that one may level the ground to provide a smooth surface on which to roll the ball.[22] Therefore, it is forbidden to play soccer outdoors (even if there is an *eruv*). Similarly, playing basketball on an earthen surface is forbidden because the game cannot properly be played on an uneven surface. Hence, the concern that one may level the ground and transgress the *melachah* of building is in effect.

Some *Poskim* permit rolling a ball on a non-earthen surface.[23] However, most *Poskim* rule that the prohibition

---

עמם בחוץ. ולכאורה אם השביתת השבת סובר דסברת הביאור הלכה לא נאמרה אלא בכיבוד שהוא דבר נחוץ למה צריך השביתת השבת ליתן טעם חדש לאסור לשחק באגוזים, לכאורה הטעם לאסור פשוט משום דלשחק באגוזים אינו דבר נחוץ, אלא ע״כ דההיתר של הביאור הלכה שייך בכל ההלכות.

ובפנים כתבנו לאסור, דהמ״ב בס״ק יז כתב וז״ל: ודע דהדחת רצפת הקרשים שנוהגין כהיום יש בזה עוד איסור לעשות בשבת מלבד הדחה דהוא צריך לזה שריית אלונטית במים כידוע ויש בזה משום כיבוס, עכ״ל. ועיין בספר חוט השני פי״א מלאכת חורש שג״כ כתב להחמיר בזה.

20. עי׳ לעיל ציון 19, וע״ע בזה בשו״ת נשמת שבת חלק ג סימן שא.

21. מ״ב סי׳ שלז ס״ק ה.

22. שו״ע סי׳ שלח ס״ה.

23. עיין בספר נשמת שבת ח״ג סי׳ תכד, שאחר שהביא דברי השביתת השבת והקצות השלחן שאסרו לשחק אף כשכל בתי העיר מרוצפים כתב וז״ל: מיהו אכתי מסתבר דבעיירות גדולות שכמעט כל המקומות שמבחוץ הן מכוסים ברצפת אבנים או בביטון, שלא מיבעיא דבתוך הבית מותרין לשחק אלא אף בחוץ במקומות המרוצפין מותרין,

includes all surfaces.[24] Accordingly, one is also forbidden to play soccer or basketball even on a concrete surface.

All authorities agree that one is permitted to roll a ball on a covered (e.g. carpeted) floor. The Rabbinic ban applies only to an uncovered floor, which might be confused with an earthen floor. A covered floor will surely not be mistaken for an earthen floor.[25]

d. Playing Kugelach

It is permitted to play kugelach indoors on the floor.[26]

C. Making Furrows in the Ground

Making furrows in the ground is included in the *av melachah*

דדינו כתוך הבית דלא גזרינן מרוצף אטו אינו מרוצף, ובלאו הכי הערוך השלחן סי״ב מתיר לשחק בבית שיש בו רצפה (אף על הרצפה) דשחוק אינו דבר של קביעות שיגזרו זה אטו זה, וכן נוטה דברי הפמ״ג (משב״ז ס״ק ג) דבמרוצף אפשר להתיר, עכ״ל.

24. בספר שביתת שבת מלאכת חורש סי׳ כח כתב וז״ל: אבל ע״ג קרקע מרוצפת דלא שייך אשוויי גומות ג״כ אסור דקרקע בקרקע מיחלף וגזרינן אטו קרקע שאינו מרוצף, והכא לא מהני מה שבתי העיר מרוצפים, שדרך לשחוק בחוצות ורחובות, עכ״ל. הרי מבואר מדבריו סברא חדשה לאסור לשחק באגוזים בפנים אפי׳ כשרוב בתי העיר מרוצפים, דכיון דדרך לשחק באגוזים בחוץ אם נתיר בפנים יבאו לשחק גם בחוץ, ובחוץ יש חשש אשוויי גומות, וכ״כ בקצות השלחן סי׳ קמו. ובשו״ת מחזה אליהו סי׳ עא אות ו.

אולם לפי״מ שכתב בנשמת שבת, כמובא בהערה 23 לא שייך בזמנינו, שגם בחוץ הכל מרוצף או כבוש.

25. הרמ״א בסי׳ שלח ס״ה כתב דעל גבי השלחן מותר לשחק באגוזים, וביאר המ״ב בס״ק כ וז״ל: וה״ה ע״ג מחצלת או בגד או טבלא, ולא גזרינן בכל זה אטו ע״ג קרקע דגזירה לגזירה היא, אבל ע״ג קרקע אפי׳ היא מרוצפת דלא שייך אשוויי גומות ג״כ אסור דקרקע בקרקע מיחלף וגזרינן אטו קרקע שאינו מרוצף, עכ״ל.

26. בשש״כ פ׳ טז הלכה ה כתב וז״ל: מותר לשחוק בגולות, והוא שישחק בהן בתוך הבית, ובתנאי שקרקע הבית יהא מרוצף, אבל מחוץ לבית גם על פני שטח מרוצף אסור, עכ״ל. ובהערה טז כתב וז״ל: דעל גבי קרקע אסור אפי׳ הוא מרוצף, דקרקע בקרקע מיחלף וגזרינן אטו קרקע שאינו מרוצף, עכ״ל. אבל עיין סי׳ שלז ס״ב בביה״ל ד״ה ויש, דכשבתי העיר כולם או רובם מרוצפים אין להחמיר במרוצפים. ובהערה יז כתב דכאן שייכת הגזירה דלעיל שם הערה טז, הואיל ואפי׳ בעיר אין רוב החצרות מרוצפות. ועיין בנשמת שבת (חלק ג סי׳ תכה) שכתב סברא להתיר וז״ל: משא״כ משחק קאגעלע״ך שמשחקים רק על מקום מסויים קטן, ודרך הילדים כשרוצים לשחוק שמקודם בוחרים להם מקום ישר לשחוק שם, ולמה נגזור שבמכוון יבחרו מקום גומות ויבואו להשוותו, דאטרוחי במגנא למה לן. אמנם נראה דמשום לא פלוג יש למנוע, עכ״ל.

of חוֹרֵשׁ, because the furrows prepare the soil for planting seeds or young plants.[27]

1. Compressing the Earth

Making furrows by removing soil from its place prepares the ground for planting, because one can place seeds in the ground and cover them up with the loose earth. Making furrows by compressing earth does not remove any soil and does not improve the ground for planting. Any seeds placed in those furrows can easily be blown away by the wind. Therefore, compressing earth is not considered חוֹרֵשׁ.[28]

2. Practical Applications Resulting From the Prohibition to Make Furrows in the Earth

Even if one does not intend to facilitate planting, it is nevertheless forbidden to make a furrow, or do something that would result in a furrow being made.

a. Pulling Objects Along an Earthen Surface

One is permitted to drag a light object along the earth despite the possibility that a furrow will be made. Since the person does not intend to make a furrow, and it is not definite that his action will result in making one, his action is classified as a דָּבָר שֶׁאֵינוֹ מִתְכַּוֵּין, *an unintended act*, which is permitted.[29]

---

27. מ״ב בהקדמתו לסי׳ שלז. ועיין אגלי טל מלאכת חורש ס״ק ו שכתב לחדש שהחיוב דאורייתא בעושה חריץ הוא דוקא בעושה חריץ בשדה שעומדת להזרע זרע, אבל כשעושה חריץ בשדה שאינו עומד לזרוע בו זרעים א״כ הוי עשיית החריץ בשדה זה מקלקל ואינו אסור מדאורייתא.

28. במסכת ביצה דף כג: מבואר דיש היתר של ״כובשת״, ופירש רש״י וז״ל: חריץ הנראה בהלוכה לא על ידי חפירה אלא כובשת ודורסת הקרקע ונדוש תחתיה ונעשה מקומו נמוך אבל אינו זז עפר ממקומה, עכ״ל.

וראיתי בספר שערי הלכה, מלאכת חורש דף טו, שנתקשה בהיתר זה וז״ל: ויש לעיין מדין תחיבת ביצה בעפר המבואר בתוס׳ שבת דף לט דמבואר התם דחשיב בהכי חורש, ולכאורה היינו נמי כובש, ויש לחלק ודו״ק, עכ״ל. וכן יש לעיין מהמג״א סי׳ תצח ס״ק לב שכתב דאסור לתחוב נר לתוך החול משום שעושה גומא, ולכאורה צריך להיות מותר דבתחיבת הנר לתוך החול הוא רק כובש את העפר. ואפשר לחלק דבהני ציורים שהוא משתמש עם הגומא גזרו אטו שאר מקומות שאינו כובש אבל בציור של הגמרא שהוא אינו משתמש בהגומא רק שנעשית ע״י ההליכה לא גזרו במקום שהוא רק כובש את הקרקע. וע״ע בזה בציון 33.

29. שו״ע סי׳ שלז ס״א.

However, one is not permitted to drag a heavy object along the earth if it will definitely make a furrow. Although here too the furrow is unintended, unintended acts are forbidden if the prohibited consequences are inevitable [פְּסִיק רֵישָׁא]. Therefore, one is forbidden, for example, to pull a heavy chair across the lawn on Shabbos.[30]

The *Poskim* extended this prohibition in the previous eras to include stone surfaces, to ensure that heavy objects will not be mistakenly dragged along an earthen surface. Therefore, it would be forbidden to drag a heavy object across a stone surface if it would make a furrow in an earthen surface.[31]

Nowadays, however, when the *majority* of houses have hard floors (e.g. stone, tile, wood), the *Poskim* permit such activities. Accordingly, one is permitted to drag a heavy object inside a house because all of our houses have covered floors.[32] This leniency also includes paved yards or patios

---

30. המ״ב בסי׳ שלז ס״ק ז וז״ל: כתב המג״א דגדולים ביותר אסור לגרור על הארץ דפסיק רישא הוא דבודאי יעשה חריץ, ואפי׳ מרוצף בקרקע של שיש אסור לגרור דגזרינן מרוצף אטו אינו מרוצף, עכ״ל.

ועי״ש בשעה״צ ס״ק ב וז״ל: ומסתברא דאם כל העיר מרוצף באבנים או בקרשים יש להקל בזה. ואפילו אם נחמיר לקמן בכיבוד הכא קיל טפי דאפי׳ באינו מרוצף לית בזה גררא דאורייתא מכמה אנפי: אחד, דהחריץ שיעשה הוא בזה רק חופר כלאחר יד. ועוד, דהוא מקלקל ע״י הגומות שנעשים בבית ולא מתקן. ועל כולם, הלא אינו מכוין לזה והוא רק פסיק רישא דלא ניחא ליה וגם בזה לכ״ע הוא רק איסור דרבנן, ומבואר לעיל בסי׳ שטז ס״ג בהגה דדעת הרמ״א שם מוכח דס״ל בעלמא דאם הוי תרי דרבנן מותר בפ״ר דלא ניחא ליה, ואף דהכא מחמירין בזה בגדולים ביותר דפ״ר הוא, עכ״פ במרוצף בכל העיר יש לצרף לזה דעת התוס׳ דלא גזרינן בזה אטו אינו מרוצף, עכ״ל.

ומבואר מדברי השעה״צ דהגם דבגרירת חפצים גדולים הוא פסיק רישא דלא ניחא ליה והוי תרי דרבנן אף על פי כן יש להחמיר בגרירת חפצים גדולים בתוך הבית, ואינו מיקל עד שתהי׳ העיר מורצפת ברובה. ולכאורה צ״ע דהשעה״צ בעצמו הביא דהרמ״א בסי׳ שטז ס״ג פסק דבפסיק רישא דלא ניחא ליה בתרי דרבנן מקילין, ואף על פי כן הוא החמיר בכלים גדולים אע״פ שהוא גם פסיק רישא דלא ניחא ליה בתרי דרבנן. ועיין בשו״ת חלקת יעקב ח״א סי׳ עה שבתרי דרבנן שיש להם עיקר מן התורה (כגון מלאכה שאינה צריכה לגופה, וכלאחר יד) מחמירינן, משא״כ בתרי דרבנן כשאחד מהם אין לו עיקר מה״ת מקילינן. ולפ״ז שפיר מיושב למה בס׳ שטז מקילינן בפסיק רישא בתרי דרבנן דהתם התרי דרבנן אין להם עיקר מן התורה. וע״ע בזה בציון 47.

31. מ״ב סי׳ שלז ס״ק ד.

32. שעה״צ סי׳ שלז ס״ק ב.

adjacent to the houses, because they are viewed as extensions of the respective houses.

b. Baby Carriages, Wheel Chairs

One is permitted to push a wheelchair[33] or baby car-

---

33. במסכת ביצה דף כג: יש שני דיעות אליבא דרב יהודה שסובר שדבר שאינו מתכוין אסור אם מותר לגרור עגלה של קטן על גבי קרקע, דלדיעה ראשונה אסור משום שעושה חריץ בקרקע, ולדעה שניה מותר דלא דמי למה שאסר רב יהודה לגרור כלים על הארץ מפני שעושה חריץ, דשאני עגלה שהיא כובשת ואינה עושה חריץ. ורש״י בד״ה מפני שכובשת מפרש ההיתר וז״ל: חריץ הנראה בהלוכה לא על ידי חפירה הוא אלא כובשת ודורסת הקרקע ונדוש תחתיה ונעשה מקומה נמוך, אבל אינו זז עפר ממקומה, עכ״ל. הרי מבואר מדברי רש״י דההיתר של כובשת הוא משום דכיון דאין העפר זז ממקומו אלא נעשה נמוך ע״י הילוך העגלה אין זה בכלל מלאכת חורש, וכ״כ המאירי שם.

וכנראה שנקטינן כלישנא בתרא דמותר להוליך עגלה בשבת אפי׳ אליבא דר״י, מפני שהעגלה כובשת הקרקע ואינה עושה חריץ. וכן נקט בשו״ת ריב״ש סי׳ שצד.

ועיין בשו״ת חבצלת השרון ח״א סוף ס״א וז״ל: ועל דרך העגלה של קטן אם מותר בשבת, הנה בש״ס ביצה מבואר דעגלה קיל ממטה כסא וכו׳ וגם ר״י דפליג על ר״ש מודה בעגלה משום דכובשת ואינו עושה חריץ, ומשום הכי אינו מובא דין דעגלה בשלחן ערוך כלל כיון דקיי״ל כר״ש דדבר שאינו מתכוין מותר וגרירה דמטה וכסא שרי מכל שכן עגלה דכובשת, וא״כ נהי דהמג״א אוסר בגדולים בסי׳ שלז היינו בגרירה, אבל לא בעגלה דכובש כנ״ל ברור, עכ״ל. וכן נקט בשו״ת קרן לדוד סי׳ צו, בשו״ת מהרש״ג ח״ב סי׳ יג, בשו״ת כפי אהרן ח״א סי׳ לג, ובשו״ת מנחם משיב ח״א סוף סי׳ נז.

ועיין שם בשו״ת כפי אהרן שהעיר בנקודה חדשה וז״ל: אלא דצל״ע, דפעמים כשהארץ מתלחלח מאוד מהגשמים וכשמנהגין את העגלה אי אפשר שלא ידבק טיט הקרקע על אופני העגלה ונמצא עושה חריץ וגומא באותו מקום, וזה הוי פסיק רישא ממש, ולא ראיתי מי שיחשוש לזה. ואם לא הייתי בוש מחברי הייתי שואל דמדוע אין נזהרים שלא לדרוס בשבת במקום טיט דעושה ג״כ חריץ וגומא ע״י שנדבק מהטיט על מנעליו והוי פסיק רישא כנ״ל, וצריך ע״כ לומר דחכמינו ז״ל לא אסרו אלא דרך גרירה דדומה לחופר ולחורש, שכן דרך החורשין לגרור יתד המחרישה, משא״כ כשאין גורר רק מנהיג העגלה והאופנים מתגלגלים ואינו עושה חריץ וחפירה ע״י הגלגול רק שנדבק מעט מטיט האדמה על אופני העגלה זה לא אסרו דלא הוי דומי׳ דחופר וחורש, ומה״ט ג״כ אין לחוש בדריסת הרגל כנ״ל ליישב המנהג, עכ״ל, ועיי״ש. ועוד יש לחלק בפשטות טפי, שעצם מהות החרישה היינו שמהפך האדמה ומרפה אותה ומשאירה במקומה, ולא שעושה חריץ ע״י נטילת חלק ממנה למקום אחר והשאר נשאר כמו שהיה, דמה אהני בזה, ופשוט.

ועיין בשש״כ פכ״ח הלכה מב כתב וז״ל: מותר להסיע עגלת ילדים בשבת וביו״ט לא רק בכביש סלול אלא גם בדרך חול, ולא רק להסיעה בקו ישר כי אם גם להפנותה לצדדים מותר, עכ״ל.

ובהערה צט כתב וז״ל: שמעתי מהגרש״ז אויערבאך זצ״ל, וסברתו עמו, שהרי הוא רק דוחה את החול לצדדים במקום שכבר נכבש, וגם אפשר שהחול שהוא דוחה הוא כעין עפר תיחוח, דלא שייך לאסור משום ריפוי ארעא דאיסורו משום חורש רק בכסא וספסל

riage[34] along an earthen surface even though the wheels will make indentations in the ground. This does not constitute making a furrow because the wheels do not remove any earth from the ground, they merely compress it. This is not חוֹרֵשׁ, *plowing*. (See C1 above.)

D. Removing Obstacles From the Ground

Included in the *melachah* of חוֹרֵשׁ is the removal of obstacles that are attached to the ground, since removing the obstacles makes it possible to plow and plant the ground.[35]

If the obstacles are not attached to the ground but they are so embedded in it that a shovel is required to remove them, they are considered connected to the ground.[36]

Detaching weeds and dead plants from the ground is included in the *melachah* of חוֹרֵשׁ, because other plants can then be planted in their place.[37]

E. Enriching the Soil

Enriching soil is included in the *melachah* of חוֹרֵשׁ because it too improves the earth for planting. Therefore, it is forbidden to work any type of fertilizer (chemical, compost, manure) into the ground.[38] If the fertilizer is deposited without

---

שהם כבדים, וכיון דבפ״ר דלא ניח״ל דעת הערוך להקל, ולכן אף דלא קיי״ל הכי, ע״ש, מ״מ בצירוף עם זה שאינו אלא כלאחר יד, וגם אינו אלא מקלקל, וגם אין זה פ״ר שמזיז עפר כזה דשייך בו איסור ריפוי ארעא, נראה דשרי, עכ״ל.

34. עיין ציון 33.

35. המ״ב בהקדמתו לסימן שלז כתב וז״ל: או שהיה שם תל קטן והשפילו או שהיה שם מקום נמוך והשווה אותם חייב משום חורש, עכ״ל. ועיין באגלי טל מלאכת חורש הלכה ט שכתב וז״ל: שכל המשווה את פני הקרקע כגון שהיה שם גבשושית ונטלה או גומא וטממה בשדה חייב משום חורש וכו׳. ויראה לי דאם הגבשושית לא היה מחובר לקרקע אין בו חיוב דאורייתא וכו׳, עכ״ל. והסביר שם הטעם דכשאינו מחובר אין בזה משום חרישה, דאין זה אלא כמסלק מפה מעל גבי קרקע השדה המתוקנת כבר, ודווקא כשמחובר בקרקע חייב דהשתא אין תחת הגבשושית פני הקרקע הבית והשדה, אבל כשאינו מחובר אין זה חיוב דאורייתא כלל.

36. הר צבי, מלאכת חורש ס״ק א (נדפס בסוף שו״ת הר צבי או״ח ח״א).

37. אגלי טל מלאכת חורש סעיף ה, ועיין ביאור הלכה סי׳ שלו סי״ב ד״ה חייב.

38. שביתת השבת דף יג ד״ה ובירושלמי.

working it into the soil, one does not transgress the prohibition because the soil will not be enriched.[39]

F. Making Holes in the Ground

1. Basic Rule

As stated above, חוֹפֵר, making holes in the ground, is included in the *melachah* of plowing if it is for the purpose of facilitating planting, e.g. to place seeds inside the hole.[40] Making holes in the ground for any purpose other than planting (e.g. indoors) is a transgression of the *melachah* of building (בּוֹנֶה).[41]

2. Making a Hole in Loose Dirt or Sand

One does not transgress the *melachah* of חוֹרֵשׁ if the walls of the hole will immediately collapse after it is dug. Therefore, one is not forbidden to dig a hole in dry, loose sand on Shabbos.[42]*

---

* In most situations, however, it is still forbidden to dig because of the prohibition against moving *muktzeh*, since sand is, generally speaking, *muktzeh*.

---

39. שביתת השבת מלאכת חורש סעיף ג.
40. במשנה שבת דף קג. איתא דהחורש כל שהוא חייב, ופריך על זה בגמרא כל שהוא למאי חזי, וע"ז מתרצת הגמרא דחזי לביזרא דקרא (ר"ל דחזי לזרוע בתוכו נימא של דלעת, שמספיק לזה כל שהוא). ולכאורה מוכח מזה דאפי' בעשיית גומא קטנה מאד יהא חייב משום חורש, דעשיית גומא קטנה מאוד מספקת להגן על זרע קטן. וא"כ יש להבין למה חייב כשעושה גומא קטנה כזו שמחזקת רק זרע קטן של דלעת, הא לכאורה זה הוי רק כבישת קרקע, והא אנן תנן במסכת ביצה דף כג: דעגלה קטנה נגררת על גבי קרקע מפני שהיא כובשת, הרי מבואר להדיא דלא שייך חיוב של חרישה כשרק כובש את הקרקע, וא"כ כשעושה גומא קטנה מאוד הא לכאורה הוי רק כבישה בעלמא וא"כ למה חייב עליה משום חורש. וצריך לומר סברא שראיתי בספר נשמת שבת ח"ג סי' רעו וז"ל: דלא מקיל הגמרא מסברא דכובשת אלא כשנעשה חריץ גדול ורחב, אבל כשנעשה נקב קטן אסור אף בכה"ג, דהא יכול להניח זרע (גרעין) לתוך הנקב ותקלוט שם ויגדל ממנו זרעים, עכ"ל. וא"כ שפיר מיושב למה בציור הגמ' לא נאמר ההיתר של כובשת.

ולכאורה יש ראיה ליסוד הנ"ל, דכשדנו הפוסקים אם מותר לזקן ללכת עם מקל על גבי קרקע רכה שנתחב המקל לתוך הקרקע (ראה בסמוך הערה 47) לא כתבו דההיתר הוא משום כובשת, וע"כ הטעם הוא משום דכיון דבתחיבת המקל נעשית רק גומה קטנה ובזה לא נאמר ההיתר של כובשת.

41. הקדמת המ"ב לסי' שלז.
42. מ"ב סי' שח ס"ק קמג.

3. Exposing a Hole

One is permitted to remove a stick from the ground on Shabbos even though the removal will leave a hole in the ground. Exposing a hole that has already been made is not considered creating a hole.[43]

This is only permitted in situations where there is no concern that the individual will fill the hole with soil in order to even out the surface of the ground.[44]

V. Practical Applications

A. Removing Mud From Shoes

According to some authorities it is forbidden to scrape mud off one's shoes on any earthen surface. The most convenient place to scrape mud off one shoes is in a depression in the ground. This action, however, will result in leveling the ground, thus transgressing the *melachah* of חוֹרֵשׁ (see page 251). Therefore, the *Poskim* forbade scraping mud off one's shoes on any earthen surface, so as to prevent scraping it off in a depression. Instead, one should scrape the mud against the edge of a step, corner of a wall or on a concrete sidewalk.[45]

B. Removing Excrement From Shoes

If one has to remove excrement from his shoes and there is no other way of removing it, he may scrape it off on an earthen floor.[46]

C. Walking With a Cane or High-heeled Shoes

One is permitted to walk with a cane even if the cane makes holes in the soil.

Similarly, it is permitted for a woman to walk on the ground

---

43. שו״ע סי׳ שיא ס״ח.

44. מ״ב סי׳ שי״א ס״ק כח.

45. עיין בכל זה בסי׳ שב ס״ו, ומ״ב שם.

46. קיצור שלחן ערוך סי׳ פ ס״מ.

with high heels even though the heels will make holes in the ground while walking.[47]

D. Rubbing Saliva and Mucus Into the Ground

One may not rub saliva or mucus into the ground because he

---

47. בביאור הלכה סי׳ שא סי״ז בד״ה שאינו כתב וז״ל: ואם יש מסמר בראש המקל שעושה גומא בהליכתו והוי פסיק רישא דלא ניחא ליה צ״ע אם מותר לילך בו, וע״ש במ״ז שמצדד להיתר בזה, עכ״ל. ונראה דבמקום צורך יש לסמוך על הפמ״ג שנוטה להקל, וטעמו משום דהוי פסיק רישא דלא ניחא ליה בדרבנן משום דאינו צריך להגומא, וגם מקלקל, וחופר כלאחר יד. ומ״מ סיים הפמ״ג "צ״ע ועיין סי׳ שלז." ונראה דכוונתו דשם מבואר דאסור לגרור כסא ומטה באופן דהוי פסיק רישא שיעשה חריץ אף דהוי לא ניחא ליה ומקלקל וחופר כלאחר יד, ומשום זה סיים הפמ״ג דצ״ע. אמנם באמת התם יש טעם מיוחד למה בגרירת חפצים גדולים אסור הגם דהוי פסיק רישא דלא ניחא ליה בתרי דרבנן. דעיין בשביתת השבת מלאכת חורש (בבאר רחובות אות יח) דהביא שיטת המג״א דסובר דאסור לגרור כלים גדולים ביותר על גבי קרקע הגם דהוי פסיק רישא דלא ניחא ליה בתרי דרבנן, והקשה דלכאורה המג״א סותר את עצמו דבסי׳ שיד ס״ק ה סובר המג״א דפסיק רישא דלא ניחא ליה מותר בתרי דרבנן. ותירץ השביתת השבת וז״ל: על כרחך צריך לומר כמו שכתבו התוס׳ כתובות דף ה ד״ה את״ל דבגרירה פעמים מתקן שמשוה גומות מצד אחר, עכ״ל. הרי מבואר דבאמת אנן פסקינן דתרי דרבנן מותר בפסיק רישא דלא ניחא ליה ורק בגרירת כלים גדולים יש טעם מיוחד לאסור. וא״כ בנידון דידן אם הסומא יכול לילך במקל העושה גומא, כיון דהוא פסיק רישא דלא ניחא ליה בתרי דרבנן שפיר אפשר להקל.

אמנם בספר שלחן שלמה סי׳ שלז ס״א כתב וז״ל: דבר שאינו מתכוין מותר והוא שלא יהיה פסיק רישא וכו׳. אבל גדולים מאד ודאי עושה חריץ ואסור אפי׳ בקרקע של שיש. ונ״ל דה״ה אם הקרקע לח אפי׳ בקטנים מאד הוי פסיק רישא, ולכן לא ילך במקל, אבל ברגליו כיון דא״א בענין אחר מותר, עכ״ל. הרי מבואר מדבריו דבקרקע לח שהמקל יעשה גומא אסור ללכת עם מקל בשבת. ועיין בשו״ת מהרי״ל החדשות סימן מג וז״ל: אבל לעשות ברזל חד נראה איסור גמור אפי׳ בתוך הבית כי עושה גומא בכל מקום, אפי׳ בבית החורף, עכ״ל. הרי מבואר מדבריו ג״כ דאם בהליכה במקל יש פסיק רישא שיעשה גומא אסור ללכת בשבת עם המקל.

ולכאורה צ״ע דהא הוי תרי דרבנן בפסיק רישא דלא ניחא ליה.

ועיין בספר תולדות שמואל ח״ג בהשמטות, דף רכז, וז״ל: לפי מה שנתבאר פה דבפסיק רישא אסור לגרור לפי זה צ״ע לכאורה בזמן גשמים שהקרקע מתדבק הרבה עד שאי אפשר שלא יעשה גומות בעת שהולך כגון בכפרים שאין קרקע הרחוב מרוצף באבנים ובפרט ההולכים במנעלים כבדים והם בעלי בשר, וא״כ איך הותר ההליכה כלל באותו זמן הלא הוי פסיק רישא גמור. וצריך לומר לענ״ד דכיון דגם כל עיקר עשיית הגומא הוי רק מקלקל, ולא הוי אפי׳ כחופר גומא ואין צריך אלא לעפרה כי כאן הלא אין צריך באמת לא לגומא ולא לעפרה, וגם הוי כלאחר יד דהוי תרי דרבנן, ע״כ מותר במקום צורך גדול עכ״פ כי אי אפשר לאדם שיהיה כלוא בבית כל היום, והוי גזירה שאין רוב הציבור יכולים לעמוד בה, עכ״ל.

ולכאורה לפי דבריו גם זקן מותר ללכת עם מקל בשבת.

may level the ground in doing so, thereby transgressing the *melachah* of חוֹרֵשׁ, *plowing*, or בּוֹנֶה, *building*.

However, one may walk over these substances if he does not intend to rub them into the ground. This prohibition does not apply to indoor, non-earthen floors or concrete paths which lead indoors.[48]

E. Playing in a Sandbox

Children may play in a sandbox, provided the sand is dry and loose. The holes that are made while digging the sand are permissible because they immediately collapse.[49] If, however, the sand is moist, children who have reached the age of *chinuch* (approx. 3-4 years of age) may not play with it because the holes that are made will not immediately collapse, thus transgressing the *melachah* of בּוֹנֶה, *building*.[50]

F. Moving a Barrel

It is forbidden to move a full barrel on an earthen surface. The *Poskim* explain that one may level the ground to provide a surface on which the barrel will stand firmly.[51]

This prohibition does not apply indoors where most of the floors are non-earthen surfaces.[52]

G. Sitting on a Chair on an Earthen Surface

One may sit* on a chair on an earthen surface although the legs of the chair will make a hole in the ground. Since the legs

---

* However, care should be taken that one should not drag the chair on the ground because a hole will be made in the soil.

---

48. שו"ע סי' שטז סי"א, ומ"ב שם.

49. עפ"י המ"ב סי' שח ס"ק קמג. ולא הבנתי מה שכתב השש"כ פט"ז ס"ד שרק אין למחות בילדים המשחקים בחול הדק והיבש, למה רק אין למחות הא זה מותר לכתחילה.

50. משום דבעפר שהוא קשה שייך חורש ובונה.

51. שו"ע סי' שלז ס"ד.

52. שעה"צ סי' שלז ס"ק יז.

merely compress the soil and do not remove any soil from its place it is not a violation of the *melachah* of חוֹרֵשׁ (see page 256). Even if the legs of the chair do remove some soil, nevertheless one is permitted to sit on the chair on an earthen surface.[53]

H. Sweeping Floors

See page 251.

I. Washing Floors

See page 252.

J. Rolling Balls

See page 254.

K. Playing Kugelach

See page 255.

L. Playing Ball Outdoors

See page 254.

M. Pulling Objects Along an Earthen Surface

See page 256.

N. Wheeling a Baby Carriage or Wheelchair

See page 258.

---

53. כללים בהלכות שבת דף קפה. וע״ע בזה בציון 47.

XVII / Reaping — קוֹצֵר

I. The Av Melachah

קוֹצֵר, *reaping,* is one of the thirty-nine *Avos Melachos* that are Biblically prohibited on Shabbos.[1] Reaping was required for the construction of the *Mishkan.* Specific herbs were grown to produce the dyes used to color the tapestries and these had to be reaped.[2]

II. Definition

The *melachah* of reaping is defined as detaching[3] or severing

---

1. משנה שבת דף עג.

2. רש״י שבת דף עג. ד״ה האופה.

3. רמב״ם פ״ח מהלכות שבת ה״ג וז״ל: וכל עוקר דבר מגידולו חייב משום קוצר, ע״כ. וע״ע בפ״ז הלכה ד שכתב וז״ל: וכן אחד הקוצר תבואה או קטנית או הבוצר ענבים או הגודר תמרים וכו׳ כל אלו אב מלאכה אחת הן שכל אחת מהן לעקור דבר מגידוליו מתכוון, עכ״ל.

ועיין בהר צבי, טל הרים מלאכת קוצר אות ד, שהביא ספיקת השואל במי שמפסיק את יניקת האילן ולא עקרו ממקומו, כגון שהסיר המסך שמגין עליו מפני החמה או שפך עליו מים רותחים, אם חייב בכיו״ב משום קוצר. והביא ראיה מהירושלמי פרק כלל גדול ה״ב דאיתא הנותן עציץ נקוב על גבי עציץ נקוב חייב משום קוצר ומשום זורע. ופי׳ בקרבן העדה דע״י שנותן השני על הראשון אי אפשר להתגדל הזרע שבראשון, ומבואר דבהפסקת היניקה גם כשלא עקר ממקומו חייב משום קוצר, עי״ש.

אבל כנראה שהירושלמי הולך לשיטתו בזה, דעיין בספר דבר אברהם ח״א סי׳ כד אות יד שכתב דהבבלי והירושלמי חלוקים ביניהם ביסוד מלאכת קוצר. דהירושלמי סובר דמלאכת קוצר הוא מה שמפסיק החיות, ולכן אינו חייב משום קצירה אלא א״כ היו הזרעים הנקצרים יונקים מן הקרקע וכשקצרם הפסיק חיותם, משא״כ אם כבר יבשו הזרעים וכבר נפסקה יניקתם מן הקרקע פטור בקצירתם, כיון שכבר פסק חיותם וחסרה עיקר מלאכת קצירה. ולפי זה שפיר מובן למה הירושלמי סובר שכשנותן עציץ נקוב על גבי עציץ נקוב חייב משום קוצר, דהא הוא עוקר דבר מחיותו, ובאמת הירושלמי כתב יסוד זה להדיא בפרק כלל גדול, דאיתא שם דהאי מאן שצד נונא (דג) חייב משום קוצר, והטעם דכיון שמבדיל הדג מחיותו זהו מלאכת קוצר.

אמנם הבבלי סובר דתאנים שיבשו באיביהן הקוצרם חייב משום קצירה (חולין דף קכז:ז) וע״כ סובר דמלאכת קוצר הוא מה שתולש דבר מן הקרקע, ולא הבדלת החיות,

a growing plant from its source of growth.[4]

ולכן חייב כשקוצר תאנים שיבשו. וכן להבבלי אינו חייב כשצד דג משום מלאכת קוצר, שהרי אינו תולש הדג מן הקרקע (וע״ע בארוכה לקמן הערה 4). ולפ״ז אפשר לומר דהבבלי אינו סובר דכשמניח עציץ נקוב על עציץ נקוב חייב משום קוצר, כיון דיסוד מלאכת קוצר אליבא דהבבלי הוא שתולש דבר מן הקרקע, וכאן אינו תולש כלום מהקרקע רק מבדיל העציץ מחיותו. ונמצא דהך דינא תלי׳ במחלוקת בין הבבלי להירושלמי.

4. בגמרא שבת דף קז: איתא: אמר שמואל הושיט ידו למעי בהמה ודלדל עובר שבמעיה חייב, ע״כ. והרמב״ם הביא הך הלכה בפי״א מהל׳ שבת הלכה א בתוך הני הלכות שחיובם משום נטילת נשמה. ולכאורה קשה על הרמב״ם דבהמשך הגמרא איתא מאי טעמא (ר״ל למה הוא חייב כשהוציא עובר שבמעי אמו) ומשני אמר רבא, בר המצורי אסברה לי, לאו אמר רב ששת האי מאן דתלש כשותא מהיזמי מחייב משום עוקר דבר מגידולו הכי נמי מיחייב משום עוקר דבר מגידולו, ע״כ דברי הגמרא. ולכאורה הגמרא מדמה דלדול עובר במעי אמו לתלישת כשותא (מאשרומ״ס) מהיזמי שחיובו משום קוצר, וא״כ ה״ה לכאורה בהוצאת עובר במעי אמו צריך החיוב להיות משום קוצר, וא״כ יש להבין למה כתב הרמב״ם דחייב בהוצאת עובר במעי אמו משום נטילת נשמה ולא משום קוצר.

ועיין ברמב״ן על הגמ׳ שם שהקשה דהגוזז צפרנים ותלישת כנף מן העוף דאי׳ בגמ׳ (עד:) דחייב רק משום גוזז למה לא מחייב ג״כ משום קוצר. ותירץ הרמב״ן דע״כ מלאכת קוצר אינה אלא בגידולי קרקע, ולפיכך הגוזז צפרנים אינו חייב משום קוצר משום דבהמה לא הוי גידולי קרקע, ועיי״ש ברמב״ן שהוכיח כן עוד מכמה דוכתי, ודחק בלשון הגמרא של עוקר דבר מגידולו, עיי״ש.

ולפי זה מיושב למה כתב הרמב״ם דהחיוב בהוצאת עובר ממעי אמו הוא משום נטילת נשמה ולא משום קוצר, דקוצר אינו שייך רק בגידולי קרקע ובהמה לא הוי גידולי קרקע.

וכן מובן שפיר מה שפירש רש״י על דברי הגמרא שם דהשולה דג מן הים כיון שיבש בו כסלע חייב, ופי׳ רש״י דהחיוב הוא משום נטילת נשמה. ולכאורה למה אינו חייב משום קוצר, אלא בפשיטות יש לומר דכיון דדגים אינן גידולי קרקע לכך לא שייך לחייב על הוצאת דג מן המים משום קוצר. וכן הרמב״ם הביא הך הלכה דהשולה דג מן המים גבי נטילת נשמה, ולא משום קוצר (אמנם עיין בהמשך דברינו שזה אינו מוכרח).

והנה בירושלמי דשבת פ״ז ה״ב איתא וז״ל: רבנן דקיסרין אמרין הבן דצייד כוורא וכל דבר שהוא מבדילו מחיותו חייב משום קוצר, עכ״ל (ר״ל דמי שצד דגים ממקום שנמצאים שם מבעוד יום חייב משום קוצר) הרי מתבאר מדברי הירושלמי דהמוציא דג מן המים חייב משום קוצר, ונמצא דיש מחלוקת בין הבבלי להירושלמי, דרש״י כתב דהטעם דחייב בהוצאת דג מן המים הוא משום נטילת נשמה ולא משום קוצר, וכן הרמב״ן הוכיח מהגמ׳ (בדף עד ע״ב ומעוד מקומות) דאין קוצר אלא בגידולי קרקע, ואילו בירושלמי כתוב דהשולה דג חייב משום קוצר. ולכאורה אליבא דהירושלמי זהו הטעם ג״כ להדין שהגמרא מביאה מיד בסמוך בדלדול עובר במעי אמו, דהחיוב הוא משום קוצר ולא משום נטילת נשמה.

ובאמת ראיתי בשירי קרבן על הירושלמי שם שכתב וז״ל: ונ״ל הא דגרסינן בבבלי פרק שמונה שרצים דף קז: אמר שמואל השולה דג מן הים כיון שיבש בו כסלע חייב וכו׳ אמר שמואל הושיט ידו למעי בהמה ודלדל עובר שבמעיה חייב תרוויהו חד טעמא אית

III. Included in the Melachah

Included in the definition of detaching something from its source of growth are: Harvesting grain,[5] breaking off a leaf or

---

להו שחייבין משום קוצר, ורש״י פירש בדג שחייב משום נטילת נשמה ודחק מאד בפירוש הגמרא, ולי נראה כמו שכתבתי, עכ״ל. הרי להדיא בדבריו דגם בהציור של הושיט ידו למעי בהמה האיסור הוא משום קוצר, ועי״ש שתמה על הרמב״ן למה כתב דהחיוב הוא משום נטילת נשמה. ולכאורה יש לתמוה על דבריו דהרמב״ן בעצמו הביא דברי הירושלמי דהחיוב הוא משום קוצר וכתב בעצמו הטעם למה הבבלי אינו סובר כן, והוא משום דס״ל להבבלי דקוצר שייך רק בגידולי קרקע, וכמו שהוכיח שם הרמב״ן מכמה דוכתי, ע״ש, ובעלי חיים אינן גידולי קרקע.

אמנם עיין במנחת חינוך במלאכת קוצר שכתב שהרמב״ם חולק על הרמב״ן וסובר דמלאכת קוצר שייך גם בדברים שאינם גידולי קרקע, ולפיכך כתב שם דאין הכי נמי המדלדל עובר במעי אמו חייב שתים, משום קוצר ומשום נטילת נשמה, וכן כתב האמרי בינה סי׳ לב בשיטת הרמב״ם.

אבל עיין בדבר אברהם ח״א סי׳ כד אות ג שכתב דדברי המנחת חינוך אינם מסתברים וז״ל: ולענ״ד דבריו דחוקים, דאף אם הרמב״ם נמנע לפעמים מלהזכיר חייב שתים מ״מ לא הו״ל למישתק הכא מחיוב קוצר, שהרי מדרכו ז״ל להזכיר דבר המפורש בש״ס כידוע, והכא בהושיט ידו למעי בהמה מפורש בש״ס שחיובו משום עוקר דבר מגידולו וסתם משמעות הלשון של עוקר דבר מגידולו הוא משום קוצר, כמו שסתם הרמב״ם וכו׳, אלא שהרמב״ן ז״ל משום דסבר דאין קוצר אלא בג״ק ממש הוכרח להוציאו ממשמעותו ולדחוק לומר שהכוונה היא משום נטילת נשמה, ואמנם נראה דהרמב״ן נמי הוקשה לי׳ מאוד שאין לשון עוקר דבר מגידולו נופל על נטילת נשמה עד שהוכרח בשביל זה לומר דהש״ס רק סירכא דלישנא נקט, אבל למאן דסבר דיש קוצר בבעלי חיים בודאי לית ליה לדחוקי נפשיה דכוונת הש״ס היא משום נטילת נשמה אלא שהוא כפשוטו משום קוצר, ולפי זה מפורש הוא בש״ס משום קוצר והו״ל להזכירו. ואי דס״ל לרמב״ם מסברא דנפשיה דאית ביה נמי משום נטילת נשמה כמו בשוחט ולא בעי למיתני חייב שתים הו״ל לסדר האי דינא דמושיט ידו כו׳ גבי קוצר כמו שהוא מפורש בש״ס שהוא העיקר, ולשתוק מחיוב נטילת נשמה שאינו מפורש בש״ס, ולא לכתוב להיפוך מה שאינו מפורש בש״ס, ולשתוק מקוצר המפורש. אע״כ דס״ל להרמב״ם דאין קוצר אלא בג״ק ממש ולא מבעלי חיים, ולכן הוכרח לומר דהא דקרי ליה הש״ס עוקר דבר מגידולו היינו משום נטילת נשמה, וסירכא דלישנא נקט כמ״ש הרמב״ן, וא״כ נהפוך הוא שנטילת נשמה מפורש בש״ס ונקט לה בפרק יא ששם מקומה, עכ״ל. וע״ע באגלי טל מלאכת גוזז ס״ק יד, ובשו״ת שבט הלוי ח״א סי׳ צה שג״כ דחו דברי המנחת חינוך בשיטת הרמב״ם. ובפרט שהרמב״ן עצמו מביא שכדבריו משמע מדברי הרמב״ם, ע״ש.

[ומלבד כל זאת, הרי הבאנו לעיל (ציון 3) שהוכיח הדבר אברהם שם ס״ק יד דלהבבלי גדר מלאכת קוצר אינו שמפריש דבר ממקור חיותו, כדמשמע מהירושלמי, אלא להבבלי גדרו הוא עקירת דבר מהקרקע שגדל בה, ואף אם אינו יונק ממנה עוד, כההיא דקוצר תאנים שיבשו. ועל כן לפ״ז מנא לן לחדש שבשולה דג מן המים יתחייב משום קוצר, וכמו שכתבנו שם.]

5. עיין שבת דף עג.

branch,[6] picking vegetables, flowers,[7] fruit,[8] pulling out weeds, grass, etc. The *melachah* applies even if the plant or fruit is fully grown and no longer in need of the ground for its growth. It applies whether the plant was intentionally planted or grew by itself.[9] The *melachah* applies regardless of whether the plant is being detached for use as food, animal fodder, wood for fuel, seed for planting, or industrial use (such as the manufacture of dye).

IV. Amount Needed for Prohibition

The amount that must be detached for one to transgress the *melachah* of קוֹצֵר varies according to the purpose for which the reaping is done. If the purpose is for food, the amount is the size of a dried fig.[10]

V. Torah Prohibition

A. Situations to Which the Melachah Is Applicable

The *melachah* of קוֹצֵר is transgressed only if one detaches from the ground a seed that has already taken root. If it has not yet taken root, no *melachah* is involved since he has not "detached" anything. One can assume that three days after placing a seed in the ground it has taken root. Removing such a seed therefore violates the Torah prohibition of קוֹצֵר.[11] [See below VI A concerning Rabbinic prohibition]

B. Constructive Purposes

The *melachah* of קוֹצֵר is Biblically forbidden only if it is done for a constructive purpose, e.g. picking a fruit to eat it. This is in

---

6. עיין שבת דף עג.
7. מ״ב סי׳ שלו ס״ק כה.
8. שו״ע סי׳ שלו סי״ב.
9. אגלי טל מלאכת קוצר סי״ב.
10. רמב״ם הלכות שבת פ״ח הלכה ה. ועיין בענין זה בנודע ביהודה מהדורא תנינא סי׳ לד, ובמנחת חינוך מלאכת קוצר ד״ה עוד כתב הרמב״ם.
11. שו״ע סי׳ שלו ס״ו, ומ״ב ס״ק לט.

keeping with the rule taught on page 450 that only constructive activity is *melachah* with respect to Shabbos. The Sages, however, also forbade reaping without a constructive purpose.

C. Methods of Reaping

One transgresses the *melachah* of קוֹצֵר by cutting a plant with an implement or plucking it with one's hands.[12] Detaching a plant with one's mouth or foot is a matter of dispute between the authorities. Some maintain that this too is Biblically prohibited, while others maintain that it is only a Rabbinic prohibition.[13]

---

12. ערוך השלחן סי׳ שלו ס״ו. ועיין ברמב״ם פ״ח מהלכות שבת הלכה ג וז״ל: ותולש תולדת קוצר הוא, עכ״ל.

13. במסכת סוכה דף לז: איתא: אתרוג במחובר אסור להריח בו, מאי טעמא וכו׳ אתרוג דלאכילה קאי אי שרית ליה אתי למגזייה, ע״כ. ופי׳ שם רש״י בד״ה אבל וז״ל: כי מורח ליה מינשי ותליש ואכיל ליה, ואף אם אוכלו במחובר אין לך תולש גדול מזה, עכ״ל. הרי בפשטות מבואר מרש״י דתלישה בפה היא איסור דאורייתא מדכתב דאין לך תולש גדול מזה. אמנם המג״א בסי׳ שלו ס״ק יא הביא דברי רש״י וכתב דמכל מקום אפשר דאין חייב עליה דאין דרך תלישה בכך, כדאמרינן בשבת דף עג שאם זרק אבן על האילן והשיר פירותיו פטור דאין דרך תלישה בכך אלא ביד או בכלי. ועי״ש במחצית השקל שהסביר את לשון רש״י שכתב אין לך תלישה גדולה מזו לפי שיטת המג״א.

ועי״ש בהגהות רע״א שציין להבכור שור בשבת דף עג. וז״ל שם: הנה שמעתי שיש נוהגים היתר וכו׳ וקוטפים פירות בפיהם וכו׳. והנה רש״י גופיה פירש בסוכה דף לז: דאין לך תלישה גדולה מזו, והכי משמע בעירובין דף ק דתלישה ברגל הוי תלישה, והכי נמי אמרינן לקמן בשבת דף קנו. דפסקיה בשיניו, אלמא דאורחיה בהכי, ולהכי צריך לומר ברש״י דהוא הדין בפה וברגל חייב, ומה שכתב רש״י בשבת עג דאין דרך תלישה בזריקת אבן על אילן לא אתי למעוטי אלא ע״י זריקה, ואע״ג דאמרינן במנחות דף ע. ואי גחין ואכיל בטלה דעתו אצל כל אדם, אלמא אין דרך אכילה בכך, צריך לומר דלענין אכילה לא שמיה אכילה אבל מכל מקום תלישה מיקרי. וכיון דרש״י פירש כן מי יקל ראשו להכריע נגדו בפרט באיסור סקילה החמור, מלבד שיש בזה על כל פנים איסורא מדרבנן, עכ״ל.

ועיין באגלי טל במלאכת קוצר סעיף טו שהאריך בענין זה וז״ל: וכן התולש ברגלו או בפיו או במפרקו פטור. האוכל ממחובר לקרקע אם עשה כן לעשות שינוי פטור, ואם בשביל למהר אכילתו דעתי נוטה שחייב, ועיין בשלחן ערוך הרב סי׳ שלו סט״ז שכתב להדיא דתלישה בפיו הוא רק איסור דרבנן, עכ״ל.

והפרי מגדים בסי׳ תרנה בא״א כתב וז״ל: אתרוג ביו״ט ראשון, שאין לו, צ״ע אם מותר לומר לעכו״ם לתלוש בפיו העוקץ. עיין סי׳ שלו במג״א ס״ק יא אין דרך תולש בפיו, ושבות במקום מצוה יש לומר דשרי, וצ״ע, עכ״ל. הרי דמסתפק הפמ״ג אם תלישה בפה הוא איסורא דרבנן או דאורייתא. אמנם מצינו בשו״ת מהר״ח אור זרוע סי׳ קצח-קצט דתלישה בפיו הוא רק איסורא דרבנן, דכתב דמותר לחולה שאין בו סכנה לאכול פירות הנושרין או שתלשן גוי לצורך ישראל, עי״ש.

D. Running Through Tall Grass

Some authorities rule that it is forbidden to run or walk quickly through tall grass since it is inevitable that he will pull out or tear off some of the grass while doing so. Although it is not his intention to do so, it is a פְּסִיק רֵישָׁא, *p'sik reisha,* that it will happen, making it forbidden despite the lack of intention.[14]

VI. Rabbinic Prohibitions of קוֹצֵר

A. Removing Seeds That Did Not Yet Take Root

The Sages prohibited the removal of seeds that did not yet take root, provided they were inserted into the soil in order to grow.[15]

B. Dried-out Grass

Pulling out dried grass or vegetation is also prohibited.[16]

VII. Different Types of Plants

A. Items That Grow From That Which Emanates From the Ground

The *melachah* of קוֹצֵר also applies to items that do not actually grow from the ground, such as mushrooms.[17] Removing

---

14. המ״ב בסי׳ שלו ס״ק כה כתב וז״ל: עיין בביאור הלכה שכתבנו דהיכי דעשבים הם גדולים יזהר שלא ירוץ עליהן, דהוי פסיק רישא שיתלוש בודאי, ואפשר דאפי׳ לילך עליהן במהרה ג״כ צריך ליזהר, עכ״ל. ועיין בערוך השלחן סי׳ שלו סכ״א שחולק על הביאור הלכה וז״ל: מותר לילך על גבי עשבים וכו׳ ולא חיישינן שמא דרך הילוכו יתלוש אחד מן העשבים משום דאינו הכרח שיתלשו, ולכן אף אם יתלשו הוי דבר שאין מתכוין ושרי, ואין חילוק בין כשהעשבים ארוכים או קצרים וכו׳ ובין הולך כדרכו להולך במרוצה. וראיתי מי שמחמיר בהולך במרוצה וכשהעשבים גדולים, ואין לנו לחדש איסורים מדעתינו דכיון דחז״ל אמרו דלא הוי פסיק רישא בכל ענין לא הוי פסיק רישא, עכ״ל. ועיין בשש״כ פכ״ו הערה סב שהביא בשם הגרש״ז זצ״ל שמותר לילך ע״ג עשבים ארוכים, אע״פ שודאי בסוף כל הפסיעות ייתלשו כמה עשבים, מ״מ הרי עלינו לדון על כל פסיעה בנפרד, ובאותה פסיעה אין פס״ר שייתלש עשב, עי״ש. ועיין בספר מתנת משה מלאכת קוצר הלכה ח שנתקשה בדבריו.

15. שו״ע סי׳ שלו ס״ו ומ״ב.

16. עיין בזה בביאור הלכה סי׳ שלו סי״ב ד״ה חייב.

17. מ״ב סי׳ שלו ס״ק לד, וחיי אדם כלל יב הלכה א.

XVII: REAPING

them from their place of growth violates the *melachah* of קוֹצֵר.

Similarly, the prohibition of קוֹצֵר applies to removing moss from the surface on which it grows (wet wood and rocks).[18]

B. Flower Pots

As explained in the *melachah* of זוֹרֵעַ, *planting* (see page 231), the halachah recognizes two types of flower pots:

An עָצִיץ נָקוּב, perforated flower pot, that is, a pot with a hole in it; and an עָצִיץ שֶׁאֵינוֹ נָקוּב, a flower pot with no hole in its sides or bottom.

1. Perforated Flower Pot

a. Plucking

A perforated flower pot which is on the ground outdoors is considered attached to the ground. Therefore, plucking something from it is equivalent to plucking fruit from a tree and constitutes a *melachah* of קוֹצֵר on the Biblical level.[19]

However, if the perforated flower pot stands on glass or stone, or on a metal or iron plate, or it is separated from the earth below by a floor made of a variety of materials, at least some of which are nonporous,[20] it is not considered attached to the ground. Therefore, plucking something from it is only Rabbinically prohibited.[21]

b. Moving a Perforated Flower Pot

Moving a perforated flower pot that is on the ground outdoors to the indoors is a Biblical violation of the *melachah* of קוֹצֵר.[22] Since a flower pot resting on the ground outdoors is considered attached to the ground, moving it indoors in effect uproots it from its place of growth and is therefore a violation of the *melachah* of קוֹצֵר.

Raising a perforated flower pot from the ground onto a

---

18. שו״ע סי׳ שלו ס״ה.

19. מ״ב סי׳ שלו ס״ק מב.

20. עי׳ לעיל פרק זורע ציון 14.

21. שו״ע סי׳ שלו ס״ו.

22. מ״ב סי׳ שלו ס״ק מד.

surface which is above the ground (but which does not block the hole in the pot) is not Biblically prohibited because the plant is still able to draw sustenance from the ground below through the air. Nevertheless, doing so is Rabbinically prohibited because it decreases the amount of nourishment received from the ground.[23]

Pushing a perforated flower pot along the ground outdoors is permitted because one is not decreasing its nourishment by doing so.[24] [Nevertheless, it may be forbidden to do so

---

23. סי׳ שלו ס״ח ומ״ב ס״ק מג. וברש״י בשבת דף פא: ד״ה חייב כתב דטעם האיסור דרבנן הוא משום דדמי לתולש. ועיין בהגהות אשר״י דהטעם דאינו חייב משום תלישה מן התורה דכיון שמונח על גבי יתידות עדיין יונק הוא מן הקרקע קצת. ועיין באור שמח בהלכות מאכלות אסורות פי״ד הלכה יד בהגה״ה שהסביר דבר זה בטוב טעם ודעת, וז״ל: דהא דקוצר חייב בשבת אם היה נטיעה נברכת לארץ והיתה גדילה משני קצותיה, וחתך צד אחת מן הקרקע לא מחייב משום קוצר, דאע״ג דלכאורה משמע מהא דפירשו תוספות ביצה דף כב גבי המסתפק ממנו חייב משום מכבה דמשום דקליש נהורא תיכף, וא״כ כאן קליש גידולו דאינו יונק רק מצד אחד הנשאר בארץ, בכ״ז פטור, ודמיא למלאכת הוצאה דאם איגודו בפנים פטור או קרומיות שלה יוצאין למעלה מעשרה טפחים דלא נעשה המלאכה בשלימותה ולא נעקר לגמרי מן הארץ דהוי עדיין מחובר, ומה דקליש הגידול לא איכפת לן, דהא לא דמי למלאכת מכבה דתמן המלאכה לא נכנס בסוג השיעור כלל, דמכבה בכ״ש, לכן מה שנקלש האור הוי זה בסוג מכבה, אבל מלאכת קוצר דהמלאכה איכא בה שיעור וכן מלאכת ההוצאה דשייך בה שיעור דשיעורייהו כגרוגרות וכיו״ב מידי דחשיב, א״כ איך תוכל לחשוב האיכות למידי דשיעורא מה שיונק מעט מקודם שהיה נטוע משני צדדיו בארץ שאין האיכות משלים להשיעור, ואינו נחשב כלל בסוג מידי דבעי שיעור, ויעוין תוס׳ ס״פ המוציא ד״ה והניחו ע״ג יתדות, ומוכח כמ״ש ודו״ק, עכ״ל.

24. שו״ת נשמת שבת הלכות זורע סי׳ קצב. ועיין בתהלה לדוד בסי׳ שלו ס״ק ו וז״ל: ועכ״פ משמע דליטלו מעל גבי קרקע ולהניח על גבי קרקע שרי, ודוקא להניחו ע״ג יתדות אסור. ואף דכשנוטלו מעל גבי קרקע הוא מרחיקו מן הקרקע לא דמי להניחו על גבי יתדות דבשעה מועטת כזו אינו דומה לתולש כיון שמניחו תיכף ע״ג קרקע וכו׳, עכ״ל. הרי מבואר מדברי התהלה לדוד דזה פשוט דכשאינו מגביה העציץ מהקרקע פשיטא שמותר, והוא מוסיף ומחדש שאפי׳ להגביה העציץ מהקרקע ולהניח אותו במקום אחר בקרקע גם זה מותר, משום דבשעה מועטת כזו אינו תולש. וכ״כ המרכבת המשנה הלכות שבת פ״ח הלכה ד ד״ה גבשושית.

אמנם הדבר אברהם ח״א סי׳ כה אות טו חולק על המרכבת המשנה, וסובר דכיון שמגביה העציץ אפי׳ אם חוזר ומניח אותו מיד בקרקע עובר משום קצירה, משום דהפסקת יניקה אפי׳ לזמן מועט נכלל במלאכת קוצר, עי״ש. [לכאו׳ יש לתמוה ע״ד התהלה לדוד ומרכה״מ, דהרי מצד מעשהו הראשון נעשה קצור לגמרי, והי׳ נשאר כך אם לא שעשה מעשה נוסף להניחו שוב, והגע עצמך, אם יבוא חכם בחכמת הטבע ויוכל לחבר את התלוש שוב אל מקום יניקתו, ויתלוש בשבת, ומיד אח״כ יחברנו האם נאמר שיפטר, וצ״ע.]

because the flower pot may be *muktzeh.* See *Muktzeh: A Practical Guide*, page 233, for when the flower pot is considered *muktzeh.*]

Note: One must be careful not to make a furrow when pushing the pot, since make a furrow is a violation of the *melachah* of חוֹרֵשׁ, *plowing.*[25]

2. Non-Perforated Pot

One may remove a non-perforated flower pot from the outdoors to the indoors because the non-perforated pot never receives nourishment from the ground.[26]

Plucking something from a non-perforated flower pot is Rabbinically prohibited.[27]

C. Dried-out Trees

According to some authorities, the Biblical prohibition of קוֹצֵר applies even to a completely dried-out tree. Some authorities disagree and rule that breaking off something from a completely dried-out tree is only Rabbinically prohibited. If, however, the fruit dried out but the fruit branches did not, all authorities agree that it is Biblically prohibited to pick the fruit off the tree.[28]

---

25. שו״ע סי׳ שלז ס״א.

26. שלחן ערוך הרב סי׳ שלו סי״ב. וע״ע מה שכתבנו בזה בפרק זורע ציון 24.

27. שו״ע סי׳ שלו ס״ז. והטעם שתלישה מעציץ שאינו נקוב הוא רק איסורא דרבנן כתב רש״י בשבת דף קח. ע״א ד״ה ושאינו דהוא משום דאין דרך זריעה שם.

אמנם הר״ח שם כתב דהטעם דאין קצירה מן התורה בעציץ שאינו נקוב הוא משום דבעציץ שאינו נקוב כתלוש דמי והרא״ש בתשובותיו כלל ב דין ח הביא את טעמם של רש״י והר״ח יחד וז״ל: בעציץ שאינו נקוב נידון כתלוש משום שאין דרך לזרוע בעציץ שאינו נקוב ולכן הוי כתלוש לכל מילי, עכ״ל.

הרי מבואר מדברי הרא״ש דלא נחלקו רש״י ור״ח בטעם הדבר, אלא אחד משלים את דברי חבירו.

ועיין באגלי טל מלאכת אופה אות מג שהסביר טעם אחר בזה.

ועיין בשו״ת מחזה אליהו סי׳ לא שכתב דלפ״ז דבר שהדרך לזורעו הוא דוקא בעציץ שאינו נקוב יהיה חייב בקצירתו מן התורה. וע״ע בזה בשו״ת שבט הלוי ח״ז סי׳ צח ס״ק א.

28. שו״ע סי׳ שלו סי״ב וביאור הלכה שם.

D. Removing Growing Items From Water

It is forbidden to remove beans, seeds and the like from water if they have sprouted roots in it. Removing them is considered קוֹצֵר because they are being detached from their source of growth.[29] Therefore, one may not remove an *aravah* (עֲרָבָה) stalk that has sprouted root in water from its vase.

VIII. Activities Prohibited Because They May Lead to Reaping

A. Introduction

As a safeguard against the possibility of a person transgressing the *melachah* of קוֹצֵר (i.e. picking fruit, tearing off leaves, breaking off branches) on Shabbos, the Sages prohibited various activities that may lead to the *melachah* of קוֹצֵר. These activities are:

1. Climbing a tree
2. Leaning on a tree
3. Placing an object on a tree
4. Removing an object from a tree
5. Shaking a tree
6. Smelling fruits
7. Riding an animal
8. Touching plants
9. Moving fruit that fell from a tree on Shabbos

The Sages feared that if one is permitted to engage in one of the above activities one would come to transgress the *melachah* of קוֹצֵר. Therefore, they prohibited these activities. These activities are collectively referred to as מִשְׁתַּמֵּשׁ בְּאִילָן, *using a tree.*[30] The specifics of each of these prohibited activities will be explained below.

---

29. שש״כ פרק כו הערה ט.

30. שו״ע סי׳ שלו ס״א ומ״ב ס״ק ה.

B. Applicability of the Prohibition

The prohibitions listed above apply to fruit-bearing as well as nonfruit-bearing trees.[31]

These prohibitions apply to the trunk of the tree, as well as its leaves. It applies even to dead trees that are still attached to the ground. Although the *melachah* of קוֹצֵר does not apply to dead trees, the Sages nevertheless forbade these activities even for dead trees in order not to differentiate between trees.[32]

The prohibitions listed above do not, however, apply to the stump of a dead tree. Therefore, one is permitted to sit on the dead stump of a tree.[33]

Plants which have soft and flexible stems are excluded from the prohibition of "using a tree." Since they do not bear fruit or have wooden branches, the Sages were not concerned that people would cut or break something off from them.[34]

Therefore, grass is not included in the prohibition of "using a tree," and one is permitted to lie on grass despite the fact that one is "using" the grass.[35]

C. Height of the Tree

All trees and branches that are three *tefachim* (approximately twelve inches) above the ground are included in the prohibition of *mishtameish b'ilan.* Anything lower than three *tefachim* is regarded as a mere extension of the ground and is therefore excluded from the prohibition.[36] One may therefore sit on the roots of a tree.

---

31. ערוך השלחן סי׳ שלו סי״ד.

32. שו״ע סי׳ שלו ס״א. ועי״ש במ״ב בס״ק א וז״ל: ויש מקילין בזה בימות החמה שמנכר לכל שהוא יבש, עכ״ל.

33. ערוך השלחן סי׳ שלו סי״ח.

34. רמ״א סי׳ שלו ס״א ומ״ב ס״ק טו.

35. שו״ע סי׳ שלו ס״ג.

36. שו״ע סי׳ שלו ס״ב. ועיין במ״ב ס״ק יט וז״ל: וכן אילן קטן ובו פירות יאגדע״ס וכדומה אפשר דמותר כל שהוא פחות מג׳ טפחים, ויש לומר להיפך דכל שיש פירות בכל גווני יש לגזור שלא להשתמש עליו שמא יתלוש, וכן בירק הראוי לאכילה אפשר ג״כ דאסור

The three *tefachim* are measured from the level of the ground that surrounds the majority of the tree. Therefore, if three sides of the tree are above three *tefachim* one is also forbidden to use the side of the tree that is less than three *tefachim* above the ground.[37]

D. Applicability of Prohibition

The *Poskim* categorize the use of the tree into three different areas:

1) using the tree itself
2) using something that is directly supported by the tree
3) using something that is indirectly supported by the tree

1. Using the Tree Itself

On Shabbos one is forbidden to climb, lean on, place or remove an object from a tree, or shake a tree.[38]

2. Using Something That Is Directly Supported by the Tree

Included in the prohibition of using a tree is using something that is directly supported by the tree. For example, one is forbidden to climb a ladder that is leaning against a tree on Shabbos. The ladder is supported by the tree. Therefore, climbing on the ladder is considered using the tree itself. This prohibition is referred to as using the צִדְּי הָאִילָן, *the sides of a tree.*[39]

3. Using Something That Is Indirectly Supported by the Tree

The prohibition to make use of a tree does not include using something that is indirectly supported by a tree.[40] For example, one is permitted to use a swing that is suspended from a hook that was screwed into the tree prior to the onset of Shabbos.[41] In

---

ואפי׳ בפחות מג״ט מטעם זה, עכ״ל. וספק זה הוא ספיקת הפמ״ג, אמנם עי׳ בכלכלת שבת, הובא בספר שביתת השבת ס״ק כז, שהביא ראיה שמותר, עי״ש.

37. שו״ע סי׳ שלו ס״ב ומ״ב וביאור הלכה שם.

38. שו״ע סי׳ שלו ס״א.

39. שו״ע סי׳ שלו סי״ג.

40. שו״ע סי׳ שלו סי״ג.

41. מ״ב סי׳ שלו ס״ק ס.

this situation one is not directly using the tree itself; rather, one is using the hook that is attached to the tree. The Sages did not forbid using an object which is twice removed from the tree. However, this is only true if the tree does not shake when using the swing.[42]

Moreover, this leniency applies only when the hook was not affixed to the swing prior to attaching it to the tree. In this case the hook is considered the צִדֵּי הָאִילָן, *sides of the tree*, and the swing the צִדֵּי צְדָדִין, *sides of the side*, which may be used on Shabbos. However, if the hook was attached to the swing before being attached to the tree, the hook-swing combination is considered one entity, whose attachment to the tree makes the entire entity (hook and swing together) the צִדֵּי הָאִילָן, *sides of a tree*. Consequently, it would be forbidden to use the swing on Shabbos.[43]

E. Activities Included in the Prohibition

We will now elaborate on the five previously mentioned activities included in the prohibition of מִשְׁתַּמֵּשׁ בָּאִילָן, *using a tree*.

1. Climbing Up a Tree

One is forbidden to climb a tree on Shabbos because one is using the tree.[44] Swinging from a tree is similarly forbidden.

a. Climbing Without Knowledge of Prohibition

If one climbed a tree on Shabbos, unaware of the law forbidding him to do so, he must get off the tree as soon as possible, since sitting on the tree is itself considered using the tree.[45]

---

42. מ״ב סי׳ שלו ס״ק סב.

43. שש״כ פרק כו הערה נג.

44. שו״ע סי׳ שלו ס״א.

45. שו״ע סי׳ שלו ס״א.

 וראיתי בספר מגילת ספר סי״ב ס״ק ג שנסתפק בהך דינא וז״ל: וא״כ גם לדינא דקיי״ל שעלה בשוגג ירד, במזיד לא ירד, יש לעיין האם הביאור שמעיקר הדין היה עדיף שגם בשוגג לא ירד דישיבתו שם נחשבת לשימוש בשב ועל תעשה אלא שבשוגג הקילו להתיר לו הירידה ובמזיד העמידו על עיקר הדין, או שמעיקר הדין היה עדיף שגם במזיד ירד שהרי גם ישיבתו שם נחשבת לשימוש בידים ועדיף שירד וימעט באיסורים, אלא שבמזיד קנסוהו שלא ירד. והנפקא מינה בזה אם בשוגג חייב לרדת או שזה רק היתר לרדת אבל אם רוצה יכול להשאר שם. ולשון הברייתא עירובין ק. דבשוגג מותר לירד,

Although climbing down from the tree is also considered making use of the tree, it is merely a momentary use of it, whereas remaining on the tree is a continuous use. One must therefore opt for the lesser prohibition; namely, climbing down from the tree.

b. Climbing With Knowledge of the Prohibition

If one was aware of the prohibition and intentionally climbed up a tree on Shabbos, and subsequently regretted his action, he must remain on the tree until after Shabbos. This penalty was enacted in order to prevent one from transgressing the prohibition at some future time.[46]

Nevertheless, others are permitted to give him items while he remains on the tree. Thus, one may give him food,

---

וכן ברמב״ם ובש״ע משמע שאינו חיוב (שהרי כתבו לשון מותר לירד, משמע שאין כאן חיוב). אמנם במגיד משנה פכ״א ה״ט כתב וז״ל: שלא התירו אלא הצדדים הנזכרים אלא באדם מפני שהוא עושה איסור בעמידתו שם, אבל הניח חפץ באילן אפי׳ מבעוד יום אסור להורידו בשבת, עכ״ל. ומשמע מדבריו שאין כאן היתר מיוחד לרדת אלא שחייב לרדת ועושה איסור בעמידתו שם. ועיין גם בט״ז ס״ק ג בהעתיקו דברי המגיד משנה שכתב דצריך לרדת, ועיין גם בגר״ז ס״ב ובמ״ב ס״ק ו וס״ק ז, שרהיטת לשונם דבשוגג צריך לרדת ובמזיד הוא קנס שלא ירד, אף שזה תמוה שיקנסוהו קנס כזה שהוא נגד עיקר הדין שהיה עדיף שירד וימעט באיסורים, עכ״ל המגילת ספר.

והנה מה שהביא מהמגיד משנה דיש חיוב לרדת, כבר כתב כן הרשב״א בעירובין דף ק. בד״ה אי נמי וז״ל: דכי עלה מבעוד יום, אי נמי משחשיכה בשוגג ירד משום דבעמידתו שם נמי קא עביד איסורא, עכ״ל. הרי מבואר להדיא מדברי הרשב״א דיש איסור בעמידתו שם וחייב לרדת.

ומה שכתב המגילת ספר דמשמעות המ״ב הוא דיש חיוב לרדת מהאילן, אין אני רואה שום משמעות שם.

ועיין באגלי טל מלאכת קוצר סעיף לד וז״ל: עלה ע״ג אילן בשבת במזיד אסור לירד, בשוגג מותר לירד. ויראה לי שמחויב לירד כן, עכ״ל, ועי״ש באגלי טל שביאר הדבר.

46. שו״ע סי׳ שלו ס״א. ועיין בשש״כ פרק כו הערה מב וז״ל: ושמעתי מהגרש״ז אויערבאך זצ״ל דמכיון שבעירובין ק. מסביר רש״י בד״ה אם עלה, דכל דרך ירידתו הוא משתמש במחובר, אפשר דבקפיצה אחת מותר לקפוץ מהאילן, כיון דגם בישיבתו על האילן עושה איסור, וגם א״א כלל שלא יזוז ממקומו על האילן, וכיון שכן אפשר דמוטב לקפוץ מלשבת כל השבת על העץ, שהרי מסתבר שאם עבר וישב על ענף או שורש שגבוה ג״ט, שחייב לקום תיכף ולא להישאר במקומו עד מוצאי שבת, עכ״ל. ועיין עוד שם בהערה מא וז״ל: ושמעתי מהגרש״ז זצ״ל דיש לעיין אם זה שקונסין אותו לא לרדת מן העץ מותר לו לטפס באותו העץ עצמו ממקום למקום, כיון שגם בישיבתו על העץ חשיב כמשתמש במחובר, עכ״ל.

clothing, etc.[47] However, the items must be given directly to him. One is not permitted to place the item on the tree because by doing so one is using the tree.

If the person on the tree feels that he will become ill if he remains on the tree, or if he needs to perform his bodily functions, he is permitted to climb down from the tree on Shabbos.[48]

c. Climbing With Knowledge of the Prohibition Before Shabbos

If one climbed a tree before the start of the Shabbos, and remained there until Shabbos began, he is permitted and required to climb down immediately. This applies even if he was aware of the prohibition to remain on the tree during Shabbos and intentionally delayed coming down.[49]

2. Leaning or Sitting on a Tree

One is forbidden to place his weight against a tree on Shabbos.[50] Placing one's weight against a tree is defined as leaning in such a manner that if the tree would be removed, one would fall. Leaning to this extent against a tree is considered using the tree. One is, however, permitted to lightly lean against a tree (i.e. he would not fall if the tree were removed). This type of leaning is not considered using the tree.[51] However, this is only true if the tree does not bend or sway when leaning on it.[52]

Similarly, sitting on a tree is forbidden because one is using the tree.[53] It should be noted that leaning and sitting is only forbidden if the height of the tree is three *tefachim* (approx. 12

---

47. הגאון ר' שלמה זלמן אויערבאך זצ"ל, הובא בשש"כ פרק כו הערה מא.
48. כ"כ בספר ל"ט מלאכות, הערות למלאכת קוצר ציון 76. וטעמו משום דהוא מדמה זה ליוצא חוץ לתחום, וכמו דהתם פסקינן דאם צריך לנקביו מותר לו יותר מד' אמות מפני צער, ה"ה בהך איסור דירידת האילן מותר במקום צריכת נקביו ובמקום צער.
49. מ"ב סי' שלו ס"ק ט.
50. מ"ב סי' שלו ס"ק ב.
51. מ"ב סי' שלו ס"ק סג וביאור הלכה שם ד"ה ומותר.
52. מ"ב סי' שלו ס"ק סג.
53. מ"ב סי' שלו ס"ק ו.

inches or more). If, however, the tree is less than three *tefachim*, one is permitted to lean or sit on the tree.

3. Placing or Leaning an Object on a Tree
a. On Shabbos

One is forbidden to place objects on a tree or its branches on Shabbos. By placing objects on a tree one is using the tree.[54] For example, one may not hang a jacket from a branch or lean a chair against a tree (provided the chair would fall if the tree were removed).

b. Prior to Shabbos

One may not leave objects on a tree prior to Shabbos because one may forget and remove them from the tree on Shabbos[55] [see below].

However, this prohibition applies only to objects that are likely to be removed on Shabbos (e.g. a garment, ladder, etc.). Objects that customarily are not removed from a tree, for example, a swing, may be left on the tree prior to Shabbos because one is not likely to remove them on Shabbos.[56]

Similarly, a *muktzeh* object may be left on a tree whether or not the object is customarily removed from the tree. Since a *muktzeh* object may not be moved on Shabbos, one will not remove it from the tree.[57]

4. Removing Objects From a Tree
1. Directly From a Tree

The Sages prohibited removing an object from a tree on

---

54. מ״ב סי׳ שלו ס״ק ג.

55. שו״ע סי׳ רעז ס״ד.

56. הגאון ר׳ שלמה זלמן אויערבאך זצ״ל הובא בשש״כ פכ״ו הערה נ, וז״ל: דאסור דוקא כעין נר ביו״ט, שאדם נהנה ממנו בשבת ויו״ט, אבל להניח על העץ מבעוד יום חפץ שלא על מנת להסירו ולא ליהנות ממנו בשבת, נראה שמותר, עכ״ל, וע״ש.
ועיין תהלה לדוד סי׳ רעז ס״ק ז וז״ל: נראה לכאורה דדוקא בנר ודכותי׳ שכן דרכו לאחר שכבה נוטלין אותו, אבל שאר חפצים הניטלין בשבת ויו״ט מותר להניחן בע״ש ובעיו״ט על גבי אילן ואין חוששין שמא יטלם מעל גבי אילן בשבת ויו״ט, עכ״ל.

57. שו״ע סי׳ רעז ס״ד.

Shabbos because when one removes an object from a tree, he often ends up leaning on the tree in order to retrieve the object.[58]

This prohibition applies both to objects placed on a tree on

---

58. מ״ב סי׳ שלו ס״ק יב.

ויש לחקור אם איסור לקיחת חפץ מן האילן הוא משום שיש חשש דבשעת לקיחה יבוא להשתמש באילן (ר״ל להשען על האילן) ואי״כ הוי גזירה לגזירה, דהרי השימוש גופא באילן אינו אסור מצד עצמו אלא משום גזירה שמא יתלוש, או דילמא דעצם הלקיחה נחשבת שימוש באילן.

ועיין בגמרא שבת דף מה. דאיתא שם: אמר רב מניחין נר על גבי דקל בשבת ואין מניחין נר ע״ג דקל ביו״ט, ע״כ. ופירש״י בד״ה ע״ג דקל וז״ל: וידלק שם בשבת, דליכא למיחש לכשיכבה לישקליה מיניה ונמצא משתמש במחובר וכו׳, עכ״ל. ופשטות מבואר מרש״י דעצם הלקיחה נחשבת שימוש באילן. וכ״כ הרשב״א בעירובין דף ק. בד״ה א״נ בא״ד, וז״ל: א״נ משחשיכה בשוגג נמי אסור להורידו דהשתא כי מנח חפץ לא עביד איסורא וכי מחית ליה קא משתמש באילן וכו׳, עכ״ל. הרי מבואר להדיא מדברי הרשב״א דעצם נטילת החפץ מהאילן מיקרי משתמש באילן.

אמנם הריטב״א בעירובין דף לב: בד״ה והא, נתקשה איך שייך שנטילת חפץ מאילן תיחשב השתמשות באילן וז״ל: ואיכא דקשיא ליה, משום דהניח עירובו באילן מאי שימוש באילן איכא, דהא לא אסרו חכמים אלא כשמשתמש גופו באילן וכדתנן ולא עולין ע״ג אילן, אבל ליטול ממנו כלום אין בזה איסור, דהא דכוותה תנן שאין רוכבין על גבי בהמה ואפ״ה מותר ליטול כלים שעליה וכו׳, ובהדיא אמרינן בפרק כירה שמניחין נר ע״ג דקל בשבת וכו׳. והנכון בעיני, דהכא איסורא משום דזמנין דכי שקיל ליה נותן גופו על האילן והוא משתמש בו וכו׳, עכ״ל. הרי מבואר מדברי הריטב״א דטעם האיסור ליקח חפץ מהאילן הוא משום דחיישינן שיבוא להשתמש באילן בשעת לקיחת החפץ. וכן כתב הרא״ש בפ״ה משבת ס״ב. ועיין במג״א סי׳ שלו ס״ק ב שהקשה שיש סתירה בדברי הרא״ש בזה. ועיין בחידושי הר״ן בעירובין דף לב: בד״ה ואלא שמתרץ קושית הריטב״א מבהמה וז״ל: ולפיכך נ״ל דודאי בנטילתו הוא דאיכא משום משתמש באילן והיינו דתניא בברייתא בסמוך ואסור ליטלו, והא דשרינן בפרק מי שהחשיך ליטול מעל גבי הבהמה הכלים הניטלין בשבת, משום צער בעלי חיים נגעו בה, עכ״ל. הרי מבואר מדברי הר״ן דעצם נטילת חפץ מהאילן נחשב שימוש באילן, וקושית הריטב״א מהא דמותר ליטול חפץ מבהמה ואינו נאסר משום השתמשות כ׳ הר״ן דבאמת היה צריך להיות אסור, ורק משום צער בעלי חיים התירו ליטול החפץ מהבהמה.

הרי מבואר מכל זה דפליגי הראשונים בטעם איסור לקיחת חפץ מהאילן. ועיין במשנה ברורה בס״ק יב שהעתיק טעמו של הריטב״א וז״ל: והטעם דאסור ליטול בשבת מהאילן משום דבקל יבוא על ידי זה להשען עליו או על אחד מענפיו, ולפיכך כל שגבהו יותר מ״ג טפחים גזרו בזה, עכ״ל.

אמנם לכאורה יש סתירה בדברי המ״ב, דבסימן תקיד ס״ק לו כתב וז״ל: דביו״ט פשיטא דאסור דהנחה בכלל שימוש הוא, עכ״ל. הרי שכתב המ״ב להדיא דהנחה בעצם הוא שימוש באילן, ולא כמו שכתב בסי׳ שלו דהנחה אינו שימוש בעצם ורק אסור משום דחיישינן שעי״ז יבוא להשתמש באילן, ובשעה״צ שם ס״ק מו כתב דכן הוא דעת רוב הפוסקים דהנחת חפץ הוא בעצם השתמשות, ונמצא דלכאורה דברי המ״ב סותרים זה את זה, וצ״ע.

Shabbos or prior to Shabbos. Items that came to be on the tree accidentally may be removed on Shabbos. For example, if the wind blew one's hat onto a bush which is taller than three *tefachim*, one may remove the hat from the bush on Shabbos.[59]

If an object was placed on a branch of a tree prior to Shabbos and it remained there for the entire period of *bein hashemashos*, the object is classified as *muktzeh*. Therefore, even if it subsequently falls from the tree it may not be moved until after Shabbos. *Muktzeh* status is retained for the entire Shabbos due to the principle that something that may not be used during the

---

59. בשו״ת שבט הלוי ח״ז סי׳ מד נשאל בנוגע טלית של מצוה שנפלה על אילן פחות מעשרה טפחים בשבת, אם מותר ליקח הטלית מהאילן. וכתב שם להתיר על פי שיטת הרא״ש ושאר ראשונים דכל האיסור ליקח מהאילן הוא משום שמא יעלה באילן (ולא כהני ראשונים שסוברים דעצם הלקיחה נחשבת השתמשות, עי׳ לעיל ציון 58), ולמטה מעשרה טפחים שאין צריך לעלות על האילן הוא משום לא פלוג, וא״כ יש לומר דזה דוקא באילן גבוה דיש בו למעלה ולמטה מעשרה טפחים דשם אמרינן לא פלוג, אבל אם כל האילן הוא נמוך אולי אין מקום לגזור. ועוד כתב השבט הלוי דעיין בא״ר בסי׳ תקיד ס״ק כו שכתב בדעת הרא״ש דמותר ליטול חפץ מאילן בשבת ויו״ט, ורק להניח לכתחילה אסור מבעוד יום דבר הצריך לשבת ויו״ט, ואם הניחו לא יטול, ומ״מ לדינא סיים הא״ר דבכל אופן לא יטול. וכתב השבט הלוי די״ל דכוונת הא״ר הוא רק לפי מה שדייק מלשון הש״ע בסי׳ רעז דפסק דלא כהרא״ש אבל בסי׳ תקיד משמע דהמחבר פסק כהרא״ש וא״כ אפשר לומר דבמלתא דלא שכיחא לגמרי כגון שפרח הטלית מעצמו על גבי האילן, ועוד שכל האילן למטה מעשרה, מנין שיש להחמיר בזה. ואף שהמ״ב בסי׳ שלו ס״ק יב כתב דטעם דאסור ליטול חפץ מן האילן משום דאולי יבא על ידי זה להשען עליו וזה לכאורה שייך בנידון דידן, מ״מ עדיין אין ראיה להחמיר, דהתם מיירי ברוצה בהשתמשות באילן ומניח עליו מדעת, משא״כ בנידון דידן דפרח מעליו הבגד ובין רגע מסלקו בקלות, ולכן נראה להתיר בזה, עכ״ד.

ולענ״ד נראה להעיר על דבריו ממש״כ המ״ב בסי׳ תקיד ס״ק לו וז״ל: דהנחה בכלל שימוש הוא, עכ״ל. ובשעה״צ שם ס״ק מו כתב דהוא דעת הא״ר בסי׳ רעז לדעת רש״י ורוב הפוסקים והוא העיקר. הרי מבואר מדברי המ״ב דנטילת חפץ מהאילן הוא שימוש באילן ודלא כהרא״ש ודלא כדברי המ״ב בעצמו בסי׳ שלו ס״ק יב, אבל המ״ב כתב בשעה״צ דכן הוא דעת רוב הפוסקים, וא״כ כל ההיתר של השבט הלוי אינה אליבא דהנך פוסקים, וכיון דפסקינן כהנך פוסקים אין כאן היתר בזה.

אולם נראה, דגם אי נימא דלקיחה מאילן היא גופא השתמשות, וכמו שכתב רש״י והרשב״א, מ״מ אף לדידהו היינו דוקא במכוון לכך, שמכין צרכי השבת שלו באופן שיצטרך ליקח מהאילן דאז הלקיחה חשיבא השתמשות. אבל כשאיתרמי שלא ברצונו שפרחה טליתו על אילן ורוצה להחזירה אליו בזה לא כתבו רש״י והרשב״א כן, דמה תועלת לו מהאילן, ויותר הי׳ נוח לו אי לא פרחה על האילן.

entire *bein hashemashos* period remains *muktzeh* for the entire Shabbos.[60] [See *Muktzeh: A Practical Guide*, page 34.]

2. Removing Something From an Object That Is Supported by the Tree

It is also forbidden to remove something from an object placed on a tree. For example, one may not remove a siddur from the pocket of a garment hanging on a tree.[61]

3. Removing Something From an Object That Is Supported Indirectly by a Tree

Objects that are supported by something which is indirectly supported by a tree may be removed on Shabbos.[62] For example, if a garment is hanging from a nail attached to a tree, one is permitted to remove something from the garment.

5. Shaking a Tree

One may not shake a tree on Shabbos because this too is a form of "using" the tree.[63] Therefore, in those situations in which an activity is not considered "using a tree," one may engage in that activity only if he does not shake the tree. Thus, it is permitted to play on a swing which is indirectly suspended from a hook that is screwed into the tree only if the tree will not shake when the swing is in use.[64] If, however, the tree shakes while the swing is in use one may not use the swing.

However, if one is not using the tree, causing the tree to shake is not prohibited. For example, if one is walking past a tree and causes some branches to sway, he is not considered to be using the tree. Therefore, it is not forbidden to walk by a tree even if this will cause some of the branches to sway.[65]

---

60. שו״ת נשמת שבת הלכות זורע סי׳ קנז.

61. מ״ב סי׳ שלו ס״ק סג.

62. מ״ב סי׳ שלו ס״ק סג.

63. רמ״א סי׳ שלו סי״ג.

64. עפ״י דברי המ״ב סי׳ שלו ס״ק סג, שו״ת באר משה ח״ו סי׳ כט. וע״ע בזה בשו״ת נשמת שבת הלכות זורע סי׳ קסד.

65. כן נראה.

6. Smelling Fruits on a Tree

The Sages prohibited smelling fruit growing on a tree because one may inadvertently pick the fruit in order to eat it.[66] However, one may smell flowers while they are attached to the ground because doing so will not lead to picking them, since it is unnecessary to pick flowers in order to smell them.[67]

7. Riding an Animal

Riding an animal on Shabbos, even in a private domain, is prohibited. The Sages feared that one might break off a branch from a tree while riding in order to use it as a switch to spur the animal. He would thus transgress the *melachah* of קוֹצֵר.[68] Therefore, they equated the prohibition of riding an animal with that of climbing a tree with some minor difference.[69] Included in the prohibition of riding an animal is sitting on, or placing one's weight on an animal. Also included in this decree is using an object that is attached to an animal. For example, it is forbidden to sit in a wagon that is pulled by an animal.[70]

8. Touching Trees

Although one is permitted to touch a tree or lean lightly on it, the *halachah* differs regarding plants with delicate or brittle stems. Since these plants break easily, it is forbidden even to touch them.[71]

9. Fruit That Falls From a Tree

Fruit that falls from a tree on Shabbos is forbidden to be eaten

---

66. שו״ע סי׳ שלו ס״י ומ״ב ס״ק מט.
67. שו״ע סי׳ שלו ס״י ומ״ב ס״ק מח.
68. שו״ע סי׳ שה סי״ח.
69. אגלי טל מלאכת קוצר ס״ק לו, שכתב לחלק בין אילן לבהמה דבבהמה אם עלה אפי׳ במזיד ירד משום צער בעלי חיים.
70. שו״ע סי׳ שה סי״ח, וע״ע בש״ע סי׳ שה סי״ח.
71. מ״ב סי׳ שלו ס״ק טו.

XVII: REAPING

until after Shabbos. One of the reasons for this prohibition is that using such fruit on Shabbos might lead a person to pluck a fruit from the tree on Shabbos.* This prohibition applies even in situations in which it is uncertain whether or not the fruit fell from the tree during Shabbos.[73]

IV. Practical Applications

A. Picking Fruits and Vegetables

Picking fruits and vegetables on Shabbos violates the Torah prohibition of the *melachah* of קוֹצֵר.

B. Removing Growing Beans From Water

It is forbidden to remove beans or seeds from water after they have taken root.

C. Extracting Sap From a Tree

It is forbidden to drain sap from a tree on Shabbos. Draining sap is considered uprooting it from its source of growth.[74] If the tree was tapped before Shabbos, the sap that flows out on Shabbos is forbidden as *muktzeh*.

---

* Another reason is that the fruit is *muktzeh*, because it was not fit for eating during the *bein hashemashos* period (see *Muktzeh: A Practical Guide*, page 54).[72]

---

72. מ״ב סי׳ שכב ס״ק ז.

73. שו״ע סי׳ שכב ס״ג ומ״ב ס״ק ה.

74. עיין שביתת השבת מלאכת קוצר הלכה לד וז״ל: יראה לי, שהקודח באילן כדי שיצאו מימיו וכו׳ חייב משום קוצר, והדבר צריך תלמוד לענין חיוב, אבל איסור ודאי יש, עכ״ל. ועיין בבאר רחובות ס״ק מח שכתב וז״ל: ירושלמי פ׳ כלל גדול "הסוחט זיתים מאיביהן חייב משום קוצר" ואע״ג דמסיים בה לא נצרכה אלא לר׳ אליעזר (דמחייב בחולב) הנה אנן קי״ל כר״א בהא, ואע״ג דרש״י דף צה כתב שאין החיוב בחולב משום קוצר דלאו מחובר הוא, כבר כ׳ בגליון הש״ס בירושלמי שם דלק״מ דהירושלמי ס״ל דכל דבר שמבדילו מחיותו חייב משום קוצר (שכן אמרו שם הדין דצייד כוורא וכל דבר שמבדילו מחיותו חייב משום קוצר), אבל ש״ס דילן סובר דלא שייך עוקר דבר מגידולו אלא בגידולי קרקע ולכך כתב רש״י דלאו מחובר הוא. אבל בדבר המחובר לקרקע גם רש״י יודה דחייב משום קוצר. ומ״מ צריך להבין ד׳ הירושלמי שכ׳ לא נצרכה אלא לר״א ולמה לא יתחייב לרבנן, ואפשר שלרבנן הוא קצירה כלאחר יד, עכ״ל. ועי׳ מ״ב סי׳ שי ס״ק לב.

D. Running Through Tall Grass

Some *Poskim* prohibit running or walking quickly through tall grass because it is inevitable that some grass will be torn out or ripped out while running.

E. Walking Upon Flowers

It is forbidden to walk on flowers whose stems will inevitably break off while walking on them.

F. Moving Potted Plants

See above pages 271-279.

G. Plucking Potted Plants

See above page 271.

H. Removing Garments From a Tree

It is forbidden to remove a garment from a tree. There is no difference whether the garment was placed on the tree during Shabbos, or prior to Shabbos. Therefore, if one placed a hat on Shabbos onto a tree or bush which is taller than three *tefachim*, one may not remove it on Shabbos. However, one may request a non-Jew to remove the hat. Similarly, if a ball got stuck in a bush, it is forbidden to remove it on Shabbos.

Furthermore, it is forbidden to remove a garment from a hook suspended from a tree.

I. Placing Garments, Hats on a Tree

It is forbidden to place garments, etc. on a tree on Shabbos. Furthermore, it is forbidden to place garments on a hook which is suspended from a tree. The prohibition also applies to bushes that are taller than three *tefachim*.

J. Swings, Hammocks

One is permitted to play on a swing which is indirectly suspended from a tree (i.e. it is suspended from hooks that are screwed into the tree), provided the swing was set up prior to Shabbos and the tree will not shake when the swing is in use.

Similarly, one may use a hammock, provided it is indirectly attached to the tree. However, if the swing is directly attached to the tree, one is forbidden to use it on Shabbos.

K. Climbing a Ladder Which Is Leaning Against a Tree

It is forbidden to climb up a ladder which is leaning against a tree. Furthermore, it is forbidden even to place one's weight against the ladder.

L. Leaning Against a Tree and Tying Shoes

It is forbidden to lean heavily against a tree in order to tie one's shoes. [For definition of leaning heavily see page 279.]

XVIII / Gathering — מְעַמֵּר

I. The Av Melachah

מְעַמֵּר, *gathering,* is one of the thirty-nine *Avos Melachos* prohibited on Shabbos.[1] *Gathering* was necessary for the construction of the *Mishkan,* where the plants from which the dyes were made were gathered together in one place after they were harvested.

II. Definition

The *melachah* of מְעַמֵּר, *gathering,* is to gather together in one place scattered grain, fruits, vegetables, etc.[2] This is done to protect the harvested produce from being stepped on or blown away by the wind.[3]

---

1. משנה שבת דף עג.

2. חיי אדם כלל יג ס״א.

3. עיין שו״ת מהר״ח אור זרוע סי׳ ריד וז״ל: ובספר המצוות כתב, וכן כתבו התוס׳, מדתנן פרק המביא בביצה לג: מגבב אדם עצים מן החצר ומדליק, שאין עימור אלא כשלוקחם ממקום גידולם ומקבצם יחד, ושמא מה שמגבב מן החצר אין זה עמור, אלא כעין עימור שיבלים שמקבצם כדי שיהיו יחד ולקושרם יחד, או שישכנו יחד שלא יפזרם הרוח וגם שלא ידרסו ברגלי אדם ובהמה כשהם מפוזרים ובקל נאבדים בכמה ענינים כשהם מפוזרין כל שבולת בפני עצמן. אבל קיסמין שבחצר שאינו מקבצם אלא כדי להדליקם לאלתר, אינו מקבצם אלא מפני שטורח לו להדליק כל קיסם או לזרוק כל קיסם לבדו למדורה, ולא בשביל תיקון הקיסמין ומשמרתם מקבצם אין זה מעמר, עכ״ל. הרי מבואר מדבריו דעיקר מלאכת מעמר הוא בדברים שפיזורם גורם להם קלקול, וממילא הקיבוץ הוי תיקון גמור, וכ״כ כעי״ז בספר מגן אבות (במלאכת מעמר) וז״ל: ואפשר דלא מקרי מעמר אלא ביש צורך בעימור זה, כמו בשבלים דהרוח מפזרתן כל זמן שאינם מכונסים, וכיוצא בזה בפירות קטנים. אבל בפירות שאין בהם שום תועלת בעימור נגד פזרונן, בכה״ג גם להסמ״ג אין בו משום עימור, עכ״ל. וכ״כ השער הציון בסי׳ תקא ס״ק יד בדעת הרמב״ם, עי״ש.

ועיין בספר איל משולש פ״א הלכה ב שהוסיף בהגדרת המלאכה וז״ל: ועוד שעל ידי זה הוא מכינם לשאתם לדישה, לאוצר או למכירה, עכ״ל. ובביאורים בסוף הספר בסימן א אות ו הסביר דבריו, עי״ש.

ונחלקו הפוסקים אם מעמר צריך קשירה כדי להתחייב. דעיין בשו״ת מהר״ח אור זרוע

Since the purpose of the *melachah* is to protect the produce, the following activities are included in the *melachah:* making piles or bundles of harvested produce, placing harvested produce into containers or boxes, or stringing them together (as with figs). Gathering that is done for purposes other than to protect the gathered items is not subject to this *melachah.*

III. Conditions Required for The Melachah to Apply

Even where the gathering is done to protect the gathered

בסי׳ ריד וז״ל: המעמר לא ידעתי פירושו, אם פירושו רק שיאסוף שבלים יחד ולא יקשרם לאגודה אחת הוי מעמר, או לא הוי מעמר עד שיקשרם יחד להיות אגודה אחת. ולשון עומר היה נראה שאינו קרוי עומר אלא כשנקשרו יחד, כי שבלים המקובצים יחד ולא נקשרו להיות אגודה אחת איני סבור שיקרא עומר, וכן משמע מלשון המיימוני וז״ל: אין עימור אלא בגידולי קרקע. המקבץ דבילה ועשה ממנה עיגול או שנקב תאנים והכניס החבל בהן עד שנתקבצו גוף אחד, הרי זה תולדת מעמר וחייב וכו׳, עכ״ל. ולפ״ז אם קבל פירות יחד ולא עשאו גוף אחד אין זה מעמר וכו׳. והא דקאמר רבא (שבת דף עג:) האי מאן דכניף מילחא ממלחתא חייב משום מעמר, סבור אני שמקבצים המלח ממשרפות המים ודוחקים אותו יחד עד שנעשה חתיכה אחת, ושמא אפי׳ בלא דחק רק שמשימים הרבה זה על זה נעשה חתיכה אחת, שאנו רואים כמה חתיכות במלח קשות עד שצריך לכותשן, עכ״ל (האו״ז). הרי מבואר מדבריו דתנאי במלאכת מעמר הוא שצריכין קשירה, דאין העימור באסיפה גרידא אלא בעינן חיבור וכדי להיות מחובר בענין קשירה.

ועיין מ״ש במרכבת המשנה בדעת הרמב״ם פ״ח מהלכות שבת הלכה ו וז״ל: ומפרש רבינו דשורש מלאכת העימור שקושר אגודת שבלים ועושה עומר שלא יתפרדו, וכהאי גוונא במושך חבל בתוך תאנים מדובקים זה לזה וכו׳. משא״כ המעמיד ערימת חטים או שאר פירות שאינם מתדבקים לית ביה משום עימור, והוא הדין לנותן הרבה דבילות לתוך הכלי ולא מירחן זה בזה עד שיתאחזו ויעשו גוף אחד, עכ״ל.

ועיין בשו״ת שבט הלוי חלק א סי׳ עח אות ב שהקשה על דברי המרכבת המשנה דהרמב״ם סובר דמעמר אינו חייב עד שיקשור, דהרי הרמב״ם בפירוש המשניות פרק כלל גדול כתב דמעמר הוא ״הגודש העמרים הקצורים אחת על אחת״, עכ״ל, הרי מבואר מדברי הרמב״ם דמעמר הוא בזה שגודשן וצוברן יחד ולא כתב דבעינן קשירה. אמנם עיין בחיי אדם כלל יג בנשמת אדם ס״ק א שכתב בשיטת הרמב״ם דיש שני אופנים במלאכת מעמר: א) יש המעמר במקום גידולו ומאסף יחד את התבואה ועושה ממנו ציבורין כדרך הגודשין, שזהו עיקר מלאכת מעמר ובזה לא בעינן קשירה. ב) המעמר שלא במקום גידולו, כגון המעמיד תאנים בבית, אז כדי להתחייב משום מעמר הוא דוקא באופן שעושה אותן אגודות מחוברות יחד.

ועיין באגלי טל מלאכת מעמר ס״א אות א, ובשביתת השבת מלאכת מעמר ס״א שכתבו להדיא דלא בעינן קשירה כדי להתחייב משום מעמר. וע״ע בזה בשו״ת הר צבי או״ח סי׳ ריג.

items, one does not transgress the Torah prohibition of *gathering* except in the following circumstances:

1. The Items Grow From the Ground

The Biblical *melachah* of מְעַמֵּר, *gathering,* applies only to things that grow from the earth. Things that do not grow from the earth are not included in the *melachah* on the Biblical level, though they are sometimes forbidden Rabbinically; see section VII.[4]

2. The Items Are Gathered in Their Place of Growth

The Biblical *melachah* of מְעַמֵּר, *gathering,* generally applies only to plants gathered in their place of growth[5] — for example, wheat in the field, fruit and vegetables in the orchards and gardens.

a. An Exception to This Rule

Things that are generally gathered together away from their place of growth are included in the *melachah* of *gathering.* For example, dried figs are generally brought in from the outside to be strung together indoors. Since the process

---

4. בשבת דף עג: ״אמר רבא האי מאן דכניף מילחא ממלחתא חייב משום מעמר, אביי אמר אין עימור אלא בגידולי קרקע״. ועיין ברמב״ם פ״ח מהלכות שבת הלכה ה שכתב דאין עימור אלא בגידולי קרקע, הרי דהרמב״ם פסק כאביי. ולכאורה קשה דבכל מקום קי״ל כרבא נגד אביי חוץ מיע״ל קג״ם (כדאיתא בב״מ כב:), וא״כ איך פסק הרמב״ם בזה כאביי הא אין זה נכלל בהסימן של יע״ל קג״ם. ועיין בפרי מגדים בא״א סי׳ שמ ס״ק טו דהביא דברי העולת שבת דאפשר דס״ל להרמב״ם דזה בכלל סימנא דיע״ל קג״ם. וביאר הפמ״ג בכוונת העולת שבת דאפשר דמעמר גם הוא בכלל העי״ן דיע״ל קג״ם [דנכלל בו גם פלוגתא דעד זומם למפרע הוא נפסל או לא, בסנהדרין כז ע״א, וגם פלוגתא זו גבי מעמר אם שייך רק בגידולי קרקע או לא]. וגם המחבר בסי׳ שמ ס״ט פסק דאין איסור מעמר מן התורה בדבר שאינו מגידולי קרקע.

5. מ״ב סי׳ שמ ס״ק לה־לז. ועיין בקצות השלחן סי׳ קמו (דף עז) שביאר טעם הדבר למה אינו חייב משום מעמר רק במקום גידולו ואילו גבי מלאכת בורר חייב אפי׳ שלא במקום גידולו, עי״ש. ועיין בספר איל משולש (מלאכת מעמר) בפרק ג הלכה ג שכתב דגדר מקום גידולו הוא מקום גידולו ממש, עי״ש.

אמנם מצינו נמי דיעות בראשונים דמחייב משום מעמר גם שלא במקום גידולו, עיין בהגהות מימוני שהביא מהיראים שסובר כן, ועיין בשביתת השבת מעמר ס״ק ז שדייק כן מדברי הראב״ד.

of stringing is customarily done indoors, bringing the dried figs into the house to be strung is a *melachah* of *gathering*.[6]

IV. Fundamental Rules of the Melachah

1. Number of Items Needed to Transgress the Melachah

The Torah prohibition of מְעַמֵּר, *gathering*, applies even to gathering together just two items.[7]

2. Items to Which the Melachah Applies

The *melachah* of מְעַמֵּר applies to things that grow from the

---

6. מ״ב סי׳ שמ ס״ק לח בשם הנשמת אדם, ומעשה רוקח. עיין בספר איל משולש חלק הבירורים ס״ה וז״ל: והטעם שחלוק מדביק פירות ממעמר דעלמא, מצאנו בזה ג׳ ביאורים: א] המ״ב כתב דהיינו משום דדרך פירות אלו לחברם באופן זה, וחייב אף בעושה בבית כיון דדרך להדביקם בבית כמו בשדה, עכ״ד. ונראה דבא המ״ב לבאר בזה ב׳ דברים: א) למה נחשב המדביק פירות כשלב ממלאכת המעמר, ולא כתיקון האוכל לאכילה וכיו״ב. לזה ביאר דבמה שאוסף הפירות בשדה בשעת לקיטתן, עדיין לא נגמרה מלאכת המעמר, אלא צריך לייבשם ולהדביקם לעיגול דבילה, ונמצא א״כ שהדבקתן היא חלק ושלב ממלאכת המעמר. ב) למה חייב אף שלא במקום גידולו. ולזה ביאר דעימור זה דרך לעשותו בבית ג״כ. וא״ת דא״כ אף האוסף התאנים לבד יהיה חייב, דאף זה מדרך המלאכה לאספם לאחר שנתייבשו. וי״ל דדוקא במדביקם שיש כאן פעולה חדשה ושינוי צורה, בזה חשיבות מלאכה אף שעושה שלא במקום גידולו, אבל באוספם לבד חשיב כהמשך העימור הראשון, כיון שאינו במקום גידולו.

ב] ובנשמת אדם כלל יג ס״ק א משמע דהטעם, שכיון שמדביקם הרי זה נחשב כתיקון בגוף הדבר, לכן אין סברא לחלק בין מקו״ג אינו מקו״ג, והוי כדש וזורה דחייב אפי׳ שלא במקו״ג. ודוקא במעמר דעלמא שאוספם לבד, דהיא מלאכה גרועה שאין נעשה תיקון בגוף הדבר, בזה חייב דוקא במקו״ג.

ג] והמעשה רוקח פ״ח מהלכות שבת ה״ו בתירוץ השני כתב דהטעם, שכיון שמתכוין לעשות עיגול או לנקוב בתאנים ולתת החבל, לכן הוי זה מלאכת אומנות, וא״כ אין סברא לחלק בין מקו״ג לאינו מקו״ג. ודוקא במעמר בעלמא שהוא אסיפת דברים בעלמא, ואין בזה מלאכת אומנות, התם הוא דמצריכים שיהיה במקו״ג, עכ״ל.

7. אגלי טל מעמר ס״ב, ערוך השלחן סי׳ שמ ס״ב. ובנוגע אי מלאכת מעמר שייך בבעלי חיים כבר נחלקו הפוסקים, דיש סוברים שבעלי חיים נחשבים לגידולי קרקע לפי שהם ניזונים מן הארץ, ויש סוברים שאינם נחשבים לגידולי קרקע. וראיתי בספר איל משולש פ״ב הלכה ט שכתב דלהלכה יש להחמיר בזה, מאחר שהוא ספק בנידון של תורה. ונפקא מינה מזה לענין העושה מחרוזות של בשר [היינו שנוקב חור בחתיכות בשר ונותן בהם חבל] כדי למכרן בשוק או כדי להוליכן לבית הלקוח, שיש בזה חשש איסור תורה של מעמר, עכ״ל.

earth, whether they are food items (e.g. fruits and vegetables), or nonfood items[8] (i.e. leaves, twigs, etc.).

3. Regathering Previously Gathered Fruit That Became Scattered

The *Poskim* disagree whether it is prohibited to regather items that were once gathered and then scattered in their place of growth (e.g. fruit that was gathered in a basket and was tipped over in its place of growth). Some authorities rule that the prohibition does not apply, while others rule that it does apply.[9]

---

8. מ״ב סי׳ שמ ס״ק לז. ועיין במנחת חינוך מלאכת מעמר אות א שכתב בדעת הרמב״ם חידוש גדול, וזהו תמצית דבריו. דהרמב״ם כתב בפ״ח ה״ה וז״ל: המעמר אוכלין, אם לאכילה שיעורו כגרוגרת, ואם עמר לבהמה שיעורו כמלוא פי גדי, ואם להסקה שיעורו כדי לבשל ביצה וכו׳, עכ״ל. ומדייק המנחת חינוך למה כתב הרמב״ם ״המעמר אוכלין״, דהלא כך היה צריך לכתוב: המעמר אם לאוכלין שיעורו כגרוגרת ואם לבהמה וכו׳. וע״ז בא המנחת חינוך לחדש וז״ל: ומסתפינא לומר דבר חדש, דאפשר דעת הר״מ דמלאכת עימור לא שייך רק באוכלים, ולא בעצים ואפשר אפילו במאכל בהמה, דסתם אוכלין היינו מאכל אדם, על כן כתב תיכף בתחילת דין של מלאכה זו תיבת אוכלין להורות דעימור לא שייך רק באוכלין. אף דבפירוש המשנה [קג ע״א] כתב דבעצים שייך עימור, מ״מ כאן חזר בו, וידוע דכמה פעמים חזר רבינו בחיבורו ממה שכתב בפירושו למשנה. ואף דלא נדע מהיכן יצא זה לרבינו, אפשר שמצא באיזה מקום כמבואר כמה פעמים. ותיכף בענין זה בהלכה שאחר זו כתב המקבץ דבילה וכו׳ והרב המגיד לא הרשים מוצא דין זה, וכיון שלא נסתרו דברי הר״מ מהש״ס לא נוכל לדחות מחמת שאין אנו יודעים מוצא הדין כי ראתה עין רבינו יותר מאתנו, עכ״ל.

ועיין בהערות למנחת חנוך במהדורת מכון ירושלים, וז״ל: בשנויי נוסחאות (שנדפסו ברמב״ם מהדורת פרנקל) הגירסא ״המעמר אוכלין שיעורו כגרוגרת״, ולפ״ז אין הכרח לדיוק המנחת חינוך, עכ״ל.

ומה שכתב המנחת חינוך דלא מצא מקור לדברי הרמב״ם דמלאכת עימור אינה שייכת אלא באוכלין, עיין באור זרוע סי׳ נז מהלכות שבת שהביא בשם הירושלמי פ״ז משבת ה״ב דכל שהוא נוגע באוכל חייב משום מעמר, וכתב האור זרוע ע״ז ״ואין בידי לפרש״, עכ״פ הרי מבואר מהירושלמי דאין מעמר אלא באוכלין. ולפ״ז כתב המנחת פיתים דזהו המקור לשיטת הרמב״ם. ועיין אריכות בזה בשו״ת דבר יהושע ח״ב סי׳ נא אות ז.

9. השביתת השבת מלאכת מעמר אות ג מדייק דשיטת המאירי היא דאין עימור אחר עימור, וז״ל המאירי: המעמר הוא שמאסף העומרים אחר שהניחום הקוצרים במקומם וצוברם במקום אחד וקושרם, וה״ה אם אסף השבלים אחת אחת ועשה מהן עומרים וכן כל כיוצא בהן, עכ״ל. וכ׳ על זה השביתת השבת וז״ל: משמע דבאסיפת העמרים לעשות מהם גדיש אינו מחויב בלא קשירה, והטעם נלענ״ד משום דאין עימור אחר עימור, משא״כ כשקושרם שעושה פעולה חדשה, עכ״ל.

ועיין באגלי טל מלאכת מעמר ס״ב אות ח שהביא דברי התוספות רי״ד בשבת דף עג: שכתב וז״ל: והמעמר פירוש המקבץ מאחר הקוצר ועושה אותן עומר וכו׳. ואי קשיא א״כ

We follow the stringent view.[10]

Even the authorities who permit regathering do so only where the regathering is not an improvement over the first gathering. However, if the regathering is more effective than the first gathering, all authorities agree it is forbidden.

Thus, for example, stringing together figs is forbidden according to all authorities even though the figs were previously gathered outdoors and brought inside. Since stringing together figs gathers them together more closely than before, it is forbidden on Shabbos.[11]

For further discussion of the rules of regathering, see section VII-2 below.

4. Methods of Gathering

The *melachah* of מְעַמֵּר, *gathering,* is not restricted to gathering by hand. Any customary method of gathering an item is included in the *melachah* of מְעַמֵּר. For example, it is forbidden to gather twigs by pushing them together with one's foot because twigs are often gathered this way. Likewise, it is forbidden to roll one fruit to another because this is a customary way of

---

נתפזרו לו פירות בחצרו או בשדה וליקטן יתחייב משום מעמר. תשובה, אין מעמר אלא בשעת תלישתו מן הקרקע שזה היא תחילת ליקוטו, אבל פירות שנלקטו כבר ועכשיו נתפזרו אין זה מעמר, עכ״ל. ועיין באגלי טל שם שביאר דברי התוס׳ רי״ד וז״ל: דלכאורה קשה מאי שנא ממתיך את המתכות דחייב משום מבשל אף שבתחילת עשייתו הי׳ מהותך. אך יש לחלק בין בישול שחייב בכל דבר אפי׳ מים ודגים בין עימור שאינו אלא בגידולי קרקע, דבישול חייב מצד הדבר כמו שהוא ומה נ״מ מה שהיה בתחלה מהותך, אבל עימור שחייב רק משום שגדל בקרקע וכיון שמשעה שנתלשו מן הקרקע כבר היה מעומר אלא שאח״כ נתפזרו שוב אין בו חיוב משום שגדל בקרקע, עכ״ל.

ועיין בשו״ת שבט הלוי חלק א סי׳ עח אות ב שתמה על דברי האגלי טל והשביתת השבת וכתב ביאור אחר בדברי התוספות רי״ד, עי״ש.

אמנם עיין באור זרוע בסי׳ נז וז״ל: הלכך אם נתפזר לאדם מלח או ביצים המותרים בטלטול או כהאי גוונא, אסור לקבץ יחד משום דהוי מעמר, עכ״ל. ולכאורה משמע מדבריו דאף אם היה כבר מעומר ונתפזרו וחזר וקיבצן חייב משום מעמר, הרי מבואר מדבריו דיש עימור אחר עימור. ועיין באגלי טל הלכות מעמר סעיף ב ס״ק טז מה שכתב בדברי האור זרוע. וע״ע בזה בקצות השלחן סי׳ קמו דף פה ציון 10 בזה.

10. שלחן ערוך הרב עפ״י דברי הקצות השלחן סימן קמו ס״ק מט ציון 2 ד״ה ובאגלי טל, אגלי טל מלאכת מעמר ס״ק ב אות יז ד״ה ולענין הלכה.

11. עיין בזה בציון 6.

gathering fruit.[12] Gathering in an unusual manner is forbidden by Rabbinic decree.

V. Permitted Method of Gathering Produce

The *melachah* of מְעַמֵּר applies only to gathering produce together in its place of growth. However, it is permitted to bring in fruits or vegetables to the house one by one, even though this will result in their "being gathered" inside the house.[13] Therefore, if fruit fell off a tree prior to Shabbos (so that it is not *muktzah*), one is permitted to pick up each individual fruit and bring it indoors. Fruit that falls off a tree on Shabbos, however, is considered *muktzah*. Hence, it may be moved only by pushing it with one's feet. In such an instance, it would be permitted to bring it indoors only by pushing it by foot one fruit at a time.[14]

---

12. זכור ושמור (מהגאון ר׳ אליהו פאלק שליט״א).

13. הוא פשוט, דכשמביא פרי אחד אין זה מעמר. וטעם הדבר לפי שצורת המלאכה של מעמר הוא קיבוץ ואסיפת הדברים לערימה וא״כ זה שייך דווקא כשיש לכל הפחות שני דברים.

ועיין בספר קצות השלחן סי׳ קמו אות מט ציון 17 שרוצה לחדש דביד מותר להביא אפי׳ כמה פירות דאין זה מעמר וז״ל: ונראה דדברים הצריכים קשירה כמו אגודה של ירק דאינו חייב על העימור עד שיקשור שיתקיים העימור, ולא בעינן קשר של קיימא, אלא אפילו עניבה או שכורך קצת מהירק מסביב ועושה אותם אגודה ועי״ז מתקיים העימור שלא יתפזר חייב משום מעמר, שכן דרך בעל הירקות שאינו עושה קשר של קיימא. וכמפורש בגמ׳ (סוכה לג:) "הותר אגדו ביו״ט אוגדו כאגודה של ירק". ופירש״י וז״ל: יכרוך האגד סביב ויתחוב ראשו בתוך הכרך כמו שאוגדין אגודת ירק, ולא יקשור שני הראשים באחת כשאר קשרים, עכ״ל (רש״י), וזה פשוט.

אבל הלוקט ירקות ומאסף אותם לתוך ידו ע״מ לקשור אח״כ או ע״מ להביאם לביתו בידו אינו חייב על זה משום מעמר, דחשיב עימור שאינו מתקיים, והאחיזה ביד שלא יפלו ולא יתפזרו אינו עושה עימור של קיימא. דזה שאוחז ביד לא דמי לקשירה כלל, דע״י קשירה מתקיים כבר העימור מאליו, אבל התפיסה ביד הוי קיום העימור רק לפי שעה כל זמן שהם בידו, ואינם תפושה אחת כלל, כיון שמאליו אינו מתקיים והאחיזה ביד אינו בגדר קשירה כלל. ותו דאין זה דרך של בעל השדה אלא קשירה כאגודה של ירק, או לתת הירקות לתוך סל והם צבורים ועומדים שם והוי עימור של קיימא. דהנתינה לתוך כלי ודאי הוי עימור וכמו מאן דכניף מלחא ממלחתא, דהיינו שצוברם לתוך שק או כלי, דלא שייך בהו אסיפה וקשירה והוי עימור, וכמעט שהדבר פשוט שהאחיזה ביד אינו בכלל מעמר, ובכל אופן הוי שינוי גדול מדרך המעמרים ופטור, עכ״ל.

14. דהא טלטול בגופו מותר אפי׳ לצורך דבר האסור, עיין בספרנו הלכות מוקצה דף 39.

VI. Not Included in the Prohibition

1. No Longer in Its Natural State

The *melachah* of מְעַמֵּר, *gathering,* applies only to items that are in their original form. If the items have been changed, one is permitted to gather them together.[15]

This is one of the reasons why one may gather toys on Shabbos even if they are made from wood. Since the wood in the toy has been completely changed from what it was when it was removed from the tree, the *melachah* of מְעַמֵּר, *gathering,* does not apply.

2. Gathering for Beauty

As stated above, the *melachah* of מְעַמֵּר applies only if the gathering is done to preserve the produce. Gathering produce for any other reason is not included in this *melachah.* It is permitted to put together some cut flowers because the flowers are put together for beauty, rather than to protect the flowers.[16] [Nevertheless, it is forbidden to make an arrangement of flowers due to the *melachah* of *makeh b'patish.*]

VII. Rabbinically Prohibited Forms of Gathering

The rules we have learned to this point reflect the Biblical law. The Rabbis, however, prohibited certain instances of gathering not prohibited under Biblical law.

1. Items Found in the Ground

The Sages forbade gathering items that come from the

---

15. ערוך השלחן סי׳ שמ ס״ג, שבה״ש מעמר פ״ד, תהלה לדוד סי׳ שמ ס״ק א.

16. שו״ת אג״מ או״ח ח״ד סי׳ עג וז״ל: ומה שכתב בשם הקצות השלחן [סי׳ קמו ס״ק מט ציון 17] דעושה קובץ הפרחים השונים לפי דרך היופי הוא חייב משום מעמר, לא ברור זה לענ״ד, דמלאכת קבוץ הרבה שבלים לערימה (זה הוי מעמר) אבל קבוץ הפרחים אינו ענין קיבוץ ערימה מפרחים, אלא הוא קבוץ פרחים שונים שיתאימו לזה, אינו כלל ענין מלאכה זו וצ״ע, עכ״ל. וראיתי באיל משולש חלק הבירורים ס״ה ס״ק ט שכתב ביאור בדברי מרן זצ״ל וז״ל: וביאור דבריו דהתכלית והתיקון שיש במעמר הוא מה שעושה ערימה, שעל ידי זה נשמרים התבואה והפירות היטב, שלא יתפזרו ברוח או ברגלי אדם ובהמה, וכל שאינו מתכוין לתכלית זו הרי זה מפקיע שם מלאכה, עי״ש.

ground even though they do not grow from it — e.g. iron, stones and salt from a mine. Since the activity resembles מְעַמֵּר, the Sages feared that allowing these things to be gathered might lead to gathering items that actually grow from the ground.[17]

2. Regathering Fruit That Became Scattered

The *melachah* of מְעַמֵּר, *gathering,* applies according to many *Poskim* even to regathering fruit that became scattered after its original gathering — but only if this occurs in the place where the produce grows (see above, section V-3). We will now discuss the law for regathering produce away from its place of growth.

◆§ Introduction

According to all authorities, regathering produce which became scattered in a place *other* than where it grows is not considered מְעַמֵּר (see section V-3 above). Since the produce is not being gathered in the place where it grew, the *melachah* of מְעַמֵּר does not apply. However, the Sages forbade regathering in certain instances, even in places where the produce did not grow. One of the reasons mentioned by the *Poskim* for their decree is עוּבְדָא דְחוֹל, *weekday activity.**

[*עוּבְדָא דְחוֹל, *weekday activity,* is a category that includes three types of activities: (a) those that resemble *melachah;* (b) those that might lead to the performance of a *melachah;* (c) those that involve considerable degree of bother, which, when done on Shabbos, detract from the holy aura of the Shabbos.]

---

17. כתב המחבר בסי׳ שמ ס״ט וז״ל: אסור לקבץ מלח ממשרפות המלח שדומה למעמר, ע״כ. וביאר המ״ב בס״ק לו וז״ל: ולכן אסור מדרבנן, אבל עימור גופא ליכא דאין עימור אלא בגידולי קרקע, עכ״ל. [והמ״ב בס״ק לד הסביר מה זה משרפות המלח, וז״ל: שיש מקומות שממשיך לתוכן מים מן הים והחמה שורפתן והן נעשים מלח, עכ״ל.] ולכאורה לא מבואר מכאן מה הדין במקבץ מלח ממקום חציבתן אם הוא אסור מדאורייתא. דמשרפות המלח משמע שנעשין בידי אדם, אבל מה יהא הדין במחצבי המלח שנעשו מאליהן בתוך הקרקע. והחיי אדם בכלל יג הלכה ב כתב וז״ל: אסור לקבץ שום דבר במקום גידולן, אפי׳ אינו גידולי קרקע, כגון מלח במקום שחופרין בו המלח, דמחליף בגידולי קרקע, עכ״ל. הרי מבואר להדיא מדבריו דגם לקבץ מלח במקום חציבתן אינו אסור מן התורה, וכן כתבנו בפנים. אמנם עיין בפמ״ג משבצות זהב סי׳ שמ ס״ק ה וז״ל: מלח גס כאבן ואבנים ממקום שנחצבו הוי מעמר ממש וגידולי קרקע הם, עכ״ל. הרי מבואר מדבריו דיש חילוק בין מלח ממשרפות ובין מלח שנחצבו מהעפר, דבמלח שנחצב מן הקרקע הוא איסור דאורייתא, וע״ע בזה בשו״ת רע״א סי׳ כ.

1. Produce That Became Scattered Over a Large Outdoor Area

Produce that scattered over a large outdoor area, such as a yard or field, may not be regathered on Shabbos. Some *Poskim* state that this is because gathering items scattered over a large area involves a considerable degree of bother. It is forbidden due to עוּבְדָא דְחוֹל (see above).[18] It is permitted, however, to gather a few items at a time, provided they are needed for Shabbos. Since gathering a few items at a time for Shabbos does not involve much toil, it is permitted.[19]

2. Produce That Became Scattered Over a Small Outdoor Area

One is permitted to gather together on Shabbos produce that scattered over a small area in a yard. Gathering fruit from a small

---

18. כתב המחבר בסי׳ שלה ס״ה וז״ל: נתפזרו לו פירות בחצר, אחד הנה ואחד הנה, מלקט מעט מעט ואוכל ולא יתן לתוך הסל ולא לתוך הקופה. ואם נפלו במקום אחד נותן אפי׳ לתוך הסל, אלא א״כ נפלו לתוך צרורות ועפרוריות שבחצר שאז מלקט אחד אחד ואוכל ולא יתן לתוך הסל ולא לתוך הקופה, עכ״ל.

והמ״ב בס״ק יז כתב דטעם האיסור הוא משום עובדא דחול. ובאמת יש לדון באיזה גדר עובדא דחול כלול הך דינא. דעיין בכלכלת שבת אות א כללי ל״ט מלאכות, ד״ה אמנם עובדין דחול, וז״ל: עי׳ מ״ש באגרת הרמב״ם דנ״ו ב בהשאלה תלא כווא וכו׳ דאין הפירוש לאסור כל מה שעושה בחול, דא״כ לא יאכל ולא יסוב כדרך שעושה בחול. אלא יש בו ג׳ אופנים, דהיינו: אם שאסרו חכמים הדבר משום דדומה לא׳ מהל״ט מלאכות, או משום שמא ע״י כך יבא לעשות מלאכה, או משום טרחא יתירתא. וכולן נכללין בשם שבות, עכ״ל. הרי דיש ג׳ סוגים של עובדא דחול.

והרמב״ם בפכ״א מהלכות שבת הלכה יא כתב וז״ל: המדבק פירות עד שיעשו גוף אחד חייב משום מעמר. לפיכך מי שנתפזרו לו פירות בחצרו מלקט על יד על יד ואוכל, אבל לא יתן לא לתוך הסל ולא לתוך הקופה כדרך שהוא עושה בחול, שאם יעשה כדרך שהוא עושה בחול שמא יכבשם בידו בתוך הקופה, ויבא לידי עימור, עכ״ל. הרי מבואר מדברי הרמב״ם שהעובדא דחול דהכא הוא משום שמא יבא לידי עימור. אמנם המחבר שהבאנו למעלה לא הביא טעם זה של הרמב״ם. ואולי המחבר סובר דהך עובדא דחול אסור משום טירחא יתירא, כדאיתא בלבוש סי׳ שלה ס״א, ובחיי אדם כלל יג הלכה א, ובקיצור שלחן ערוך סימן פ הלכה י. ובאמת מצינו מקור להך טעמא בחידושי הר״ן (המיוחסים) בפרק נוטל (שבת דף קמב) בד״ה וינקטינהו.

19. שו״ע סי׳ שלה ס״ה. ועיין בספר איל משולש (מעמר) פ״ח הלכה ג וז״ל: ומה גדר מעט מעט, ואפשר דמעט מעט היינו כמות שדרך ליטול לאכילה אחת, וא״כ אם הם פירות גדולים שדרך לאכול ב׳ או ג׳ בפעם אחד, שרי ודוקא ב׳ או ג׳ ולא יותר. ואם הם קטנים שדרך לאכול יותר, א״כ מותר גם יותר, וצ״ע, עכ״ל.

area does not involve much bother and is therefore permitted.[20]

3. Produce That Became Scattered Indoors

Most *Poskim* rule that produce that scatters over a large indoor area has the same halachic status as produce that scatters over a large outdoor area. Thus, it is forbidden to regather it.[21] [See above 1.]

4. Other Items That Became Scattered

Most *Poskim* rule that the Rabbinic prohibition to gather produce that became scattered over a large area only applies to items that grow from the ground. They therefore rule that one is permitted to gather toys that are scattered over a large area.[22] [See Children In Halachah page 141 concerning putting toys when they are mixed together.]

---

20. שו״ע סי׳ שלה ס״ה. ועיין בספר איל משולש (מעמר) פ״ח הלכה ד דגדר במקום אחד שמותר לאוספם נראה דהוא לאו דוקא שנוגעים או סמוכים ממש זה לזה דוודאי נחשב לנפלו למקום אחד בכה״ג. אלא אפי׳ גם אם הם מפוזרים קצת, דשייך שם מעמר בכה״ג כשאוספים בשדה, אלא שמ״מ הם סמוכים זה לזה כ״כ עד שכששוחה לאספם הם מזומנים תחת ידו, ואינו צריך לטרוח הרבה באסיפתם, עכ״ל.

21. כתב במחבר סי׳ שלה ס״ה וז״ל: נתפזרו לו פירות בחצר אחד הנה ואחד הנה וכו׳. והמ״ב בס״ק יז כתב דהטעם בזה משום עובדא דחול. והנה המחבר כתב לשון ״נתפזרו בחצר״, וצריך ביאור אם ר״ל בחצר דוקא ואם נתפזרו הפירות בפנים יהיה מותר לקבצן, או דילמא דגם בבית אסור, והא דנקט המחבר חצר היינו משום דשם רגיל שהפירות יתפזרו בשטח גדול.

ולכאורה זה תלוי מאיזה סוג עובדא דחול נאסר לקבץ פירות אלו, דאם הטעם הוא משום טירחא לכאורה אין נפקא מינה אם נתפזרו בחצר או בבית, ועיין באז נדברו ח״ד סי׳ יז שבאמת כתב שאף אם נתפזרו לו הפירות בבית בשטח גדול אסור לקבצם משום איסור טירחא וכ״כ החיי אדם כלל יג ס״א.

ומהמ״ב כאן אין משמעות לשאלה זו, דהגם דכתב בסי׳ שמ ס״ק לו עמ״ש המחבר ״וכן אסור לקבץ כל דבר ממקום גידולו״, וע״ז כתב המ״ב וז״ל: והאי דנקט המחבר בלשון אסור להורות לנו דשלא במקום גידולן כגון שנתפזרו פירות בבית אפי׳ איסור נמי ליכא כשמקבצן יחד, ועיין לעיל סי׳ שלה ס״ה, עכ״ל. אפשר דכוונת המ״ב דבבית ליכא איסור דוקא כשנתפזר בשטח קטן אבל בשטח גדול גם בבית יהיה אסור, וזהו כוונתו במה שהוסיף ״עיין לעיל סי׳ שלה ס״ה״ דשם מבואר דאם יש טירחא גדולה אסור לקבץ הפירות. וראיתי בספר קיצור הלכות שבת דיני מעמר שכתב לאסור גם בבית. אמנם עיין בשו״ת אור לציון ח״ד פמ״ג ס״ז שכתב דבבית אין כאן איסור.

22. איל משולש (מלאכת מעמר) פ״ח הלכה יג. וע״ע בזה בשו״ת אור לציון ח״ב עמוד רעה, ובשו״ת נשמת שבת חלק ג סי׳ קמה.

VII. Practical Applications

A. Stringing Figs

It is Biblically forbidden to string figs together no matter the location (even indoors).

B. Gathering Fruit

See above II, IV 3.

C. Making a Bouquet of Flowers

Making a bouquet of flowers is not prohibited under the *melachah* of מְעַמֵּר. [However, other prohibitions apply; see page 295).

D. Stringing Diamonds

The *melachah* of מְעַמֵּר does not forbid stringing pearls, beads.[23] However, other prohibitions apply.[24]

---

23. שבה״ש מעמר ס״ה, וס״ק ט.
24. איל משולש פ״י הלכה יב.

XIX / Winnowing — זוֹרֶה

I. The Av Melachah

זוֹרֶה, *winnowing*, is one of the thirty-nine *Avos Melachos* that are prohibited on Shabbos.[1] *Winnowing* was required for the construction of the *Mishkan* to separate the parts of the plants used for dying from their unusable chaff.[2]

II. Definition

After threshing grains and the like, the kernels are physically separated from the chaff (the stalks, and husks that make up the ears), yet are still mixed with them. זוֹרֶה, *winnowing*, is the act of separating the undesirable matter (the chaff) from the wanted matter (the grain) by throwing the mixture into the wind (using an implement known as a winnowing fork to heave large batches of grain and chaff into the air). The chaff, being lighter than the grain, blows away in the breeze while the heavier grain falls to the ground. Thus, the essence of the *melachah* is to separate a desired item from an undesired item by means of the wind.[3]

---

1. משנה שבת דף עג.
2. רש״י שבת דף עג.
3. בגמ׳ בשבת דף עג: פריך "היינו זורה היינו בורר היינו מרקד". ומפרש רש״י בד״ה היינו דכוונת הגמ׳ להקשות אמאי מפליג להו תנא דמתניתין לתלת, והלא כולן מלאכה אחת הן דמפריש אוכל מן הפסולת. הרי מבואר להדיא מדברי רש״י דמלאכת זורה היינו להפריש אוכל מן הפסולת, וכ״כ הר״ח שם עד. ועיין בבעל המאור שבת קו. דכתב דמשום הכי הוי זורה ובורר מלאכה שא״צ לגופה, דכל עיקר מלאכתו לדחות המוץ והצרורות, וע״ז חייב, עי״ש. ועיין בספר טל אורות מלאכת זורה וז״ל: ודע דליכא חיובא דזורה אלא דוקא בכה״ג שמעביר הפסולת ע״י הרוח שנופח מפיו, ועל ידי זה נתקן האוכל מהפסולת שיש בו, שכן דרך זורה שזורין התבואה ברחת לרוח כדי להפריש התבן מתוך התבואה, שעל ידי כן נמצאת התבואה מנוקה מהתבן המעורב בתוכה, עכ״ל. אבל אם לא עשה שום ברירה על ידי הפרחתו לרוח, הא ודאי דאין כאן משום זורה כלל. וע״ע בציון 14 שהבאנו מחלוקת בין הבבלי והירושלמי במהות מלאכת זורה.

III. To Which Item the Melachah Applies

The *melachah d'oraysa* (Biblical prohibition) applies only to items that grow from the ground[4] (e.g. grain, peanuts). However, there is a Rabbinic prohibition to winnow even items that do not grow from the ground.[5]

IV. Methods of Doing the Melachah

A. How the Throwing Is Done

One transgresses the *melachah* of *winnowing* by using any type of implement fit for this task, be it a winnowing fork, shovel, spade or winnowing machine.[6] Furthermore, even if the mixture is thrown into the wind by hand, one has transgressed the *melachah*.[7]

---

4. הגרע"א בתשובה סימן כ, נשמת אדם כלל טו ס"ק א, אגלי טל מלאכת זורה ס"ד.

5. הגרע"א בתשובה סימן כ, שביתת השבת מלאכת זורה ס"ד.

6. תולדות שמואל מלאכת זורה ס"ד.

7. אגלי טל מלאכת זורה ס"ה וז"ל: תולדה לזורה יראה לי שאם לקח בחפניו וזרקו לרוח כדי להפריח המוץ וכו', הרי אלו תולדות זורה וחייב, עכ"ל. וכתב שם בס"ק ו וז"ל: כבר נתבאר בביאורינו למלאכת קוצר ס"ק ג דכל דע"י כלי הוא אב מלאכה, אם עשאו ביד הוא תולדה, כמו תולש שהוא תולדה דקוצר, עכ"ל.

והמנחת חינוך במוסך השבת מלאכת זורה כתב בתוך דבריו וז"ל: דודאי זורה אינו אלא בכלי, כי פירוש זורה הוא ברחת, ואם אינו בכלי רק מערב ביד ועל ידי כך הרוח מפריח לא הוי זורה, וצריך להתרות בו משום בורר, ואם התרו בו משום זורה אינו חייב דזה לא הוי זורה כלל וכו'. וגם במלאכה זו דזורה חייב ברוח מסייעתו וכו', א"כ דוקא ברחת דנקרא זורה חייב ברוח מסייעתו, אבל אם עושה ביד דלא נקרא זורה אלא בורר אינו חייב ברוח מסייעתו, כי דוקא בזורה חייבתו תורה בענין זה שהרוח מסייעתו, אבל אם אינו בדרך זה, כגון ביד או בורר צרורות והרוח מסייעתו, אינו חייב, כן נראה ברור בס"ד, עכ"ל.

ולכאורה יש להעיר, דבריש דבריו כתב שאם מערב בידו ועל ידי כן הרוח מפריח חייב משום בורר ולא משום זורה, והטעם דכיון דאינו בכלי אינו שייך למלאכת זורה אלא לבורר, ואח"כ כתב שאין חיוב במלאכת בורר ברוח מסייעתו כי התורה לא חייבה בסיוע הרוח אלא בזורה, וא"כ לפי זה צריך להיות שאם זורה בידיו, דהוי בורר לדבריו, גם משום בורר לא יתחייב כל שהרוח מסייעתו להפריח הפסולת דאין חיוב ברוח מסייע רק במלאכת זורה ולא במלאכת בורר, נמצא דדבריו נסתרים מיני' ובי'. ועוד קשה, דאיך כתב המנחת חינוך בפשיטות דכשבורר צרורות בידו והרוח מסייע אינו יכול להתחייב משום זורה, כיון שאינו ע"י כלי, הא הר"ח והערוך כתבו להדיא שכל שמנפח

B. Sources of the Wind

The *melachah* is transgressed whether the wind is produced naturally or artificially. As long as the items became separated

---

בפיו בתבואה שבידו להעביר פסולת חיובו משום תולדה דזורה, וכמו שנביא לקמן בציון 9.

ועיין בספר חמדת ישראל קונטרס נר מצוה מלאכת זורה דף מח וז״ל: עתה נבאר קצת בדברי המנחת חינוך במלאכת זורה. בראש דבריו כתב איזהו חידוש א׳, דזורה הוא רק בכלי, ואם אינו בכלי רק מערב ביד ועי״כ הרוח מפריח ל״ח זורה וצריך להתרות בו משום בורר. ב׳, דדוקא זורה ברחת חייב ברוח מסייעתו אבל אם עושה ביד דלא מקריא זורה אלא בורר אינו חייב ברוח מסייעתו, עיי״ש. ולענ״ד צ״ע בזה מד׳ הר״ח ז״ל הנדמ״ח בש״ס ד׳ ווילנא שכתב בזה״ל: וכן אם נטל אדם בידו תבואה בתיבנא ובפסולת שיש בה ונופח בה ברוח פיו ובורר חשיב הוא כזורה, עכ״ל, נראה מבואר מד״ק כי עיקר ההבדל בין זורה לבורר שזורה הרוח מסעיי׳ לי׳ ובורר הוא ביד, אבל לומר דזורה אינו חייב אלא אם הוא בכלי זה לא אמרי׳, דאפי׳ אם הוא בידו אם הברירה ע״י פעולת הרוח חייב מצד זורה. ואף אמנם די״ל דהכא שאני כיון דהרוח בא ג״כ מכחו שהוא עושה הרוח בפיו מ״מ כיון דמבואר בדבריו ז״ל דהחיוב משום זורה אע״ג דאינו בכלי א״כ נראה פשוט דה״ה אם רוח מסעיי׳ חייב משום זורה, וז״ב לענ״ד בדעת הר״ח ז״ל, עכ״ל.

אמנם עיין רש״י בשבת דף עג בד״ה הזורה שכתב ״ברחת לרוח״, ודייק מזה בספר מגן אבות דף ג וז״ל: משמע קצת אבל ביד ליכא זורה, וכתב בסמ״ק דאין לרוק בר״ה משום זורה, וכן אין לזרוק לעופות ממקום גבוה לארץ משום זורה, ומשמע מסמ״ג דלא ס״ל כרש״י, עיי״ש. עכ״פ מבואר מזה דמשמעות שיטת רש״י הוא דאינו חייב משום זורה אלא אם כן נעשית ברחת (בכלי). אמנם י״ל דגם רש״י סובר דחייב כשזורה ביד, והא דנקט רש״י ברחת שכן הוא דרך המלאכה של זורי גרנות לזרות גורנן ברחת ולא בידים משום שהוא טירחא מרובה, אבל אין הכי נמי גם כשזורה בידים יהא חייב.

ולפ״ז יש ליישב הערת הערוגות בשו״ת או״ח סימן פ אות ו וז״ל: לפי רש״י במשנה דאבות מלאכות, משמע דוקא ברחת, מדמפרש שם בד״ה זורה וז״ל ברחת לרוח, וכ״כ במג״א ע״ש, משמע אבל זורה ביד אינו חייב, מיהא בספר מג״א הביא בשם הסמ״ג דאין לזרוק לעופות ממקום גבוה לארץ משום זורה, משמע דס״ל דיש זורה אפי׳ שלא ברחת, מיהא י״ל היינו מדרבנן. אמנם מהא דאיתא בירושלמי ר״פ כ״ג והובא ברמ״א סס״י שיט דהרוקק ברוח חייב משום זורה מוכח דלא בעי׳ דוקא זורה ברחת, אלא דכבר הקשו על הנ״ל, דהא בש״ס דילן מוכח דלא כירושלמי מדפריך בש״ס דף עג ״היינו זורה היינו בורר היינו מרקד״ מוכח דזורה היינו להסיר המוץ והפסולת, דאי זורה מקרי מה שמתפוצץ הדבר עצמו אינו ענין לבורר ומרקד ולא פריך מידי, וכן הקשה במג״א ובח״א ובמ״ח, והוא תמיה נשגבה על הרמ״א שהביא דין הנ״ל ובש״ס דילן מוכח דעכ״פ חיוב ליכא, ע״ש שכולם הניחו בתמי׳, ועיי״ש.

ואפשר לומר לפי מה שכתבנו לעיל דאין כאן סתירה מהירושלמי דמחייב ברוקק לרוח לרש״י שכתב דדוקא ברחת הוא דחייב, דגם לרש״י חייב ברוקק לרוח, ומה שנקט רש״י דזורה מיירי ברחת הוא משום שכן הוא דרך המלאכה של זורי גרנות לזרות גרונן ברחת שלעשות כן בידים יהיה טירחא מרובה, ואורחא דמלתא נקט, משא״כ ברוקק לרוח שכך הוא דרכו גם רש״י יודה דחייב.

through the action of wind, the *melachah* of *winnowing* is transgressed. Therefore, it is forbidden to separate items using the wind of a fan,[8] and even with the wind created by a person blowing.[9]

V. Amount Required for Prohibition

The amount of food one has to winnow in order to transgress the *melachah* is that of a dried fig.[10]

---

8. עיין בספר תולדות שמואל מלאכת זורה ס״ד שכתב וז״ל: ונ״ל פשוט שגם אם הוא מוליד את הרוח ע״י מכונה וכיוצא בו שהוא ג״כ חייב, וא״כ הדבר פשוט שהזורה ע״י מכונה העשויה לכך שהיא מוליד את הרוח ע״י גלגל התקוע בו בודאי חייב, עכ״ל.

כתב האגלי טל במלאכת זורה ס״ד וז״ל: הזורה כיצד, אחד הזורה תבואה או קטניות ואחד הזורה סממנין וכיוצא בהן משאר גידולי קרקע, כיון שזרה ברחת לרוח היום כדי שהרוח יפריח את המוץ מהן הרי זה אב מלאכת זורה וחייב. בד״א כשהי׳ הרוח ההוא שראוי להפריח את המוץ קודם שהתחיל לזרות, או אפי׳ שלא הי׳ רוח כלל רק שהמוץ ראוי לפרוח ברוח מצויה אפילו שבא אח״כ רוח שאינה מצוי׳ שלא הי׳ דעתו עליו והפריח את המוץ, אבל אם המוץ אינו ראוי לפרוח כי אם ברוח שאינה מצוי׳ וכשהתחיל לזרות לא הי׳ הרוח ההוא רק בשעה שהזרה התבואה לאויר נתגבר הרוח ההוא והפריח את המוץ פטור, עכ״ל.

אמנם המגן אבות (על המשנה בשבת דף עג. ד״ה הזורה) כתב דמשמע מבבא קמא דף ס. דחייב בזורה ורוח מסייעתו דוקא בשכבר היה הרוח בשעת הזרה, אבל אם בא אח״כ פטור ואפי׳ ברוח מצויה, עי״ש. וע״ע בענין זה בשו״ת מנחת יצחק בלקט תשובות סי׳ לב ס״ק ד.

9. ז״ל הר״ח בשבת דף עד: נמצא זורה והבורר והמרקד כולן מעבירין פסולת המעורבת באוכל ואינה מחוברת כגון קליפה וכו׳. וכן אם נטל בידו אדם תבואה בתיבנא ובפסולת שיש בה וניפח בה ברוח פיו ובירר, חשוב הוא כזורה וכו׳, עכ״ל.

ועיין בהערוך על הש״ס דף עג: שכתב וז״ל: הזורה והבורר והמרקד כולן מלאכה אחת, שכולם העברת הפסולת שהיא מעורבת באוכל ואינה מחוברת, ואינו דומה לקליפה שצריכה פירוק או עפרורית שצריכה ניפוץ, אלא כל אחת מהן יש לה דרך וכו׳, ואלו נטל בידו אוכל שיש בו פסולת או עפר ונפחו בפיו זהו זורה, עכ״ל.

הרי מבואר מדבריהם שאם האדם נופח בפיו הפסולת מן האוכל זהו נכלל במלאכת זורה. והאג״ט במלאכת זורה פ״ה העתיק דברי הר״ח להלכה.

ועיין בערוך השלחן סי׳ שיט סעיף כז וז״ל: היו לו חיטים שנמללו מערב שבת אך עדיין הם מעורבים בהמוץ שלהם וכו׳ ולנפח בפיו נראה דודאי מותר, עכ״ל. ולכאורה יש לתמוה על דבריו שכתב בפשיטות שלנפח בפיו מותר, והר״ח כתב להדיא דהוא בכלל במלאכת זורה. וע״ע בזה בספר אוצרות טל דף צז.

10. רמב״ם פ״ח מהלכות שבת הלכה יא.

VI. Rabbinic Prohibitions

It is Rabbinically forbidden to place both hands together, and toss a mixture up and down, in order to cause the unwanted part to fall away.[11]

Likewise, it is forbidden to toss a mixture from one hand to the other so that the unwanted matter falls away.[12] In both of these instances, since no blowing or air current is being used to separate the items, the Torah prohibition of *winnowing* does not apply. Nevertheless, the Sages were concerned if these activities were permitted, they could lead to separating such items in a Biblically prohibited manner.

Nevertheless, it is permissible to take the mixture in one hand and wave it up and down to cause the unwanted matter to fall away.[13] Since separating in this manner is unusual, the Rabbis were therefore not concerned that it would lead to separating in a forbidden manner. Doing so, however, is permitted only if one will use the wanted item right away.[14]

VII. Winnowing Without Separating

As mentioned above, the definition of the *melachah* of *winnowing* is separating undesirable matter from desirable matter by means of the wind. However, the *Rama (Orach Chaim* 319:17) cites the opinion of the *Yerushalmi* that the definition of the *melachah* of *winnowing* is dispersing an item by means of the wind. According to the *Yerushalmi*, the *melachah* is transgressed even when no selection is being made. Thus, for example, it is prohibited to spit against the wind since the saliva will become scattered.[15]

---

11. מ"ב סי' שיט ס"ק כז.
12. מ"ב סי' שיט ס"ק כז.
13. שו"ע סי' שיט ס"ז.
14. אגלי טל מלאכת זורה ס"ז.
15. בירושלמי פרק כלל גדול (דף מט) איתא: רקק והפריחתו הרוח חייב משום זורה, וכל דבר שהוא מחוסר לרוח חייב משום זורה, ע"כ. ובקרבן העדה פירש שכל שהרוח מחסרו ומפררו לחלקים דקים חייב משום זורה. והרוקח בסימן סב, והאור זרוע חלק ב

Although most *Poskim* rule that the *halachah* does not follow this view of the *Yerushalmi*,[16] some *Poskim* advise that one should refrain from scattering by means of the wind any item that grows from the ground. The category of "items from the ground" includes items that are nourished from items that grow from the ground.[17] Since a person is nourished from the vegetation that grows from the ground, he is considered "an item that

---

סי׳ נט והמהרי״ל בהלכות שבת פסקו כהירושלמי, וכן פסק הרמ״א בסוף סי׳ שיט. ומבואר מדברי הירושלמי שעיקר מלאכת זורה הוא במה שזורה לרוח והרוח שולטת בדבר לפררו, לחלקו ולפזרו ולהפריחו, חייב משום זורה. ולפ״ז כתבו הפוסקים (רע״א בתשובה סי׳ כ, שביתת השבת סעיף ח, קצות השלחן ח״ח סי׳ קמו ס״ו) דגם כשזורה מין שכולו פסולת או מין שכולו אוכל חייב משום זורה, אף על פי שאין מתברר במלאכתו הפסולת מן האוכל.

אבל בש״ס דידן, שבת עג:, פריך "היינו זורה היינו בורר היינו מרקד", וע״ש בתי׳ הגמ׳, ומשמע דנחלקו הבבלי והירושלמי במהות מלאכת זורה, דהבבלי סובר שגדר מלאכת זורה הוא בזה שבורר ע״י הזריה את המוץ מן התבואה ונמצא דהאוכל מתוקן מהפסולת (ועיין לעיל ציון 3), אמנם דעת הירושלמי שעיקר המלאכה הוא במה שזורה לרוח והרוח מחלקו לחלקים דקים מפוזרים.

והחמדת ישראל במלאכת זורה כתב וז״ל: דלולא דמסתפינא הייתי אומר שאין כוונת הירושלמי מצד שמחלק הרוק לחלקים קטנים, דזה אין סברא כלל דיהיה בגדר זורה. אמנם כוונת הירושלמי כיון דרוק יש בו הרכבה מכמה יסודות כיודע להטבעיים, ויען כי הוא דבר דק מאוד נתחלק על ידי הרוח לגמרי ויתפרדו היסודות על ידי הרוח כמו על ידי מלאכת בעלי הכעמיא, וזה הוי בורר גמור. ולכן ס״ל להירושלמי דמחוב משום זורה, כיון דיש בו יסודות אוכל ופסולת ועל ידי הרוח נתחלק זה מזה, ואזיל בשיטת רב יהודה דמלאכה שאינה צריכה לגופה חייב, לכן ס״ל להירושלמי דחייב בזה משום זורה, עכ״ל, ועי״ש שאינו ברור אם נשאר בסברא זו. ולפ״ז נמצא שהירושלמי אינו חולק עם הבבלי דגם ברוק שיש פסולת ואוכל. ועיין בביאור הלכה בסוף סימן שיט שהביא מספר אלפי מנשה שפירש דכוונת הירושלמי הוא במעביר ד׳ אמות ברשות הרבים על ידי הרוח, והיינו דחייב משום הוצאה, עי״ש. וכ״כ הערוך השלחן בסוף סי׳ שיט, ובספר תוצאות חיים בסי׳ יח סוף אות יט הביא שכן פירש דברי הירושלמי בשו״ת דברי מרדכי.

16. הברכי יוסף בסוף סי׳ שיט, והגהות רע״א בסוף סי׳ שיט בשם מוהריק״ש ומהר״א אזולאי, מ״ב סי׳ שיט ס״ק סז, ערוך השלחן סוף סי׳ שיט.

17. תשובות רע״א ס״כ, ביאור הלכה סוף סי׳ שיט, ושביתת השבת סעיף ח. אמנם יש כמה שיטות שסוברים שהרוקק לרוח והרוח מפזר את הרוק אסור מדרבנן משום שדומה לזורה, והם: חיי אדם כלל טו, שלחן ערוך הרב סי׳ שיט סעיף כט, אגלי טל מלאכת זורה ס״ו, קיצור שלחן ערוך סי׳ פ סעיף ל.

ויש כמה אחרונים שמחלקים דאם נתכוין שהרוח תפזר הרוק, משום מיאוס או שאר טעמים, אז יש מקום חיוב למחמירים, אבל באין מתכוין לכך שרי. והם: אליהו רבה ס״ק טו, שו״ת בית יצחק או״ח סי׳ נז, שו״ת שואל ומשיב מהדורא שתיתאה סי׳ לג.

grows from the ground" in regard to this *halachah* and so is his saliva. Therefore, a person should not spit outdoors if the wind will scatter his spit.

VIII. Practical Applications

A. Throwing Bread Crumbs

Some *Poskim* advise that one should not throw bread crumbs from a height if they will be scattered by the wind.*[18]

B. Pouring Water From a Height

It is permitted to pour water from a height even though it will be scattered by the wind.** Since water is not something that "grows from the ground," it is not included in the prohibition of *winnowing*.[19]

---

* It is forbidden to feed ownerless animals on Shabbos.

** Care must be taken that the water not fall where grass or trees are growing, or where there is no *Eruv*.

---

18. עיין במג״א סי׳ תמו ס״ק ב וז״ל: אבל לזרות (החמץ) לרוח אפשר דהוי מלאכה דאורייתא כמו שכתב סוף סי׳ שיט, עכ״ל. ולכאורה כוונתו להך דינא של הרמ״א דאסור לרוק לרוח בשבת.

ועיין בערוך השלחן סי׳ תמו סעיף ה וז״ל: ויותר נראה לומר דמשום דגם במפרר וזורה לרוח יש קרוב לאיסור דאורייתא דמפרר כיון שאין צריך לאכילה אפשר דחייב משום טוחן וזורה הוי ג״כ אב מלאכה, עכ״ל. ולכאורה במה שכתב הערוך השלחן שהחיוב משום זורה כוונתו להרמ״א הנ״ל בסוף סי׳ שיט. ולכאורה צ״ע דהערוך השלחן בסוף סי׳ שיט חולק על הרמ״א וסובר דכשכולו פסולת אין שייך מלאכת זורה וא״כ איך פסק כאן כהמג״א דיש מלאכת זורה כשמפרר החמץ לרוח הא החמץ כולו פסולת ומין אחד.

אמנם השלחן ערוך הרב סי׳ תמו ס״ה כתב וז״ל: וכן יכול מן התורה לפרר ולזרות לרוח, ולא אמרו שהזורה הוא מאבות מלאכות אלא בזורה תבואה כדי להפריש ממנה את המוץ שהוא בורר אוכל מתוך הפסולת אבל כשזורה כל האוכל לרוח אין כאן איסור מן התורה, עכ״ל.

ועיין במ״ב סי׳ תמו ס״ק י׳ שסובר כהרב דאין כאן מלאכת זורה כשזורה החמץ להרוח. ויש להקשות דבביאור הלכה סוף סי׳ שיט חשש המ״ב לשיטת הרמ״א אפי׳ כשכולו אוכל או פסולת כשהחפץ הוא גידולי קרקע, ולכאורה לחם הוא גידולי קרקע וא״כ לכאורה הו״ל לאסור לפרר הלחם ואיך כתב כאן דמותר, וצ״ע.

19. שו״ת רע״א סימן כ, ביאור הלכה סוף סי׳ שיט, שביתת השבת סעיף ח.

C. Aerosol Spray

Spraying a can of aerosol is not prohibited on account of *winnowing*, since it is not the wind that causes the scattering of the droplets, but the pressure of the liquid as it is forced through the nozzle head.[20]

D. Adding Water to a Vaporizer

It is permissible to add water to a cold-water vaporizer.

---

20. שו״ת מנחת יצחק ח״ו סי׳ כו, מרן הגר״מ פיינשטיין זצ״ל, הובא בספר הלכות שבת מלאכת דש הערה ריט.

ועיין בשש״כ פכ״ה ס״ה הערה לא שכתב הטעם משום דאין זורה אלא בג״ק אבל לא במים.

XX / Sifting — מְרַקֵּד

I. The Av Melachah

מְרַקֵּד, *sifting*, is one of the thirty-nine *Avos Melachos* that are prohibited on Shabbos.[1] During construction of the *Mishkan*, herbs were used to produce various dyes for the tapestries. They would sift these herbs to remove their impurities.[2]

II. Definition

The *melachah* of מְרַקֵּד, *sifting*, is defined as perfecting a mixture by removing its undesirable elements by means of a utensil made for this purpose.[3] An example would be sifting flour with a sieve to remove its impurities.

III. Basic Criteria of the Melachah

A. The Act of Sifting

1. Using a Utensil

The *melachah* of sifting applies strictly to separation performed by means of a utensil designed for this purpose (e.g. a

---

1. משנה שבת דף עג. ועיין באגלי טל במלאכת בורר ס"ק ו אות ב שכתב דנראה שמלאכת מרקד אינו אלא בפסולת דמגופו, כמו שמרקד הקמח מהסובין שבו, אמנם באות ד כתב דקמח שנתערב בו צרורות חייב עליו משום תולדה דמרקד דסוף כל סוף הוא מבדיל פסולת מאוכל. ועיין בשביתת השבת מלאכת מרקד דכתב בסתימות דמלאכת מרקד שייך גם בצרור שנפל לתוך הקמח, ואפשר שגם הוא ר"ל משום תולדה.

2. רש"י שבת דף עג. ד"ה האופה.

3. רש"י שבת דף עג. ד"ה המרקד. כמו שמלאכת בורר אינה אלא בתערובת שני מינים ה"ה מלאכת מרקד, כדמוכח בגמרא שבת דף עג. דהני ג' מלאכות, זורה בורר ומרקד בורר ומרקד, כולן עושות הפרדת אוכל מפסולת ותוצאה אחת להן. ועיין בפמ"ג בסי' שיט במשב"ז ס"ק ו דכתב דבמלאכת מרקד לא נאמר ההיתר של לאלתר.

sieve).[4] Sifting performed by hand does not violate this prohibition.*

2. Impurities Are Captured in Utensil

According to one view, the *melachah* of sifting is limited to cases in which the desirable elements of a mixture fall through the sieve, while the undesirable ones remain above, caught in the sieve (in other words, where the undesirable elements are large, and the desirable ones small). Although the reverse

*It does, however, violate the *melachah* of בּוֹרֵר, *selecting*, which also involves separating bad from good, but which includes selection performed by hand.

4. כתב האגלי טל במלאכת זורה הלכה ג וז״ל: שלשה מלאכות האלו ההבדל שביניהם הוא לדעת רוב הפוסקים דזורה הוא להפריד את המוץ, והבורר הוא לברר את הצרורות, וזה וזה בעוד שהגרעינין קודם הטחינה, והמרקד הוא בקמח. ויש אומרים שההבדל ביניהם הוא שזורה הוא ע״י הרוח, והבורר הוא ביד, והמרקד הוא בכלי, עכ״ל.

וחזינן שהאגלי טל עושה מחלוקת ראשונים בביאור החילוק בהני ג׳ מלאכות, דרש״י בשבת דף עה: כתב דזורה הוא בקשין היינו להפריד המוץ, ובורר הוא לברור הצרורות, ומרקד הוא בקמח. הרי מבואר מרש״י דהחילוק ביניהם הוא באיזה סוג תבואה ופסולת נעשית המלאכה, דזורה הוא בקשין ובורר הוא לברור הצרורות ומרקד הוא בקמח. ולפ״ז כתב האגלי טל דאין נפקא מינה אם זרק המוץ לרוח או שבירר את המוץ בידיו דבשניהם חייבים משום זורה, דמלאכת זורה הוא במוץ. אמנם שיטת הר״ח בשבת דף עג: אינו כן דכתב וז״ל: וכן אם נטל בידו אדם תבואה בתיבנא ובפסולת שיש בה וניפח בה ברוח פיו ובירר, חשוב הוא כזורה. פירוש בורר, נוטל פסולת מבין האוכל ומשליכה או נוטל האוכל ומניח הפסולת. מרקד, שמטיל את האוכל והפסולת בכברה, עכ״ל. הרי מבואר מדברי הר״ח דזורה הוא ע״י הרוח, ובורר הוא שנוטל בידו ומשליך הפסולת או להיפך, ומרקד הוא מלאכת בורר ע״י ידי כלי. וכתב האגלי טל דלפי שיטת הר״ח דההבדל הוא דזורה הוא ע״י הרוח אם בירר המוץ בידו יהיה תולדת בורר ולא תולדות זורה.

נמצא דנחלקו רש״י והר״ח בגדר הני ג׳ מלאכות, דאליבא דרש״י החילוק הוא בהחפץ הנברר, ולהר״ח החילוק הוא באופן עשייתו.

אמנם עיין בשביתת השבת בפתיחה למלאכת זורה ומרקד שהביא דברי האגלי טל והקשה עליו, דאיך אפשר לומר בשיטת רש״י דמלאכת בורר אינו נאמר רק בצרורות והבורר מוץ יהיה חייב משום זורה, ולדבריו יהיה דאם יש מעט סובין שיכול לבררם ביד יהיה חייב משום מרקד. ועוד קשה דרש״י בדף עג כתב בפירוש דמלאכת זורה הוא ברחת לרוח ובורר הוא כשבורר פסולת בידו והמרקד הוא ע״י נפה, הרי מבואר מרש״י דהחילוק בג׳ המלאכות הוא באופן עשייתן. על כן כתב השביתת השבת דגם רש״י סובר כהר״ח דזורה הוא ברוח ומרקד בכלי, ועיי״ש שכתב ליישב מה שכתב רש״י בדף עה: שזורה הוא בתבן ובורר הוא בצרורות ומרקד הוא בקמח. וכתב השביתת השבת שם עוד דאע״ג דרש״י לא פליג על הר״ח וגם הוא סובר דהחילוק הוא באופן עשייתן, מ״מ בבורר יש מחלוקת בין הר״ח לרש״י, עיי״ש. ובפנים כתבנו דמלאכת מרקד הוא דוקא ע״י כלי דאליבא דהאגלי טל כן הוא שיטת הר״ח, ואליבא דהשביתת השבת גם רש״י מודה לזה.

scenario is also forbidden, sifting is not the applicable prohibition in that case.[5]

B. The Mixture That Is Sifted

1. Things That Grow From the Ground

The Biblical prohibition of sifting applies only to things that grow from the ground. (This includes things grown in sand.) That is to say, the desirable part of the mixture must be something that grows in the ground; the undesirable part, however, can be even a foreign object (e.g. stones). Sifting things that do not grow from the ground is prohibited as well, but by Rabbinic law only.[6]

2. Edible or Inedible; Solids or Liquids

The *melachah* of sifting applies to both edible items (e.g. flour) and inedible ones (e.g. certain herbs),[7] to both solids and liquids. (The *halachos* concerning liquids will be discussed at length below.)

3. The Elements of the Mixture

The *melachah* of sifting is the separating that which is undesirable from that which is desirable in a mixture containing separate elements.[8]

The classic case of sifting concerns a useless waste product that is mixed with something useful (e.g. chaff in wheat).[9] However, the *melachah* applies also where both elements are useful, but only one is desired. For example, it is forbidden to sift or strain a mixture containing two types of food in order to separate the unwanted food from that which is wanted.[10]

---

5. האגלי טל במלאכת מרקד הלכה א כתב דהאב מלאכה של מרקד הוא באופן שהפסולת נשאר בכלי שבידו והאוכל יורד למטה, אמנם עיין בערוך השלחן סי׳ שיט ס״ה שחולק ע״ז.

6. אגלי טל מלאכת בורר הלכה א ס״ק כא.

7. אגלי טל מלאכת מרקד הלכה א.

8. עיין ציון 3.

9. שו״ע סי׳ שיט ס״ג.

10. שו״ע סי׳ שיט ס״ג.

Generally, a collection of different-sized items of a single type are not halachically defined as a mixture. Because they are not a mixture, one who sifts the items in order to separate them by size has not violated the prohibition of sifting.

However, if the differences in size affect the items' function, it is forbidden to purposefully separate them on Shabbos. For example, one may not sift matzah meal that contains pieces of matzah. Although the meal and the pieces are items of a single type, the pieces of matzah cannot be used in place of matzah meal. Therefore, they are deemed to be separate elements in a mixture, and so may not be sifted on Shabbos.[11]

4. Mixture Must Require Sifting to Be Usable

The Biblical prohibition of sifting applies only to a substance that cannot be used without removing the undesirable elements. If, however, a substance contains some impurities, but would be used by *most* people anyway, one is permitted to remove the impurities on Shabbos. The reasoning is that since the substance is usable as is, the impurities are not regarded as a separate element, but are a *part* of the main substance. Since there is no mixture, the *melachah* of sifting cannot apply. [See below IV.]

If the level of impurities is not so high as to render the substance unusable, but *is* high enough to deter most people from using it under normal circumstances, one is forbidden to remove the impurities by Rabbinic law.[12]

5. Size of the Mixture

In order to transgress the Torah prohibition of sifting, one must sift a mixture that is, at a minimum, equal in volume to a dried fig.[13]

IV. Straining Liquids

A. Straining Liquids to Prepare Them for Drinking

Straining liquids in preparation for drinking them is generally

---

11. פמ"ג משב"ז סי' שיט ס"ק ב. וע"ע בזה באגלי טל מלאכת בורר ס"ק יז.

12. שו"ע סי' שיט ס"י.

13. רמב"ם פ"ח מהלכות שבת הלכה טז.

forbidden under the *melachah* of sifting. However, the *halachah* varies according to the extent of the impurities, as follows:

1. Liquids That Are Almost Entirely Pure

A liquid whose impurities are so minimal that most people will drink it, despite the impurities, may be filtered on Shabbos. Since the impurities do not affect consumption of the liquid, they and the liquid are not regarded as two separate elements in a mixture. Rather, the impurities are deemed to be a part of the liquid; therefore, their removal does not constitute an act of "sifting." In this case, one may perform the filtering *even* with a utensil especially made for this purpose.[14] (That is to say, he need not use a makeshift filter, such as a cloth or a garment — see below.)* Accordingly, one may filter tap water with a specially made device attached to the faucet.

This rule applies to everyone *but* a sensitive individual who cannot tolerate any impurities. This sort of person may not filter even this essentially pure liquid on Shabbos. Since the minor impurities prevent him from drinking the liquid, they are not regarded as a part of the liquid as far as he is concerned. Therefore, their removal constitutes an act of straining. Furthermore,

*Note: If the liquid being filtered is water, one may not use a garment, a handkerchief or a new piece of cloth as a filter. This is because the placing of water upon these items on Shabbos violates the prohibition against laundering on Shabbos. If one wishes to use a cloth to filter the water, one may use only an old piece of cloth. However, if the items mentioned above were designated for use as a filter, they may be used even with water. [The filtering of other beverages (e.g. wine) may be performed with any sort of cloth.]

14. שו״ע סי׳ שיט ס״י, ועי״ש במ״ב ס״ק לד שהביא שיטת הב״ח שהחמיר בזה וס״ל דמותר דוקא כשכולם יכולים לשתות כך עי״ש. עיין בתהלה לדוד ס״ק טו שנתקשה בדין זה וז״ל: ודבר זה צ״ע דלכאורה אף דנימא דהואיל וראוין לשתות בלאו הכי לא מיקרי פסולת, מ״מ כיון דעל כל פנים אינו רוצה לשתות הקסמים להוי כשני מיני אוכלין דאותו שאינו רוצה לאכול עתה מיקרי פסולת, עכ״ל.

ולכאורה התירוץ פשוט, דכיון דרוב בני אדם יכולים לשתות המשקה עם הקסמים, בטלי הקסמים לגבי המשקה ונחשב כאילו אין שם פסולת כלל, ולא דמי לשני מיני אוכלים שהם בעצם שני מינים.

others too are prohibited from using a filter for the benefit of this individual.[15]

2. Liquids That Are Only Moderately Impure

If the level of impurities in a liquid is not high enough to render it undrinkable, but *is* high enough to prevent most people from drinking it under normal circumstances, one is forbidden — by Rabbinic law — to filter the liquid through a specially made filter on Shabbos.[16]

The *Poskim* disagree, however, as to whether it is permissible to filter a liquid of this quality through a makeshift filter, such as a cloth or an article of clothing. Some *Poskim* hold that one is permitted to strain this sort of liquid through a makeshift filter on Shabbos — *provided*, however, that (a) the liquid is intended for immediate use (as defined in *The Shabbos Kitchen*, page 99) and (b) the filtering is performed in an unusual manner (i.e. with a *shinui*).[17] Other *Poskim* maintain that even this is forbidden.[18]

Generally, it is best to follow the more stringent opinion in this matter. However, where there is a real need, one may rely on the lenient opinion.[19] Where one does not follow the lenient view, he complies with the requirement to perform the filtering in an unusual manner, employing the following modification: Ordinarily, a person straining liquids places the filtering cloth over the mouth of a vessel, and presses down on the center of the cloth to form an indentation. He then pours the liquid into the indentation, and it slowly trickles through the cloth into the vessel. In our case, the cloth must be left lying flat upon the receptacle. One may not press down upon it to form an indentation before

---

15. ביאור הלכה שם ד״ה הואיל.

16. מ״ב סי׳ שיט ס״ק מ.

17. מ״ב שם.

18. שיטת הרמב״ם, הובא בשו״ע סי׳ שיט ס״י. וכתב המ״ב בס״ק מב דטוב לחוש לדברי הרמב״ם.

19. דבמקום צורך יש לסמוך על שאר הראשונים, ובפרט דהמ״ב רק כתב דטוב לחוש לדברי הרמב״ם.

pouring the liquid.[20] [However, if after he begins pouring, the flow of liquid causes an indentation to form, it is permissible.]

3. Liquids That Are Exceedingly Impure

If the level of impurities in the liquid is so high that it is undrinkable, one is forbidden under all circumstances to filter the liquid on Shabbos, even if it is intended for immediate use.

If one filters this liquid with a specially made utensil, or if he filters it even with a makeshift filter, but does not intend it to be used immediately, he has violated the Biblical *melachah* of sifting. If, however, he filters the liquid with a makeshift filter for *immediate* use, he has violated only a Rabbinic prohibition.[21]

B. Straining Liquids While in the Process of Drinking

The prohibition against filtering liquids applies only where the purpose of the filtering is to perfect the liquid in *preparation* for drinking it. One is permitted, however, to filter any liquid *during* the process of drinking it. Hence, one drinking from a cup may place a cloth* over its mouth, to ensure that the impurities in the liquid will remain in the cup. Similarly, one may drink from a cup whose mouthpiece has small holes that act as a strainer.[22]

V. Permissible Acts of Straining

A. Straining Large Items From a Liquid

The *melachah* of sifting does not apply to large solid objects that are mixed into a liquid. Because these objects are clearly visible and distinct in the water, they are not halachically regarded as "mixed" with the water. Because there is no mixture,

---

*When filtering water one should use a cloth that is designated for straining, so as not to run afoul of the prohibition against laundering on Shabbos (see above page 312).

---

20. שו"ע סי' שיט סי' יא.

21. שו"ע סי' שיט ס"י ומ"ב ס"ק מ.

22. שו"ע סי' שיט סט"ז.

there can be no prohibition of sifting.[23] Therefore, one is permitted to pour a drink containing slices of lemon from a pitcher whose spout prevents the lemon slices from escaping.

B. Straining Two Waste Items

The prohibition of sifting does not apply where both elements will be discarded.[24] For example, one may pour a mixture of solids and liquids down the drain even though the solids will be caught by the strainer in the drain. Since everything is being discarded anyway, this is not considered an act of selection.

VI. Practical Applications

A. Sifting Sugar, Salt or Flour

One is forbidden to sift salt, flour or confectionery sugar on Shabbos in order to remove their clumps.

Similarly, one is forbidden to sift matzah meal in order to remove pieces of matzah [see above, page 311].

B. Tea and Coffee

According to some authorities, a teakettle or coffeepot with a strainer in its spout is considered to be a utensil specially made for straining. Therefore, if the pot contains tea leaves or coffee grounds, its law is as follows:

If the leaves or grounds have settled to the bottom of the pot, they are not considered to be mixed with the clear liquid on top; therefore, one may pour out the liquid until its level is close to the leaves or grounds. Beyond this point, one may not continue pouring. Since the liquid at the bottom of the pot is mixed with the leaves and grounds, pouring out the liquid constitutes an act of straining with a specially made utensil, which is forbidden.

If the leaves or grounds are completely mixed with the liquid,

---

23. שביתת השבת מלאכת בורר ס״ק כה.

24. שו״ת אג״מ או״ח ח״ד סי׳ עד דיני בורר ס״ק ד, והגרש״ז אויערבאך זצ״ל הובא בשש״כ פי״ב הערה מז.

one may not pour out any liquid at all, for it is forbidden to use a specially made utensil to filter a mixture.[25]

However, other authorities maintain that a teakettle or coffee-pot is *not* halachically regarded as a utensil especially made for straining. Therefore, even if the liquid is completely mixed with the tea leaves or coffee grounds, one is permitted to use the pot to strain it on Shabbos, *provided* that one intends to use the liquid immediately.[26]

It is best, if possible, to follow the stringent view in this case.

C. Pulp in Orange Juice

Since pulp is a natural component of orange juice, the pulp and juice are not regarded as separate elements of a mixture. Therefore, one is permitted to skim pulp from juice with a strainer on Shabbos. However, for a person who is too sensitive to drink anything but clear juice, the pulp is regarded as waste. Therefore, this person may not remove the pulp on Shabbos.

D. Removing Pulp so That the Juice Will Flow Freely

One is permitted to strain pulp from juice in order to allow the juice to flow freely — e.g. through the nipple of a baby's bottle.

The reasoning is as follows: He removes the pulp not because it is inherently undesirable or because he finds it distasteful, but simply to keep it from blocking the free flow of the liquid. Because there is nothing undesirable about the pulp, it is not regarded as being separate from the liquid; therefore, its removal from the liquid is not, halachically speaking, an act of straining.[27]

E. Straining Water From Food Items

It is forbidden to use a strainer, colander or slotted spoon to separate liquid from items of food (e.g. noodles, rice, cole slaw etc.).

---

25. עיין בספרי הלכות שבת במטבח דף 105 ציון 50.

26. שש"כ פ"ג הלכה נז.

27. איל משולש פט"ז הלכה ח.

F. Straining Seeds, Pits

It is forbidden to use a strainer on Shabbos to filter drinks that contain pits, seeds, peels or other such impurities.

G. Straining Liquids to Remove Large Fruits

In a liquid containing a few large pieces of fruit, the pieces are clearly visible and distinct, and are not halachically considered to be mixed with the liquid. Because there is no mixture, one is permitted to pour this liquid from a pitcher whose spout prevents the fruits from escaping, and even to use a sieve or strainer to remove the fruit from the liquid.

H. Water Filter on a Faucet

One is permitted to use a water filter attached to the faucet on a sink. Since most people will drink unfiltered tap water despite the small impurities it may contain, the *melachah* of sifting does not apply. However, a person who is sensitive to even these minor impurities, and does not drink tap water without filtering it, may not use such a filter on Shabbos. For him, its use constitutes a forbidden act of sifting.

I. Strainer in Sink Drain

See above, page 315.

J. Removing Contact Lenses From Solution

Contact lenses are often stored in a perforated holder that rests in a receptacle containing a cleaning solution. One may remove the lenses and holder from the solution on Shabbos even though this causes the liquid to be strained through the perforated holder.[28]

K. Sifting Sand

If an article was lost in sand, it is forbidden (under Rabbinic law) to sift the sand on Shabbos in order to retrieve the lost article.

---

28. זכור ושמור להגאון ר' פסח א. פאלק שליט"א.

XXI / The Melachos Involved in Preparing Wool

The following thirteen *melachos* are based on the activities performed in the *Mishkan* while preparing wool for use in the curtains. Because these *melachos* have few practical applications for most people nowadays, we have combined them in a single chapter. The only one of these *melachos* that merits a chapter of its own in this volume is צוֹבֵעַ, *dyeing*.

Some of these *melachos* have been discussed in our earlier volumes. Instead of repeating the discussions here, we have shown where they can be found in the other volumes. The thirteen *melachos* involved in preparing wool are as follows:*

1. *Shearing,* גּוֹזֵז — For discussion of these *halachos* see *The Shabbos Home*, Volume I, Chapter 11.
2. *Laundering,* כִּבּוּס — See *The Shabbos Home*, Volume I, Chapter 12.
3. *Combing,* מְנַפֵּץ — See below.
4. *Dyeing,* צוֹבֵעַ — See below, Chapter 22.
5. *Spinning,* טוֹוֶה — See below.
6. *Mounting the Warp on a Loom,* מֵיסֵךְ — See below.
7. *Setting Two Heddles,* עוֹשֶׂה שְׁתֵּי בָּתֵּי נִירִין — See below.
8. *Weaving,* אוֹרֵג — See below.
9. *Removing Two Threads,* פּוֹצֵעַ — See below.
10. *Tying,* קוֹשֵׁר — See *Shabbos Home*, Volume I, Chapter 13.
11. *Untying,* מַתִּיר — See *Shabbos Home*, Volume I, Chapter 14.
12. *Sewing,* תּוֹפֵר — See *Shabbos Home*, Volume I, Chapter 6.
13. *Tearing,* קוֹרֵעַ — See *Shabbos Home*, Volume I, Chapter 7.

---

*Note: The translation and elucidation of several of these *melachos* was taken from the Schottenstein edition of Tractate *Shabbos*, Volume II, folio 73a.

… XXI: MELACHOS INVOLVED IN PREPARING WOOL …

1. מְנַפֵּץ, Combing

I. The Prohibition

Raw wool is made up of a mixture of short and long fibers. Before spinning, the short fibers are removed through a process known as "combing." The wool used during the building of the *Mishkan* underwent this procedure. This *Mishkan* activity is the source of the *melachah* of מְנַפֵּץ, *combing*.

II. Practical Applications

A. Combing Hair; Combing a Wig

The *melachah* of מְנַפֵּץ, *combing*, applies only to fibers that will be made into thread. It does not apply to the hair on a person's head. One who combs his hair on Shabbos does not violate the *melachah* of combing.*

For the same reason, one who combs a wig on Shabbos does not violate the *melachah* of combing.*

2. טוֹוֶה, Spinning

"Spinning" is the twisting together of fibers to make long threads. This activity was performed in the *Mishkan*, and is therefore prohibited on Shabbos.

3. מֵיסֵךְ, Mounting the Warp on the Loom

This refers to the act of arranging threads in a warp, upon a loom, in preparation for weaving. This activity, along with the three that follow, constitute the process of weaving. We therefore present a brief introduction to this process:

A weaving loom is a frame upon which two rollers are mounted. One, called the warp beam, is at the far end, away from the weaver; the other, called the cloth beam, is at the near end, close to the weaver. The warp threads are wound around

---

*However, one who combs hair does violate other Shabbos prohibitions. See *The Shabbos Home*, Volume I, page 164, for discussion.

the warp beam and stretched to the cloth beam (which will eventually hold the newly woven cloth). Weft threads are then introduced between the warp threads to produce a woven fabric. See Appendix.

The *melachah* of *mounting the warp* is the process of stretching the warp threads from beam to beam. The person who mounts the warp is called a מֵיסֵךְ, *a loom dresser*. For further details regarding this *melachah*, see *Maaseh Oreg*, by Dayan Y. Gukovitzky, p. 17 ff., and *Meleches Arigah*, by Rabbi P. Bodner, p. 19 ff.

4. עוֹשֶׂה שְׁתֵּי בָתֵּי נִירִין, **Setting Two Heddles**

Between the two beams and perpendicular to them, there are two frames (called harnesses) through which the warp threads must pass. Each of these harnesses has numerous threads attached to it. Each pair of adjacent threads on the harness is knotted in two places to form a loop (or eye) at the center. This pair of threads is called a heddle. [Heddles may also be made by tying a ring between two lengths of thread. Modern hand looms often use a metal strip pierced at its center.] One warp thread passes through the eye of a heddle in the first harness and between two heddles on the second harness. The next warp thread passes between two heddles on the first harness and through the eye of a heddle in the second harness, and so on.

Placing two threads through the heddle eyes constitutes the *melachah* of setting two heddles. For further details, see the sources cited in section 3.

5. אוֹרֵג, **Weaving**

The weaver raises the two frames alternately (this is called shedding). First, he raises the front frame. This carries with it the harness containing the odd warp threads and forms an opening called a "shed" between the two sets of warp threads. The weft is passed through this shed from right to left (this is called picking). The weaver then raises the even warp threads by lowering the front frame and raising the back one, and passes the weft through from left to right. Passing the weft thread twice through the warp [right to left and left to right] constitutes the *melachah* of weaving.

6. פּוֹצֵעַ, Removing Two Threads

The *melachah* of פּוֹצֵעַ is performed by eliminating excess threads from areas of the loom that are too densely packed.

XXII / Coloring — צוֹבֵעַ

I. The Av Melachah

צוֹבֵעַ, which translates as *coloring* or *dyeing,* is one of the thirty-nine *Avos Melachos.*[1] This *melachah* was performed during construction of the *Mishkan* with the dyeing of wool and animal hides for its various curtains and covers.[2]

II. Definition

The definition of צוֹבֵעַ is the improvement or beautification of an object by coloring, dyeing or painting it.[3]

---

1. משנה שבת דף עג.

2. רש״י שבת דף מט: ד״ה הם.

3. עיין בקהלות יעקב (שבת סי׳ מ) וז״ל: ויש להסביר דבר זה היטב, די״ל דהחילוק שבין כותב לצובע הוא דענין צביעה הוא עשיית תיקון בדבר הנצבע שמשביחו ומייפהו בזה, ומלאכת כתיבה היא איפכא שהדבר שנכתב עליו הוא משמש להאותיות ועיקרו לעשיית אותיות מתכוין, אלא לפי שא״א לעשות אותיות פורחות באויר מוכרח לעשותן על דבר ממשי כדי שיתקיימו ונמצא שהנייר משמש להאותיות [ולא כמלאכת צובע שהצביעה משמש להשביח את הדבר המקבל את הצבע]. וכן מבואר בהרמב״ם ז״ל פי״א ה״ט הכותב על מנת לקלקל את העור חייב, שאין חיובו על מקום הכתב, עכ״ל, והוא מתוספתא כמו שכתב הרהמ״ג ז״ל, ופירושו שאין חיובא דכתיבה משום שתיקן בזה את הנייר והשביחו אלא עשיית האותיות עצמן הן הן המלאכה והוא כמו שנתבאר. ומעתה בצר צורה יש חילוק, שאם תכלית כוונתו ליפות דבר המקבל את הצורה זהו ממלאכת צובע, וסתמא דמלתא הצר צורה בכלי הכוונה להשביח את הכלי ולתקנו בזה ולכן אין כאן מענין הכתיבה, עכ״ל.

 וע״ע שם שכתב עוד חילוק בין מלאכת כותב לצובע וז״ל: ואולי כל גדר כותב הוא שיהיו האותיות דבר על הקלף או הנייר, ואין הכוונה שיכנס הדיו לתוך הקלף עצמו רק שיהא עליו וענין צובע הוא שגוף הדבר יקלוט הצבע בעצמותו שיהא נראה שזהו מראה של גופו, ולפ״ז שייך כוחלת למלאכת כתיבה שגם כוחלת אין רצונה שיהא נראה כאילו עצם גופה הוא מראה כחול, דזהו באמת גנאי לגוף, רק הכוונה שיראה שמונח על גופה אצל עיניה מראה או ממשות כחול כדרך שמניחים תכשיט על הגוף, אבל אין הרצון שיהא נראה דהתכשיט הוא עצם הגוף ולכן איכא בכה״ג משום לתא דכותב (משא״כ מעברת סרק על פני׳ אפשר דהוי משום צובע, דהתם הכוונה שיראה כאילו זה מראה גופה מעצמה), עכ״ל.

We can better understand this *melachah* by contrasting it with the *melachah* of כּוֹתֵב, *writing*. One could argue that since one who forms letters colors the surface upon which he writes, all writing should violate the *melachah* of צוֹבֵעַ, *coloring*. This, however, is incorrect. The object of writing is to create characters or symbols. The color applied to a surface simply provides a medium in which the characters can be formed; however, it is in no way the object of the exercise. By contrast, the purpose of dyeing or coloring is solely to enhance and beautify the surface to which the color is applied. It is this which is prohibited under the *melachah* of coloring.

This difference in definition yields the following difference in practice: One who creates a colorful line drawing has violated the *melachah* of writing. One who beautifies an existing drawing by coloring it has violated the *melachah* of coloring.

III. Biblical Prohibition

The Biblical prohibition of צוֹבֵעַ applies only when the color one applies is intended to remain permanently.[4]

The precise definition of "permanence" in the context of צוֹבֵעַ is a matter of debate among the authorities. Some *Poskim* hold that color is considered permanent if it will remain until the end of Shabbos.[5] Others maintain that it must remain for a

---

4. כתב הרמב"ם פ"ט מהלכות שבת הי"ג וז"ל: אין הצובע חייב עד שיהא צבע המתקיים, אבל צבע שאינו מתקיים כלל, כגון שהעביר סרק או ששר על גבי ברזל או נחושת וצבעו פטור, שהרי אתה מעבירו לשעתו ואינו צובע כלום, וכל שאין מלאכתו מתקיימת בשבת פטור, עכ"ל.

5. כבר הבאנו בציון 4 שכתב הרמב"ם בפרק ט מהלכות שבת הלכה יג וז"ל: ואין הצובע חייב עד שיהא צבע המתקיים, אבל צבע שאינו מתקיים כלל כגון שהעביר סרק או ששר על גבי ברזל או נחשת וצבעו פטור שהרי אתה מעבירו לשעתו ואינו צובע כלום, וכל שאין מלאכתו מתקיימת בשבת פטור, עכ"ל. ועיין בשעה"צ סי' שג ס"ק סח שלמד בשיטת הרמב"ם דאפי' אם הכתיבה מתקיימת רק ליום השבת מיקרי דבר המתקיים, וכ"כ בספר חמדת ישראל אות כא.

ועיין במנחת שלמה חלק א סי' צא ס"ק יא דתמה על השעה"צ שכתב בשיטת הרמב"ם דאם הכתיבה מתקיימת רק ליום השבת נקרא מתקיים וחייב, וז"ל: גם הכותב בדיו על עלה של בצל וחזרין דתניא דפטור מפני שאינו מתקיים, חושבני דיכול שפיר להתקיים יום אחד, ואולי גם ג' או ד' ימים, ואפילו הכי פטור. גם בשו"ע סי' שמ ס"ה פסק

significant amount of time.[6] We follow the stringent view;[7] accordingly, if one applies color that is intended to last until the end of Shabbos, it is regarded as permanent, and is therefore prohibited under Biblical law.

If the color will fade within a few hours, it is regarded as temporary, and is not prohibited by Biblical law. Furthermore, even if the color will not fade by itself, but can easily be removed (e.g. by using one's hand), it is considered to be temporary.

IV. Rabbinic Prohibition

A. Temporary Coloring

The Rabbis extended the prohibition of coloring to include cases in which the color is temporary, and will endure for only a brief period of time.[8]

שמותר לרשום בציפורן על קלף מפני שאינו מתקיים, אף שעינינו רואות דביום אחד ודאי יכול להתקיים וכו׳, עב״ל. אמנם עיין בשו״ת מנחת יצחק ח״ז סי׳ יג יד וטו שהאריך לדחות דברי המנחת שלמה וסובר דשיטת הרמב״ם הוא דעוברים על מלאכת צובע גם אם רק מתקיים עד לאחר השבת.

6. במשנה בשבת דף קב: איתא ״זה הכלל, כל העושה מלאכה ומלאכתו מתקיימת בשבת חייב״. וכתב רש״י בד״ה בשבת וז״ל: אעושה מלאכה קאי, עב״ל. וכוונת רש״י הוא לאפוקי מפשטות משמעות המשנה דרק בעינן ״מתקיימת בשבת״, ולא בעינן שיתקיים גם לאחר השבת, ולזה אתא רש״י לפרש דתיבת ״בשבת״ קאי אדתנן ״כל העושה מלאכה״, ור״ל שעשה המלאכה בשבת. עכ״פ מבואר דרש״י חולק על מה שמשמע מלשון הרמב״ם דמיקרי מתקיימת אם קיים רק לשבת (עי׳ לעיל ציון 5), דרש״י סובר דבעינן שיהיה קיים לעולם. וכ״כ להדיא השעה״צ בסי׳ שג ס״ק סח דיש פלוגתא בין רש״י להרמב״ם מה נקרא מתקיים.

ועיין בקצות השלחן בסי׳ קמו (בבדי השלחן ס״ק כ בציון למטה) שכתב וז״ל: ובאמת פשטות לשון הרמב״ם משמע כהמשנ״ב, ומ״מ לא מסתבר כלל. דאם סגי שיתקיים רק בשבת בלבד, א״כ נתת דבריך לשיעורין, דהכותב במשקין אם הוא עושה זה בכניסת השבת יהא פטור לפי שהמלאכה לא תתקיים עד מוצאי שבת, והעושה מלאכה זו בשבת סמוך לחשיכה יהא חייב לפי שמלאכתו מתקיימת עד מוצאי שבת, וזה דבר שאינו מסתבר כלל וכו׳ אלא בעינן שיהא מתקיים איזו זמן, כדרך שהעולם עושין מלאכה זו, וכמו שהביא בבה״ל סימן שמ ס״ה בד״ה במשקין מהרשב״א, דכותב לא בעינן שיתקיים הכתב לעולם, אלא דמקיימי קצת עד שדרכן של בני אדם לכתוב בהן דברים שאין עשויין לקיימן לעולם, אלא זמן אחד כספרי הזכרונות וכיוצא בהן. הלכך לענין שבת מלאכת מחשבת היא, עב״ל.

7. כן נראה, דכיון דהוא מחלוקת באיסור דאורייתא יש להחמיר.

8. רמב״ם פ״ט מהלכות שבת הי״ג.

Thus, one is forbidden by Rabbinic law to apply color to a surface from which it will fade within a few hours or from which it can easily be removed.[9]

B. Coloring Human Skin

The act of coloring human skin, whether or not the color is intended to remain there permanently, is permitted under Biblical law, but prohibited under Rabbinic law. The *Poskim* explain that it is impossible to color skin permanently; therefore, it is not included in the Biblical prohibition. Nevertheless, it is prohibited by Rabbinic decree.[10]

---

9. כתב הרמב״ם בפ״ט מהלכות שבת הי״ג וז״ל: אבל צבע שאינו מתקיים כלל, כגון שהעביר סרק או ששר על גבי ברזל או נחושת וצבעו פטור, שהרי אתה מעבירו לשעתו ואינו צובע כלום, וכל שאין מלאכתו מתקיימת בשבת פטור, עכ״ל. הרי מבואר מדבריו דכיון שהצבע אינו נדבק היטב ונוח לו להסירו בקל מהדבר הנצבע מיקרי אינו מתקיים, אף על פי שהצבע מצד עצמו יכול להתקיים כך לעולם.

ועיין במנחת חינוך (מוסך השבת מלאכת צובע) שהקשה על דברי הרמב״ם וז״ל: כי אין זו סברא כלל, כיון דיכול להתקיים הוי ליה מלאכתו מתקיימת אף אם ע״י מעשה יכולה המלאכה להתקלקל, כי הרבה דברים כגון בונה ותופר וכדומה ע״י מעשה אדם אינו מתקיים ולא תמצא מלאכה המתקיימת, אלא ברור דדוקא אם מעצמו אינו מתקיים כמו כותב במשקין או על עלה וכו׳, כן נראה ברור, עכ״ל.

ונראה לבאר בדעת הרמב״ם, דגדר מלאכת צובע הוא שמשנה את צבע החפץ שיהא נראה מעתה שזה צבעו, וכמ״ש הקה״י (לעיל ציון ד) ״שיהא נראה שזהו מראה של גופו״, עכ״ל, וא״כ ס״ל להרמב״ם דאם בקל יכול לסור הצבע אזי אף אם אינו מסירו מ״מ מינכר שאינו צבע החפץ, שאינו נדבק, והחפץ והצבע עדין ב׳ דברים נפרדים המחוברים זה לזה, אבל לא דבר א׳, ולכן ל״ח צובע, וקרי לה ״אינו מתקיים״, דר״ל אינו מתקיים על החפץ בחוזק, וצ״ע.

10. מקור לשאלה זו הוא במשנה בשבת דף צד: ״וכן הגודלת וכן הכוחלת וכן הפוקסת רבי אליעזר מחייב וחכמים אוסרין משום שבות״. והטעם שמחייב ר״א בפוקסת הוא משום צובע, כדאיתא בגמרא שם בשבת דף צד. ועיין בחיי אדם כלל כד בנשמת אדם ס״ק א שכתב להסביר למה לחכמים אינו אסור אלא מדרבנן, וטעמו משום דאין דרך צביעה אם אין הצבע מתקיים, ורבנן סברי דהוי דבר שאינו מתקיים.

ועיין בשו״ת אבני נזר סי׳ קעג ס״ק ז שתמה על החיי אדם וז״ל: ולא ידעתי מי הגיד לו נביאות זה דאינו מתקיים, והרי כל עיקר פטור באינו מתקיים נלמד מכותב ובכותב גופי׳ תנן הכותב על בשרו חייב, וכתב הרמב״ם דאף שחמימות הבשר מעברת הכתב לאחר זמן הרי זה דומה לכתב שנמחק, עכ״ל. ועיין במנחת חינוך וז״ל: ומ״מ טעמא בעי אמאי אינו חייב משום צובע, ולומר דהוי ליה צבע שאינו מתקיים על כן פטור הא בודאי מתקיים זמן מה דמתקשטת בו, וכי צריך בשבת שיהא מתקיים לעולם, ודאי כיון שמתקיים זמן מה הוי ליה מתקיים בשבת וכו׳. עכ״פ אין מובן לי הטעם אם מעברת סרק

V. Activities Included in the Melachah of Coloring

Here are some of the activities included in the *melachah* of צוֹבֵעַ, *coloring:*

A. Adding Color to an Existing Picture
B. Painting
C. Dyeing
D. Production of Dyes and Paints

We will now elaborate on these activities.

A. Adding Color to an Existing Picture

Coloring an existing picture is forbidden under the *melachah* of צוֹבֵעַ.[11] This is true even if the picture has already been

---

או בצק ומאדים מאי טעמא לא תתחייב משום צובע להר״מ וכו׳, ומטעם דבר שאינו מתקיים לא נהירא, דאיזו זמן ניתן דיש ג״כ דיו שאינו מתקיים זמן הרבה, ולומר שאין דרכה בכך, הא אשה דרכה בכך. שוב ראיתי בחיי אדם האריך לכתוב טעם הר״מ משום דבר שאינו מתקיים, וצ״ע, עכ״ל.

אמנם עיין בספר קצות השלחן סימן קמו בבדי השלחן ס״ק כ שהסביר הדין וז״ל: והרמב״ם שפסק דסרק על הפנים אסור מדרבנן, ומשמע אפי׳ בצבע חזק המתקיים, וכן הצבע שעושין היום הוא נקלט יפה על העור ומתקיים, ולבד זה אי אפשר לומר בטעם הרמב״ם שפוטר משום דאינו מתקיים, שהרי לא כתב הרמב״ם בסרק על הפנים שהוא אינו מתקיים כמו שכתב דסרק על הברזל פטור שאינו מתקיים, אלא כתב דאסור להעביר סרק מפני שהיא כצובעת ולא כתב טעם לפטור אלא טעם לאיסור שהיא כצובעת ולא צובעת ממש, ומזה סיוע למש״כ המשנ״ב הטעם דאין צביעה דאורייתא על עור האדם, ומיהו הטעם גופי׳ טעמא בעי הרי כותב על בשרו חייב, וכותב על בשרו אינו מצוי ואין הדרך כן. מכל שכן בצביעה שדרכה של אשה לצבוע. ונראה לשלב ב׳ הטעמים יחד, דכתב אין הפעולה נעשית בדבר שנכתב עליו, אלא הפעולה היא הכתב עצמו, שהענין הנכתב נשאר רשום לזכרון, וזה שייך גם בכותב על בשר האדם וכו׳, אבל צביעה אין הפעולה עצם הצביעה אלא בדבר הנצבע שהוא מקבל הצבע, והפנים של האשה אינו בר צביעה שיעמוד ויתקיים, דסוף סוף אי אפשר בלי לרחוץ הפנים לפחות פעם אחד ביום בשחרית וסוף הצבע לעבור ע״י הרחיצה, ע״כ לא הוא צביעה, רק שהיא כצובעת, ואסור מדרבנן, ואף על פי שאפשר להצבע להתקיים עד לאחר זמן אם לא יעבירו אותו, אבל כיון שעומד לעבור ע״י פעולת הרחיצה חשוב אינו מתקיים, עכ״ל. וחילוק זה, דמלאכת צובע הוא לפעול שינוי בחפץ הנצבע ואילו כותב הוא למען הכתיבה עצמה גופה, כ״כ בקהלות יעקב, עי׳ לעיל ציון 3.

11. בביאור הלכה סי׳ שמ ס״ד בד״ה במשקין הביא בשם הירושלמי דהצר צורה הראשון חייב משום כותב והשני משום צובע. ופירש הקרבן העדה, דהראשון שעושה הציור באבר או בדיו חייב משום כותב, והשני המעביר הצבע עליו חייב משום צובע.

colored, and the fresh color is intended only to make the existing color a darker shade.[12]

B. Painting

It is forbidden under the *melachah* of צוֹבֵעַ to apply paint to any surface or substance on Shabbos. For example, one may not paint a wall or a door on Shabbos. This prohibition applies even if one is repainting with the same color that was there previously.

C. Dyeing

It is forbidden under the *melachah* of צוֹבֵעַ to dye any material at all on Shabbos.[13] This includes, but is not limited to, cloth, leather, wigs and hair.

D. Production of Dyes and Paints

The production of paints and dyes is included in the *melachah* of צוֹבֵעַ.[14] Accordingly, one is forbidden to create a new color of paint by mixing two different colors on Shabbos.

---

12. איתא בירושלמי בפרק כלל גדול הלכה ב וז״ל: המאדם אודם בשפה חייב, עכ״ל. וע״ש בקרבן העדה שביאר דברי הירושלמי וז״ל: אפי׳ בשפה שהיא אדומה אלא שמוסיף בה אדמימות חייב משום צובע, עכ״ל. ועיין בשו״ת שבט הלוי ח״א סי׳ ק שכתב דכל שמוסיף צבע נוסף על צבע שקיים כבר ודעתו שיהיה ניכר יותר אסור מן התורה, עי״ש.

ועיין בתולדות שמואל מלאכת צובע ס״ב שכתב וז״ל: ואפי׳ צבעו עתה מחדש באותו צבע שהיה צבוע מכבר, אם הצבע הראשון נתיישן כבר ועתה ע״י שצבעו מחדש ניכר הדבר שבאו לכאן פנים חדשות ג״כ פשיטא שהוא חייב, עכ״ל.

13. זהו אב המלאכה, שבמשכן צבעו את חוטי הצמר בצבעי תכלת, ארגמן ותולעת שני.

14. הרמב״ם בפרק ט מהלכות שבת הלכה יד כתב דהעושה עין הצבע הרי זה תולדת צובע וחייב.

ועיין בקרית ספר וז״ל: העושה עין הצבע הרי זה תולדת צובע וחייב. וקשיא לי אמאי לא עיילוה בהדי ל״ט מלאכות דהוו במשכן, דהאי נמי הוה במשכן דהוו מבשלים סממני צבע תכלת וארגמן ושני לצבוע, דהיינו עין הצבע. ואע״ג דהיא כעין צביעה, הא אמרן דזורה ובורר ומרקד חדא היא ומשום דהוו במשכן מנינהו, כל שכן הא דכל חד מלאכה בפני עצמה. וניחא לי קצת במאי דאמר בירושלמי מה צביעה היתה במשכן שהיו משרבטין בבהמה בעורות אילים מאדמים, דהכא עין הצביעה והצביעה תרוייהו בהדי הדדי קא אתי, עכ״ל.

ולכאורה לפי דברי הקרית ספר יש להעיר, דאם עין הצבע והצביעה תרוייהו בהדי הדדי קאתו, א״כ למה חילק הרמב״ם בין צביעה שהוא אב מלאכה לעשיית עין הצבע שהוא תולדה.

VI. Soiling a Cloth (or Other Object) — Is It Prohibited as an Act of Dyeing?

A. Those Who View It as Permitted

The *melachah* of צוֹבֵעַ is defined as improving or beautifying the appearance of an object by coloring it (see page 322). Accordingly, some authorities rule that if coloring an object has a negative effect, it is not prohibited under this *melachah*. A prime example would be soiling a towel or garment by using it to wipe away blood from a wound. The towel *does* change color; however, what has really happened is that the towel has become dirty. Changing the color of an object by making it dirty does not fall into the category of צוֹבֵעַ.[15]*

B. Those Who View It as Forbidden

Other *Poskim* maintain that although soiling an object is permitted under Biblical law, it is forbidden under Rabbinic law. According to this view, one is forbidden to use a cloth to stanch the flow of blood on Shabbos, for by wiping the blood one is "dyeing" the cloth.[16]

---

*Even these authorities agree that one should preferably not use a cloth of the same color as the liquid he is wiping up (e.g. a red towel for blood). If, however, this is the only cloth available, it may be used. See Practical Applications.

---

15. שו״ת רדב״ז ח״א סי׳ ריג הובא במג״א סי׳ שכ ס״ק כד וז״ל: שאלה, אם מותר לקנח כוס או קערה שהיה בתוכו מים או יין בשבת במפה, אי חיישינן שמא יבא לידי סחיטה או לידי ליבון. תשובה, ראיתי מי שכתב שאסור לנגב בשבת כוס שהיה בתוכו מים או יין במפה דאתי לידי סחיטה או לידי ליבון וכו׳ ואני לא ראיתי העם נזהרים בכך כלל לפי שזו חומרא יתירה וכו׳ ותו דאין דרך סחיטה וליבון בכך שהרי זה מלכלך המפה הוא, כדאמרינן גבי עובר אדם עד צוארו במים ואינו חושש, וכל שכן הכא דלא חיישינן, עכ״ל. וכדברי הרדב״ז כתב הריטב״א בשבת דף קיא בסוגיא דמסכורייתא דנזייתא וז״ל: והכא בברזא דחמרא ליכא משום מלבן ולא משום צובע כלל, אדרבה מלכלך ומפסיד היין את הבגד, עכ״ל. הרי מבואר להדיא מדבריו דצביעה דרך לכלוך אינו נחשב צובע. וכן פסק בשו״ת חכם צבי, הובא בהגהות רע״א סוף סימן שכ.

16. המגן אברהם בסי׳ שכ ס״ק כד הביא דברי הרדב״ז ודחה דבריו, וז״ל: ועיין סימן שב ס״י דיש אוסרין כיבוס דרך לכלוך כל שכן צביעה דכל צביעה היא כך לכן אין להקל, עכ״ל. והמ״ב בסי׳ שכ ס״ק נט הביא דברי המג״א, וכן הערוך השלחן סי׳ שכ ס״ז הביא דברי המג״א להלכה.

C. In Practice

A final ruling has not been issued in this matter. Therefore, it is best to follow the stringent view. However, where it is impossible to do so, one may rely upon the lenient view.[17] Therefore, if there is nothing else available, one may use a cloth to wipe away blood. See Practical Applications.

D. Soiling Tissues or Paper Napkins

All authorities agree that in the case of disposable objects like tissues or paper napkins, one is permitted to "color" them by making them dirty.[18] For example, one is definitely permitted to wipe up blood with a napkin or paper towel. Similarly, one is permitted to stop the flow of blood from a wound with a cotton ball or a Band-Aid.

VII. Adding Color to Foods and Liquids

A. Adding Color to Food

1. For Flavor

If the ingredient that colors the food is added solely for its

---

17. מ״ב סי׳ שכ ס״ק נט, וסי׳ שכח ס״ק קמו. ועיין במ״ב סי׳ שכ ס״ק נה וז״ל: אם נשפך שכר ושאר משקה על המפה שעל השלחן והוא רוצה לגרור אותם בכף או בסכין כדי לנקות המפה, יזהר שלא יגררם בכח כדי שלא יבאו לידי סחיטה וכו׳, ואם המשקים צבועים יזהר שלא יצטבע שאר מקומות המפה ע״י גרירתו וכו׳, עכ״ל. אמנם בשעת הצורך יש לסמוך על השיטות שסוברים דדרך לכלוך אין איסור צביעה, כמו שכתב המ״ב בעצמו בס״ק נט.

ועיין בשש״כ פי״ב הערה ק וז״ל: ויש לעיין דמאי שנא מהא דסי׳ שיט ס״י וסי׳ שלד סכ״ד, עכ״ל. וביאור כוונתו דבסי׳ שיט ס״י מבואר דמותר לסנן בסודר או משמרת יין ושאר משקין ואין כאן חשש ליבון, אבל לכאורה למה לא יהא אסור משום צובע. ועוד יש להעיר דבסי׳ שלד סכ״ד פסק המחבר דטלית שאחז בה האור אין לתת עליו מים כדי שיכבה כשיגיע להם וכו׳, אבל מותר לעשות כן בשאר משקין, אפי׳ ביין, דאין בשרייתן משום כיבוס, עכ״ל. ולכאורה למה מותר בשאר משקים הא לכאורה צריך להיות אסור משום צובע.

18. שש״כ פי״ד הלכה יט. ובאמת הרבה פוסקים סוברים כן דמלאכת מלבן לא שייך בנייר שמשליכים אחר ההשתמשות, והם מרן זצ״ל באג״מ או״ח ח״ב סי׳ ע, בשו״ת הר צבי או״ח ח״א סי׳ קצ. וה״ה לכאורה אליבא דהני פוסקים לא יהיה שייך מלאכת צובע בשאר דברים שמשליכים אותן אחר ההשתמשות בהם.

וראיתי בספר תולדות שמואל סוף מלאכת צובע וז״ל: ולענ״ד יש להתיר לו אפי׳ לכתחילה לקנח בנייר, מידי דהוי אאוכל מיני פירות הצובעים דמותר אפי׳ לכתחילה משום דאין צביעה אלא בדבר שדרכו לצבוע וא״כ ה״נ הנייר שמקנחין בו וודאי אין דרכו לצבוע, ואין כוונתו לכך כלל, עכ״ל.

flavor, it may be added on Shabbos. As we explained above, the *melachah* of צוֹבֵעַ is defined as improving the appearance of an object. In this case, the purpose of the coloring is not to improve the food's appearance; therefore, is not prohibited under the *melachah* of צוֹבֵעַ.[19]

2. For Decorative Purposes

Food that is not meant to be eaten, but is displayed purely as a decoration, may not be colored for decorative purposes on Shabbos. An example might involve centerpieces utilizing decanters filled with colored water. It is forbidden to color the water in the decanters on Shabbos.[20]

3. To Make It Easier to Sell

The *Poskim* rule that if the purpose of coloring the food is to

---

19. כתב המחבר בסי׳ שכ סי״ט וז״ל: ליתן כרכום בתבשיל מותר, ואין לחוש לו משום צובע דאין צביעה באוכלין, עכ״ל.

ובעיקר ההיתר של ״אין צביעה באוכלין״ הקשה הביאור הלכה בסי׳ שכ סי״ט ד״ה ליתן וז״ל: ועיין בנשמת אדם שמפקפק קצת בעצם הדין (דאין צביעה באוכלין) מהא דאיתא בשבת דף עה. השוחט משום מאי מיחייב, רב אמר משום צובע וכו׳ ניחא ליה דליתווס בית השחיטה דמא, ע״כ. הרי אף דאוכל הוא שייך בו צביעה. ולפי מה שראיתי באור זרוע דפירש על מה דאמר דלתווס בית השחיטה היינו העור של בית השחיטה ניחא הכל, עכ״ל. ביאור דבריו, דלפי מאי שפירש רש״י הסוגיא דמיירי דהבית השחיטה נצבע בדם והבית השחיטה הוא בשר הרי מבואר מכאן דיש איסור צביעה באוכלין, אבל לפי מה שפירש האור זרוע הסוגיא דמיירי שנצבע העור של בית השחיטה אין כאן מקור מהגמרא דיש איסור צביעה באוכלין, דהגמרא לא מיירי באוכלין כי אם בעור.

אמנם אפשר לומר דאף לפירוש רש״י אין צביעה באוכלין, דעיין במ״ב בסי׳ שכ ס״ק נו שהביא מהפמ״ג דאסור לעשות מראה ביי״ש ודבש כדי שיקנו ממנו, עכ״ל. הרי מבואר מדברי הפמ״ג דהגם דאין צביעה באוכלין, מ״מ יש איסור צביעה אם הצביעה היא לצורך מכירה, דהא דאין צביעה באוכלין היינו כשצובע לצורך אכילה דוקא. ולפ״ז כשצובעים את בית השחיטה הרי אין הוא לצורך אכילה שהרי אין אוכלים הבשר עם הדם, וכל תכלית הצביעה היא רק כדי שיראו הקונים שהבשר טרי fresh, ולפיכך יש איסור צביעה, משא״כ כשצובעים אוכל לאכילה אין כאן איסור.

ועיין בשו״ת חכם צבי סי׳ צב דמחדש דכל שראוי למאכל אדם אינו חייב משום צובע. (ר״ל אפי׳ אם לא אוכלים המקשה או האוכל שצובעים, כיון שהוא ראוי לאכילה אינו נכלל במלאכת צובע.)

20. דכיון דאחד מהטעמים שאין צביעה באוכלין הוא משום דאינו מתקיים, שהרי עומד לאכילה, וגם דאין דרך לצבוע אוכלים, אבל אם צובעים את האוכל ליופי הרי זה מתקיים וגם דרכו בכך, וממילא אסור.

XXII: COLORING 331

make it more appealing to a buyer, the color may not be added on the Shabbos.[21]

B. Adding Color to Beverages

Most *Poskim* rule that the rule that allows one to add flavor to food even where doing so colors the food applies not only to food, but also to all types of beverages.[22] According to this view — which is the one customarily followed — one may add instant coffee or tea to water on Shabbos even though one thereby colors the water.

However, some *Poskim* maintain that adding color to *water* is prohibited by Rabbinic law, since it resembles the manufacture of certain types of paint, which are made by mixing dye into water. These *Poskim* agree, however, that one is permitted to add color to other types of beverages.[23] Also, even according

---

21. מ״ב סי׳ שכ ס״ק נו.

22. הדרכי משה בסי׳ שכ ס״ק ב כתב וז״ל: שמעתי וכו׳ ששמע ממהר״ר אברהם מינץ דאסור ליתן יין אדום לתוך יין לבן בשבת משום צובע, אבל לפי דעת בעל היראים דאין צביעה באוכלין נראה דגם זה שרי, עכ״ל.

והמ״ב בסי׳ שכ ס״ק נו כתב וז״ל: וכן מותר ליתן יין אדום בתוך יין לבן ואע״פ שמתאדם, עכ״ל. הרי מבואר דפסק המ״ב דאין צביעה במשקין כמו שאין צביעה באוכלין. וכן פסק בשו״ת חכם צבי סי׳ צב, ופמ״ג א״א ס״ק כה.

23. בשו״ת רב פעלים ח״ג סי״א כתב סברא דהגם דאמרינן אין צביעה באוכלין מ״מ במשקין יש צביעה, וז״ל: מיהו נראה לומר שאני מים ושאר משקין מאוכלים, יען דהרמב״ם פסק בפ״ט הלכה יד העושה עין הצבע ה״ז תולדת צובע וחייב כיצד, כגון שנתן קנקנתום לתוך מי עפצא שנעשה הכל שחור, או שנתן איסטיס לתוך מי כרכום שנעשה הכל ירוק, וכן כל כיוצא בזה, ע״ש. וא״כ השתא מאחר דאיכא צביעה במים מן התורה בעושה עין הצבע הנזכר להכי איכא למגזר בכל משקין שישתנו מראיתם מפני איזה דבר המטיל להם אע״ג דאין כוונתו לעשות עין צבע וכו׳. ולפ״ז קשיא לי על הרמ״א שהביא מה ששמע מן מהר״ר אברהם מינץ דאסור ליתן יין אדום לתוך יין לבן בשבת משום צובע, וכתב רמ״א שלפי דברי בעל יראים ז״ל דאין צביעה באוכלין, נראה דגם זה שרי, ע״ש, ולפי החילוק הנזכר שכתבתי דאיכא לחלק בהכי בין אוכלין לבין למשקין מאי מדמי רמ״א ז״ל דין מהר״א מינץ לדין בעל יראים, והלא בעל יראים איירי בכשטבל פת שהוא אוכל לתוך המשקה הצובע, ומהר״א מינץ איירי יין ביין שהוא משקה בתוך משקה. ונראה לתרץ בעד רמ״א דאפשר דס״ל דיין דמי לאוכלין ולא מחליף במי הצבע, ורק מים אית בהו משום צובע, כי עושין עין הצבע במים ואין עושין ביין, עכ״ל. הרי מבואר מדבריו דבמים יש איסור צביעה מדרבנן, וכן כתב בשו״ת מגדלות מרקחים סי׳ לט דבמים יש צביעה, וטעמו הוא כדכתב בשו״ת רב פעלים.

ועיין בכף החיים סי׳ שיח ס״ק סה שכתב שנהגו בירושלים להכין טי״י סענ״ס מערב

to this view, the prohibition is limited to a case in which the water is placed into the container *before* the coloring ingredient (e.g. the coffee) is added, for only then does it resemble the manufacture of paint. If, however, one reverses the order by placing the coloring ingredient into the container before the water, he has not violated the prohibition, since this act does not resemble the manufacture of paint.[24]

Let us again repeat that most *Poskim* do not differentiate between water and other beverages, but permit a person to add flavor to water in the regular manner, even if the flavoring agent adds color. [See Practical Applications.]

VIII. Practical Applications

A. Painting

All types of painting are forbidden on Shabbos.

שבת, משום חשש צובע במשקין. ועיין בספר ארחות רבינו דף קנא שהחמיר שלא לתת תמצית טי״י במים משום חשש צביעה וגם החזון איש החמיר דיש צביעה במשקין. ויש שיטות שסוברים דלא רק במים אמרינן יש צביעה כסברת הרב פעלים אלא גם בכל משקין אמרינן יש צביעה, ועיין בשו״ת האלף לך שלמה סי׳ קלו שכתב דיש צביעה במשקין אבל לא כתב טעם ע״ז.

ובאמת לא הייתי צריך להביא הך שיטה בכלל, משום דבסי׳ שכ סי״ט לא נזכר בכלל דיש חילוק בין משקה לאוכל בנוגע למלאכת צובע, ורק הבאתיו כיון דהמ״ב בשער הציון ס״ק סה הביא מהיערות דבש דאם אפשר להחמיר יש להחמיר במשקין דיש צביעה.

24. עצה זו ניתנה בשו״ת רב פעלים ח״ג סי׳ יא, חסד לאלפים סי׳ שכ ס״ו, ובן איש חי (שנה ב פקודי אות ג־ד), ובשער הציון סי׳ שיח ס״ק סה.

וכנראה שפליגי האחרונים בביאור ההיתר, דבשו״ת רב פעלים כתב וז״ל: דכשהיו מים בכלי ונותן לתוכו יין ניכר מעשה הצביעה לעיני הכל, דקודם המזיגה היה לבן ואחר המזיגה נצטבעו ונשתנו מראיתם לעיני הכל, משא״כ כשהיה יין בכלי ונותן לתוכו מים אינו ניכר מעשה הצביעה, כי למראה עיניו בתחילה היה יין ואח״כ ג״כ יש בו יין, רק נראה כמו שהיין נתרבה, וכיון דמעיקרא דדינא אין צביעה באוכלין רק במשקה אסור אטו מי צבע כשאינו ניכר לא אסרו, עכ״ל. ובקצות השלחן בסי׳ קמו בבדי השלחן ס״ק יד כתב שטעם ההיתר הוא משום שינוי, דבחול הדרך לתת יין לתוך מים וכשנותן מים לתוך יין הוי שינוי, וכיון דהצביעה אינה אלא איסור מדרבנן מהני השינוי.

וכנראה שעצה זו מהני רק במשקין שכל האיסור הוא משום מיחזי כצובע, ולפיכך כשמשנים אופן עשייתו ממילא אין כאן איסור של מיחזי כצובע, משא״כ בעשיית צבע ממש אין נפקא מינה באופן עשייתו ולעולם אסור.

B. Cosmetics

1. Nail Polish

One is forbidden to apply any type of nail polish on Shabbos. Even clear polish changes the color of the nail and is therefore prohibited.[25]

2. Face Powder

One is forbidden to apply face powder on Shabbos. Most contemporary *Poskim* agree that this applies to any sort of face powder, even one specially formulated for Shabbos use.[26]*

3. Eye Makeup

The use of any type of eye makeup (e.g. mascara, eyeliner) for any part of the eyes (e.g. eyelids, eyebrows, eyelashes) is forbidden on Shabbos under the prohibition of coloring.

4. Lipstick

The use of any type of lipstick is forbidden on Shabbos under the prohibition of coloring.[27]**

5. Creams Used for Covering Blemishes

One who covers a skin blemish with cream is in effect coloring the skin. Therefore, it is prohibited to use any type of cream to cover a blemish on Shabbos. [See above page 325.]

---

* However, one is permitted to use talcum powder or baby powder on Shabbos to absorb sweat, or to prevent heat rash or diaper rash.

** In addition, the use of lipstick often involves the prohibition against "smoothing" as well.

---

25. שש״כ פי״ד הלכה נז.

26. הגרש״ז, הובאו דבריו בשש״כ פיד הערה קנח וז״ל: והגרש״ז אויערבאך זצ״ל מפקפק גם בזה (ר״ל בהשלכת הצבע על הפנים) דכל שמכוין לצביעה, אפי׳ לזמן מועט מנלן להתיר, ובפרט שלדעת כמה ראשונים יש איסור תורה גם בשאינו מתקיים, עכ״ל.

ועיין בתיקונים ומלואים שכתב שם וז״ל: ופוּדְרַת איפור כיון שדרך נשים לצבוע פניהן כך, הרי מסתבר דכתיבה בכהאי גוונא ודאי אסור ומנ״ל להתיר בצובע, עכ״ל. וכן שמעתי מכמה פוסקי זמנינו שליט״א.

ועיין בשו״ת אג״מ או״ח ח״א ח״א סי׳ קיד שמרן זצ״ל כתב וז״ל: אבל לזרוק את הפאודער לבן על הפנים שלא מתקיים כלל אין בזה איסור צביעה, עכ״ל.

27. שו״ת אג״מ או״ח ח״א סי׳ קיד.

6. Dyeing Hair

It is forbidden to dye hair on Shabbos.

7. Removing Cosmetics on Shabbos

One is permitted to remove cosmetics — such as face powder, eye makeup, lipsticks or nail polish — from one's skin on Shabbos.[28] However, one may not use a cream remover because applying the cream violates the *melachah* of smoothing.[29]

When wiping off makeup, one should not use a cloth, for the color that adheres to the cloth can involve a violation of the *melachah* of coloring. Instead, one should use a disposable item, like a tissue or a paper napkin. [See above, page 329.]

C. Disclosing Tablet

One uses disclosing tablets after brushing one's teeth to cause the dirt on the teeth to turn colors. This enables a person to locate the dirt. It is forbidden to use these tablets on Shabbos.[30]

D. Urine Testing

Testing urine by placing a specially treated stick into it involves the prohibition of *coloring*, because the stick changes colors when placed in the urine. In case of need, one must consult with a halachic authority for guidance.[31]

---

28. שו״ת אג״מ או״ח ח״ב סי׳ עט, וכן כתב בספר שיעורי שבט הלוי על הלכות נדה (סי׳ קצח סי״ז דף שכו) וז״ל: צבע שישנו על היד בשבת יש להקל לגרד או להסיר ע״י אמה (soap) או אצטון (nail polish remover) וכיו״ב, אבל נפט לכאורה מוקצה, עכ״ל. הרי מבואר מדבריו דמותר להסיר הצבע בשבת. וכן פסק הגר״נ קרליץ שליט״א בספרו חוט השני עמוד רפ. וכ״כ בשו״ת באר משה ח״ח סי׳ כה אות כו. וכן פסק בשש״כ פי״ד הלכה סא וז״ל: מותרת האשה להסיר במים או באצטון את הלקה מעל צפורניה בשבת לפני לכתה למקוה וכו׳, עכ״ל. וע״ע בזה בקונטרס אהל שרה פ״ד ס״ד הערה יא.

29. שו״ת אג״מ או״ח ח״ב סי׳ עט.

30. זכור ושמור מלאכת צובע.

31. בשש״כ פרק לג ס״כ כתב וז״ל: מותר לבדוק שתן של חולה במיני קיסמים מיוחדים לכך, אשר בעזרתם ניתן להכיר אם אין בשתן עקבות דם או סוכר וכדומה וכו׳, ויש מי שמפקפק גם בבדיקת שתן בעזרת מיני קסמים, עכ״ל. ובהערה פג שם כתב וז״ל: שמעתי מהגרש״ז אויערבאך זצ״ל, משא״כ הכא הרי מעונינים לראות השתנות הצבע הנעשה ע״י השתן, ומכיון שכן אפשר דשפיר דחשיב צובע. אך יש להסתפק, דכיון שאין רוצים כלל בצביעת הקיסם רק למען דעת דבר אחר, אין זה דומה כלל לצביעה שהיתה במשכן,

E. Taking a Suntan

Most *Poskim* rule that one is permitted to take a suntan on Shabbos even though one intends thereby to add color to the skin.[32]* Others, however, prohibit this activity.[33]

All *Poskim* agree that one who is not trying to become tanned is permitted to walk or sit in the sun even though he will inevitably become tanned. Since coloring his skin is not his intention, he has not violated the prohibition.[34]

F. Wiping Blood Away From a Wound

Ideally, one should not use a cloth to wipe blood away from a wound.[35] Instead, one should use a disposable item, such as a napkin, a paper towel or a gauze pad.[36] If no disposable item is available, one may use a cloth. However, even then, one should preferably not use a cloth of the same color as the liquid he is wiping up (e.g. a red towel for blood). If it is the only cloth available, it may be used.[37]

G. Wiping Up Spills

If a colored liquid spills, it should preferably be wiped up with a disposable napkin or towel. If no disposable item is available, one may use a cloth; however, the cloth should preferably not be the same color as the liquid that spilled. If no cloth of another color is available, this one may be used.

---

*It is however, forbidden to put cream on one's body prior to the suntan.

ולכן טוב לעשותו באופן שהשתן יתקרב מאליו אל הקיסם, דחשיב רק גרמא, עכ"ל. ועיין בשו"ת באר משה ח"ח סי' כד בזה, ובקובץ עטרת שלמה חוברת ז שהגאון ר' יהושע נויבירט שליט"א האריך בזה.

32. אז נדברו ח"ב סי' ל, שש"כ פי"ח הערה ע, הגר"נ קרליץ, הובא בספר תורת המלאכות מלאכת צובע ס"ק כה.

33. שו"ת מנחת יצחק ח"ה סי' לב, שו"ת מחזה אליהו סי' סה ס"ק כד.

34. שו"ת מחזה אליהו שם.

35. מ"ב סי' שכ ס"ק נט.

36. עי' לעיל ציון 22.

37. מ"ב סי' שכ ס"ק נט.

H. Photochromic (Photogrey) Lenses

Photogrey eyeglasses, which become dark when exposed to sunlight and clear again when moved indoors, may be worn on Shabbos.[38]

I. Toilet Deodorizers

There is dissent among the contemporary *Poskim* regarding the colored blocks of deodorizer commonly placed in toilet bowls. Some hold that these may not be used on Shabbos, for they cause the water to become colored during flushing. Others maintain that these deodorizers are permitted for use.[39] Therefore, it is best

---

38. בשו״ת אגרות משה או״ח ח״ג סי׳ מה כתב מרן זצ״ל וז״ל: והנה בדבר זכוכית של משקפים שנקרא ״פוטגור״, שנעשו באופן זה דכשהולכים בשמש הם כמו משקפי שמש וכשהולכים בצל נעשה בחזרה משך רגעים בהיר כזכוכית רגילה של משקפים, איני רואה בזה איסור לא משום צובע ולא משום מתקן מנא, דהא לא נצבע כלום, מדבא מראה הראשון בחזרה וכן חוזר חלילה כמה פעמים, דאף אם ניתן לשם דבר שנכנס על הזכוכית ובאמצע איזה צבע המכסה הרי לא מצביע את הזכוכית אלא שמכסה אותה, ומתקן מנא ודאי לא שייך דהא כן הוא עשיית המנא שנתכסה בשמש ומתגלה בצל, עכ״ל. וכן פסק להתיר בשו״ת שבט הלוי ח״ד סי׳ כג, ובשו״ת באר משה ח״ו סי׳ מו, ובשו״ת מחזה אליהו סי׳ סה ס״ק כד, ובשמירת שבת כהלכתה פי״ח הערה ע. וע״ע בזה בשו״ת אבני ישפה ח״ב סי׳ לט.

39. בשו״ת אור לציון ח״א סי׳ כט כתב להתיר, וזה תוכן דבריו, דאפי׳ אליבא דשיטת הרמב״ם שסובר דהעושה עין הצבע חייב היינו דוקא כשמתקן צבע לצבוע דברים אחרים, ובנידון דידן כיון שאין המים נצבעים במדה שיכולים לצבוע בהם דבר אחר אין בזה איסור. ועוד כתב טעם להקל, דהא הכא אין מלאכתו מתקיימת לזמן ממושך, וקמא קמא שמשתמשין תדיר באסלה המים הראשונים נשטפים והולכים להם ובאים אחרים במקומם, ובכה״ג אף את״ל דשפיר חשיב צובע מדרבנן עכ״פ כיון שהוא לזמן קצר יהא מותר וכו׳. ועוד טעם כתב שם להתיר דהכא בנדון הצבע שבאסלה, אם ישאירם כך לזמן מועט הצבע יתנדף מאליו ואיננו, ודומה למש״כ הרמב״ם בדין הצובע בשער ״הרי אתה מעבירו לשעתו״, ועדיף מיניה שהרי אינו צובע כלל, וגם אינו עושה עין צבע. וסיים שם דאף את״ל דאחר כל הני ג׳ טעמים אכתי איסורא דרבנן מיהא איכא, מ״מ הו״ל פס״ר דלא ניח״ל (כלומר דלא איכפת ליה) בדרבנן בכח שני, דשפיר יש להקל בזה, עכת״ד.

ובמנחת שלמה ח״ב סי׳ יד הביא דברי האור לציון ומפקפק בדבריו, ובסוף כתב וז״ל: סוף דבר נלענ״ד שרצוי מאד להמנע מזה בשבת, כי רק הצבע ניכר ולא החטוי, עכ״ל. ובשו״ת שבט הלוי ח״ח סי׳ קסז כתב וז״ל: דרכי להורות שאם הוא סבון צובע צבע כחול וכיוצא בו להחמיר בזה, כיון שהוא פסיק רישא ויתכן שניחא ליה, אבל סבון בלי צבע כנראה מותר, עכ״ל.

ועיין בשו״ת ציץ אליעזר חי״ד סי׳ מז שכתב להקל בזה, ובשו״ת באר משה ח״ח

to remove these items from one's toilet before Shabbos. In the event they were not removed, one should remove them on Shabbos. If this is not possible, and no other bathroom is available, one may rely on the *Poskim* who permit the use of these deodorizers on Shabbos.[40]

J. Polishing Shoes

Polishing shoes on Shabbos violates the *melachah* of coloring.[41] Even if the shoes were already polished before Shabbos, it is forbidden to add more polish on Shabbos.[42] Likewise shining already polished shoes is forbidden. [It should be noted that polishing shoes can involve other Shabbos prohibitions as well.]

K. Coloring Beverages

1. Making Coffee

Most *Poskim* rule that the prohibition of coloring does not apply to beverages. Therefore, one may mix instant coffee with hot water, even though the coffee colors the water. [Of course, the hot water must be in a *kli sheni* (see *The Shabbos Kitchen,* page 30); otherwise, adding the coffee could involve a violation of the *melachah* of cooking.]

However, some *Poskim* maintain that the prohibition of coloring applies also to water (although not to other liquids) (see above, page 331). According to this view, one is forbidden to mix instant coffee (or any other coloring ingredient) with water. Even according to these *Poskim,* the prohibition applies only if the water is put into the cup *before* the coffee; if, however, the coffee precedes the water, they agree that it is permitted.

סי׳ כב כתב דטוב להחמיר, ולמיקל יש לו על מי לסמוך.

ובשיעורי הגאון ר׳ פסח אליהו פאלק שליט״א כתב דאם הסבון או חומר החיטוי נמצא במיכל המים של בית הכסא מעיקר הדין מותר להשתמש בזה בשבת, וטעמו משום דהמים נצבעים רק על ידי גרמא כיון שרק אחרי שיצאו כל המים מהמיכל והתמלא שוב כמעט עד תום באים המים במגע עם חומר החיטוי ונצבעים, עי״ש.

40. כן נראה דבמקום צורך יש לסמוך על הפוסקים שמקילין.

41. מ״ב סי׳ שכז ס״ק יב.

42. שש״כ פטו הערה קכז בשם הגרש״ז אויערבאך זצ״ל.

One may follow the view of the majority of *Poskim* who permit adding color to water on Shabbos.

2. Adding Red Wine to White Wine in Order to Change the Color

Ideally, the wine used at the Seder should be red wine, not white wine.[43] Many people who prefer drinking white wine mix it with a bit of red wine to color it red. Most *Poskim* permit this, since the coloring of food and drink does not fall under the *melachah* of coloring.[44]

---

43. שו״ע סי׳ תעב סי״א.

44. עיין לעיל ציון 22. וראיתי בקובץ אור ישראל קובץ ז דף צב שהרה״ג ר׳ חיים אברלאנדער שליט״א האריך בזה, וכתב דיש חשש איסור דאורייתא לצבוע יין לבן ביין אדום, וכתב דאפי׳ לדעת הפמ״ג יש איסור, דהלא כתב הפמ״ג דאין רשאי לעשות מראה ביי״ש ודבש כדי שיקנו ממנו, וכתב בכוונתו דדוקא כשצובעים להשביח המאכל או המשקה אז אמרינן דמותר משא״כ כשצובעים בשביל סיבה צדדית כגון למכור מודה הפמ״ג דאסור, וא״כ גם בציור שצובעים היין אדום ביין לבן דהוא משום סיבה צדדית מודה הפמ״ג דאסור.

ולענ״ד אין זה נכון, דהפמ״ג סובר דאפי׳ כשצובעים לסיבה צדדית כל זמן שבדעתו לאכול את האוכל או לשתות את המשקה לא נאמר בו איסור צביעה, ורק כשצובע למכירה דאין הוא אוכל או שותה המשקה אז אמרינן דיש צביעה באוכלין או משקין.

ומה שכתב שגם המ״ב סובר דיש צביעה במשקין כיון שהביא שיטת היערות דבש בשעה״צ סי׳ שיח ס״ק סה אין זה נכון, דהרי בסי׳ שכ העוסק במלאכת צובע לא הביא בכלל שיטת היערות דבש, ומוכח מזה דמעיקר הדין סובר המ״ב דאין צביעה במשקין, ורק החמיר אם אפשר כשיטת היערות דבש.

XXIII / Trapping — צֵידָה

I. The Av Melachah

צֵידָה, *trapping,* is one of the thirty-nine *Avos Melachos,*[1] all of which have their origin in activities performed during construction of the *Mishkan.* At that time, they trapped the multi-colored animal known as the *tachash,* whose hide they used to make leather for the covering of the *Mishkan.*[2] They also trapped the sea creature called *chilazon,* whose fluids were needed to produce the blue-green *techeiles* dye used to color the coverings of the *Mishkan.*[3]

II. Definition

In the context of the Shabbos prohibition, "trapping" is defined as capturing a living creature by confining it in such a way that it is easily brought into one's possession and control.[4]

---

1. שבת דף עג.

2. רש״י שבת דף עג ד״ה הצד.

3. ערוך השלחן סי׳ שטז ס״א. ועיין בשו״ת אבני נזר סי׳ קפט ס״ק כב וז״ל: ותינוק נכרי שנפל לים לכאורה נראה פשוט דלא שייך באדם שום צידה. אלא שראיתי להתוס׳ במסכת מנחות דף סד. בדיבור המתחיל להעלות דגים והעלה דגים ותינוק דלא דמי להא דאמרינן הואיל ואי מקלעי לי׳ אורחים, והכא נמי הואיל ופטור לי׳ אתינוק פטור נמי אדגים, עיין שם. משמע דפטורא דתינוק משום פיקוח נפש. ויש לומר דשייך בי׳ צידה להשיבו אל אביו, וצריך עיון. ובאדם גדול שהוא איש לעצמו פשיטא דלא שייך בי׳ צידה דלמי צד אותו ואינו אלא מצילו ממיתה לבד, עכ״ל.

ולכאורה מבואר מהרמ״א דאין צידה באדם, דכתב המחבר בסי׳ שלט ס״ד דאין דנים בשבת, וע״ז כתב הרמ״א ולכן היה אסור לתפוס ולהכניס לבית הסוהר מי שנתחייב איזה עונש כדי שלא יברח. משמע דכל האיסור לתפוס האדם הוא משום דאסור לדון בשבת הא לאו הכי היה מותר, הרי מבואר דאין צידה באדם. ועיין בשולחן שלמה סי׳ שטז ס״ג שכתב שם הגרש״ז אויערבאך זצ״ל בפשיטות שאין צידה באדם, אמנם בקובץ על הרמב״ם פ״י מהלכות שבת הלכה כב נקט דהצד אדם חייב משום איסור צידה, עי״ש.

4. ראיתי בספר שלמי ניסן (על פרק האורג) בקונטרס בעניני צידה שחקר בגדר צידה, וז״ל: והנה יש להסתפק בגדר איסור צידה, האם צידה יסודה שלילת חירות הבעל חי אף בלא הכנסתו לרשותו, והיינו דבעינן דיהיה ניצוד מעלמא, או דילמא דצידה היא הכנסת

III. Activities Prohibited Under the Melachah of Trapping

Basically, any action that causes a living creature to be closely confined violates the *melachah* of trapping. Here are several common activities that fall under this prohibition:

והבאת הדבר לרשותו ושליטתו ולמקום שרוצה שיהיה. ונפקא מינה כגון שיש בריכה של מים ויש שם דג ואדם זורק אבן על הדג וכובשו ע״י זה בתחתית המים שאין הדג יכול לצאת משם ומ״מ אין הצד אותו יכול לקחתו כיון שהוא בתוך המים, דאם נימא דיסוד צידה הוא צידה מעלמא ושלילת חירות הבעל חי הרי כאן צד הדג מעלמא ושלל חירותו, אבל אם יסוד צידה הוא הבאת הדבר לרשותו הרי עדיין לא הביא הדבר אליו, עכ״ל.

וכנראה שנחלקו הפוסקים בזה, דמהגאון ר׳ שלמה זלמן אויערבאך זצ״ל מבואר דהוא סובר שיסוד מלאכת צידה הוא הכנסת הבעל חי לרשותו ושליטתו ולמקום שרוצה שיהיה שם. דעיין בשש״כ פכ״ז הערה קמה וז״ל: ושמעתי מהגרש״ז אויערבאך זצ״ל דלא אסרו מדרבנן אלא בבעלי חיים כאלה שבדרך כלל שייכת בהם צידה, אלא שהוא חולה, משא״כ בנמלה וכדומה שבנקל אפשר לקחתה גם אם דרכה להתחבא, מ״מ אין זה גדר של צידה, ולא רק בבעלי החיים המצויין בין אנשים אלא אפי׳ כאלה שאינם מצויין בין אנשים כלל, כגון צב, אם אין דרכם לברוח ובנקל אפשר לאחוז בהם מסתבר דרק משום מוקצה אסור לתופשם ולא משום צידה, עכ״ל.

ועיין בתיקונים ומלואים שם שהוסיף הגרש״ז זצ״ל וז״ל: כי מסתבר שדינם דחולה וזקן דאף ששולל חירותם מותר, כך גם בנמלים וכו׳, וכן מבואר בתוס׳ רי״ד חגיגה דף יא שכתב דלא יתכן שחומט האמור בתורה הוא מה שקורין שבלול, דא״כ מאי צידה שייך בו הרי הוא ניצוד ועומד ולא יכול לזוז כי אם מעט ביותר, ומשום כך נראה דמסתבר שגם צב האמור בתורה הוא לא מה שאינו קורים צב שהרי הוא הולך מאד לאט, ועיין גם בתהל״ד סי׳ שטז ס״ק יא שכתב כן לגבי צידת כינה כיון דלא שייך ביה צידה, עכ״ל.

הרי לכאורה מבואר מדבריו דיסוד מלאכת צידה הוא הכנסת החיה לרשותו, וממילא סובר דמותר לצוד נמלה כיון שהיא תחת רשות האדם כיון שאינה יכולה לזוז כי אם מעט.

ע״כ יש לומר דאליבא דהגרש״ז זצ״ל הטעם דאסור לצוד חיה כשהיא חולה הגם דהוא ברשותו של האדם הוא משום גזירה, שבדרך כלל שייכת בהם צידה וגזרו אטו בעלמא, משא״כ בנמלה לא שייך לגזור דבכל אופן אין בה צידה. ובאמת דברי הגרש״ז זצ״ל מבואר להדיא בשו״ת אבני נזר סי׳ קפט ס״ק ז.

אמנם החזון איש בסימן נ סוף ס״ק ג כתב וז״ל: דשם צידה הוא ההבאה אותו למקום מצומצם ולשלול ממנו את החפש לטייל למקום שירצה, עכ״ל. ולפי דבריו הטעם דאסור מדרבנן לצוד זקן וחולה הגם דאפשר לתופסם בחד שחיה, הוא משום שגם מהם שולל חופש הטיול. ולפי דברי החזו״א יהיה אסור לצוד נמלה אף דאפשר לתופסה בקלות, דמ״מ הרי הוא שולל מהנמלה את חופש הטיול.

הרי חזינן דנחלקו הגרש״ז אויערבאך והחזו״א בגדר מלאכת צידה, דהגרש״ז סובר דיסוד המלאכה הוא הכנסת הבעל חי לרשותו, או למקום שירצה, והחזו״א סובר דיסוד המלאכה הוא שלילת חירות הבעל חי.

A. Capturing an Animal by Hand

A person is prohibited to capture any living creature on Shabbos by seizing it in his hand.

B. Setting a Trap

Setting a trap on Shabbos is forbidden under the *melachah* of צֵידָה. Under some circumstances, setting the trap will violate Biblical law — namely, where the animal walks into the trap as soon as the trap is placed. If, however, some time elapses before the animal is captured, one has transgressed a Rabbinic prohibition only.[5] The Rabbis enacted this decree because they were

---

5. כתב המ״ב בסי׳ שטז ס״ק יח וז״ל: הפורס מצודה ובשעת פריסתו נכנסה החיה לתוכה חייב חטאת, אבל אם נכנסה אח״כ לתוכו פטור אבל אסור. וכתב המג״א דמכאן מוכח שיש ליזהר שלא להעמיד בשבת המצודה לצוד בו עכברים, עכ״ל.

ובפשטות מבואר מדברי המ״ב דאפי׳ ידעינן בוודאי בשעת פריסת המצודה שתיכנס אח״כ חיה לא יהיה חייב חטאת. אמנם כשתעיין במקור לדין זה נראה שאינו פשוט כ״כ, דעיין בתוס׳ בשבת דף יז: ד״ה אין פורסין שהוא מקור לדין זה וז״ל: אע״ג דבשבת נמי אם פירש מצודה אינו חייב חטאת, שאינו יודע אם יצוד אם לאו, מ״מ גזרו לפרוש מצודה דלפעמים אתי לידי חיוב חטאת כגון שבשעת פריסתו ילכוד, עכ״ל. ולכאורה מתחילת דברי התוס׳ משמע דאם ידעינן שיצוד חיה בשבת בהמצודה יהא חייב חטאת אע״ג דאין החיה נכנסת בשעת פריסת המצודה, ומסוף דברי התוס׳ משמע דאינו חייב רק אם החיה נכנסת להמצודה בשעת פריסתה, דכתבו דהטעם דאסרו רבנן הנחת המצודה בשבת הוא משום גזירה שמא יבוא לידי חיוב חטאת שבשעת פריסתו תכנס החיה להמצודה, ואם אמרינן דעובר על איסור דאורייתא אם תכנס החיה להמצודה אחרי פריסתה באיזו זמן שיהיה אם הוא בשבת, א״כ פשוט למה גזרו רבנן על הנחת מצודה בשבת, דאפשר שהחיה תכנס לשם בתוך השבת וממילא יעבור על איסור דאורייתא.

ועיין בתשובות בית אפרים או״ח סי׳ כ שנקט בפשיטות דאין עובר על איסור תורה אלא אם כן בשעת הנחת המצודה נכנסה החיה לתוכה, וז״ל: וגדולה מזו נראה לענ״ד, דאף אם הדבר ברור לו שיצוד אח״כ, מכל מקום כיון דהשתא מיהא בשעת פרישה לא צדה ליכא חיובא, וההיא שעתא דנפל בה חיותא מידי דממילא הוא בלא מעשה רק גירי דילי׳ וליכא חיוב חטאת. ול״ד להדביק פת בתנור בשבת והוא נאפה והולך או מתבשל וכה״ג דחייב, דשאני הכא דע״י מעשה קמא דעביד הוא נאפה או מתבשל ממילא בלא ענין אחר כלל, משא״כ בזה אף שהמצודה פרושה מכל מקום מחוסר צידה הוא, וכאשר יפלו הנופלים בעת פקודם ענין חדש נעשה בזה רק שמעשיו גרמו לו כי פרש עליו רשתו, ומחמת זה אין נראה לחייבו חטאת. ומה שכתבו התוס׳ שאינו יודע אם יצוד קושטא דמלתא נקטי, אבל לדינא אף ביודע בודאי שיצוד אפ״ה אין לחייבו, עכ״ל.

ועיין בתוספות הרא״ש שבת דף יז: דכתב להדיא דאינו חייב מן התורה אלא א״כ בשעת פריסת המצודה נכנסה שם החיה, עי״ש.

אבל עיין חזון איש או״ח סי׳ לח ס״ק א וז״ל: ומיהו מלאכה שדרכה בכך כמו אפיה

concerned that permitting this sort of trapping might lead a person to violate the Shabbos by setting a trap in a situation where the animal will be captured immediately. [With regard to setting a trap on *Erev Shabbos*, see page 351.]

C. Confining an Animal to a Room

One who closes the door to a room or enclosure that contains an animal, thereby preventing the animal from leaving, has violated the *melachah* of trapping (provided the enclosure is a small one — see below).[6]

D. Trapping With Animals

Using a hunting animal to trap another animal is forbidden under the *melachah* of trapping. In some circumstances, this

---

ובישול שאין החיוב אלא כשיגיע לשיעור מב״ד, וזה נעשה מאליו, מ״מ כיון שכן דרכו מקרי מלאכה ולא גרמא, וכן זורה אע״ג דהרוח עושה עיקר הזריי׳, וכן צידה נראה דאע״ג דניצוד לאחר זמן חייב. ומש״כ תוס׳ לעיל יז: ד״ה אין, כגון שבשעת פריסתו ילכוד, אין כוונתם דנלכד בתנועת האדם, דא״כ היה להם לפרש בהדיא וכמו שדקדקו התוס׳ כאן, ועוד שכתבו שאינו חייב חטאת שאינו יודע אם יצוד אם לאו, משמע שאם יצוד איכא חיוב חטאת, וכן בתוספתא שהביאו לא הוזכר שעת פריסה, אלא נראה כונתם אע״ג דאין כאן חיוב חטאת ודאי בשעת פריסה, ולא שייך כל כך לגזור דאף אם יפרוס בשבת יזכור ויוציאנה טרם שצדדה, מ״מ גזרו דילמא תצוד בשעת פריסה קודם שיזכר שהיום שבת. מיהו המג״א סי׳ שטז ס״ק ט לא פירש כן, וצ״ע, עכ״ל. ועיין בחזו״א סי׳ לו ס״ק א בא״ד שכתב עוד בזה, וז״ל: שוב ראיתי במג״א סי׳ שטז ס״ק ט שפירש דברי התוס׳ כפשטן וצ״ע, אח״כ ראיתי בריטב״א שם שפירש ג״כ דברי תוס׳ כהמג״א, צ״ל לפ״ז דעיקר צידה הוא בכח אדם, ולשון התוספתא צריך לפרש דבשעה שהוא פורש נכנס, ומש״כ תוס׳ שאינו יודע אם יצוד אם לאו הוא להטעים דלא דמי לאפי׳ ובישול. ועדיין צריך תלמוד מה מקרי מיד, דאין לחלק בין הפסק מועט להפסק מרובה, ואפשר דבענין שיאחוז המצודה בידו, עכ״ל. ועיין בזה בהערות בדברות משה, שבת פ״א הערה קטז.

6. שו״ע סי׳ שטז ס״ה. ועיין בערוך השלחן סי׳ שטז סי״א וז״ל: משונה היא מלאכת צידה מכל המלאכות, דבכל המלאכות צריך לעשות המלאכה אבל גרם מלאכה אינו חייב מן התורה דכתיב לא תעשה כל מלאכה, עשייה הוא דאסור הא גרמא שרי, ואילו במלאכת צידה אפי׳ בגרמא חייב, כדתנן צבי שנכנס לבית ונעל אחד בפניו חייב, וזה גרמא שהרי הוא לא הכניס את הצבי להבית אלא הצבי נכנס מעצמו, ורק הוא גרם בנעילת הדלת שנצוד הצבי. וטעמא דמילתא דבצידה לא מקרי זה גרמא כדפירש״י: זו היא צידתו, עכ״ל, כלומר דעיקר הצידה הוא המעשה אחרונה שנועל בפני הצבי, ואם לא נעל הדלת אף על פי שצדו בעצמו שהוליכו בידיו משדה והכניסו לבית ולא נעל לאו כלום עבד, ונמצא דעיקר הצידה היא הנעילה, עכ״ל.

violates Biblical law — namely, where the person aids in the trapping. For example, if a person sends a hunting dog to catch a deer and then stands in front of the deer to block its way and confuse it, thereby allowing the dog to grab hold of the deer, he has transgressed a Torah prohibition. If, however, the person simply sends out the hunting dog but does not himself participate in the hunt, he has violated a Rabbinic decree only.[7]

IV. The Torah Prohibition of Trapping

One violates the Biblical *melachah* of trapping only if his action meets the following conditions. They are:

A. He must trap a healthy, entirely free creature.

B. His objective must be to use the trapped creature for some purpose.

C. It must be a creature that is commonly trapped.

D. He must confine the creature to a small area.

Let us now elucidate these conditions:

A. Creature Must Be Healthy and Free

A basic requirement of the *melachah* of trapping is that the animal must be free and able to flee capture. If, however, the

---

7. כתב הרמ״א בסי׳ שטז ס״ב דהמשסה כלב אחר חיה בשבת הוי צידה, והמ״ב בס״ק י כתב וז״ל: היינו אם לא עשה בעצמו מעשה כלל רק במה ששיסה את הכלב והכלב תפסו הוי רק צידה מדרבנן ואם עשה בעצמו ג״כ מעשה לזה כגון שברח הצבי מהכלב והיה עיף ויגע והיה הוא רודף אחריו והשיגו הכלב על ידי זה הוי צידה גמורה, ואפי׳ אם רק עמד בפניו והבהילו עד שהגיע הכלב ותפסו הוי ג״כ תולדה דצידה ומיחייב, שכן דרך הציידים, עכ״ל.

ועי״ש בשעה״צ ס״ק יג שתמה אמאי חייב בעמד לפניו והבהיל, דהרי מעשה זה אינו אלא מסייע לכלב שיצודו, וגרע מזה אינו יכול וזה אינו יכול, דשם עושה עצם מעשה המלאכה משא״כ הכא אינו אלא גרמא בעלמא, וכתב שלכן הוסיף במ״ב שם שכן דרך הציידים״, וכדאשכחן בב״ק דף ס לענין זורה. ויש להעיר, דאם עיקר החיוב הוא משום שכן דרך הציידים וחייב אף על פי שאינו מסייע, א״כ אמאי לא יהיה חייב גם כשיסה הכלב אף דלא עביד מידי מ״מ יהיה חייב משום שכן הוא דרך הציידים. וי״ל דכאשר עושה מעשה כדרך שעושים הציידים לא חשיב גרמא, דהא לא כתיב בתורה דעל מעשה תפיסת הבהמה דוקא מיחייב, אלא כל שעושה כענין צידה המקובל בעולם הו״ל צידה וכלול בל״ט מלאכות דילפי׳ ממשכן. אבל אם אינו עושה מעשה כלל לא שייך לחייבו על זה שגרם צידה, ואין לומר שהשסוי נכלל במלאכת צידה כיון שלא עשה מעשה כלל. וכמש״כ הערוך השלחן שהבאנו לעיל ציון 6, דכתיב ״לא תעשה כל מלאכה״.

animal is unable to flee because it is injured, sick or old, it is considered to be in a constant state of "capture." One who traps this animal has accomplished nothing; therefore, his act does not violate the Torah prohibition.[8] It *is*, however, prohibited under Rabbinic law (see Sec. V-A).

B. Objective Must Be to Use Trapped Creature

Under Biblical law, one cannot violate the *melachah* of trapping *unless* his purpose in trapping the animal is to make use of it. For example, one who captures a deer violates the prohibition *only* if he does so for its meat or its hide. If, however, one's purpose in trapping is *not* to use the animal — e.g. he traps a deer to prevent it from eating his plants — he has not violated a Biblical prohibition. However, he *has* violated a Rabbinic prohibition (see below, Sec. V).[9]

C. Creature That Is Commonly Trapped

The Torah prohibition of trapping applies only to creatures that are commonly trapped for the purpose of using the trapped creature — e.g. a rabbit, a parrot, a deer. One who captures a creature that is not commonly trapped (e.g. a fly or mosquito) has not violated the Biblical *melachah* (even if his objective in trapping them was to use them for some purpose, and not simply to prevent them from doing harm). He has, however, violated a Rabbinic prohibition (see Sec. V-C).[10] [See page 353 for further discussion of trapping flies.]

---

8. שו"ע סי' שטז ס"ב.

9. שו"ע סי' שטז ס"ז.

10. שו"ע סי' שטז ס"ג. ועיין בשו"ת אבני נזר סי' קפט שהסביר בהא דמצינו במלאכת צידה דהצד דבר שאינו מינו ניצוד אסור רק מדרבנן וז"ל: ונראה לי דהיינו טעמא דשניא מלאכת צידה משאר מלאכות שיש בהן שינוי בדבר שנעשה בו המלאכה, ואפי' הוצאה מרשות לרשות נשתנה במה שהוא ברשות אחר, אבל צידה אין שום שינוי בגוף החיה רק אצל האדם שנעשה ברשותו, ועל כן דבר שבמינו ניצוד גופו חשוב ברשותו שיש לו דבר מה, אבל דבר שאינו במינו ניצוד משום שאין בהם תועלת כלל אין לו כלום אף לאחר שניצוד וכו' אבל לא נחשב שיש לו דבר מה, על כן לא חשיב מלאכה כלל, עכ"ל. הרי מבואר מדברי האבני נזר שא' מתנאי מלאכת צידה הוא שע"י הצידה יתחדש אצל האדם דבר שלא היה ברשותו קודם. [ואגב, חזינן מלשונו שסבר כהגרש"ז

D. Close Confinement

By Biblical law, one transgresses the *melachah* of trapping *only* if one confines the creature to an area small enough to allow him to easily take hold of it when he wishes to do so. "Easily" is here defined as being able to grab the animal without having to rest between attempts.[11]

By Rabbinic law, one transgresses the *melachah* even if the creature is *not* closely confined. See below (Sec. V-D) for further discussion.

V. The Rabbinic Prohibition Against Trapping

A. Weak or Sickly Animals

It is prohibited by Rabbinic law to trap an animal that cannot flee capture because it is old, sick or injured.[12] The Sages forbade capturing this animal on Shabbos because they feared that it might lead a person to transgress a Torah prohibition by capturing an animal that *is* able to flee.

אויערבאך דלא כהחזו״א, עי׳ לעיל ציון 4.]

אמנם עיין בחידושי ר׳ משה קזיס ריש מסכת שבת וז״ל: וגם הצד צבי אע״פ שאין הצידה עושה רושם ניכר בגופו מ״מ אנו אומרים מסברא שהיא מלאכה, כיון שמתחילה הי׳ ברשות עצמו ועתה הוא ניצוד ועומד ביד בני אדם וזה חשוב שינוי בגופו, אבל ההוצאה מרשות לרשות לא מסתבר שתהי׳ מלאכה כלל כי מחמת ההוצאה מרשות לרשות אין החפץ משתנה כלל ובהווייתו עומד, עכ״ל.

הרי לפום ריהטא נחלקו האבני נזר והרב משה קזיס ביסוד מלאכת צידה, דהאבני נזר סובר דהמלאכה הוא מה שיש לאדם דבר חדש שלא היה ברשותו קודם לכן, והרב משה קזיס סובר שיסוד מלאכת צידה הוא דפועל שינוי בגוף החיה הניצודה שמקודם היתה החיה ברשות עצמה ועכשיו אינה ברשות עצמה.

אבל אולי י״ל דלא פליגי, דהאבני נזר כ׳ דאין שינוי בעצם גוף החי׳ כי אם בזה שהיא עתה ברשותו, דהוא מיירי לענין הא דבעינן מינו ניצוד, וביאר דבצידה הוא דמסתבר כן ולא בהוצאה כיון שכל השינוי הוא בזה שהוא תחת שליטתו, אבל זה אכן הוי שינוי יותר גדול במהות חיי הבהמה מעתה. והר״מ קזיס מיירי לענין הא דהוצאה הוי מלאכה גרועה, ובזה שפיר קאמר דאין שנוי ההוצאה כשינוי הצידה, דאין השנוי בהוצאה אלא במקומו של החפץ, ובחפץ אין שינוי בעצם גופו, משא״כ בצידה שלא רק מקומו השתנה אלא הוא תחת שליטת האדם, ואם אכן במינו ניצוד הוי שינוי גדול בעצם מהותו, והבן.

11. שו״ע סי׳ שטז ס״א ומ״ב ס״ק ד.

12. שו״ע סי׳ שטז ס״ב.

B. Where Objective Is Not to Use Trapped Creature

Trapping an animal on Shabbos for some purpose other than use of the animal itself is forbidden under Rabbinic law.

C. Creature That Is Not Commonly Trapped

It is forbidden by Rabbinic decree to trap creatures that are not ordinarily trapped for use, such as flies or mosquitoes.[13]

D. Where Creature Is Not Closely Confined

As was explained, the Biblical prohibition of trapping applies only where the animal is placed into close confinement. However, the Rabbis extended the prohibition to include even a case in which the animal is loosely confined. The Rabbis enacted this decree because they feared that allowing loose confinement would lead people to violate Biblical law by practicing close confinement.[14]

"Loose confinement" is defined as taking some freedom away from the animal while still not bringing it under one's complete control. An example would be chasing a deer from outdoors into a large, spacious building or corral. Although this denies the animal a degree of freedom, it does not bring it under the person's control.

Since actually catching a loosely confined animal requires a great deal of further effort, the animal is not regarded as being captured. Therefore, the act of confinement does not violate the Biblical prohibition against trapping. It does, however, violate the Rabbinic prohibition.[15]

---

13. עי' ציון 10.

14. שו"ע סי' שטז ס"ג.

15. שו"ע סי' שטז ס"א. ועיין בספר קצות השלחן סי' קכא בבדי השלחן ס"ק ב וז"ל: ויש להסתפק דאם היו בבית גדול מאד אם מותר להכניסן לבית אחר ג"כ גדול שעדיין מחוסרין צידה שם אלא שהבית אינו גדול כל כך כמו הבית הראשון, די"ל דאסור מדרבנן שמקיל את הצידה על ידי זה, עכ"ל.

ועיין בספר חוט השני פט"ו דהביא מה שכתב המ"ב בסי' שטז ס"ק ה דצפור דרור שנכנסה לבית דרך הפתח או החלון אע"ג שאינו ניצוד שם מ"מ אסור לסגור הפתח והחלון, ודן שם מהו הגבול בזה, שלכאורה אם הכניס צבי בעיר גדולה מוקפת חומה אין בזה איסור מדרבנן כיון שהמקום גדול והרי הוא כאילו נמצא מחוץ לחומה. ונראה

Bringing an Animal From Loose Confinement Into Close Confinement

Bringing a loosely confined animal into close confinement on Shabbos violates the Biblical *melachah* of trapping. Hence, a person would be forbidden to chase a deer from a large, spacious enclosure into a small room.[16]

E. Semidomesticated Animals

"Semidomesticated animals" are animals that wander free by day but return home at night. While outdoors during the day, these animals will not submit to their masters, and will not return when called. Because these animals return home at night, they are regarded, under Biblical law, as in a constant state of capture; therefore, their capture on Shabbos is not included in the Biblical prohibition of trapping. However, the Rabbis extended the prohibition to include even the capture of these animals.[17]

שהשיעור הוא כשמכניס את הבעל חי למקום שיש הרגשה שהבע״ח נמצא בשליטתו דאז אסור מדרבנן, אע״פ שאינו ניצוד ממש. וע״יש עוד דכל שמכוין לצמצם את מקומו של הבעל חי ג״כ אסור הוא מדרבנן.

ועיין בשו״ת הר צבי מלאכת צד ס״ק ג שהביא מספר מעין גנים שהעלה שתרנגולים שברחו וניצודו בשבת אסורים באכילה, דהלכה כר״י הסנדלר. והעיר שם דמש״כ דהלכה כר״י הסנדלר אינו מדוקדק, וכנראה שהתכוון לומר דהאיש הצד את התרנגולים במזיד אסור לו באכילה עולמית, כדין מבשל בשבת שלמבשל עצמו אסור עולמית, אולם גם זה לא אליבא דכ״ע היא וזה תלוי במחלוקת לענין מעשה שבת במלאכת הוצאה, שלדעת הרשב״א דלא אסור מעשה שבת במלאכת הוצאה משום דלא נעשתה המלאכה בגוף הדבר מסתבר שה״ה במלאכת צידה שלא נעשתה המלאכה בגוף הדבר ולא נעשה בו שינוי, עכ״ד ההר צבי.

ולכאורה מה שכתב ההר צבי בפשיטות שצידה לא נחשב שינוי בגוף הדבר לכאורה לא משמע כן מדברי הר״מ קזיס שהבאנו לעיל ציון 9, דרק בהוצאה מצינו חידוש כזה ועל כן חשיבא מלאכה גרועה, משא״כ צידה הוא שפיר שינוי בגוף הבע״ח שמעתה הוא ברשות בני אדם.

ומלבד ד׳ הר״מ קזיס יש להעיר, דלכאורה כוונת הרשב״א רק לומר דבהוצאה לא שייך לאסור באכילה ובהנאה כיון שהחפץ הי׳ מזומן לזה גם בלא המלאכה, והי׳ אפשר לאוכלו וכדומה בלא ההוצאה, ונמצא שאינו נהנה מהמלאכה דוקא (ואף אם המלאכה מסייעת מ״מ אין ההנאה מהמלאכה). משא״כ בצידה יש לחלק דשפיר חשיב שנהנה מעצם המלאכה, כיון שלא יתכן במציאות ליהנות ממנו כשאינו ניצוד.

16. שו״ע סי׳ שטז סי״ב ומ״ב ס״ק נח.

17. רמ״א סי׳ שטז סי״ב ומ״ב ס״ק נז.

VI. Permitted Acts of Trapping

A. Slow-moving Animals

Any creature that moves very slowly is considered to be in a constant state of capture. Therefore, its capture does not violate the *melachah* of trapping and is *entirely* permitted, both by Biblical *and* Rabbinic law. Some creatures in this category are: turtles, caterpillars, earthworms, snails.[18]

It must be emphasized that although it is permissible to trap these creatures on Shabbos, they are *muktzeh*. Therefore, one who captures them may not handle them directly, but must catch them without laying hands upon them, such as by placing something over them, or by cornering them so that they cannot escape.

B. Domesticated Animals

It is entirely permissible to trap domesticated animals that do not try to escape when one catches them, but instead become completely subdued. These animals are considered to be in a constant state of capture, and so are not included in the *melachah* of trapping.[19] Included in this category are cows, sheep and many domesticated house pets, e.g. dogs. [Here too, direct handling of the animals is forbidden because of the prohibition of *muktzeh*. One is permitted simply to chase the animals into a small space, or to corner them so that they cannot escape.]

If a domesticated animal has become rebellious, it is no longer considered to be in a constant state of capture; therefore, catching it on Shabbos would violate the Biblical *melachah* of trapping.[20]

---

18. עיין ציון 4.
19. רמ"א סי' שטז סי"ב ומ"ב ס"ק נט.
20. מ"ב סי' שטז ס"ק נט.

VII. Special Leniencies Regarding the Melachah of Trapping

A. Animals and Insects That Inflict Pain*

1. Where They Inflict Severe Pain

If a person is afraid that a stinging insect, such as a bee or wasp or hornet, will sting him or someone else, he is permitted to trap it on Shabbos, since the bites of these insects can cause severe pain.[21] However, the trapping should not be done with a device that is specially made for that purpose. Rather, it should be done in a makeshift way, such as by placing a cup over the insect.[22]

2. Where They Inflict Minor Pain

With regard to insects that are liable to bite or sting people, but do not cause great pain (e.g. mosquitoes or gnats), the Shabbos rules are as follows: If the insect is already on a person's body (whether or not it is in the process of biting), he should try to remove it without trapping it (e.g. by shaking or blowing it off). If this is impossible, he may pick it off by hand (thereby capturing it) and throw it away. If the insect is not on the person's body, one may drive it away, but may not capture it.[23]

---

*Note: With regard to the law of animals and insects that endanger human life, see page 358.

---

21. שש״כ פרק כה הלכה ב, וקיצור הלכות שבת סי׳ כח ס״ק א.
ועיין במ״ב סי׳ שטז ס״ק יג שהביא מחלוקת הפוסקים אם דבורים הוו מינן ניצוד. ועיין בספר חוט השני (פט״ו מלאכת צידה, ד״ה צידת דבורים) שביאר סברת המחלוקת.

22. מ״ב סי׳ שטז ס״ק כז.

23. שו״ע סי׳ שט״ז ס״ט ומ״ב. ועי״ש בשעה״צ ס״ק סג שכתב דה״ה אם החרק נמצא על בשרו ועלול לעוקצו דמותר ליטלו. ועי״ש דיש מקילים גם באופן שהרחק נמצא על בגדיו מבפנים ולא על בשרו, עכ״ל. ועיין בשש״כ פכ״ה הערה כא בשם הגרש״ז זצ״ל וז״ל: ולא התירו אלא במקום שיש צער הגוף, אבל במקום שמצטער צער הנפש כגון זבוב המעופף בחדר או צרצור שנמצא בבית וקול רעש צרצורו מפריע את מנוחתו, אסור לתופסו ולזורקו החוצה, עכ״ל.

If a mosquito is hovering near an infant, and it is not possible to drive it away, one may capture it on Shabbos. If capturing the insect is impossible, one may even kill it. The reason this is permitted is that a mosquito bite could pose a serious danger to such a small child.

A person who is allergic to mosquito or bee bites may kill a mosquito in order to protect himself from being bitten.

a. Insects That Do Not Inflict Pain

Harmless insects, such as ants or fleas, may not be trapped on Shabbos.[24]

3. Trapping in Order to Prevent a Monetary Loss

It is forbidden to perform an act of trapping that is prohibited by Biblical law even if doing so will prevent a serious monetary loss.

However, where the act of trapping is forbidden by Rabbinic law only, and performing the act will prevent the person from suffering a serious monetary loss, several possible leniencies come into play.

a. Instructing a Non-Jew

The rule is that one may instruct a non-Jew to perform an act forbidden by the Sages in order to prevent a substantial financial loss. Accordingly, where trapping an animal will protect a person from monetary loss, and the prohibition is of Rabbinic origin only, one is permitted to ask a non-Jew to trap the animal. For example, if a valuable, semidomesticated pet, whose capture is forbidden by Rabbinic law only (see page 347), escapes from one's home, the owner is permitted to instruct a non-Jew to capture it and bring it home, for the loss of a valuable animal constitutes a significant monetary loss.[25]

b. An Act Twice Removed From a Torah Prohibition

Where there are two reasons to exclude a given act of trapping from the Biblical Shabbos prohibition, *and* the act is

---

24. מ"ב סי' שטז ס"ק מח.

25. מ"ב סי' שטז ס"ק נז.

necessary to avoid a significant monetary loss, one is permitted to perform the act on Shabbos. For example: It is permitted by Biblical law to trap a semidomesticated animal on Shabbos, and it is permitted by Biblical law to loosely confine an animal on Shabbos. True, both these acts are prohibited by Rabbinic law; however, where a single act combines *both* Biblical permits, *and* it will prevent a significant financial loss, the Rabbis waived their decrees. Therefore, one would be permitted to loosely confine a semidomesticated animal in order to avoid a monetary loss. An example would be chasing a semidomesticated bird (such as a dove) into a large room and closing the door behind it. If this is done in order to avoid financial loss (e.g. so that the dove should not be stolen), it is permitted. [See pg. 347 for the halachic definition of a "semi-domesticated animal."][26]

VIII. Practical Applications

A. Setting Traps

One is permitted to set any type of trap *before* Shabbos. However, one is forbidden to set any type of trap on the Shabbos itself.

B. Trapping Bees, Yellow Jackets, Hornets

We explained above that trapping these types of stinging insects on Shabbos is permitted, so long as it is not done with a specially made trap. For further details, see Sec. VII.

C. Closing the Door of a Room When There Is an Animal Inside

In many cases, one is forbidden to close the door of a room on Shabbos if there is an animal inside the room (see pg. 342). With regard to many fullydomesticated pets, this does not pose a difficulty, for the capture of most domesticated animals is not included in the prohibition of trapping. However, a

---

26. מ"ב סי' שטז ס"ק נז.

semidomesticated pet (i.e. one that is not yet entirely familiar with its master — see page 347) can present its owner with the following halachic difficulty: It is forbidden to capture a semi-domesticated animal on Shabbos; hence, if the owner is in a room with his semidomesticated pet, and he opens the door to leave, he may not close the door behind him, for by doing so, he is trapping the animal in the room!

One who finds himself in this situation must open the door slowly, so that he can fill the gap with his body as he opens it. He must do the same while closing the door, being careful to ensure that the gap will remain blocked the entire time. Since he never created an opening through which the animal could escape, the animal was considered to be trapped even while the door was open. Therefore, when he then closes the door, he has not violated the *melachah* of trapping.[27]

D. Opening and Closing the Door of a Birdcage on Shabbos

It is forbidden to close the door of an occupied birdcage on Shabbos, for by doing so, one is trapping the bird. Thus, one who finds it necessary to open the door of the cage on Shabbos (e.g. to feed the bird) is faced with a difficulty — namely, that once he opens the door, he will be unable to close it. One avoids this difficulty (a) by opening the door as little as possible, and (b) by opening and closing it slowly, so that he can fill the gap with his hand while he does so. Because he leaves no opening through which the bird could escape, it is regarded as trapped even while the door is open. Therefore, when he then closes the door, he has not violated the *melachah* of trapping.

E. Closing The Door to a Large Room Containing an Insect

One is permitted to close the door to a large room on Shabbos even if there is an insect flying about inside the room. An insect

---

27. שש״כ פרק כז הלכה לו-לז.

in a large room is considered to be completely free; therefore, closing the door is permitted under Biblical *and* Rabbinic law.[28]

F. Trapping a Fly Between the Window and Screen

If there is a fly (or any other insect) on a window screen, one may not close the window on Shabbos, since one thereby traps the fly between the window and the screen. However, if one's intention in closing the window is *not* to trap the fly, but to keep out the cold air or the noises of the street, one is permitted to close the window even though the fly will be trapped in the process.

If there are good-sized holes in the screen, or wide cracks between the edge of the screen and the window frame, so that the fly can easily find its way out, it is not considered to be trapped. Therefore, one is permitted to close the window on Shabbos.[29]

G. Freeing a Trapped Animal

There is no prohibition against freeing a trapped animal on Shabbos.[30]

---

28. חוט השני פט״ו סעי׳ ב.

29. מ״ב סי׳ שטז ס״ק ה.

ובאמת יש להתיר אפי׳ שלא בשעת הקור לסגור החלון כשיש זבוב על הרשת, מדכתב הרמ״א בסי׳ שטז ס״ג דיש אוסרים לסגור תיבה קטנה, אבל תיבה גדולה גם הרמ״א סובר דמותר משום דהוי תרי דרבנן, חדא - שהזבובים אין במינן נצוד, ועוד - דאי אפשר לתופסם בחד שחייא, וא״כ הוי תרי דרבנן באינו מכוין, שמותר אפי׳ אם הוא פסיק רישא. וא״כ לכאורה כיון דבפשטות זבובים ברשת אי אפשר לתפוס אותם בחד שחייא א״כ הו״ל תרי דרבנן שמותר. ועיין בספר ארחות שבת פי״ד הערה לב שכתב בזה וז״ל: יש לעיין אם מותר לסגור את החלון במקרה שיש ברשת חורים אשר דרכם יכולים הזבובים לצאת לחוץ, ויש להבחין בזה בין שני מקרים: (א). אם החורים גדולים וניכרים להדיא באופן שהזבובים יכולים למצוא דרכם לחוץ בקלות לכאורה אין זה צידה כלל ומותר לסגור את החלון. (ב) ואם החורים הם קטנים ואינם ניכרים להדיא אזי הדבר תלוי בכוונתו של האדם, אם אין כוונתו לצידה כלל והוא סוגר את החלון כדי שלא תכנס הרוח הרי זה מותר כדין דבר שאינו מתכוין, ואין זה בגדר פ״ר, שהרי אפשר שהזבובים ימצאו את החורים הקטנים ויצאו לחוץ, אך אם כוונתו לצוד את הזבובים ה״ז אסור, משום דעד כמה שהזבובים לא ימצאו את החורים שברשת וישארו לכודים בין החלון לבין הרשת נמצא שניצודו בסגירת החלון, עכ״ל. וע״ע בזה במגילת ספר ס׳ כד ס״ק ה.

30. המג״א בסי׳ שטז ס״ק יא פסק דמותר לפתוח הבית בפני הצבי או לפרקו ממצודתו, ובלבד שלא יטלטלנו, וכן פסק המ״ב שם ס״ק כה. אמנם המרכבת המשנה פ״י מהלכות שבת הלכה כד כתב דיש איסור לפרוק בעל חי מן המצודה וז״ל: וטעם האיסור פשוט,

H. Insect Repellents

One is permitted to spray insect repellent on his skin on Shabbos to keep away insects.[31]

דעינינו רואות דכל מלאכה שחייבין על עשייתה חייבין ג"כ על ביטולה, כמו אורג ובוצע קושר ומתיר תופר וקורע כותב ומוחק בונה וסותר מבעיר ומכבה, וכן היה בדין שיהיו חייבין על הפירוק כמו על הצידה, אלא שלא בא מפרק בכלל מנין המלאכות משום דכל מלאכת העדר חשיב מקלקל ואינו חייב אלא על מנת לעשות התיקון כמו קורע על מנת לתפור וכן כולם, משא"כ מפרק דלא משכחת לי' מפרק על מנת לצוד הלכך הו"ל מלאכת קלקול, מיהו מ"מ ודאי דפטור אבל אסור כדין כל המקלקלין, עכ"ל. הרי מבואר דנחלקו המג"א והמרכבת המשנה אם מפרק בעל חי מן המצודה אם הוא מותר או אסור.

ועיין בחזון יחזקאל על התוספתא פי"ג דשבת הלכה ה שכתב בביאורים וז"ל: המפרק בהמה ועוף מן המצודה דסד"א כיון דכל שאר מלאכות שבת כשם שהוא חייב על עשייתן חייב נמי על ביטולן כמו אורג ופוצע וכו', ולכן יהא חייב נמי הכא על הפירוק שפרקה מן המצודה ושלחה לנפשה כמו על הצידה, קמ"ל דפטור דכיון שצידה אינה עושה דבר חדש לכן אין בביטולה מלאכה שהמצודה נשארו גם עתה כמו שהיו קודם, משא"כ בקושר ומתיר שע"י מלאכת הקשירה נעשה פה דבר חדש דהיינו הקשר וכשמתירו הוא סותרו ולכן חייב, עכ"ל.

ועוד סברא להתיר, וכדברי המג"א, דלא מצינו איסור במקלקל אלא כשאיכא כוותה בדאורייתא, דכשסותר על מנת לבנות חייב מדאורייתא ומצינו כן במשכן, ולכן אסרו של קלקול אטו סותר על דעת לבנות. משא"כ קלקול שאין דוגמתן במשכן כלל (ר"ל שלא מצינו מעשה כזה במשכן כלל, דאילו סותר ומכבה וכדומה מצינו) מנא לן שאסרו.

31. קצות השלחן סוף סי' קלח בבדי השלחן ד"ה מי שמצוי.

XXIV / Slaughtering — שׁוֹחֵט

I. The Av Melachah

שׁוֹחֵט, *slaughtering*, is one of the thirty-nine *Avos Melachos*.[1] Like other *Avos Melachos*, the *melachah* of slaughtering is based on an activity that was performed during construction of the *Mishkan*. At that time, rams and other beasts were slaughtered for their skins, which were used to cover the *Mishkan*.[2]

II. Definition

The *melachah* of שׁוֹחֵט, *slaughtering*, is defined as taking the life of any living creature, whether animal or bird, fish or reptile,[3] wild or domesticated. Killing even the smallest insect violates the *melachah* of slaughtering.[4]

III. Torah and Rabbinic Prohibitions

Under Torah law, the prohibition of slaughtering applies only when one kills a creature from which one will derive benefit (e.g. by eating it or by using its hide). However, the Rabbis extended the prohibition to include the killing of a creature for no beneficial purpose.[5] Accordingly one is forbidden to kill on Shabbos simply for the sake of killing or for sport.[6]

---

1. שבת דף עג.
2. רש״י שבת דף עג ד״ה הצד.
3. רמב״ם פי״א מהלכות שבת הלכה א.
4. שבת דף קז:
5. שו״ע סי' שטז ס״ח.
6. מ״ב סי' שטז ס״ק לג.

IV. Methods of Killing

The Hebrew word שׁוֹחֵט is generally used to refer to killing with a blade. However, the *melachah* of slaughtering includes any method of taking a life (e.g. bludgeoning, suffocating, shooting, drowning, poisoning).[7]

A. Removing a Fish From Water

Removing a fish from water on Shabbos is a violation of the *melachah* of slaughtering,* as this causes the fish to suffocate. The prohibition applies even if the fish is replaced in the water before it actually dies, so long as it was left out of the water long enough for the liquid between its fins to begin drying out (i.e. when the liquid adheres to one's finger and is drawn after the finger in a sticky thread). Once the fish reaches this state, it is regarded as dead; hence, the person who removed it from the water has violated the *melachah* of slaughtering.[8]

---

* In addition to violating the *melachah* of slaughtering, removing a fish from water might also constitute a violation of the *melachah* of trapping.

---

7. רמב״ם הלכות שבת פי״א הלכה א, שלחן ערוך הרב סי׳ שטז ס׳ יג.

8. רמב״ם פי״א מהלכות שבת הלכה א.

והנה יש להסתפק במכה בשבת בעל חי ועשהו טריפה על ידי זה ומתה החיה בחול, אם חייב משום נטילת נשמה כיון דנעשה טריפה וטריפה אינה חיה, ואע״ג דהחיה תמות בפועל בחול אבל כיון שעשה בה בשבת מעשה שגרם לה למות שמא נחשב כאילו הרגה בשבת, או דילמא אינו חייב משום נטילת נשמה כיון שלמעשה לא מתה החיה בשבת.

ועיין במנחת חינוך בקונטרס מוסך השבת אות כט וז״ל: וכתב הר״מ מהש״ס דאם העלה דג מהמים והניחו עד שימות ואפי׳ אם רק יבש סלע בין סנפיריו חייב שעוד אינו יכול לחיות, ע״כ, מבואר דאין צריך שימות הבעל חי תיכף, רק כיון שעשה בו דבר שאינו יכול לחיות, על עשיה זו חייב משום נטילת נשמה, וכמו כן השוחט אף שמפרכס עדיין חייב משום נטילת נשמה, דאין צריך שימות מיד. לפי זה אם עושה אחד מבעלי חיים טריפה ג״כ חייב, כיון דטריפה אינה חיה, אף דיחיה איזה זמן מ״מ הוי ליה נטילת נשמה כמו דג אף דיחיה איזו זמן. וכן בהורג נפש אם עשאו טריפה באופן שאינו יכול לחיות חייב דהכי נמי הוי ליה נטילת נשמה, וזה ברור ופשוט, עכ״ל.

ולכאורה דברי המנחת חינוך צ״ב, דלכאורה שפיר יש לחלק בין דג דיבש בו כסלע שימות אח״כ ושוחט ומפרכס שימות אח״כ דבהנהו שני ציורים הרי עבד בו מעשה שימות תיכף ולכן יש לומר דנחשב אפי׳ קודם שמת כמת, כיון דהבעל חי ימות תיכף, משא״כ כשעושה בעל חי טריפה דיכול לחיות עוד י״ב חודש מי יימר דנחשב כאילו מת תיכף. מ״מ יש ליישב דהרי מצינו שלענין דיני התורה חשי׳ כמת, וההורגו פטור.

V. Drawing Blood

The *melachah* of slaughtering includes not only full-fledged killing, but also partial killing. Therefore, one is forbidden under the *melachah* of slaughtering to cause blood to flow from any living being (human or nonhuman). This is derived from a verse that states (*Deuteronomy* 12:23): כִּי הַדָּם הוּא הַנֶּפֶשׁ, *for the blood, it is the life*. This verse tells us that a creature's very life force is contained in its blood. It follows that any loss of blood constitutes some small measure of death. Therefore, one who causes blood to flow on Shabbos has violated the *melachah* of slaughtering.[9]

Under Torah law, the prohibition against causing blood to flow applies only if it is done for a beneficial purpose (e.g. the blood is needed for testing). The Rabbis, however, prohibited one to cause blood to flow even for a nonbeneficial purpose (e.g. squeezing blood from a wound).[10]

A. Causing a Bruise

Inflicting a bruise upon a human being or upon most animals (i.e. animals that have thick skins or hides) violates the prohibition against drawing blood on Shabbos. This is because bruising involves the rupture of blood vessels beneath the skin; the discoloration that ensues is produced by blood seeping from the ruptured vessels. This blood does not re-enter the bloodstream, and is eventually eliminated from the body through natural processes. Thus, bruising removes some of a creature's blood from its body. Therefore, it is included in the *melachah* of slaughtering.[11]

---

9. שו״ע סי׳ שטז ס״ח.

10. מ״ב סי׳ שטז ס״ק ל.

11. מ״ב סי׳ שטז ס״ק כט. ועיין ברמב״ם פ״ח מהלכות שבת ה״ז שכתב דחובל חייב משום מפרק וז״ל: והן החובל בחי שיש לו עור חייב משום מפרק, והוא שיהיה צריך לדם שיצא מן החבורה, אבל אם נתכוון להזיק בלבד פטור מפני שהוא מקלקל, עכ״ל. ועיין בתוספות רע״א לפי״ב דשבת משנה א שהקשה על שיטת הרמב״ם דחובל חייב משום מפרק וז״ל: וקשה לי דהרמב״ם כתב ריש פי״א דהשוחט חייב משום נטילת נשמה ואמאי אינו חייב גם משום מפרק הדם כמו בחובל, ואף אם אין צריך ליתן הדם לכלבו מ״מ הא בחובל

VI. Cases in which It Is Permitted to Kill Animals or Insects

1. Where They Endanger Human Life

One may kill any animal or insect that presents a danger to human life, even if the creature is not presently pursuing anyone, and even if it is trying to run away.[12] Some examples: a mad dog, a snake that might be venomous, a scorpion, bees in the presence of one who is allergic to bees, insects that might be carrying dangerous diseases (e.g. certain types of ticks or mosquitoes).

2. Where They Cause Severe Injury

In the case of animals and insects that pose no danger to life, but whose bites cause severe injury, one is permitted to kill them on Shabbos only if they are pursuing a person. However, if they are not presently pursuing a person, they may not be killed.[13]

VII. Lice

Although one is forbidden to kill any animal or insect on Shabbos, some authorities hold that lice are an exception to the rule (see *Shabbos* 107b).[14] Therefore, if the lice are causing a

---

להזיק פטור רק משום מקלקל, והא שחיטה לא הוי קלקול. ודוחק לומר דמיירי בלא יצא דם או שלא יצא כגרוגרת, עכ״ל. ועי׳ בפנ״י בביצה דף יב. ד״ה אבל שהעיר בזה ג״כ, ועי׳ במנחת חינוך מוסך השבת מלאכת דש אות ד שהביא הך קושיא ונשאר בצ״ע.

12. שו״ע סי׳ שטז ס״י.

13. מ״ב סי׳ שטז ס״ק מה.

14. בגמרא שבת דף יב. איתא דמותר לצוד כינה כיון שאינו פרה ורבה, וכן פסק המחבר בסי׳ שטז ס״ט. ולפ״ז מותר להרוג כינים הנמצאים בדרך כלל על שערות הראש. אמנם עיין בספר פחד יצחק (למהר״י למפורונטי) ערך צידה שכתב שיש להחמיר שלא להרוג כינה בשבת כיון שנתברר בזמנינו בלי ספק שכינים פרים ורבים ככל שאר בעלי חיים, עי״ש.

ועיין בספר תורת שבת סי׳ שטז ס״ק טו וז״ל: והנה מחוקרי הטבע כתבו שאף הכינים שבראש פרים ורבים, ובלתי ספק דזהו הטעם של הר״י מאורליאנש שהביאו התוס׳ (דף יב) שאומר דאסור להורגם מהתורה, עכ״ל, ולבסוף מסיק דכינים שבראש שפרים ורבים אסור להורגן, עי״ש. וראיתי בספר חוט השני (הלכות שבת ח״א) דף קכה וז״ל: אבל כינים של זמנינו צ״ע אם הם מאותו המין המבוארים כאן, דהא חזינן שכינים של זמנינו מטילים ביצים ואם הם פרים ורבים אסור להרגם, עכ״ל. וע׳ אריכות בזה בספר מכתב אליהו ח״ד עמודים 356-355. ועיין בשו״ת לב חיים ח״ג סי׳ יז שהתיר להרוג הכינים אפי׳ בזמנינו.

person pain on Shabbos, they may be killed in order to alleviate the pain.[15]*

VIII. Practical Applications of the Prohibition Against Killing on Shabbos

A. A Swarm of Insects

If one is confronted by a swarm of insects on Shabbos, he is forbidden to kill them. However, if he finds them very disgusting, he is permitted to place or spray poison around the area in which they are found in order to prevent them from spreading further.[16] If possible, it is preferable that a non-Jew place or spray the poison.

B. Drowning an Insect

One may not throw an insect into water on Shabbos, for this will cause the insect to drown.[17] Therefore, if an insect is found on a utensil, one is forbidden to wash the utensil. Likewise, one is forbidden to rinse a vegetable which has an insect on it, for rinsing will kill the insect. One who wishes to remove the insect from the vegetable should cut off the piece of the vegetable upon which the insect is found. (Cutting the vegetable is necessary to avoid violating the *melachah* of בּוֹרֵר, *separating*.)

If an insect is located in a toilet, one is permitted to flush the toilet in order to get rid of the waste matter, even though this will kill the insect. However, this is permitted *only* if the flushing is necessary to maintain human dignity.[18]

---

* If one kills the lice by means of a liquid shampoo, he must be careful not to squeeze the shampoo out of the hair. When checking for lice one must be careful not to pull out any hair.

---

15. הגאון ר' יוסף שלום אלישיב שליט"א הובא בספר ארחות שבת פי"ד הערה מח.
16. הגרש"ז אויערבאך זצ"ל, הובא בשש"כ פכ"ה הערה כח.
17. מ"ב סי' שטז ס"ק מב.
18. שו"ת מנחת יצחק ח"י סי' כז, שו"ת שבט הלוי ח"ו סי' צד, ושו"ת חשב האפוד ח"ג סי' נו.

C. Spraying Insecticide

One is permitted to spray insecticide in the room of a person who is sick, or in a child's room, in order to drive out insects on Shabbos. However, one must leave a door or a window open so that the insects can escape the killing fumes. One must be careful not to spray the insecticide onto the insects themselves, for it is forbidden to kill them.[19]

IX. Practical Applications of the Prohibition Against Drawing Blood on Shabbos

A. Removing a Scab

It is forbidden to remove a scab from a wound on Shabbos if this will cause the wound to bleed. If it will not cause the wound to bleed, it is permitted.[20]

B. Pulling Out Teeth

Pulling teeth causes bleeding; therefore, one may not pull out a tooth on Shabbos.[21]

C. Using a Toothpick

One may not use a toothpick on Shabbos if he knows it will cause his gums to bleed. If he is not certain whether the toothpick will cause bleeding, he may use it on Shabbos.

D. Drawing Blood for Medical Purposes

A Jew may not draw blood from a patient who is not seriously ill, even if he does nothing more than to prick a finger. However, one may draw blood for medical purposes from a patient who is or might be seriously ill. This is permitted even

---

19. שש״כ פי׳ כה הלכה ה. וע״ע בזה בקובץ עטרת שלמה ח״ז מה שכתב בזה הגאון ר׳ צבי קושלבסקי שליט״א.

20. מ״ב סי׳ שטז ס״ק ל.

21. מ״ב סי׳ שטז ס״ק ל.

if the results of the blood test will not be known for a few days.[22]

E. Sucking Blood

It is forbidden to suck the blood out of a wound on Shabbos (e.g. to suck blood from a cut in one's gums).[23]

F. Draining Pus From an Abscess

If a person is in pain on account of an abscess, he is permitted to puncture it to drain the pus *even* if some blood will ooze out along with the pus.

The reason this is permitted is that the prohibition against drawing blood on Shabbos is limited to blood that is still circulating through the body. Blood in an abscess, however, has already left the bloodstream, and is now gathered in the body's tissue. Therefore, the prohibition does not apply. However, once the pus has been extracted from the abscess, one should not continue to press the abscess, for this will cause fresh blood to be squeezed from the blood vessels located in the surrounding flesh.[24]

G. Setting an IV Line — Administering an Injection

Placing an IV (intravenous) line on Shabbos could involve a halachic question, since one generally draws some blood into the syringe to be sure that the needle is properly emplaced in the vein. Furthermore, the insertion of the needle into the vein often releases a minute amount of blood. A competent halachic authority should be consulted for guidance.[25] The same applies with regard to administering an injection on Shabbos.

---

22. שש״כ פ״מ הלכה כז, ועי״ש שכתב דיש להשתדל להוציא בבת אחת את כל הדם הדרוש, ולא לקחת דם גם מהוריד וגם מהאצבע.

23. חיי אדם כלל לא סעיף ה.

24. שו״ע סי׳ שכח סכ״ח ומ״ב ס״ק פט.

25. עיין בזה בשש״כ פל״ב הלכה נח, והערה קנא בשם הגרש״י אברמסקי זצ״ל, והגרש״ז אויערבאך זצ״ל, הובא בשו״ת ציץ אליעזר ח״ט סי׳ יז פ״ב ס״ק כ.

H. Brushing Teeth

One may not brush his teeth with a dry toothbrush* on Shabbos if it will cause his gums to bleed.

I. Removing Splinters

One is permitted to remove a splinter on Shabbos even if it might cause some blood to flow; however, he must make every effort to avoid causing bleeding. If removing the splinter will *definitely* cause the person to bleed, he may remove it *only* if it is causing him pain. If it is not causing him pain, he may not remove it.[27]

---

* There is disagreement among the authorities regarding whether one may use a moistened toothbrush on Shabbos. Some hold that this violates the prohibition against סְחִיטָה, *squeezing*.[26] It is best to abide by the stringent view.

---

26. בשו״ת אג״מ או״ח ח״א סי׳ קיב כתב מרן זצ״ל וז״ל: ואת הברא״ש טוב שלא ללחלח במים קודם הניקוי מחשש סחיטה בשער, עכ״ל. ועיין במנחת שלמה ח״ב סי׳ לה ס״ק ג שהביא למה שכתב הגאון ר׳ יחיאל יעקב ווינבערג זצ״ל שמתיר שימוש במברשת שינים בשבת וז״ל: כנים הם דברי הדר״ג שיש כמה פנים להתיר, ולענ״ד הוא מהדברים המותרים שנהגו בהם איסור, ורבים מהיראים רואים בו איסור חמור עד מאד ואני לא ידעתי איסור, עכ״ל.

27. מ״ב סי׳ שכ״ח ס״ק פח.

XXV / Skinning — מַפְשִׁיט

I. The Av Melachah

מַפְשִׁיט, *skinning*, is one of the thirty-nine *Avos Melachos* that are prohibited on Shabbos.[1] During construction of the *Mishkan*, rams and *techashim* were skinned so that their hides could be used for the coverings of the *Mishkan*.[2]

II. Definition

The *melachah* of מַפְשִׁיט is defined as the removal of the hide or skin of any animal, fish or bird,[3] whether kosher or non-kosher.

III. Basic Rules of the Melachah

1. Torah and Rabbinic Prohibition

The Biblical prohibition of skinning applies only if the hide or skin will be used after it is removed. If, however, one intends to discard the hide after skinning the animal, he has violated a Rabbinic prohibition only.

2. Removing Skin After Cooking

This *melachah* does not apply to cooked food. If chicken or fish is cooked with its skin, one is permitted to remove the

---

1. שבת דף עג. ונראה דפליגי הראשונים אם מלאכת מפשיט שייך רק בעור או אפי' בשאר דברים. דעיין ברש"י בשבת דף עד: בד"ה ואי, שכתב דמלאכת מפשיט שייך רק בעור ולא בשאר דברים. אמנם עיין באוצר תשובות הגאונים בשבת דף עד: שהביאו דמלאכת מפשיט שייך גם בקנים.
2. רש"י שבת דף עג. ד"ה הצד.
3. ערוך השלחן סי' שכא סעי' כו.

skin on Shabbos. Through cooking, the skin itself becomes food; therefore, its removal does not violate the *melachah* of skinning.*[4]

---

*As to whether removing the skin violates the *melachah* of בּוֹרֵר, see *The Shabbos Kitchen*, pg. 114.

---

4. ערוך השלחן סי׳ שכא סעי׳ כו.

XXVI / Tanning — מְעַבֵּד

I. The Av Melachah

מְעַבֵּד, *tanning,* is one of the thirty-nine *Avos Melachos* of Shabbos.[1] During construction of the *Mishkan,* they tanned

---

1. משנה שבת דף עג. והקשתה הגמרא בשבת דף עה: היינו מולח היינו מעבד (ר״ל למה נחשבים לשתי מלאכות במנין ל״ט מלאכות שהמשנה מונה שם בדף עג.) וע״ז מתרצת הגמרא דרב יוחנן ור״ל דאמרי תרוויהו אפיק חד מינייהו ועייל שרטוט. הרי מבואר ממסקנת הגמרא דמולח ומעבד חד מלאכה היא.

אמנם פליגי הראשונים בכוונת הגמרא דמולח ומעבד חד מלאכה היא, דעיין ברש״י בביאור קושית הגמ׳ בד״ה היינו מולח וז״ל: אטו מליחה לאו צורך עיבוד הוא, עכ״ל. ובמנחת חינוך מצוה לב במלאכת מעבד כתב בכוונת רש״י וז״ל: אף דבמלח לבד אינו מתעבד, מ״מ כיון דצורך עיבוד הוא הוי מעבד, עכ״ל.

הרי מבואר מדבריו דמולח אינו מעבד ממש אלא דמולח הוי מצרכי העיבוד, ועל דרך שכתב הרמב״ם דהמגיס חייב משום מבשל כיון שהוא מצרכי הבישול.

אמנם מהרמב״ם לא משמע כן, דעיין בפי״א מהלכות שבת ה״ה וז״ל: וכן המעבד מן העור כדי לעשות קמיע חייב ואחד המעבד ואחד המולח שהמליחה מין עיבוד הוא, עכ״ל. הרי מבואר מדבריו דכשמולחים את העור זהו ממש עיבוד, דישנם כמה מיני אופנים של עיבוד העור ואחד מהם הוא כשמולחים אותו.

ועיין בספר חמדת ישראל קונטרס נר מצוה מצוה שכ ס״ק לא שהביא דברי המנחת חינוך שכתב לבאר בשיטת רש״י שהמליחה היא רק מצרכי העיבוד, וכתב ע״ז דאין צריך לזה אלא דמליחה בעצמה הוי עיבוד וכתב שכן מבואר מדברי הרמב״ם, עיי״ש.

ולכאורה יש להעיר על דברי החמדת ישראל, דאין הכי נמי דשיטת הרמב״ם היא דמליחה הוי בעצמה מין ממיני עיבוד, אבל כבר כתבנו לעיל דמדויק מדברי רש״י שחולק ע״ז וסובר דמליחה הוי ״צורך עיבוד״ וא״כ שפיר כתב המנחת חינוך.

ועיין בסמ״ג ל״ת פה וז״ל: והמעבד מן העור כדי לעשות קמיע חייב אחד המולח ואחד המעבד שהמליחה מן העיבוד היא, עכ״ל. ועיין בפירוש ברית משה שכתב לבאר דברי הסמ״ג וז״ל: ומה שכתב שהמליחה ״מן העיבוד היא״ בזה שינה מלשון הרמב״ם שכתב שהמליחה מין עיבוד הוא וכו׳ ואפשר שהרמב״ם סובר שהרבה מיני עיבוד יש, יש עור שאין מעבדין רק במלח ויש שמעבדין במלח וקמח ויש שמעבדין במלח וקמח ועפצין וכו׳ ועל כן כתב הרמב״ם שהמליחה מין עיבוד הוא, אבל רבינו י״ל דסובר כהמאירי דבמלח לבד אינו מתעבד אלא המלח תחלת עיבוד, וכ״נ מרש״י שם ע״ה: ד״ה היינו שכתב וז״ל: אטו מליחה לאו צורך עיבוד הוא, מדכתב לאו צורך כו׳ נראה דסובר דבמלח לבד אינו מתעבד, וכ״כ המנחת חינוך בכוונת רש״י וכו׳ וכיון דרבינו סובר דבמלח לבד אינו מתעבד על כן שינה מלשון הרמב״ם וכתב שהמליחה מן העיבוד היא כמובן, עכ״ל.

הרי מבואר מדבריו דבאמת יש מחלוקת ראשונים אם מולח הוא מין מעבד או חלק

animal hides, which were used in the covering of the *Mishkan*.[2]

II. Definition

מְעַבֵּד, *tanning*, is defined as the improvement and preservation of animal hides by converting them into leather. All actions that are performed as part of this process are included in the *melachah* of מְעַבֵּד.[3]

III. Activities Included in the Melachah

A. Soaking and Salting the Hides

The process of tanning entails soaking the hides in various liquids, such as brine (salt water), water and tannic solutions. Some methods of tanning include packing the hides in liberal amounts of salt. One is forbidden to place hides into these liquids or into salt on Shabbos.[4]

B. Trampling the Hides

As part of the tanning process, it is necessary to trample the hides. This hardens the leather and strengthens it. (Nowadays this is achieved by running the leather through rolling machines.) One may not perform this trampling on Shabbos.[5]

C. Straightening and Softening the Hides

When the hide is removed from the animal it is uneven and

ממלאכת מעבד. [ולכאורה אין בזה נפקותא להלכה, דגם לרש"י דהוא רק חלק מהעיבוד מ"מ חייב, כמו שחייב במגיס משום מבשל.]

2. רש"י שבת דף עג. בד"ה הצד.

3. רמב"ם בפירוש המשניות פ"ז משנה ב.

4. רמב"ם פי"א משבת הלכה ה. ושיעור שהיית העור במלחו כדי להתחייב משום מעבד כתב המגיד משנה בפ"ו מהלכות מאכלות אסורות הלכה י, הובא במנחת חינוך במוסך השבת מלאכת עיבוד, דהוא כשיעור הילוך מיל. ודעת המנחת חינוך דהא דבעינן שהיית העור כהילוך מיל זה דוקא כשלא נראה בו איזה פעולה, אבל אם נראין איזה סימני עיבוד אולי גם קודם שיעור מיל כבר חייב משום מעבד.

5. רמב"ם פי"א משבת הלכה ו.

warped. At the end of the tanning process, it is stretched on frames to straighten it.[6]

The leather undergoes various procedures (such as soaking in enzymes) to soften it. One who straightens or softens leather on Shabbos violates the *melachah* of tanning.[7]

D. Lubricating the Leather

The finishing touches of tanning include the application of various oils and waxes to the leather. These smooth the leather and make it soft and pliable. These acts too may not be performed on Shabbos.[8]

IV. Applying the Melachah of Tanning to Food

A. By Torah Law

The *Gemara* in Tractate *Shabbos* (75b) states: אֵין עִיבּוּד בְּאוֹכָלִין, *[The melachah of] tanning is not applicable to items of food*. This means that although the Torah forbids a person to preserve animal hides on Shabbos, it does not forbid him to preserve food items on Shabbos. One is permitted by Torah law to pickle foods in salt or brine on Shabbos even though this alters the foods and preserves them.

The reason preserving food does not fall into the category of "tanning" is that it does not resemble the *melachah* performed in the *Mishkan*. The hides tanned in the *Mishkan* were preserved from decay for many long years. Since the Shabbos prohibition is based on the *Mishkan* activity, it too includes only those acts of tanning that produce a similarly lengthy period of preservation — namely, the tanning of animal hides. Although salted and preserved food does last a long time, its longevity does not approach that of a tanned hide.

---

6. רמב"ם פי"א משבת הלכה ו.
7. רמב"ם פכ"ג משבת הלכה י.
8. רמב"ם פי"ג משבת הלכה י.

Therefore, it is not included in the Biblical *melachah* of tanning.[9]

B. By Rabbinic Law

Although the *melachah* of tanning, by Biblical law, does not apply to food, the Rabbis forbade certain activities relating to the long-term preservation of food because they resemble tanning. The Rabbis were concerned that people would confuse food and hides, and would assume that if preserving food is permitted, preserving hides is permitted as well.

The prohibited activities are as follows:

1. Pickling

The Rabbis decreed that a person may not preserve foods by pickling them in vinegar or brine on Shabbos. They felt that pickling resembles tanning in that it improves and alters the food while preserving it.

This prohibition applies only to food whose quality is

---

9. הערוך השלחן בסי׳ שכא סכ״ט כתב וז״ל: פסק הרמב״ם דאין עיבוד באוכלין, ומפורש כן בגמרא דעיבוד לא שייך אלא בעורות הדבר המתקיים לאורך ימים ולא במאכלים, ולכן מליחת בשר אפי׳ לזמן רב שמולחין בהרבה מלח מ״מ אין בזה עיבוד מן התורה. ולרש״י ותוס׳ שם נהי דמן התורה אין עיבוד באוכלין מ״מ מדרבנן יש עיבוד באוכלין, עכ״ל.

הרי מבואר מדברי הערוך השלחן דטעמא דאין עיבוד מן התורה באוכלין משום דאינו מתקיים לאורך ימים. ומה שנקט לדבר פשוט בשיטת הרמב״ם דאין עיבוד אפי׳ מדרבנן באוכלין עיין במגיד משנה פרק ו מהלכות מאכלות אסורות הלכה י שכתב וז״ל: ואע״ג דקיי״ל דאין עיבוד באוכלין לחיוב שבת, עכ״ל. משמע שגם הוא ס״ל דדוקא לחיוב שבת ליכא הא לאיסור איכא.

וראיתי בספר אורה ושמחה על הרמב״ם בפי״א מהלכות שבת הלכה ה שכתב וז״ל: ונראה פשוט דהא דאמרינן אין עיבוד באוכלין היינו דוקא כשמולח בשר כדי שלא יתקלקל דהיה נשאר גם אח״כ אוכל, אבל אם לוקח אוכל ומעבדו עד שבטל ממנו תורת אוכל ונעשה מין כלי וכיו״ב, כגון שלקח אבטיח ומעבדו עד שיתקשה כעץ ויעשה ממנו כלי אז חשוב מעבד, דדוקא כשמעבד אוכל ונשאר אוכל אין בזה משום מעבד, עכ״ל.

ובאמת מבואר כן בדברי הרשב״א, עיין במשנה למלך בפי״א מהלכות שבת ה״ה שהביא בשם שיטה להרשב״א שהקשה דבמנחות דף כא. דריש הברייתא מדכתי׳ ״תקריב מלח״ ואפי׳ בשבת, ותמה הרשב״א אמאי איצטריך קרא למילף מליחת קרבן בשבת והלא מולח אינו אלא משום מעבד וקימ״ל דאין עיבוד באוכלין, וע״ז תירץ הרשב״א וז״ל: ונ״ל דכיון דקרבן תמיד דמוסף שבת היה כליל ואינו נאכל לאו כעיבוד אוכלים דמי כיון שאינו נאכל, א״נ תיקון קרבן הוא כמעבד דמי, עכ״ל.

improved or whose texture is altered through pickling — e.g. vegetables, fish, meat.[10]

a. Replacing Pickles in the Pickle Jar

One is permitted to put pickles back into the pickle jar on Shabbos. Because they have already been pickled, they undergo no change when replaced in the brine; therefore, their placement in the jar is not an act of pickling.[11]

2. Salting

As we mentioned above, the *melachah* of tanning includes packing the hides in salt. The Rabbis felt that salting certain types of food resembles salting hides, for the food, like the hides, is altered and improved by the salt. To avoid confusion, the Rabbis prohibited salting these types of food on Shabbos.[12]

a. Foods to Which the Salting Prohibition Applies

The prohibition applies to foods whose quality is improved or whose texture is altered by salting. This includes bitter, pungent foods that become edible when salted. It also includes vegetables, which harden when salted, and beans, which soften when salted.[13]

---

10. שו״ע סי׳ שכא ס״ב. ועיין ברמב״ם בפ״ב מהלכות שבת הלכה י שכתב טעם אחר לאסור כיבוש, וז״ל: אבל צנון וכיוצא בו אסור מפני שנראה ככובש כבשים בשבת, וככובש כבשים אסור מפני שהוא כמבשל, עכ״ל.

11. שו״ת רב פעלים או״ח ח״א סי׳ טו, מנחת שבת סי׳ פ ס״ק לה. וע״ע בזה בשו״ת שערי יושר ח״א סי׳ נד.

12. מ״ב סי׳ שכא ס״ק טו בשם רש״י. אמנם הרמב״ם פכ״ב מהלכות שבת ה״י, הובא במחבר סי׳ שכא ס״ג, כתב הטעם שאסור למלוח מפני שנראה ככובש וכובש אסור מפני שהוא כמבשל.

13. כן נראה לומר דאסור למלוח דברים שע״י המלח מתקשים או מתרככים. דהא המ״ב בס״ק טו הביא טעמו של רש״י וז״ל: שע״י המלח מתקשים והוי תיקון ודמי למעבד, עכ״ל. וא״כ לכאורה מבואר להדיא מזה דאסור למלוח דברים שהמלח עושה תיקון בהם.

ולפ״ז צ״ע מה שכתב המ״ב בס״ק יג וז״ל: וה״ה כל דבר שצריך מליחה כגון בצלים ושומים ואוגערקעס חיין ובהדיא כתב הרמב״ם צנון וכיוצא בו ומ״מ נראה דדבר שאין דרכו לכיבוש שרי, עכ״ל [פמ״ג].

ולכאורה צ״ע, דלמה נאסר למלוח רק דברים שדרכם לכבוש הא אסרינן למלוח כל דבר שהמלח עושה בו תיקון כיון דחוששין אנו לסברת רש״י דאסור למלוח משום דדמי למעבד, בשלמא אם סברינן רק כהטעם של הרמב״ם דאסור למלוח משום דדמי לכובש וכובש אסור מפני שנראה כמבשל ניחא דאסור למלוח רק דברים שהדרך לכובשם, אבל

b. Permissible Methods of Salting

It is not absolutely forbidden to salt these foods on Shabbos. If one is careful not to salt them in large numbers and not to prepare them for a later time, one may salt even foods that are normally forbidden (e.g. raw vegetables). The question of precisely how many pieces of food may be salted at once on Shabbos is a matter of dispute.[14] In practice,[15] we follow the

---

כיון דאנו מחמירין כרש״י וכמש״כ המ״ב גופיה בס״ק טו, צריך להיות אסור כל דברים שהמליחה עושה בהם תיקון.

וראיתי בספר משנה הלכה בסי׳ שכא ס״ק ג שהעיר בזה וז״ל: אסור למלוח חתיכות צנון ד׳ או ה׳ ביחד. כתב במ״ב ומ״מ נראה דדבר שאין דרכו לכבוש שרי. יל״ע דהא בס״ק טו כתב דרש״י נתן טעם שע״י המלח מתקשים והוי תיקון ודמי למעבד, ומטעם זה באמת כתב המחבר בס״ה לאסור אפי׳ בשר מבושל או ביצה מבושלת להניחה עיין שם במ״ב, וא״כ הרי אין נפ״מ במה שאין דרכו לכבוש. ונראה דצ״ל דבאמת סמך במה שמוכח משם דבכאן לא מיירי להניח, ולכן פירש דבדבר שאין דרכו לכבוש שרי.

ועדיין צ״ע דהרי בס״ק כ כתב דצנון אסור אפי׳ להניחה מתחלת הסעודה עד סופה שדומה לעיבוד, וא״כ הרי יש דברים דשייך בהם עיבוד אף שלא להניחה, ואיך סתם בכאן דכל שאין דרכו לכבוש מותר, דהא אפשר שאין דרכו לכבוש ומ״מ לענין עיבוד הוה טבעו כמו צנון. ואפשר דבאמת אין במציאות עוד דבר שיהיה טבעו כצנון ולא יהא דרכו לכבוש, וצ״ע, עכ״ל.

14. המחבר בסי׳ שכא ס״ג כתב דאסור למלוח חתיכות צנון ד׳ או ה׳ ביחד מפני שנראה ככובש כבשים והכובש אסור מפני שהוא כמבשל, אלא מטבל כל אחת לבדה ואוכלה.

והמ״ב בס״ק יד כתב להסביר וז״ל: דכשכל חתיכה מונחת לבדה אין בזה משום כובש כבשים וגם לא מיחזי כמעבד, אבל כשמולחם ביחד אפי׳ דעתו לאכלם תיכף ולא להשהותם במלחם עד שיצא מרירותם מהזיעה כדרכם ג״כ אסור. ואם משהה אותם במלחם עד שיזיעו כדרכם אפי׳ מולח או מטבל חתיכת צינון חדא אסור מדינא.

15. ועיין בשו״ת שבות יעקב ח״ב סי׳ יב וזהו לשון השאלה: על מה סומכין העולם שמולחין אוגרקס חיין בשבת דהוי לכאורה כמעבד דאסור, וע״ז השיב השבות יעקב וז״ל: ולי נראה טעם מנהגן של ישראל היא, פשיטא לדעת הרמב״ם מפני שנראה ככובש כבשים וכו׳ מותר למלוח דברים שאין דרכו לכבוש, א״כ גם חתיכות אוגרקס קלופים אין דרכן לכבוש, רק כובשין אותם כשהם שלמין עם קליפתן וכו׳, ולדעת רש״י אליבא דחזקי דהמלח לאו מקרי תקון שאסור בשבת אלא היכא שמשנה טעמא, כגון צנון שחורפא לא מעלי וע״י מלח נעשה מתוקן גמור ונשתנה חורפא, וכל כן דברים מרורי׳ שנעשים מתוקנים ע״י מלח, משא״כ ביצה שאין לו חורפא או מרירות רק שמולחין כמו שמולחין כל דברים שאוכלים עם מלח לא מקרי עבוד לכן הביצה מותר, א״כ ה״ה באוגרק״ס קלופים וכיוצא בזה וכו׳, עכ״ל. ועיין באז נדברו ח״ז סי׳ לז שכתב וז״ל: ואני לא הבאתי זה [השבות יעקב] בברית עולם, כי ממשמעות הפוסקים שאין הבדל בזה וכמו שהרגיש בזה כ״מ וכו׳, וכשהפוסקים מדברים ממלפפונים מסתמא מדברים ממלפפון הראוי לאכילה דהיינו קלוף וחתוך כשראוי לאכילה, עכ״ל.

ועי׳ בששכ״ה פי״א הערה ו שכתב בשם הגרש״ז אויערבאך זצ״ל שמותר למלוח

stringent view. Hence, one must keep to the following guidelines:

1) A single piece of food may be salted or dipped into salt immediately before it will be eaten. It is forbidden, however, to salt more than one piece at a time, even immediately before eating, or to salt even one piece at a time if one is not yet ready to eat.[16]
2) If liquid is poured over the food before salting, one is permitted to salt even many pieces of food at once. The liquid dilutes the salt, and tempers its sharpness; salting with diluted salt does not resemble an act of tanning.[17] The same applies if the liquid is added immediately after the food is salted; however, it should preferably be added before salting.[18]

c. Foods That Are Entirely Exempt From This Prohibition

There are many foods in which salt effects no real change in quality or texture, but to which it merely adds flavor. Salting these foods does not resemble salting hides; therefore,

---

עגבניות חתוכות, עי״ש. וע״ע בזה באז נדברו חי״ג זצ״ל סי׳ כז.

ועי׳ בקיצור הלכות שבת סי׳ לא ס״ב שכתב חידוש גדול בנוגע מליחת אוכלין וז״ל: אוסרים רק מליחה שנעשית באופן שיכולים לומר שדומה לעיבוד וכו׳, אבל אין לאסור ליתן מלח באוכלין באופן שאינו דומה לעיבוד, והיינו מה שמתירים ליתן מעט מלח לכל דבר ליתן טעם, עכ״ל. ובפנים לא הבאתי אלא מה שפסקו המ״ב ושאר אחרונים דאסור למלוח, ומשמע מסתימת דבריהם דאם דרכו לכבוש ומולח כמה ביחד בכל גווני אסור.

16. כן הביא המ״ב בס״ק יד וז״ל: ובמג״א כתב בשם הב״ח דנהוג עלמא שלא למלחן כלל אלא מטבל כל אחד במלח ואוכל, עכ״ל.

ומה נקרא חתיכה אחת שמותר למולחה, עיין בקצות השלחן סי׳ קכח בבדי השלחן ס״ק א וז״ל: אמנם יש להעיר שמה שסיים [בשלחן ערוך הרב] שאסור למלוח מהם יותר מחתיכה אחת, זה קאי על צנון ושום וכיוצא, אבל בפולין ועדשים לא שייך זה שהרי אינם נאכלים כל אחת בפני עצמה וכו׳ ונראה פשוט שמותר למלוח פולין ועדשים מלא הכף שאוכל בפעם אחת ולאכלה לאלתר וזה דומה לחתיכה של צנון, כיון שדרך אכילתן בכף ולא בחתיכות, עכ״ל.

17. מ״ב סי׳ שכא ס״ק יד. ועיין בספר קיצור הלכות שבת סי׳ לא ס״ג שכתב דגם מים מחלישין כח המלח. ועי׳ בקצות השלחן סי׳ קכח בבדי השלחן ס״ק ה וז״ל: ואם לא היה לו שמן היה יכול לתת מים הרבה על הצנון, עכ״ל. מבואר מדבריו דדוקא הרבה מים מחלישין כח המלח.

18. קצות השלחן סי׳ קכח ס״ג.

these foods are exempt from the salting prohibition, and may be salted in the regular manner.

This exemption applies in the main to foods that have been cooked, such as cooked meat, fish, vegetables or eggs. Salting these foods does not change their texture; they are salted for flavor only.[19]

Even cooked foods should not be salted too far in advance of eating. They may be salted in preparation for the next meal (e.g. after breakfast for lunch), but not for the meal after that.[20]

3. Making Salt Water

One is prohibited to make a salt water mixture (i.e. brine) on Shabbos, lest it appear that he is preparing to engage in pickling foods, which is forbidden.[21] The prohibition applies not only to water, but to other liquids as well, such as wine or vinegar. One may not mix any liquid with a large quantity of salt on Shabbos.

This applies to a mixture that is at least two parts salt to one part water (or other liquid). Since salt water of this strength is generally used for pickling, it may not be prepared on Shabbos. One is permitted, however, to prepare a mixture that is less than two parts salt, *provided* that he does not make it in large quantities, which would again indicate that it is intended for pickling purposes.[22]

---

19. שו"ע סי' שכא ס"ה. ומה שכתב המחבר בסי' שכא ס"ה דאין למלוח ביחד הרבה פולים ועדשים הרי מבואר דאפי' בדבר שנתבשל כבר יש איסור למלוח, יש לומר כמו שכתב בשו"ת פעולת צדיק ח"ב סי' מח דזה שאסר המחבר למלוח פולים ועדשים מיירי שנתבשלו בקליפת השרביטין ולא בקליפת הפולין עצמן, ע"ש.

20. שו"ע שם. והמ"ב בס"ק כא כתב וז"ל: דהא דמתירין לעיל בביצה למלחה היינו לצורך אותה סעודה, אבל למלוח הבשר וביצה להניח לאחר זמן דמי לעיבוד וכבישה, והנה דעת המג"א וט"ז דאפי' דעתו לאכול ביומו אם הוא לצורך סעודה אחרת יש ליזהר בזה [והיינו כשהסעודה האחרת נמשכת זמן רב אחר סעודה ראשונה], אבל הא"ר מצדד דאין לאסור רק אם בדעתו להניח לאחר שבת וכן משמע מביאור הגר"א, ובפרט אם כעת חם והוא עושה כן כדי שלא יסריח בודאי יש להקל לצורך סעודה אחרת דגם הט"ז מתיר בזה, עכ"ל.

21. שו"ע סי' שכא ס"ב.

22. שו"ע סי' שכא ס"ב.

If one adds oil to the water before he mixes in the salt, or to the salt before he mixes in the water, he is permitted to make this mixture on Shabbos. The oil weakens the power of the salt, and renders the mixture unfit for pickling purposes; therefore, it is permitted.[23]

V. Practical Applications

A. Bending New Leather Shoes

In order to wear new leather shoes, it is sometimes necessary to bend the back or front of the shoe in order to soften the leather. This may not be done on Shabbos, for softening leather violates the *melachah* of tanning.

B. Inserting Shoe Trees

On Shabbos, one may not insert a shoe tree into a shoe that has lost its shape (e.g. one that has dried after being soaked in the rain). By doing so one stretches the leather, thereby violating the *melachah* of tanning.

However, it is permitted to insert these trees into shoes that have not lost their shape, for this does not stretch the leather into a new shape, but simply prevents it from losing its original shape. Accordingly, one may place shoe trees into shoes that are still wet from the rain, for they do not lose their shape until they dry.[24]

C. Oiling Articles of Leather

It is forbidden to oil leather articles on Shabbos, such as leather upholstery, boots, belts, etc. This improves the leather and is therefore prohibited under the *melachah* of מְעַבֵּד.

D. Salting Vegetables

One is forbidden on Shabbos to salt a plate of uncooked vegetables (e.g. lettuce, scallions, onions, carrots, etc.). For permitted methods of salting, see above, pg. 370.

---

23. מ״ב סי׳ שכא ס״ק י.
24. שו״ת מחזה אליהו סי׳ מב.

XXVII / Scraping — מְמַחֵק

I. The Av Melachah

מְמַחֵק, *scraping,* is one of the thirty-nine *Avos Melachos* of Shabbos. Each *Av Melachah* is based on an activity performed during construction of the *Mishkan.* One such activity was scraping the hair off the animal hides that were used for the *Mishkan's* coverings. The *melachah* of scraping is based on this activity.[1]

II. Definition

מְמַחֵק is defined as scraping a rough surface in order to smooth it out.[2]

III. Materials to Which the Melachah Applies

The *melachah* of scraping applies wherever smoothing the surface of an item causes some of it to be scraped away. Here are some examples:

A. Hides — One smooths animal hides by scraping away the hair.

B. Stone — E.g. scraping away the rough surface of a stone wall.[3]

---

1. משנה שבת דף עג.

2. רמב״ם פרק יא מהלכות שבת הלכה ה. וגדר המלאכה הוא דוקא אם כשממחק החפץ לצורך השימוש בגופו, ולא לצורך יפוי בעלמא (עיין במאירי ותוספות הרא״ש שבת דף עה: ד״ה המסתת).

3. איתא בשבת דף עה: המסתת את האבן בשבת חייב משום מכה בפטיש, ע״כ. ועיין בתוס׳ ד״ה והמסתת שכתבו דמשום ממחק לא מחייב משום דמיירי שכבר היא מרובעת ומתוקנת, ומבואר מזה דמלאכת ממחק שייך גם באבנים.

C. Wood — One who sands rough wood scrapes away its top layer.[4]

D. Leather — See Practical Applications.

IV. Practical Applications

☙ Scraping Leather Shoes

It is forbidden to forcefully rub leather against a thin-edged metal object, for by doing so one scrapes away bits of the leather and smooths it out. Therefore, one who wishes to remove dirt from his leather shoes may not forcefully scrape them against a piece of metal. Although his intention is simply to remove the dirt, he will inevitably scrape away a thin layer of the sole as well, thereby violating the *melachah* of scraping.[5]

One is permitted, however, to gently rub the leather soles against the metal, for a gentle rubbing will not necessarily result in scraping the leather.[6]*

One is permitted to forcefully rub the leather sole of one's

---

* It is forbidden to rub dry mud off shoes on Shabbos. Since the mud crumbles, this violates the *melachah* of טוֹחֵן, *grinding.*

---

4. איתא בשבת דף עג: המגרר ראשי כלונסאות בשבת חייב משום מחתך, ע״כ. אבל ברש״י בשבת דף קג: ד״ה המגרר כתב וז״ל: כלונסות או קלפים דהוא תולדה דממחק, עכ״ל, ולכאורה רש״י סותר דברי הגמ׳ שם. ועיין בספר טל אורות מלאכת מחתך שתירץ דבדף עג: שמגרד ראשי הכלונסאות כיון שכוונתו כדי שיהיו שווין חייב משום מחתך, דכל שמקפיד על מידתו הוי תולדה דמחתך, משא״כ בדף קג: דכוונתו כדי שיהיו חלקות זהו תולדה דממחק. עכ״פ חזינן דבעצים שייך מלאכת ממחק.

ובשו״ת שבות יעקב ח״ב ס״ד, הובא בביאור הלכה סי׳ שמ ס״ג ד״ה שעל הקלף, כתב דהסרת השעוה מהקלף נכלל במלאכת ממחק. וראיתי בשש״כ שכתב שבמלאכת ממחק נכלל שאסור לשפשף כלים של מתכת עם צמר פלדה, ובפנים לא כתבנו הלכה זו מפני כמה טעמים: א) הרי רואין במציאות שכלים שלנו קשים ביותר שאינן מתמחקין על ידי שפשוף בצמר פלדה. ב) מלאכת ממחק לא שייך אלא בכלי שלפני השפשוף לא היתה חלקה לגמרי ועכשיו על ידי השפשוף מתמחק הכלי, משא״כ בכלים שלנו שהם חלקים לפני השפשוף מה שייך מלאכת ממחק.

ועיין בקצות השלחן סי׳ קמו בבדי השלחן ס״ק לב־לג דכתב דאסור משום עובדין דחול.

5. שו״ע סי׳ שב ס״ח, מ״ב ס״ק ל״ז.

6. ביאור הלכה סי׳ שב ס״ח בד״ה.

shoe against a piece of wood or a stone pavement, for these items do not scrape the leather.[7]

V. מְמַרֵחַ / Smoothing

מְמַרֵחַ, *smoothing*, is a *toladah* of the *melachah* of מְמַחֵק. An activity whose form and purpose is similar to that of a particular *Av Melachah* is a *toladah*, or subcategory, of that *Av Melachah*. Whenever the Torah prohibits a given *melachah*, the prohibition includes both the *Av* and all its *tolados*.[8]

A. Definition

מְמַרֵחַ is defined as the rubbing or smearing of a thick, glutinous substance in order to smooth out its surface. Examples are: beeswax, tar and animal fat. Rubbing or spreading these or similar substances in order to smooth them is forbidden by Torah law.[9]

B. Torah Prohibition

By Torah law, one is forbidden to smooth out any substance that is thick enough to hold its shape (e.g. beeswax, stick deodorant, Desitin). In other words, if a substance is thick enough that if one pokes a hole in it with his finger the hole remains even after the finger is withdrawn, it is a substance whose smoothing is Biblically prohibited on Shabbos.[10]

---

7. מ״ב סי׳ שב ס״ק כו.

8. רמב״ם הלכות שבת פי״א הלכה ו.

9. שו״ע סי׳ שיד סי״א.

10. והנה באמת קשה לדעת באופן ברור איזו משחה אסור מדאורייתא למרוח משום מלאכת ממרח. דעיין בשו״ע סי׳ שיד סי״א דאסור ליתן שעוה או שמן עב בנקב החבית לסותמו מפני שהוא ממרח. והמ״ב שם בס״ק מה כתב וז״ל: ואע״ג דאין מירוח בשמן אסור דגזרינן אטו שעוה, ודוקא שמן עב כיון דשייך בו קצת מירוח אתי לאחלופי, עכ״ל. הרי מבואר מזה דשעוה אסור מן התורה למרוח ושמן עב הוא רק איסור דרבנן.

ועוד חזינן יותר, דהמ״ב בסוף ס״ק מה כתב דשומן וחלב דינם כשעוה, ר״ל דבשומן וחלב אסור מן התורה למרוח, אמנם בשלחן ערוך הרב סי׳ שיד סכ״א כתב דשומן אסור למרוח רק מדרבנן. הרי דנחלקו האחרונים אי שומן אסור למורחו מן התורה או רק מדרבנן, ואי״כ חזינן דיש מחלוקת מהו הגדר של איסור ממרח.

וראיתי בספר תולדות שמואל מצוה לב (מלאכת ממחק אות ו) שכתב בזה וז״ל: ולפי

C. Rabbinic Prohibition

1. Less-thick Substances

Substances of lesser density are not included in the Biblical prohibition of smoothing. However, the Sages were concerned that allowing people to smear these permitted substances would lead them to smear forbidden substances as well. They therefore extended the מְמַרֵחַ prohibition to include less-thick substances too.

An example of a substance prohibited under this decree is very thick and heavy oil (see *Shabbos* 145b). Such oil does not hold its shape; after lying on a surface for a while, it becomes flat and needs no smoothing. Nevertheless, smoothing it is forbidden by Rabbinic decree. Thick lotions are included in this Rabbinic prohibition.[11]

2. Placing Thick Substances Without Smoothing Them

By Biblical law, one is permitted to place even a thick, glutinous substance (such as beeswax or fat) onto a surface on Shabbos, provided that he does not smooth it out. However, the Sages

---

זה נראה שלא נאמרו הדברים רק בדבר שבלילתו עב עד שמתהוים גומות וכיוצ״ב על פניה הרי אלו מתקיימים, אבל דבר שבלילתו רכה מאוד עד שמחמת רכותה אין הגומות מתקיימים בה אלא נופלים מאליהם אפי׳ מירחו על מטלית או סביבות פי הנקב של איזה כלי אין זה בכלל ממרח וכו׳. ולפ״ז נ״ל במיני משחות הנקראים זאלבע״ן שעושין באפעט״ק אם המשיחה ההיא בלילתה רכה אפי׳ מירחה על המטלית או על המכה וכיוצ״ב אינו חייב משום ממחק כנ״ל, ומכל שכן אם היא מין משחה שנמסת לגמרי שממשה נמסה והולך ע״י שפשוף היד דוודאי אין בזה משום ממחק כיון שאין ממשה קיים כלל וגם פניה הלכו ואינם, עכ״ל, עיי״ש.

וכגדר זה ראיתי בכתבי הגאון ר׳ פסח אליהו פאלק שליט״א במלאכת ממחק, וזהו תרגום דבריו: חומר עב יש בו משום ממחק דאורייתא כאשר בלא מעשה מירוח בידי אדם היה נשאר מחוספס ובלתי חלק, עכ״ד, וכנראה שזהו הגדרת התולדות שמואל. ואיסור דרבנן של ממרח כתב שם בכתבי הגאון הנ״ל וזה תרגום לשונו: חומר עב שרק מיד עם שפיכתו אינו חלק אבל מתחלק מעצמו במשך הזמן, עכ״ד.

וראיתי בשו״ת באר משה ח״א סי׳ לו ס״ק ד שכתב דהוואזעלי״ן (vaseline) הוא כמו שמן עב שאסור רק מדרבנן, וז״ל: והטעם שבשמן עב ליכא משום ממרח דמאחר שאינו קרוש הרבה אינו צריך מירוח. וכמו כן בוואזעלין באמת היה סגי להניח הוואזעלין והוא ימחה בעצמו, עכ״ל. וכתב עוד שם דדעסיטי״ן (desitin) הוא כמו שעוה ואסור מן התורה למורחו. ועיין בזה בשו״ת ציץ אליעזר ח״ז סי׳ ל.

11. עיין ציון 10.

were concerned that one who places this type of substance onto a surface will unthinkingly smooth the substance, and inadvertently transgress the Torah prohibition of מְמַרֵחַ. Therefore, they extended the מְמַרֵחַ prohibition to include even placing these items on a surface without smoothing them.

This Rabbinic prohibition applies even to items of lesser density, whose smoothing is forbidden by Rabbinic law only. Accordingly, one is forbidden to apply thick oil to a wound on Shabbos even if he does not smooth out the oil.[12]

D. Substances That Are Excluded From the Prohibition of Smoothing

Thin fluids, such as ordinary oil or vitamin E oil, are not subject to the prohibition of smoothing. Since these liquids are without thickness, it is not possible to smooth them. Therefore, one is permitted to smear these substances onto a surface on Shabbos.[13]

E. Applying the Prohibition of Smoothing to Items of Food

1. Smoothing Items of Food

The *Poskim* disagree as to whether or not the *melachah* of smoothing applies to items of food. The *Rema* (*Orach Chaim* 321:19) rules that it does not. He reasons that since food can be eaten without being smoothed, the smoothing does not create a beneficial change in the food; therefore, it is permitted. [By contrast, smoothing nonfood items is beneficial (i.e. it aids in their use); therefore, it is forbidden.]

However, the *Rema* concludes that in certain situations: הַמַּחְמִיר תָּבֹא עָלָיו בְּרָכָה, *one who acts stringently [in the matter*

---

12. שו״ע סי׳ שיד סי״א. ועיין בשלחן ערוך הרב סי׳ שיד סכ״א דמשמע מדבריו דכל האיסור של הנחה בעלמא הוא דוקא בדבר שקרוב מאד לבא לידי חיוב חטאת, שישכח וימרח כדרכו כחול כדי שתהא הסתימה מהודקת יפה, וגזרו גם בשומן ושמן גזירה אטו שעוה, עי״ש.

13. כתב בשו״ע סי׳ שכז ס״א וז״ל: החושש במתניו לא יסוך שמן וחומץ, אבל סך הוא שמן לבדו, אבל לא בשמן ורד משום וכו׳, ע״כ. הרי מבואר מדברי המחבר דבשמן אין איסור ממרח, ורק בשמן עב גזרו אטו שעוה.

of smoothing foods] is blessed. This stringency applies to food that is smoothed for decorative purposes, such as icing on a cake. Since in this case the purpose of the smoothing is aesthetic, it does indeed create a beneficial change in the food. Therefore, one should preferably refrain from smoothing food for this purpose.[14]

If, however, one spreads a food in order to cover a large area with it (e.g. spreading butter on bread), but does not care whether the surface appears smooth, this stringency does not apply. Therefore, one is permitted to spread even a thick food (e.g. butter, egg salad, tuna salad) onto a slice of bread on Shabbos, provided that one is not attempting to make the surface of the food appear smooth.[15]

[We explained above that the *melachah* of smoothing applies to various animal fats and oils. Although these are items of food, the prohibition concerns cases in which these items are being used for purposes other than eating (e.g. lubrication). Food that is used for other purposes may not be smoothed on Shabbos.]

2. Squeezing Food Out of a Tube

One is permitted to squeeze food out of a tube even though the food is smooth when it emerges from the tube. Since one who squeezes a tube is not smoothing a previously uneven surface, the aforementioned stringency does not apply.[16]

VI. Practical Applications

A. Smoothing Items of Food

1. Icing a Cake

It is best not to spread decorative icing or cream onto a cake

---

14. רמ״א סוף סי׳ שכא, ומ״ב שם וביאור הלכה.
15. עיין קצות השלחן סי׳ קמו בבדי השלחן ס״ק יב וז״ל: ופשוט דהיתר מירוח חמאה על הלחם היינו למרח החמאה עד כדי שתתפשט על כל הפרוסה, אבל אם החמאה הוא שטוחה על כל הפרוסה בשוה, אלא שמוסיף למרח כדי ליפותה כמו שנהגו במסעדות כשמגישים לחם ממורח עם חמאה לאורחים להסמ״ק יש לאסור, ולהפסק המ״א יש להחמיר כיון שדרך בכך, עכ״ל.
16. שש״כ פי״א הערה מד, בשם הגרש״ז אויערבאך זצ״ל.

on Shabbos, since one's aim is to smooth its surface. If, however, one does not attempt to give the icing or cream a smooth appearance, one is permitted to spread it on Shabbos.

2. Food or Cream in Tubes

A person may squeeze food out of a tube on Shabbos (e.g. cream), provided no decorative or useful shape is formed.* Although the food is smooth when it emerges from the tube, he has not smoothed a previously uneven surface. Therefore, he has not violated the *melachah* of smoothing.

3. Smoothing Egg Salad or Tuna Salad

If one's purpose is to make the food look presentable, it is best that one not smooth these dishes on Shabbos. The same applies to a platter of mashed potatoes, or to any other food of this consistency.

4. Spreading Butter, Jelly, etc.

One is permitted to spread butter, jelly, cream or any other food on bread, provided that one's purpose is simply to cover the bread, not to smooth out the surface of the spread.

5. Using a Scoop

One who uses a scoop to dish out food (e.g. ice cream) from a utensil is not smoothing a previously uneven surface. Therefore, he may use the scoop in this manner on Shabbos.[17]

B. Soap

1. Bar Soap

The *Poskim* of earlier times ruled that the use of bar soap on Shabbos violates the *melachah* of מְמַרֵחַ, *smoothing,* and might also violate the *melachah* of מְמַחֵק, *scraping.*** It is difficult to understand why this should apply to our modern bar soaps

*Note: See p. 169 in *The Shabbos Kitchen* regarding the permissibility of using whipped cream from a pressurized can on Shabbos.

** Using bar soap might also violate the prohibition of מוֹלִיד, *creating a new entity,* on account of the lather that is created through its use.

17. זכור ושמור מלאכת ממחק.

(which are smooth to begin with); nevertheless, contemporary *Poskim* agree that it is forbidden to use bar soap on Shabbos.[18]

2. Liquid Soap

Liquid soap is widely used on Shabbos. The vast majority of *Poskim* hold that its fluid consistency excludes it from the prohibition of smoothing. However, some *Poskim* maintain that because liquid soap does have some thickness, its use on Shabbos is forbidden. It is recommended that one mix water into the soap (preferably before Shabbos) until it is watery. The soap is then permitted according to all *Poskim*.[19]

---

18. כתב המ״ב בסי׳ שכו ס״ק ל וז״ל: ועיין בספר תפארת ישראל שכתב דבבורית שלנו שהיא רכה לכו״ע אסור משום ממחק וכו׳, והוא פשוט, ויש להזהיר העם ע״ז מאד, עכ״ל. ועיין בשש״כ פרק יד הערה מט שהביא דברי התפארת ישראל, וכתב ע״ז וז״ל: אלא דצ״ע בדבריו, דלמה יהיה ביה משום ממרח, הלא הרמב״ם בפי״א מהלכות שבת ה״ו פוסק דמלאכת ממרח היא שימרח עד שיחלק פניהם, וזה הוי דומיא דממחק את העור דהיינו שמגרד את הצמר מעל העור עד שמחליק פניו וכו׳, וא״כ מה שייך ביה משום ממרח בסבון רך, הלא אין הוא רוצה למרוח את פני הסבון וכו׳, אחר זמן ראיתי שגם הקצות השלחן סי׳ קמו בבדי השלחן ס״ק כ ד״ה וצבע, מקשה על התפארת ישראל, ובסימן קלח בבדי השלחן ס״ק לא ד״ה מותר לשפשף, הוא סותם להיתר ושלא כתפארת ישראל הנ״ל, וכו׳ וכן מצאתי שמקל בשו״ת יביע אומר ח״ד סי׳ כז ס״ק ד עד סוף הסימן שם.

ולפי״ז י״ל ג״כ בנוגע לסבון רך שנתון בשפופרת ורוחצים בו את הידים, דלפי התפארת ישראל יהיה אסור להשתמש בו, אבל לפי דברינו הנ״ל יש מקום להקל, וכן דעת הגרש״ז אויערבאך זצ״ל להתירא וכו׳. והוסיף ואמר הגרש״ז זצ״ל, דהרי זה כדברים המותרים שנהגו בו איסור, ומשום נולד ומוליד ג״כ לית ביה דעיין קצות השלחן סי׳ קלח בבדי השלחן ס״ק לא, דכל שהמשחה רכה ונשארת רכה אין חשש משום נולד ומוליד, עכ״ל.

ועיין בשו״ת אג״מ או״ח ח״א סי׳ קיג שכתב וז״ל: ובדבר להתרחץ עם בורית בשבת ויו״ט, הנה פשוט שאסור משום ממחק, עכ״ל.

19. בנוגע להשתמש בבורית נוזל (liquid soap), עיין בערוך השלחן סי׳ שכו סוף הלכה יא שכתב וז״ל: אך יש שמכינים מע״ש בורית ניתך שקורין מוליענע״ס ומותר בזה לנקות הידים, עכ״ל. ובכף החיים סי׳ שכו ס״ק מג הביא בשם הבן איש חי דמותר, וכן כתב השש״כ פי״ד הלכה טז, ובקצות השלחן סי׳ קמו אות לב, ובספר שלמי יהודה פ״ט ה״ג בשם הגרי״י אלישיב שליט״א.

אמנם מרן זצ״ל באגרות משה או״ח ח״א סי׳ קיג כתב וז״ל: ואף בבורית שהוא לח כמים אף שהרבה נוהגים להתיר אין ברור לי כ״כ ההיתר מכיון שנעשה מזה המולינעס ומתפשט הרבה יותר מכפי שהוא ע״י הרחיצה וא״כ ניכר שעדיין יש בזה קצת ממחק לא כשאר דברים לחים כמים ושמן אף שאפשר שהדבר לח ליכא איסור ממחק. ולכן אין נוהגין בביתי היתר זה וכן ראוי להחמיר, עכ״ל.

ונראה דגם אליבא דמרן זצ״ל עם הוסיף מים לסבון הנוזל מותר להשתמש בזה בשבת, וע״ע בזה בשו״ת אז נדברו ח״י סי׳ טז. וע״ע בזה בפרק מבעיר ציון 60.

C. Deodorant

1. Aerosol and Roll-on Deodorant
Aerosol and roll-on deodorants may be used on Shabbos because they are liquids.

2. Solid Deodorant
A solid or gel deodorant may not be used on Shabbos, because in applying it, one smooths and smears the stick.

D. Lipstick or Chapstick

Using lipstick or chapstick on Shabbos violates the *melachah* of מְמַרֵחַ.[20] In applying it, one inevitably smooths the stick.

E. Brushing Teeth With Toothpaste

It is forbidden to brush one's teeth with toothpaste on Shabbos. Doing so violates the prohibition of מְמַרֵחַ.[21]

F. Facial Creams and Hand Creams

All solid facial and hand creams may not be used on Shabbos. Their use violates the *melachah* of מְמַרֵחַ. The same applies to thick lotions. Liquid creams and lotions may be used.

G. Putting Wax on Braces

Those who wear braces on their teeth often stick globs of wax onto the metal wires in order to prevent them from irritating their gums. It is not clear whether this is permitted on Shabbos. Generally, the Sages prohibit placing a thick substance onto a surface even if one does *not* smooth it out, because of the possibility that one *may* inadvertently smooth it out. This would seem to indicate that this activity is forbidden. Therefore, one who wishes to use this wax on Shabbos must consult a halachic authority for guidance.

---

20. שו"ת אג"מ או"ח ח"א סי' קיד.

21. שו"ת אג"מ או"ח ח"א סי' קיב.

H. Earplugs

It is questionable whether one is permitted to use wax ear plugs on Shabbos. Therefore, one who wishes to make use of these items must consult a halachic authority.[22]

I. Shoe Polish

It is forbidden to use solid (i.e. wax) shoe polish on Shabbos, as this violates the *melachah* of מְמַרֵחַ.*[23] Regarding liquid polish see page 337.

J. Silly Putty; Play Dough; Modeling Clay

It is forbidden to shape and mold these items on Shabbos. Doing so violates the *melachah* of smoothing.

K. Baby Oil

Baby oil may be used on Shabbos. Since it is a liquid, its use does not violate the *melachah* of מְמַרֵחַ.

L. Use of Creams and Ointments by Someone Who Is ill

In order to understand the rules concerning use of these substances by one who is ill, we must present a brief synopsis of the *halachos* surrounding the treatment of illness and injury on the Shabbos:

1. If the Illness Is Life Threatening

One is required to transgress any Biblical or Rabbinic law to

* This also violates the *melachah* of צוֹבֵעַ, *coloring*.

22. בספר אורחות שבת פ״ח הלכה לד כתב וז״ל: בענין השימוש בפקקי אזניים יש להבחין בין שני סוגים, א) פקקים העשויים מחומר ספוגי אשר אינו מקבל צורה קבועה בעת הכנסתו לאוזן והוא חוזר לצורתו הראשונה לאחר הוצאתו ממנה, ומותר להשתמש בהם. ב) פקקים העשויים מחומר המקבל צורה קבועה בעת הכנסתו לאוזן, כגון פקקי סיליקון, אסור להשתמש בהם, עכ״ל.

ובהערה מג כתב להסביר וז״ל: פקק המקבל צורה קבועה וממעכים אותו לתוך האוזן יש בו חשש איסור תיקון מנא וחשש איסור ממרח, משא״כ פקק העשוי ספוג המתמעך וחוזר למצבו הראשון אין בו חששות אלו [ומה שכתב הגאון רש״ז אויערבאך זצ״ל בספר שש״כ ח״ג סי׳ לט דמותר להשתמש בפקקים הכוונה לפקקים העשויים מחומר ספוגי, כן שמענו מהגרי״י נויבירט שליט״א], עכ״ל.

23. מ״ב סי׳ שכז ס״ק טז.

save a person's life. Therefore, if a person has a life-threatening illness or injury (i.e. he is a חוֹלֶה שֶׁיֵּשׁ בּוֹ סַכָּנָה, *a patient whose life is in danger*), and he requires a treatment that is normally forbidden on Shabbos, one must violate the Shabbos on his behalf.[24] If time is not of the essence and there is a non-Jew available, one should instruct the non-Jew to perform the forbidden act.[25]

Furthermore, even if the forbidden act is not actually saving the patient, but is needed simply to alleviate his suffering, or to refresh him, or to make him feel stronger, one may violate the Shabbos to perform this act.[26]

Therefore, if a patient suffering from a life-threatening illness requires a certain cream or ointment, it may be applied on Shabbos (even if it will not cure the patient). If a non-Jew is available, one should instruct the non-Jew to apply the ointment; if a non-Jew is not available, it may be applied by a Jew. If possible, the Jew should smear the ointment in an unusual manner (i.e. with a *shinui*), e.g. with the back of his hand. If this is not possible, he may smear it in the normal manner.

2. If the Illness Is Not Life Threatening

If one's illness or injury is not life threatening, but is debilitating enough to require bed rest[27] (e.g. the flu), or is so intensely painful that the entire body is affected[28] (e.g. a severe earache), he is in the category of a חוֹלֶה שֶׁאֵין בּוֹ סַכָּנָה, *a patient whose life is not in danger*. The rule of a חוֹלֶה שֶׁאֵין בּוֹ סַכָּנָה is as follows:

One is forbidden to transgress a Biblical prohibition on behalf of this patient; however, one is permitted to transgress a Rabbinic prohibition on his behalf. If possible, the Rabbinically prohibited act should be performed in an unusual manner (i.e. with a *shinui*).[29]

---

24. שו"ע סי' שכח ס"ב.
25. מ"ב סי' שכח ס"ק סב.
26. שער הציון סי' שכח ס"ק יא, ביאור הלכה סי' שכח ס"ד ד"ה כל.
27. שו"ע סי' שכח סי"ז.
28. רמ"א סי' שכח סי"ז.
29. שו"ע סי' שכח סי"ז, ומ"ב שם ס"ק מז.

Some *Poskim* maintain that so long as one performs the prohibited act with a *shinui*, one may violate even a Biblical prohibition on behalf of a חוֹלֶה שֶׁאֵין בּוֹ סַכָּנָה.[30] In case of need, one may rely on these *Poskim*.

One may instruct a non-Jew to perform any *melachah*, even one forbidden by Biblical law, for the benefit of a חוֹלֶה שֶׁאֵין בּוֹ סַכָּנָה.[31]

3. Ointments and Creams Where Illness Is Not Life Threatening

Under certain conditions, creams and ointments may be used in the treatment of a חוֹלֶה שֶׁאֵין בּוֹ סַכָּנָה, *a patient whose life is not in danger*. For example, if one is suffering from severe sunburn, he is in the category of חוֹלֶה שֶׁאֵין בּוֹ סַכָּנָה. If a cream or ointment would relieve his pain, the following procedures should be followed:

If the condition developed before Shabbos, one should smear the necessary cream onto bandages before Shabbos and store them in a plastic bag. He is then permitted to place the bandages onto the affected area on Shabbos. (This is permitted even though the cream will become smooth when the bandage is placed onto the skin.) In this way, he avoids transgressing the prohibition of smoothing. However, if the medication cannot be prepared before Shabbos, this is the law:

a) Preferably, one should use a liquid medication or an aerosol spray, so as not to transgress the prohibition of smoothing. However, if possible, the medication should be applied in an unusual manner (with a *shinui*) — e.g. by spreading the liquid with the pinky or the back of the hand, or by pressing the button on the aerosol can with the thumb or pinky. [The purpose of the *shinui* is to minimize this violation of the Rabbinic prohibition against using medicine on Shabbos.]

---

30. שלחן ערוך הרב סי׳ שכח סי״ט, וכן פסק התהלה לדוד סי׳ שכח ס״ק כב, והאגלי טל מלאכת טוחן סי״ז ס״ק לח. ובשש״כ פל״ג הערה יז כתב בשם הגרש״ז זצ״ל דמסתבר דאפשר להקל אם אי אפשר ע״י נכרי.

31. מ״ב סי׳ שכח ס״ק נד.

b) If using a liquid medication is not an option, the next best thing is to use a cream that is prohibited by Rabbinic law only (i.e. a moderately thick substance).

If the cream is in a jar, its removal inevitably involves a certain amount of smoothing. Therefore, one should remove the cream in an unusual manner (e.g. with the handle of a spoon or fork) and place it on the affected area. A bandage may then be placed over the cream, even though this will invariably smooth it out. If the medication comes in a tube, one simply squeezes it from the tube onto the affected area. One may then cover the medication with a bandage.[32]

If simply placing the cream on the skin is not good enough, and one is obliged to actually smear it, one may smear it in an unusual manner (e.g. with the back of the hand). This is allowed because the cream is forbidden by Rabbinic law only, and one is permitted to perform a Rabbinically prohibited act in an unusual manner in order to benefit a חוֹלֶה שֶׁאֵין בּוֹ סַכָּנָה.[33]

c) If one is obliged to use a cream that is forbidden by Biblical law (i.e. a very thick substance), the following procedure should be followed: One removes the cream from the jar in the manner stated above and places it on the skin. If the medication comes in a tube, one squeezes it out and lets it simply fall onto the skin. Once the cream is on the skin, one may *not* smear it, for this violates the Biblical prohibition. However, a bandage may be placed on the affected area, even though it will invariably smooth out the cream.[34]

If the cream must be smeared, one should instruct a non-Jew to smear it. If one does not have access to a non-Jew, one may smear the cream in an unusual manner (e.g. with the back of his

---

32. שש״כ פל״ג הלכה יד. וע״ע בציון 34.

33. כן נראה, כיון דלחולה שאין בו סכנה מותר לעשות שבות ע״י שינוי.
ועיין בשש״כ פל״ב הערה קצא שהביא שהאחרונים נקטו דמה שהתירו איסורים דרבנן במקום חולי הוא משום דבכגון דא לא גזרו רבנן, ונמצא שהוא היתר גמור ולא רק דחיה.

34. שש״כ פל״ג הלכה יד בשם החזו״א. ועיין בשו״ת אבני ישפה ח״ב סי׳ לב שהסביר דברי החזו״א, ובשו״ת נשמת שבת חלק ב סי׳ שנא.

hand). In this situation, we rely upon those authorities who permit a person to perform a Biblically forbidden act in an unusual manner in order to benefit a חוֹלֶה שֶׁאֵין בּוֹ סַכָּנָה.

4. Using Ointments and Creams on Children

Children are more susceptible to illness than adults, and a lack of proper care can easily damage the health of a child. The Sages were very concerned with ensuring the well-being of children; therefore, they showed great leniency when they set out the requirements by which a child is classified as ill. Thus, while an adult is not considered a חוֹלֶה שֶׁאֵין בּוֹ סַכָּנָה unless his illness is debilitating enough to require bed rest, or causes such intense pain that his entire body is affected, a child is considered a חוֹלֶה שֶׁאֵין בּוֹ סַכָּנָה if he suffers from any illness or injury that causes him distress or discomfort. Therefore, if a child requires creams or ointments on Shabbos to alleviate discomfort, one may employ the leniencies set out above regarding a חוֹלֶה שֶׁאֵין בּוֹ סַכָּנָה.

[See *The Sanctity of Shabbos*, page 53, for the age at which one ceases to be considered a child with regard to this law.]

5. A Localized Illness

If a person is afflicted with a localized ailment or injury — even one that is intensely painful and causes definite discomfort (e.g. headache or heartburn) — it is forbidden to transgress any *melachah* on his behalf, whether Biblical or Rabbinic. However, one is permitted to instruct a non-Jew to perform a Rabbinically prohibited act on his behalf. Therefore, one may instruct a non-Jew to smear Rabbinically forbidden creams in order to benefit a person suffering from a localized illness.[35]

In the foregoing paragraphs, we noted several halachic differences between creams forbidden by Biblical law and those forbidden by Rabbinic law. However, it is extremely difficult to identify with certainty which ointments and creams are prohibited by Torah law and which by Rabbinic law. Therefore, wherever the law of a particular cream or ointment is not definitely known, one must assume that it is forbidden by Biblical law.

---

35. שו״ע סי׳ שז ס״ה, שלחן עצי שטים דיני אמירה לעכו״ם סי״ז.

XXVIII / Cutting — מְחַתֵּךְ

I. The Av Melachah

מְחַתֵּךְ, *cutting*, is one of the thirty-nine *Avos Melachos.*[1] Like all *Avos Melachos*, the *melachah* of מְחַתֵּךְ derives from an activity performed in constructing the *Mishkan* — namely, the cutting of animal hides to size.[2]

II. Definition

The *melachah* of cutting is defined as the cutting, tearing, chopping or breaking of an item in order to bring it to a specific size or shape.[3]

III. Necessary Conditions for the Melachah to Apply

There are several requirements that must be fulfilled before an

---

1. משנה שבת דף עג.

2. רש״י שבת דף עה: ד״ה עייל.

3. מ״ב סי׳ שכב ס״ק יח.

ועיין חידוש גדול לדינא בספר קצות השלחן סי׳ קמה בבדי השלחן ס״ק ו, וז״ל: מי שרוצה לתת לחבירו איזה דבר תלוש, ואינו רוצה לתת בעין יפה ומקפיד לחתוך חתיכה קטנה דוקא במידה מצומצמת, אין זה בגדר מקפיד על מדתו. ואפי׳ חותך חתיכות קטנות ובמדה שוה כדי לחלק להרבה אנשים לכל אחד חלק שוה, ג״כ אינו בכלל איסור חותך במידה, כיון דאין המידה מעכבת ואין המידה צריכה לו, שהדבר לא יתקלקל גם אם לא יחתוך במידה. אלא שהוא רוצה להרויח שיהיה לו יותר חתיכות וחותך במידה, אין זה בגדר מלאכת מחתך ולא הוה דומיא דמשכן כלל, עב״ל. ולפ״ז כתב לחדש דהקורע נייר לקרעים לצורך קינוח אפי׳ כשמקפיד שיהיו קטנים ובמידה שוה, מ״מ אין זה מחתך, משום דאין לו צורך במידה דגם נייר גדול ראוי לקינוח, אלא שרוצה להרויח שיהיה לו הרבה ניירות לקינוח, ואין זה בכלל מחתך במידה. ועי״ש שהביא דברי הביאור הלכה בסי׳ שכב שמשמע דבכל אופן אסור לחתוך על פי מידה, ואפי׳ כשאין המידה הכרחית לשימוש.

act of cutting can qualify as a Torah violation of the *melachah* of cutting. They are:

A. One must cut the object to an exact size or shape.
B. The purpose of the cutting must be to enable the object to be used.
C. One must employ the method of cutting usually employed for the object at hand.
D. It must be a "detached" object.

We will now elucidate these requirements:

A. Cutting to an Exact Size or Shape

One requirement is that the person must cut (or tear, or chop) the item to a specific size.[4] For example, one who cuts a piece of paper to measure a certain number of inches, or one who cuts a picture out of a larger piece of paper, has violated the *melachah* of cutting. If, however, one cuts an item to an approximate size, he has not violated the *melachah* of cutting. Accordingly, if one

---

4. גדר מלאכת מחתך נזכר בראשונים דהוא כל דבר שאדם מחתך ומקפיד על מידתו, כדאיתא ברמב״ם פי״א מהלכות שבת הלכה ז, ובמרדכי פ״ז דשבת.

ויש לעיין איזו הקפדה בעינן שתחשב למלאכת מחתך, אי בעינן שהאדם מקפיד על מידה מדויקת של כך וכך inches וכדומה, או דילמא דסגי אם האדם מקפיד על מידה משוערת הנצרכת לו לשימוש ולא בעינן מידה מדויקת ממש.

ונפקא מינה יהיה כשחותך חתיכה של תחבושת כדי לכסות פצע, או חתיכת נייר כדי לקנח, דבכל אלו אין האדם מקפיד על מידה מדויקת אלא חותך באומד משוער כפי הנראה לו שיצטרך, ואינו מדקדק כ״כ שלא יהיה קצת יותר גדול או קטן. דאי נימא דבעינן מידה מדויקת ממש אין ציורים אלו נכללים בהמלאכה, אמנם אם מידה משוערת נכללת בהמלאכה יהיה חייב בציורים אלו.

וכנראה שאיסור מחתך נאמר רק כשהאדם מקפיד על מידה מדויקת ממש. דעיין בשבת דף עד: דאמר רב מנשה האי מאן דסלית סילתי חייב משום טוחן, אמר רב אשי אי קפיד אמשחתא חייב משום מחתך. וכתב ע״ז רבינו חננאל וז״ל: כלומר אם מתכוין לחתוך אלו סילתי זרת זרת אורך כל אחד ואחד חייב משום מחתך, עכ״ל.

הרי מבואר מדבריו דבעינן מדה מדויקת כדי להתחייב משום מלאכת מחתך, שהרי כ׳ שמתכוין לחתוך זרת אורך וכו׳. ועיין במאירי בשבת דף עג: שביאר מלאכת מחתך בזה״ל: המחתכו לרצועות, כלומר שמכוין לחתכם שוות זו כזו, על הדרך שהיו מחתכין שם עורות האלים והתחשים להיות שווים זה כזה, עכ״ל. הרי מבואר גם מדברי המאירי שבעינן שיתכוין למדה מדויקת, שכתב שמכוין לחתכם שוות זו כזו. וכן כשביארו הפוסקים מלאכת מחתך כתבו דבעינן ״מידה מדויקת״, עי׳ חיי אדם הלכות שבת כלל לו, ערוך השלחן סי׳ שכא ס״מ, ומ״ב סי׳ שכא ס״ק מה.

cuts a piece of paper merely to reduce its size, but has no particular size in mind for the finished product, he has not transgressed this *melachah*. [See below concerning the Rabbinic prohibition].

◆§ Cutting Apart Preshaped or Premeasured Objects

We have explained that the *melachah* of מְחַתֵּךְ requires a person to cut an object to a specific size or shape. To this we now add that to a single object the act of cutting must give a new size or shape — e.g. as one does when he cuts a single piece of cloth into precisely shaped pieces. However, if all the act of cutting accomplishes is to separate two previously defined, independent objects, each with their own size or shape, it does not violate the *melachah* of cutting.[5]

---

5. בספר בנין שבת מלאכת מחתך (בהוצאה חדשה פרק נ) בא לחדש דמלאכת מחתך שייך רק בגוף אחד שרוצה לשנות מידתו ע״י שחותכו, אבל שני גופים מחוברים או מדובקים שאף לפני החיתוך כבר ניכר שהם שני גופים, ויש כאן שני מידות אלא שמחוברים יחד, כשמפרידם אין כאן איסור מחתך (אלא איסור קורע) כיון שאין כאן יצירת מידה ע״י החיתוך, שהרי אף לפני החיתוך היו מידותיהם ניכרות ומדודות היטב אלא שהיו מחוברים, ולכן לא שייך מחתך שתכונתה לחדש מידה, אלא קורע.

והביא שם הבנין שבת ראיה ליסוד זה מהא דאמרינן בשבת דף קמו: דאסור ליתן בנקב החבית טרפא דאסא (לתת שם עלה של הדס לעשותו כמרזב שיזוב היין דרך שם), מ״ט רב אשי אמר גזירה שמא יקטום (העלה מן הענף, וכיון דקטמיה הוי ליה כמתקן כלי וחייב משום מכה בפטיש).

ולכאורה יש להבין למה אינו חייב בהורדת העלה מן הענף גם משום מחתך. וצריך לומר דכיון דהעלה הוא גוף נפרד מהענף וניכר שהוא מידה נפרדת, לכן אף שהוא מחובר אל הענף, מ״מ בהפרדו לא שייך מלאכת מחתך כיון שאינו יוצר כאן מידה מחודשת, שהרי המידה היתה ניכרת כבר.

ולפי זה כתב דשפיר מובנים דברי הרמב״ם בפ״ד מהלכות יו״ט ה״ח שכתב דשתי כלים המחוברים מתחילת עשייתן, כגון שתי נרות או שתי כוסות, אין פוחתין אותן לשנים מפני שהוא מתקן כלי. ולכאורה יש להבין אמאי אינו חייב משום מלאכת מחתך שהרי מקפיד להפריד במקום מסוים, וע״י ההפרדה נוצרה לכל כלי מידה חדשה.

אבל לפי היסוד הנ״ל שפיר מובן, דאיסור מחתך שייך רק כשהחיתוך נעשה לצורך תיקון מידה, אבל בכה״ג שמידתו כבר עשויה וניכרת, אין בהפרדה משום מחתך.

ובאמת בהקשפה ראשונה כנראה שהגרש״ז אויערבאך נסתפק בסברא זו, דעיין במנחת שלמה ח״ב סי׳ יב שכתב וז״ל: מסופקני בכה״ג שעושה ממש כלי בשבת, כמו תולש נייר טואלט (toilet paper) מגליל שמסומן בנקבים קטנים שערוך ומתוקן יפה מלפני השבת במדה נכונה ומדויקת והתולש משם אינו מודד כלל (מלבד איסור קורע), וללא טורח גדול הכל טוב ומדויק אף שהגמר הוא ע״י האדם ואינו דומה כלל לקטום קיסם שכל הטורח נעשה בשבת, ולכאורה מסתבר דאין זה חשיב כמחתך, עכ״ל. הרי שהגאון ר׳ שלמה זלמן זצ״ל נסתפק בהך סברא אם יש איסור מחתך בדבר שמידתו

An example would be the tearing of a leaf from a branch. Even while attached, both leaf and branch are recognizably individual objects, each possessing a particular shape that does not change when they are separated. Since this act of cutting does not create a new shape in either object, it is not Biblically forbidden under the prohibition of cutting. Another example would be the tearing of a button from a garment. Since both button and garment are separate and defined objects even while attached, tearing them apart does not violate the Biblical prohibition of cutting.

B. Cutting to Enable the Object to Be Used

A second condition concerns the intent, or purpose, behind the act of cutting. Even if a person cuts an object to an exact shape or size, he has not violated the *melachah* of cutting *unless* the purpose of the cutting is to make the object usable. If, however, one cuts an object to a specific size, but does not intend thereby to make the object usable, his act does not transgress the prohibition against cutting.[6]

For example, one who chops firewood to the particular size

עשויה כבר. אמנם נראה לומר דדוקא בנייר טואלט מסתפק הגרש״ז זצ״ל, משום דסוף סוף הם סליל וגוף אחד ממש אלא שמסומנים בו סימני המידה, ובחיתוכם הרי הוא חותך עתה במדה גוף אחד לשניים, אבל גבי עלה וענף כל סימני המידה הם רק מצד שנראים כשני גופים, וא״כ כשחותך העלה מן הענף אינו כעושה מידה אחרת להעלה, אלא הרי הוא כמפריד שני גופים שנתחברו, ולכן בנידון דידן הסברא להתיר נראית ברורה טפי.

6. תנאי גדול במלאכת מחתך הוא דאינו חייב אלא כשמקפיד לחתוך מידה מסוימת משום שצריך לה לצורך שימושו, אבל אם חותך במידה מדויקת אבל אינו צריך את המדה לצורך שימושו אינו נכלל במלאכת מחתך. והך תנאי כתב הרמב״ם בפי״א משבת הלכה ז וז״ל: המחתך מן העור כדי לעשות קמיע חייב והוא שיתכוין למדת אורכו ומדת רוחבו, ויחתוך בכונה, שהיא המלאכה. אבל אם חתך דרך הפסד או בלא כונה למידתו אלא כמתעסק או כמשחק הרי זה פטור, עכ״ל. הרי מבואר מדברי הרמב״ם שתנאי במלאכת מחתך הוא שהחיתוך יהיה בכונה, ר״ל בכונה להשתמש באותה מידה, אבל אם החיתוך הוא במידה מדויקת אבל אינו לצורך שימושו אין זה נכלל בהמלאכה. וכן הבין בדברי הרמב״ם המנח״ח במלאכת מחתך.

ולכאורה יש להעיר בדברי הרמב״ם, דהרי הרמב״ם סובר שהעושה מלאכה שאינה צריכה לגופה חייב (עיין בפ״א מהלכות שבת ה״ז), וא״כ למה שאני מלאכת מחתך שהרמב״ם סובר שאם חתך בלא כונה למדתו אינו חייב, הא לכאורה הוי מלאכה שאינה צריכה לגופה. ועיין בספר בנין שבת מלאכת מחתך פ״ב שהאריך בזה.

that fits his stove has violated the *melachah* of cutting, since his intention in cutting to this size was to make the wood usable. By contrast, a person who idly cuts paper into precise squares, or who cuts wood to a precise measure in order to become proficient at this task, has not violated the *melachah* of מְחַתֵּךְ, since his act was not intended to make the cut object usable.

◆§ Rabbinic Prohibition

Although cutting without a particular use in mind does not violate the Biblical *melachah* of cutting, it is forbidden under Rabbinic law.[7] One who idly cuts an object into precisely sized pieces has transgressed a Rabbinic prohibition.

C. Employing the Usual Method of Cutting

A third requirement concerns the method of cutting. One transgresses the Torah prohibition of מְחַתֵּךְ only if the act of cutting is performed in its usual manner. This, of course, changes according to the circumstances. Where the item in question is generally cut with an implement (such as a knife), one violates the *melachah* only if he employs an implement, but not if he tears it apart by hand. Where, however, the item is generally torn apart by hand, he transgresses even if he tears it in this manner.[8] Thus, one who tears a piece of aluminum foil to a specific size by hand has transgressed a Torah prohibition, for this is the usual way to cut aluminum foil. By contrast, tearing a piece of cloth to a specific size by hand does not violate a Torah prohibition, since cloth is generally cut with scissors.

◆§ Rabbinic Prohibition

Although cutting in an unusual manner does not violate the Biblical prohibition against cutting, it is prohibited under Rabbinic law. Therefore, one who cuts any item to a specific

---

7. דלשון הרמב״ם שהבאנו לעיל בציון 6 הוא דאם חתך דרך הפסד או בלא כונה הרי זה פטור. וידועים דברי הרמב״ם בפ״א מהלכות שבת הלכה ג דכל מקום שנאמר פטור הרי זה פטור אבל אסור, ולפ״ז החותך בלא כונה למידה אסור מדרבנן.

8. מ״ב סי׳ שכב ס״ק יח.

size, even if he employs an unusual method, has transgressed a Rabbinic decree.[9]

D. It Must Be a "Detached" Object

A final requirement concerns the type of object that is cut. The *melachah* of מְחַתֵּךְ applies only where a person cuts an object that is not attached to the ground or to a living creature. One who cuts an object that is attached to the ground or to a living creature — e.g. the hair on a person's head — even if he cuts it to a specific size, is not in violation of the *melachah* of cutting (although he might be in violation of other *melachos*).[10]

IV. Melachah Applies to Hard and Soft Materials

The *melachah* of cutting applies to any and all types of material, whether rigid or pliable.[11] It differs in this way from the *melachah* of קוֹרֵעַ, *tearing*, which applies only to pliable objects (such as paper or cloth) (see *The Shabbos Home*, Volume One, page 80).

V. Cutting Food Items

The *melachah* of cutting does not apply to food items.[12] One is permitted to cut items of food to a specific size on Shabbos.* [See *The Shabbos Kitchen* Chapter Nine].

---

* However, one is forbidden under the *melachah* of measuring to measure food items before cutting them. Similarly, cutting food items into meaningful characters or shapes might involve a transgression of the prohibition against writing on Shabbos (see *The Shabbos Home*, Volume One, page 3).

---

9. מ״ב סי׳ שכב ס״ק יח.
10. ביאור הלכה סי׳ שכב ס״ג ד״ה אחד.
11. שלחן ערוך הרב סי׳ שיד סט״ז.
12. מ״ב סי׳ שכב ס״ק יח. והמ״ב שם ס״ק יב כתב וז״ל: אוכלי בהמה, אפי׳ אם הוא מקפיד על המדה אין בזה שום איסור מחמת מחתך, כיון דדבר אוכל הוא, עכ״ל. וראיתי בספר חוט השני, מלאכת מחתך, שכתב דהעושים כמין צורות באוכלין, כגון שעושין בקליפה של אבטיח כעין בית קיבול עם ידית שנראה כעין סלסלה וכדומה לתת לתוכו אוכלין וכל כיוצ״ב שמבטל אותו מתורת אוכל לענין זה לשימוש אחר, אסור לעשותו משום מחתך, ולא ע״ז נאמר דאין מחתך באוכלין, עכ״ל.

VI. Practical Applications

In the section that follows we have gathered a number of practical cases relevant to the *melachah* of cutting. In each case, we have limited ourselves to one issue only — whether or not the *melachah* of מְחַתֵּךְ is applicable in that case. In many cases, other *melachos* that are not the focus of this section may apply. Even if a particular action does not violate the prohibition against cutting, it may violate other Sabbath prohibitions.

A. Cutting or Tearing Paper

Under the *melachah* of cutting, a person is forbidden to cut or tear a large piece of paper (or of tinfoil or plastic wrap) into smaller sheets of precise size on Shabbos. If, however, one cuts or tears paper without regard for its size, he has not violated the *melachah* of מְחַתֵּךְ. Nevertheless, his act is prohibited, on account of the *melachah* of קוֹרֵעַ, *tearing.*

B. Tearing Plastic Bags From a Roll

One is forbidden to tear plastic bags from a perforated roll. This is because the tearing *must* be performed on the perforated line in order for the bags to be functional. Hence, this is an act of tearing to a specific size for the purpose of making the torn object usable. Therefore, it falls under the *melachah* of cutting.

C. Tearing Toilet Paper on Its Perforated Line

According to some *Poskim*, tearing toilet paper on its perforated lines does not violate the *melachah* of cutting. This is because it makes no difference to the person whether or not the toilet paper is cut to this precise size; the point of the perforated lines is not to govern the size of the sheets, but to make it easier to tear the paper.[13] Nevertheless, one is forbidden to tear toilet

---

13. בתיקונים ומילואים לספר שש״כ פכ״ג הערה נה כתב הגרש״ז אויערבאך זצ״ל, בנוגע לחיתוך נייר טואלט במקום המנוקב אי אסור משום מחתך (מלבד איסור קורע) וז״ל: דכיון שהחותך אינו מקפיד אם היו עושים את זה יותר ארוך או יותר קצר, והוא רק חותך במקום הנוח לו, אין זה שייך כלל למלאכת מחתך, וכן יש הרבה דברים כאלה, עכ״ל.

paper on Shabbos, for this violates the *melachah* of קוֹרֵעַ, *tearing.*

D. Opening Small Packets of Sugar, Salt, Etc.

One is permitted under the *melachah* of cutting to open small packets of sugar, salt or coffee on their perforated lines. This is because the size or shape of the packet or the cut-off corner is entirely immaterial to the person. He wishes only to be able to pour out the contents in a neat stream; he has no intention or need to give the packet or hole a particular size or shape.[14] [Care must be taken not to tear any letters].

E. Cutting Pills, Suppositories

One is permitted to cut a pill or a suppository in half even if one is careful to cut it into two exact halves.[15]

ובספר בנין שבת מלאכת מחתך פמ״ג (הוצאה חדשה) כתב בביאור דבריו וז״ל: דכיון שההקפדה לחתוך במקום המסומן, עיקרה אינה משום המידה שרוצה דוקא המידה הזו, אלא משום שהחיתוך במקום המסומן הוא הכי נוח ויפה, נמצא שההקפדה אינה לצורך המידה, ואין בזה מחתך. משום דעיקר מלאכת מחתך כשההקפדה נעשית לצורך מידה, ובלאו הכי לא חשיב מלאכה כלל, עכ״ל.

ובשו״ת מנחת שלמה ח״ב סי״ב באמצע התשובה כתב סברא אחרת למה אין איסור מחתך בנייר טואלט וז״ל: מסופקני בכה״ג שעושה ממש כלי בשבת כמו תולש נייר טואלט מגליל שמסומן בנקבים קטנים שערוך ומתוקן יפה מלפני השבת במדה נכונה ומדויקת והתולש משם אינו מודד כלל (מלבד איסור קורע) וללא טורח גדול הכל טוב ומדויק אף שהגמר הוא על ידי האדם, ואינו דומה כלל לקוטם קיסם שכל הטורח נעשה בשבת, ולכאורה מסתבר דאין זה חשוב כמחתך, עכ״ל.

14. שש״כ פ״ט הערה כה בשם הגרש״ז זצ״ל וז״ל: ואין בזה משום מלאכת מחתך, כיון דמה שהוא חותך במקום המסומן אינו אלא כדי שלא ישפך הסוכר, ואין לו כל כונה להשתמש בחלק החתוך, עכ״ל. ובתיקונים ומילואים הוסיף הגרש״ז זצ״ל וז״ל: ואין לו כל כונה של שימוש בחלקי השקית לפי מידה מסוימת, רק מפני שזה יותר נוח ואין לו שום כונה למידה מסוימת של הנקב, עכ״ל.

15. שש״כ פל״ג ס״ד ובהערה ל.

ועיין בשש״כ פ״ט הערה ל בשם הגרש״ז זצ״ל, דאין כאן איסור מחתך כשעושה נקב בפטמה של בקבוק תינוק וז״ל: דאפילו אם מקפיד על מידת הנקב ולכן הוא חותך במקום מיוחד אין זה קרוי מחתך, וחזינן נמי דפותח בית הצוואר לא נזכר רק קורע או מכה בפטיש ולא מחתך, עכ״ל.

והנה הגאון ר׳ שלמה זלמן כתב בזה יסוד גדול במלאכת מחתך, ויש לבאר דבריו הקדושים. וכנראה בכוונת דבריו כי תכונת מלאכת מחתך הוא שמתכוון להתקין מידה לכלי או לבגד, דהוי כעין תיקון כלי שיהיה לפי מדתו המדוייקת, אבל בפותח בית הצוואר הרי יש כבר מידה מדויקת לבגד, ומה שחותך בבית הצוואר, אין מטרתו

F. Cutting a Candle

It is forbidden under the *melachah* of cutting to cut away part of the base of a candle so that it will fit into the candlestick.[16]

להתאים מדה לבגד, אלא כוונתו להתאים מידה לנקב כדי שיוכל להכניס צווארו בפתח זה, וא״כ אין בחיתוך זה שום קביעת מידה לאיזה כלי אלא פתיחת פתח בעלמא, שהרי אף אם מוציא חתיכה מהבגד הרי אינו משתמש בחלק החתוך, ונמצא שאף שחותך במידה, מ״מ אינו עושה מידה חדשה לבגד, שהבגד נשאר במדתו הראשונה. ולכן אין זה בכלל מחתך. ומשום כך אף דבודאי הפותח בית הצוואר חותך ומדייק מאוד בחיתוך שיהא במדה מדוייקת מאוד לפי צורך בגד זה, מ״מ אינו עושה בחיתוך זה מידה לבגד זה אלא מייצר פתח לבגד (שהיא מלאכה נפרדת). וא״כ ה״ה לגבי עשיית נקב בפיטמת בקבוק תינוק, שאף שעושה הנקב לפי הסימון הרשום ומקפיד על מידה זו, מ״מ כיון שאין החיתוך הזה כדי להתאים מידה לבקבוק אלא כדי להתאים מידה לנקב ולפתח של הפטמה, לכן אין זה מחתך.

וכנראה שזוהי כוונת הגאון ר׳ שלמה זלמן זצ״ל בשש״כ פ״ט ס״ד לגבי פתיחת שקיות סוכר אשר רגילים להוריק את תוכנן מיד עם פתיחתן דמותר לפותחן בשבת, ואף מותר לפותחן במקום המיוחד לכך. ובהערה כה כתב הטעם בשם הגרש״ז זצ״ל וז״ל: ואין בזה משום מלאכת מחתך כיון דמה שהוא חותך במקום המסומן אינו אלא כדי שלא ישפך הסוכר. ואין לו כל כוונה להשתמש בחלק החתוך, עכ״ל. ביאור דבריו, דכיון שאין מתכוון להתאים כאן מדה לכלי או לשקית הסוכר, אלא כוונתו רק להתאים הנקב והפתח במידה מסויימת, אין זה מלאכת מחתך, כיון שאינו מחתך כדי להתאים מידה לכלי.

16. שש״כ פי״ג הלכה מג ז״ל: נר שעוה אסור להצר קצהו ביו״ט על מנת להתאימו לגודל בית קיבולו, עכ״ל. ובהערה קלה כתב דהאיסור הוא משום מחתך.

וראיתי בספר ל״ט מלאכות בהערות למלאכת מחתך וז״ל: וכן מה שנסתפקו אם השוואת החפץ חשוב מחתך, נראה דמבואר מפירש״י עה: אהא דקאמר בגמרא המגרר ראשי כלונסות בשבת חייב מחתך ופירש רש״י שיהיו ראשיהן שווין יחדיו, דמשמע דאע״ג שאינו מכוין למדה מסוים אלא רק להשוותם חשיב שפיר מחתך. אך צע״ק ממ״ש רש״י דף עה: גבי האי מאן דעביד תלתא חייב י״א חטאות, בד״ה חייב, חתך לאחר אריגתה כדי להשוותם הרי זה מכה בפטיש. וצ״ע אמאי לא נחייביה נמי משום מחתך. ואפשר דאין הכי נמי חייב התם נמי משום מחתך, אלא דכיון שלא ניתוסף על זה עוד חיובא (כיון דכבר חייב משום מחתך בשביל שחתך הקנים למדה כמו שכתב רש״י לעיל שם) משום הכי לא הזכיר הכא גם משום מחתך, עכ״ל.

הרי שרוצה לחדש מהגמרא דהמגרר ראשי כלונסות חייב משום מלאכת מחתך אף אם אינו מכוין למדה מסוימת. וכנראה שאין זה נכון, ויש להקדים דלכאורה קשה ממה שפסק המחבר בסי׳ תקט ס״ג שפוד שרוצים לצלות בו והיה ארוך יותר מדי, אסור לחותכו ולא לשורפו והמ״ב בס״ק ט מביא דאיסורו מדרבנן משום תיקון כלי.

ולכאורה צריך ביאור אמאי אינו אסור משום מחתך, שהרי לא ניחא ליה בגודל השפוד ומקצרו בכונה כדי לשנות את מידתו, ודמי ממש למגרד ראשי כלונסאות שאסור מן התורה. ויש לחלק, דבשפוד כיון שאינו לחתוך ולקצר במקום מסוים בדיוק, לא נחשב בזה דעושה מידה חדשה להשפוד, ולא דמי למגרר ראשי כלונסאות שמקפיד שיהיו ראשיהן שוין זה לזה, דבכהאי גוונא נחשב למקפיד על המידה, אולם באופן שרצונו

לקצר אך בלא מידה מדויקת אין זה מחתך אלא מתקן כלי. וא״כ אין ראיה שחייבים משום מחתך אפי׳ אם אינו מכוין למדה מהמגרר ראשי כלונסות, דהתם זה גופא שרוצה שיהיה ראשיהן שוין נחשב כהקפדה על המידה.

וכן מה שהקשה אמאי אינו חייב על חיתוך הקנים לאחר אריגתה כדי להשוותם משום מחתך ורוצה לחדש דאין הכי נמי דחייב משום מחתך, וכתב טעם למה לא כתב רש״י דהחיוב משום מחתך.

אמנם בפשיטות כשחותך הקנים לאחר אריגתה אינו חייב משום מחתך, והטעם בזה שחיתוך הקנים אינו לצורך תיקון מידת הכורת, שהרי מידתה נכונה, אלא קוצץ את הקנים כדי שהכורת תהיה נוחה לשימוש ולא ישרטו מהקנים הבולטים, ונמצא שהחיתוך הוא פעולה לצורך השוואת הכורת, וזהו נקרא גמר מלאכה ולא מחתך.

XXIX / Tracing Lines — מְשַׂרְטֵט

I. The Av Melachah

Mesarteit (מְשַׂרְטֵט, *tracing lines*) is one of the thirty-nine *Avos Melachos* that are prohibited on Shabbos.[1] During construction of the *Mishkan,* lines were traced onto the hides of rams and *techashim,* so that they could be cut into the precise shapes needed for the coverings of the *Mishkan.*[2]

II. Definition

Mesarteit is defined as making lines on an object in order to guide one's hand in performing a given action, such as writing,[3] cutting,[4] tearing or sewing.

---

1. גמרא שבת דף עה:

2. רש״י שבת דף עה: ד״ה ועייל. ונראה דפליגי הראשונים במקור מלאכת משרטט. דהנה רש״י בדף ע״ה: ד״ה ועייל כתב וז״ל: לפי שדרך הרצענין כשהוא בא לחתכו משרטט תחילה כפי מה שהוא רוצה להאריך ולהרחיב ולקצר החיתוך ואחר כך מעביר הסכין דרך השרטוט, וכן בעורות המשכן כשחתכום, עכ״ל. הרי מבואר מדברי רש״י דיסוד מלאכת משרטט הוא בעור, ומקורו ממלאכת עורות המשכן ששרטטו אותם קודם חתיכתם, וכן כתבו עוד ראשונים - הסמ״ג בלא תעשה ס״ה, מאירי שבת דף עג.

אבל הרמב״ם פי״א מהלכות שבת הלכה יז כתב וז״ל: המשרטט כדי לכתוב שתי אותיות תחת אותו שרטוט חייב, חרשי העצים שמעבירין חוט של סקרא על גבי הקורה כדי שינסור בשוה הרי זה תולדת משרטט, עכ״ל. הרי מבואר מדברי הרמב״ם דיסוד מלאכת משרטט הוא שמשרטט על העור כדי לכתוב ביושר וילפינן ליה משרטוט דמשכן שהיו משרטטין על גבי הקרשים כדי לכתוב עליהם בשוה, והמשרטט כדי לחתוך אינו אלא תולדה דמשרטט, וכ״כ בשער הציון סי׳ שמ ס״ק נד.

אבל יש לדון אליבא דשיטת רש״י דעיקר מלאכת משרטט הוא כדי לחתוך בדקדוק, מאי יהיה הדין כשמשרטט כדי לכתוב בשוה. ועיין בשער הציון שם שכתב בזה דמסתברא דרש״י מודה להרמב״ם בשרטוט דכתיבה דגם זה בכלל משרטט, דאף שבמשכן היה בעור כדי לחתוך אח״ז ה״ה כל שרטוט שעושה כדי לכוין על ידי זה איזה פעולה שיעשה אח״כ. [ומפשטות לשונו משמע דרש״י מודה להרמב״ם לגמרי דמשרטט כדי לכתוב ביושר נכלל באב המלאכה ואינו רק תולדה, ואילו המשרטט כדי לחתוך כתב הרמב״ם דאינו אלא תולדה, וצ״ע.]

3. רמב״ם פי״א מהלכות שבת הלכה יז.

4. מ״ב סי׳ שמ ס״ק כב.

III. Torah and Rabbinic Prohibitions

By Biblical law (מִדְּאוֹרַיְיתָא), *mesarteit* is forbidden only if the lines are of a sort that can remain permanently, and will not disappear of their own accord.[5] However, the Rabbis extended the prohibition even to include lines that will not endure.

IV. Methods of Performing the Melachah

Mesarteit is forbidden whether performed with a utensil or by hand.

An example of *mesarteit* performed with a utensil would be drawing a line with a pen to guide one's writing, or scratching a mark with a knife on a plank of wood so that it can be cut to a certain measure. An example of *mesarteit* performed by hand would be creasing a piece of paper so that it can be torn to a precise size.[6]

V. The Objects Upon Which the Melachah Is Performed

A. Hard or Soft Materials

The *melachah* of *mesarteit* applies no matter what the composition of the objects upon which the line is traced. Whether one traces guiding lines upon a hard material (such as wood or metal) or a pliable material (such as paper or cloth), he has violated the prohibition of *mesarteit*.[7]

---

5. עיין ערוך השלחן סי׳ שכא סכ״ח שכתב דבמלאכת משרטט כדי לעבור מן התורה בעינן שיהיה השרטוט מתקיים, אמנם ראיתי ביסודי ישורון מלאכת משרטט וז״ל: הלכה פסוקה בכותב שצריכין דבר המתקיים, אבל בלאו הכי פטור, מ״מ במשרטט כדי לכתוב או כדי לכוון החתיכה חייב אפי׳ בדבר שאינו מתקיים, שכל תכלית השרטוט הוא כדי שיהי׳ החתיכה מיושר, א״כ צורך השרטוט ותכליתו אינו צריך להיות מתקיים אלא מיד כשנעשה הפעולה השיג מטרתו, משא״כ בכתיבה דממשכן גמרינן בעינן כבמשכן ושם כתבו על קרשי המשכן לידע איזו בן זוגו כשיקימו אותו, ראה מזה בשו״ת התעוררות תשובה ח״ד סי׳ לב, עכ״ל.

6. ערוך השלחן סי׳ שכא סעי׳ כח.

7. ערוך השלחן סי׳ שכא סעי׳ כח.

B. Food Items

This *melachah* does not apply to food items. Therefore, one is permitted to scratch lines onto a challah or a cake in order to cut them into precisely sized portions.[8]

VI. Practical Applications

A. Making Lines in Challah or Cake

It is permitted to trace lines in challah or bread on Shabbos in order to cut even slices. Likewise, one may trace lines upon a cake or make indentations in a tray of ice cream in order to serve out precisely sized portions.

B. Tracing Lines Into Modeling Clay or Play Dough

One would be forbidden to trace lines in modeling clay or play dough in order to cut it into a certain shape or to a certain measure. [Note: Clay or play dough are muktzeh on Shabbos].

C. Creasing the Corner of a Page

Creasing the corner of a page in order to find its location at a different time is permitted.

---

8. שש"כ פי"א הלכה טו.

XXX / Building — בּוֹנֶה

I. The Av Melachah

בּוֹנֶה, *building*, is one of the thirty-nine *Avos Melachos* that are prohibited on Shabbos.[1] Building was performed in the *Mishkan* when the walls were assembled.[2]

II. Definition

בּוֹנֶה, *building*, can be loosely defined as the bringing together of individual components to form a larger whole — e.g. the joining of beams and planks to form a structure. However, from a halachic standpoint it includes numerous other activities as well, as will be explained below.

III. Torah and Rabbinic Prohibitions

The Torah prohibition against building on Shabbos applies only where the result is intended to be permanent; e.g. where one constructs a permanent structure.* However, the Sages extended the prohibition to include acts of building that are intended to be of temporary duration only.[3]

---

* In the context of Shabbos law, there is no absolute definition of "permanent." All depends upon the structure being built and the intentions of the builder.[4] However, since even an act of temporary building in any case places one in violation of Rabbinic law, we have not elaborated here on the requirement of permanence.

---

1. משנה שבת דף עג.
2. עיין ערוך השלחן סי׳ שיג הלכה א וז״ל: הבונה הוא מאבות מלאכות, ואיתא בירושלמי פרק כלל גדול מה בנין היה במשכן, שהיו נותנים קרשים על גבי אדנים.
3. מן התורה אינו חייב משום בונה אלא כשבונה בנין קבוע, כדאיתא בגמרא שבת דף קב: תניא אחד נותן את האבן ואחד נותן את הטיט, הנותן את הטיט חייב, והנותן אבן בלא טיט פטור, ע״כ. והטעם משום דבנין של אבנים בלא טיט אינו מתקיים, אמנם רבנן אסרו לבנות בנין עראי גזירה אטו בנין קבוע, כדאיתא בביצה דף לב.
4. בשו״ת אבני נזר סי׳ ריא ס״ק יט כתב להסביר מתי אמרינן דבנין עראי אסור רק

IV. Activities Included in the Melachah of Building

In its common usage, the word "building" refers to the construction of a building, such as a house or a barn. However, in its halachic sense, the term includes a number of activities that, while not generally classified as building, are halachically

---

מדרבנן ומתי אסור מן התורה. וכתב שם דיש לעיין מה הדין באחד שבונה בנין שמצד עצמו יכול להתקיים לזמן מרובה אבל דעת האדם לסתרו מיד. וכתב להוכיח מהא דמקור הדין דבנין עראי אינו אסור מן התורה הוא בגמרא ביצה דף לב: בהנחת אבנים של בית הכסא שאסור רק מדרבנן, והלא התם אם ישאיר האבנים במקומם לא יסתרו מאליהם ואפי׳ הכי אינו אסור אלא מדרבנן. אבל הקשה ע״ז מהגמרא שבת דף מז. דאיתא שם דהמחזיר מיטה של טרסיים בשבת חייב חטאת, ופי׳ רש״י דמיטה של טרסיים הוא מיטה הנעשית מפרקים וכשצורפי נחשת הולכין מעיר מעיר למלאכתן נושאין עמהן מטות של פרקים, הרי מבואר מזה דהגם דבשעת עשיית המטה דעתן לפרקן בשעה שילכו לעיר אחרת, אף על פי כן נחשב זה לבנין קבע ואסור מה״ת, ולכאורה מאי שנא הך דינא מהדין של אבנים בביצה דף לב. שנאסר רק מדרבנן. וע״ז תירץ האבני נזר דיש ב׳ סוגי בנין שעה, דהא דאמרינן דבנין לשעה לא הוי בנין מן התורה כדאיתא בביצה זה נאמר דוקא בבנין שקל לסתרו, אמנם במיטה של טרסיים שהרכבתו היא מעשה אומנות א״כ ביטול ההרכבה הוי ג״כ מעשה אומנות ולכן לא נאמר בזה התירא דבנין לשעה.

וז״ל שם בס״ק כב: ועל כן במשכן שבודאי היה צריך עבודה גדולה לסתרו נחשב בנין. והוא הדין המחזיר מיטה של טרסיים דכתבו התוס׳ ריש פרק הבונה דחייב משום בונה שצריך חיזוק ואומנות להחזירו והוא הדין לפרקו, על כן לא איכפת לן בדעתו לסתרו. וכי מחלקינן בין קבע לדעתו לסתרו ברפוי שאין צריך עבודה ואומנות לסתרו. דבמבטל ליה בקרקע לעולם חייב כדאיתא ריש הבונה וכו׳, הרי דכשביטל לעולם חייב אפי׳ ברפוי, דאם לא כן הוה מצי לאוקמי ברפוי, אלא ודאי בטלו לעולם חייב, וכי לא בטלו ברפוי הוא ארעי ופטור. אבל בחזק לעולם חייב וכו׳ אבל בהא מודה דכשצריך חיזוק חשוב כעושה כלי מחדש, והוא הדין להיפוך כשצריך אומן לסתרו חשיב קבע אף שדעתו לסתרו, עכ״ל.

אמנם עיין בשלחן ערוך הרב סי׳ שיג סעי׳ כ־כא דכתב גבי כלים של פרקים שצריך אומנות לעשותם וממילא אית בהו בנין וסתירה, דמ״מ אינו אסור מן התורה רק כשעושה הכלי לזמן קבוע, וכתב שם דיש ג׳ דינים בזה: א) אם תקע פרקיו ותקע אותם להתקיים לזמן הרבה הרי זה בנין קבוע וחייב משום בונה, ב) אם אינו עשוי להתקיים הרבה הרי זה בנין עראי ואסור רק מדברי סופרים, ג) דאם אינו עשוי לקיום כלל, ר״ל שעשוי לסתור בשבת עצמה שרי, עי״ש. הרי מבואר מדברי הרב שאפי׳ אם הבנין מצד עצמו יכול להתקיים לזמן מרובה מ״מ אם דעתו לסתרו בו יום אינו נחשב בנין וממילא מותר לסתרו.

הרי דנחלקו האחרונים בשאלה שחקרנו לעיל אם מותר לבנות בנין של כלים שיכול להתקיים אבל דעתו לסתרו בו ביום, אם יש בזה איסור סתירה.

classified as such. Here is a list of activities prohibited under the *melachah* of building:

A. Improving the Ground
B. Building a Structure
C. Repairing or Adding to a Structure
D. Assembling Movable Utensils

We will now elaborate on each of these different categories.

A. Improving the Ground

1. Leveling the Ground

The Gemara in *Shabbos* (73b) teaches that if one removes a small mound of earth from the floor of his house with the intention of making the floor level, he has violated the *melachah* of building,[5] for by removing the mound he has improved the floor of his house.

There are several activities that are prohibited on Shabbos because they include, or might lead to, leveling the ground. Some examples are sweeping or washing the floor, and rolling a ball on the ground. These prohibitions are discussed at length in Chapter XIV (page 251).

2. Digging in the Ground

One who digs on Shabbos because he wishes to create a hole

---

5. בשבת דף עג: איתא היתה לו גבשושית ונטלה בבית חייב משום בונה, ע״כ. וכתב רש״י לפרש וז״ל: בבית שייך בנין אם שמתכוין להשוות קרקעיתו, עכ״ל. ועיין בשו״ת אבני נזר או״ח סי׳ ריז וז״ל: ותיבת ׳שמתכוין׳ (שכתב רש״י) לכאורה מיותר, והיה לו לפרש שמשוה קרקעיתו. ונראה דרש״י ז״ל כוון בזה כוונה מיוחדת על פי מה שכתב הר״ן סוף פרק הבונה בענין כתיבה בשבת, דאין חילוק בין חק תוכות בין חק יריכות [אף דלגבי גט חק תוכות לאו כתיבה] דכל היכי דהוי מלאכת מחשבת מיחייב דהרי אפי׳ מוחק על מנת לכתוב מיחייב, ע״ש. והכי נמי הוקשה לרש״י ז״ל שהרי קרקע הבית נשארת כמו שהיה והוא רק מסלק הגבשושית והוי דומיא דחק תוכות דלאו כתיבה מיקרי, דכל כותב עושה גוף האות וחק תוכות מקום האות נשאר כמות שהיה ותמונתו על ידי חקיקת הסביב. והכי נמי כל בונה עושה גוף הבנין, וזה קרקע הבית נשארת כמות שהיה והוא רק מסלק הגבשושית. על זה תירץ רש״י ז״ל שמתכוין להשוות קרקעיתו ועל ידי כוונתו נעשה מלאכה, וכמו שכתב הר״ן בחק תוכות לענין שבת דחייב משום מלאכת מחשבת, וכמו מוחק על מנת לכתוב דמחייב משום כוונתו לכתוב, והכי נמי בבונה הלא סותר על מנת לבנות גם כן חייב משום כוונתו, כמו כן המסלק הגבשושית חייב, עכ״ל.

(as opposed to one who digs to obtain earth) has violated the *melachah* of building, even if the hole is very small.

Under Torah law, digging is forbidden *only* if one digs to achieve a positive benefit — e.g. because he wishes to use the hole for storage, or as the foundation of a house.[6] However, by Rabbinic law, it is forbidden to dig even for no beneficial purpose.

B. Building a Structure

It is forbidden, under the *melachah* of building, to construct a structure upon the ground on Shabbos. This prohibition applies whether the structure is attached to the ground or is simply lying upon it,[7] and applies no matter what the style of structure and no matter what type of material is used. It includes building a wall or fence, or even placing bricks or rocks around a garden to protect it. It also includes pitching a tent.[8] All of these are structures built upon the ground; therefore, building them transgresses the *melachah*. All types of landscaping are likewise forbidden.

One who builds a structure on the ground (unlike one who engages in some of the other forms of building that will be discussed below) transgresses the prohibition even if the components of the structure are not tightly joined. All that is necessary is for the structure to be assembled, even if the parts are only loosely joined.[9]

---

6. בשבת דף ע"ג: איתא החופר גומא בשבת ואינו צריך אלא לעפרה פטור עליה, ע"כ. ופי' רש"י בד"ה פטור וז"ל: ואין כאן משום בנין בבית דקלקול הוא וכו', אבל אם היה צריך לה חייב משום בונה, עכ"ל. הרי מבואר מזה דהחופר גומא כדי להשתמש בה חייב משום בונה. ועיין במשנה שבת דף קב: דאיתא הבונה כמה יבנה ויהא חייב הבונה כל שהוא, ע"כ. ובגמרא שם פריך כל שהוא למאי חזיא, ומשני א"ר ירמיה שכן עני חופר גומא להצניע בה פרוטותיו, ע"ש.

7. בירושלמי ריש פרק הבונה איתא: מה בנין היה במשכן, שהיו נותנים קרשים על גבי אדנים, ע"כ. והאור שמח בפרק י מהלכות שבת הלכה יב כתב וז"ל: וע"כ דבעי בנין בקרקע, ומפני שהאדנים קבועים במישור על גבי קרקע הוי כקרקע, עכ"ל.

8. שו"ע סי' שט"ו ס"א, ומ"ב שם.

9. תוספת שבת דף קב: ד"ה האי מאן. וע"ע בציון 23.

C. Repairing or Adding to a Structure

1. Repairing a Structure

Repairing an existing structure is an act of building, and is therefore included in the *melachah* of building.[10] One example would be the repositioning of a beam that has slipped from its proper place; another would be the tightening of a part (e.g. a doorknob) that has come loose.

2. Adding to a Structure

Adding to an existing structure is included in the *melachah* of building.[11] An example would be screwing a doorknob into the door of a house on Shabbos.

Even if the item that is added is not necessary to the actual structure, but is simply an added benefit, it may not be installed. An example of this would be attaching a bookcase to the wall.

a. Torah Prohibition

We stated above that even if one builds a structure without tightly joining its components, he has still transgressed the Biblical *melachah* of building. The same holds true with regard to adding to an existing structure.[12] For example, one who loosely screws a doorknob into a door on Shabbos has violated the Biblical *melachah* of building.

Just as the prohibition against building a new structure applies only when it is a permanent structure, so too with the prohibition against adding to an existing structure — it applies only when the addition is a permanent one.

---

10. בשבת דף קב: איתא דבעל הבית שיש לו נקב בבירתו ואטמו חייב משום בונה, והטעם משום דכל תיקון בבנין אסור משום בונה.

11. כתב במחבר סי׳ שח ס״ט וז״ל: ושל לול של תרנגולים אסור בין ליטול בין להחזיר, דכיון דמחובר לקרקע אית ביה בנין וסתירה, עכ״ל. הרי מבואר מזה דשייך מלאכת בנין כשמוסיף על הבנין דהא דלת הוא הוספה לבנין.

12. פשוט דדיני הוספה לבנין דומין להלכות בנין, וכמו שבבנין עצמו לא בעינן מהדק בחוזק או תקיעה כדי להתחייב משום בונה ה״ה בהוספת בנין אין צריך שיהדק בחוזק או בתקיעה כדי להתחייב.

b. Rabbinic Prohibition

Under Biblical law, if the object one adds to a structure is entirely unsecured, he has not violated the *melachah* of building. The object is not considered a part of the structure; therefore, its addition is not regarded as an act of building.

The Sages, however, prohibited even this. They were concerned that a person adding an unsecured object might inadvertently secure it, thereby transgressing the Torah prohibition.[13] Thus, by Rabbinic law, one is forbidden to insert a doorknob into a door even if he does not secure it with screws, lest he inadvertently come to secure it with screws.

c. Cases in Which One Is Permitted to Attach an Object to a Structure

1) Normal Manner of Use

The prohibition of adding to a structure does not apply when an object is added whose normal use entails removing it from and replacing it upon the structure. One who attaches such an object has simply performed its function, but has not created anything new; therefore, he has not violated the *melachah* of building.[14] An example of this would be replacing a tube that holds toilet paper in its holder that is attached to the wall. Since the tube is meant to be removed and replaced, its replacement is not regarded as adding to the house.

---

13. גזירה שמא יתקע, כדמבואר בשו״ע סי׳ שח סט״ז.

14. כתב במנחת שלמה ח״א דף צח וז״ל: גם מבואר בשו״ע או״ח סוף סי׳ תרכו ובפמ״ג שם א״א ס״ק ח שמותר לפתוח בשבת ויו״ט את הכנפיים שמכסים את הסוכה ומגינים עליה מגשם אם יש להם צירים, אע״ג שהוא עושה ממש תקרה בשבת. וחושבני דה״ה נמי בגשר ממש שאם יש באמצעיתו חלק קטן מהגשר שהוא עשוי לפתיחה וסגירה דשפיר מותר לפתוח ולסגור גם בשבת ואין בזה משום בונה וסותר אם הוא מחובר לצירים, כי החילוק בין מחובר לתלוש הוא רק כמו בספסל שנשמטה אחת מירכותיו דאסור להחזיר במחובר אף על פי שהוא רפוי, אבל לא במה שרגילין תדיר לפרק ולהחזיר ויש לו ציר או בית אחיזה, עכ״ל.

ולפ״ז כתב בספר בנין שבת מלאכת בונה פרק ב סוף ס״ק ז, וז״ל: ודין זה מצוי במתקן לתליית מגבות (towel rack), שתולים את המגבת ע״ג מוט שמחובר בציר מוברג לכותל [מצוי בבתי כנסיות], וכשמחליפים את המגבת פותחים את הציר ותולים מגבת חדשה. ולפי האמור מותר לפתוח את הציר ולהחליף מגבת, עכ״ל.

2) A Flimsy Attachment

Most *Poskim* rule that one is permitted to permanently hang a curtain to close off an open area, provided that the curtain is not properly secured top and bottom. Thus, one may hang a curtain from hooks on the ceiling so long as he leaves the bottom dangling. The reason this is permitted is that the curtain is a loose-hanging, flimsy thing that blows in the least wind and cannot prevent people from passing through. These characteristics prevent it from being considered a part of the structure; therefore, hanging it up on Shabbos cannot be considered an act of building.[15]

3) Decorative Attachments

Most *Poskim* rule that one is permitted to hang even a permanent decoration on a wall on Shabbos. For example, one may hang a tapestry up on hooks that were placed into the wall before Shabbos. We view the tapestry not as a part of the wall but as a separate object decorating the wall.[16]

---

15. רמ״א סי׳ שטו וז״ל: אבל מחיצה הנעשית לצניעות בעלמא שרי ולכן מותר לתלות וילון לפני הפתח אף על פי שקבוע שם, עכ״ל. ועיין במ״ב שם ס״ק ה שהסביר וז״ל: ר״ל שאינו עשוי להסיר משם אלא תלוי שם תמיד אפ״ה חשיב מחיצת עראי כיון שהוא נע ונד ברוח מצויה וגם אינו מעכב לעוברים דרך שם, אבל לחברה למעלה ולמטה ומן הצדדים בענין שאינו ניזוז ממקומו אסור משום בנין, דסתימת קבע הוא, עכ״ל.

ועיין בחזו״א או״ח סי׳ נב ס״ק יג שהעיר על דברי המ״ב וז״ל: והוא תימה, דכיון דקובעו להיות תלוי על צירין הו״ל כתולה דלת על ציריה דחייב משום בונה, ואע״ג דנע ונד למטה מ״מ הוא מתקיים תמיד על ציריו וזהו בנינו להיות תלוי תמיד ונוח לנטותו בכל עת שירצה, ואין מותר אלא בוילון שדרכו לתלותו ולסלקו, וכן פרוכת לדידן מותר שאין אנו קובעין אותה בשבת, עכ״ל, ועי״ש.

ועיין בברכת השבת שכתב לתרץ וז״ל: וליישב דברי הפוסקים צ״ל דשאני דלת שמצד עצמה היא מוצקת וקבועה אלא שנדחפת ע״י הפתיחה משא״כ וילון שנדחף בקל ומצד טיבו הוי עראי, וצ״ב עוד בזה, עכ״ל.

ועיין בספר שלמי ניסן (מלאכת בנין דף רצה) שכתב ביאור בשיטת המ״ב וז״ל: דהמ״ב מיירי כשאינו מהדקו חזק בתוך הכותל, עכ״ל.

16. מג״א הובא במ״ב סי׳ שטו ס״ק ז וז״ל: מותר לתלות בשבת סדינין המצויירים על הכותל לנוי, ואפי׳ לקבעם שלא יהא נזוזים ממקומם גם כן שרי כיון שאין עשויים כלל למחיצה, עכ״ל. ביאור דבריו דכיון דהסדינין אינן אלא לנוי ולא משום מחיצה על כן אינן נעשין חלק מהבנין ומותר להניחם על הכותל אפי׳ באופן שאינם נזוזים. ועיין בחזו״א או״ח סי׳ נב ס״ק יג שתמה על דברי המג״א וז״ל: והיכא שתולה להיות קבוע אין מקום לחלק בין תולה בפתח פתוח או בתולה על הדלת, שהרי לא משום מחיצה אתינן

D. Assembling Movable Utensils

1. Large Utensils

Large utensils (although technically movable) are, because of their great size, halachically regarded as small buildings.*[17] Therefore, with regard to the *melachah* of בּוֹנֶה, they share the law of structures built on the ground. Just as it is forbidden to build a full-fledged structure even if the components are not

---

* A utensil is considered large if it measures 1x1x3 *amos* (cubits). The contemporary equivalent is between 0.33 and 0.57 cubic meters.

עלה אלא משום בנין וכל שקובע הדבר הוי בנין, ובתרומת הדשן שהביא הב״י לא כתב כן, וצ״ע (כוונתו לדברי התרה״ד הובא ברמ״א סי׳ שטו ס״א שכתב ״ולכן מותר לתלות וילון לפני הפתח אע״פ שקבוע שם״), וכן מש״כ המג״א דמותר לתלות סדינים המצוירים לנוי ואפי לקובעם צ״ע, אם קובעם לעולם הרי זה בונה, עכ״ל.

וצריכין לומר דסברת המג״א הוא דהסדינים לא נעשים לחלק מהבנין אלא הם תכשיט להבית, ועדין נחשב דבר נפרד מהכותל, וממילא לא שייך לומר שיתחייב ע״ז משום בנין. וראיתי בספר ברכת השבת סי׳ שטו ס״ק ג שכתב כעין זה וז״ל: ובהסבר דברי הפוסקים נראה דהכא לא הוי כהוספה המבוארת בסי׳ שיג, דהתם הבנין חסר מבלעדי התוספה דהפקק סותם החלון וכל כיו״ב, משא״כ הכא דמיירי באופן שהבנין נשלם, וההוספה היא נוי בעלמא, וגם שאינו מוסיף בדברים שרגילים לבנות בהם אלא ביריעות וכיו״ב, עכ״ל.

וראיתי דבר פלא בספר בנין שבת במילואים למלאכת בונה ס״ג, שכתב ליישב דברי המג״א וז״ל: דזה וודאי שאם מבטל את הפרוכת לבנין לתמיד שפיר אסור משום שמוסיף על בנין, אולם שאני פרוכת וסדינין המצוירין שאינם מחוברים לגוף הבנין והם כלי בפני עצמו ובכה״ג אמרינן שאין דרך לשקע כלי בבנין ולבטלו שם, ולכן אף שקובע את הסדין מכל הצדדים, מ״מ כיון שהסדין הוא כלי בפני עצמו אמרינן שמסתמא אינו מבטל שם לעולם ודעתו להסירו משם כדי לתקן או לכבס או להחליף באחר, וכדרך כלים שבדרך כלל מעבירים אותם ממקום למקום, ולפ״ז מה שהקשה החזו״א על המג״א ״צ״ע אם קובעם לעולם הרי זה בונה״, י״ל דאין הכי נמי אסור לקבוע הסדינין לעולם וכונת המג״א שקובע הסדין בסתמא ובכה״ג אמרינן שבסתמא אין אדם משקע כלי לעולם, עכ״ל.

הרי מבואר מדבריו דגם אליבא דמג״א דמותר לתלות הסדינים זהו דווקא אם אינו קובעם שם לעולם, אבל לכאורה מפשטות לשון הרמ״א משמע שלא כדבריו שהרי כתב הרמ״א בסי׳ שטו ס״א וז״ל: ולכן מותר לתלות וילון לפני הפתח אף על פי שקבוע שם, עכ״ל. והמג״א שם בס״ק ו כתב דכוונת מ״ש ״שקבוע שם״ הוא שתלוי שם תמיד, וע״ז הוסיף המג״א הובא שם במ״ב ס״ק ז דמותר לתלות סדינין על כותל לנוי, וממילא מוכח דמיירי אפי׳ אם הוא קובע הסדינין לתמיד על הכותל, דאף על פי כן מותר, שלא כהבנת הבנין שבת. וההסבר בזה למה אין כאן איסור בנין הוא כמו שכתבנו לעיל, דהסדינין עדין נחשבים דבר נפרד הגם שהם על הכותל וממילא לא שייך ע״ז איסור בנין.

17. מ״ב סי׳ שיד ס״ק ב.

tightly joined, so too is it forbidden to assemble a large utensil even if the components are not tightly joined. For example, if the sliding door of a large bookcase slips off its track, it may not be reinserted. Since a bookcase is a large utensil, adding even a loosely fitted door to it violates the *melachah* of building.

2. Small Utensils

a. Torah and Rabbinic Prohibitions

Assembling small utensils is forbidden under the *melachah* of building. However, the law of small utensils differs from the law of large utensils in the following manner: One is Biblically forbidden to assemble large utensils even if the parts are not tightly joined. The Biblical prohibition against assembling small utensils, however, applies only if the parts *are* tightly joined.[18] Accordingly, one who inserts a tightly fitting

---

18. בענין בנין וסתירה בכלים פליגי הראשונים, ונבאר בקיצור השיטות בזה ואיך פסקינן למעשה. במסכת ביצה דף י וכב נחלקו בית שמאי ובית הלל אם יש איסור מלאכת בנין בכלים, ב״ש סובר דיש בנין בכלים וב״ה סובר דאין בנין בכלים, והלכה כבית הלל שאין בנין בכלים. ופליגי הראשונים בהא דקי״ל אין בנין בכלים אם זה נאמר בכל האופנים או דילמא יש אופנים שאפי׳ בית הלל מודים שיש בנין בכלים. שיטת רש״י בשבת דף מז. ד״ה חייב, ובדף עד: ד״ה חבית ובעוד מקומות שאין איסור בונה מן התורה בכלים בכלל, וממילא העושה כלי בשבת חייב משום מלאכת מכה בפטיש.

אמנם תוס׳ חולקים ע״ז, דעיין בתוס׳ בשבת דף עד: ד״ה חביתא (על דברי הגמרא שם שהעושה חבית בשבת חייב ז׳ חטאות) וז״ל: פירש רש״י דמשום בונה לא מיחייב דאין בנין בכלים, ואין נראה דדוקא במחזיר מטה ומנורה של חוליות אמרינן דאין בנין בכלים אבל כשעושה לגמרי כל הכלי מיחייב משום בונה, עכ״ל. הרי מבואר מדברי התוס׳ דכשעושה כלי מתחילה חייב משום בונה (ויתכן שיש כמה שיטות תוס׳ בזה, כמו שיתבאר).

וכשיטת התוס׳ כן כתב ברמב״ן בשבת דף קב: וז״ל: דכי אמרינן אין בנין בכלים הני מילי בכלי שנתפרק כגון מנורה של חוליות, אבל הכא עושה כלי או מתקן כלי מתחילתו אין לך בנין גדול מזה, ואין זה נקרא בנין בכלים שהרי אינו כלי, אבל עושה כלי מיקרי. ואפשר לפי דעתי זו שכל כלי שצריך אומן בחזרתו מיחייב משום בונה, דה״ל כעושה כלי מתחילתו שהרי משעה שנתפרק ואין ההדיוט יכול להחזירו בטל מתורת כלי, עכ״ל. וכדברי הרמב״ן כתב ג״כ הרשב״א שם.

ועיין בשו״ת אג״מ או״ח ח״א סי׳ קכב ענף ה שהסביר שיטת ראשונים אלו וז״ל: והטעם, משום דהקרקע יש חשיבות מלאכה דבונה בכל משהו שעושה שמדבר המיטלטל מחברו להיות קבוע, וכן הוא בכלי גדול שחשוב כאהל ודבר קבוע מחמת גדלו הוי כל משהו שהוסיף בנין, וכשנוטלו הוא סותר בכל משהו, שסותר הקביעות שעשה. אבל בכלים קטנים שאינם קבועין אין שום חשיבות מלאכה על מה שמוסיף אף שנקבע

broomstick into a broom, or a tightly fitting table leg into a tabletop, has violated a Torah prohibition. One who simply inserts the broomstick or table leg loosely has not violated a Torah prohibition.

However, by Rabbinic law one is forbidden to join the parts of small utensils even in a loose manner. The Sages feared that one engaged in loosely joining the parts of utensils might inadvertently come to join them tightly, which would violate the *melachah* of building. They therefore enacted a prohibition against assembling small utensils even if the parts

---

לכלי, שלא נתחדש איזה חשיבות על הדבר שהרי הוא מיטלטל כמתחילה, וגם אין חשיבות מלאכה על מעשיו מאחר שבלא מעשיו נמי היה בשם כלי. אבל היכא שבמעשיו נעשה בשם כלי, כגון בעשה כלי מתחילתו או שנתפרק באופן שצריך אומן להחזירו שבטל מתורת כלי, הרי יש כאן חשיבות מלאכה גדולה על מעשיו, שהרי ממעשיו נעשה כלי ואין לך בנין גדול מזה, עכ״ל.

עכ״פ מבואר מדברי התוס׳ בדף עד: ומהרמב״ן והרשב״א דכשעושה כלי מתחילתו אמרינן יש בנין בכלים.

אמנם יש לעיין בדברי התוס׳ בדף קב: ד״ה האי מאן, אם כוונתם לחלוק על התוס׳ בדף עד: דכתבו שם וז״ל: ואע״ג דקיי״ל אין בנין בכלים, אור״י דהיינו דוקא בהחזרת בתי תריסין או במנורה של חוליות אבל בבנין גמור מיחייב בכלים כמו בקרקע, כדאמרינן ס״פ כירה וכו׳. ואין חילוק בין כלים לקרקע אלא במקום שאין חיזוק ואומנות, דבכלי לא חשיב בנין ובקרקע חשיב בנין, עכ״ל. לכאורה מבואר מתוס׳ דכדי להתחייב בכלים משום בעינן שיעשה הכלי ע״י חיזוק ואומנות דדוקא זה נקרא בנין גמור, וכל שאינו נעשה בחיזוק ואומנות לא נקרא בנין גמור ולפיכך אינו חייב משום בנין, אולם בתוס׳ בדף עד: וברמב״ן ורשב״א שם לא נזכר כלל הך מילתא לחלק בין דבר דאית בי׳ חיזוק ואומנות לדבר דליכא בי׳ חיזוק ואומנות, שהרמב״ן שהבאנו לעיל כתב וז״ל: אבל לעשות כלי לכתחילה אין לך בנין גדול מזה, ע״כ.

והנפקא מינה בין תוס׳ בדף קב: לתוס׳ והרמב״ן והרשב״א בדף עד: הוא במי שעושה כלי מחדש שלא ע״י חיזוק ואומנות, דדעת התוס׳ בדף עד: ושאר ראשונים יהיה דחייב משום בנין, משא״כ אליבא דתוס׳ בדף קב: לא יהיה חייב כיון שהכלי נעשה בלא חיזוק ואומנות.

ועוד יש לעיין בדברי התוס׳ שם בדף קב: שכתבו ״ואין חילוק בין כלים לקרקע אלא במקום שאין חיזוק ואומנות, דבכלי לא חשיב בנין ובקרקע חשיב בנין״ אי כוונת תוס׳ דבעינן להנך תרי מילי אומנות וחיזוק כדי להחשב בנין בכלים, או דילמא סגי בחד מינייהו, ר״ל דאם עושה הבנין או בדרך חיזוק או בדרך אומנות יש תורת בנין עלה.

ועיין בספר בנין שבת (מלאכת בנין פרקים ד־ה) שהאריך להגדיר מה נקרא חיזוק ואומנות, עיי״ש.

ולהלכה למעשה פסק המחבר בסי׳ שיד ס״א דבבנין גמור בכלים חייב משום בונה.

XXX: BUILDING 411

are not tightly joined.[19] It emerges that one who loosely inserts a broomstick into a broom, or a table leg into a tabletop, has violated Shabbos law.

b. Cases in Which Assembling Small Utensils Is Permitted

1) Where the Parts of the Utensil Are Never Tightly Joined

In the case of a small utensil whose parts are not made to be tightly joined, one is permitted to reassemble it on Shabbos. Since the pieces of this utensil are never attached firmly, they are not regarded as a single object; therefore, assembling them does not violate the *melachah* of building.[20]

An example would be threading a pendant onto a necklace or hanging the door of a small cabinet whose door is made to hang loosely on pegs. [Even in this case, one is permitted only to reassemble a utensil that was disassembled. One is not permitted, however, to assemble a loose-fitting utensil for the first time on Shabbos, for this would violate the *melachah* of *makeh b'patish.*]

2) Where the Utensil Is Made to Be Disassembled and Reassembled

Some authorities maintain that where a utensil's normal use involves taking it apart and then putting it together again, one is permitted even to tightly join its parts.[21] For

---

19. שו״ע סי׳ שיג ס״ו. וטעם האיסור כתב המ״ב שם בס״ק מא בשם הר״ן דגזירה הוא שמא יתקע בחוזק. ועיין ברמב״ם בפכ״ב מהלכות שבת הלכה כו שכתב דטעם האיסור הוא משום דמיחזי כבונה.

20. שו״ע סי׳ שיג ס״ו.

21. הט״ז בסי׳ שיג ס״ק ז, הובא במ״ב ס״ק מה, כתב דכיסוי הכלים המוברגים בשרוי״ף (screw) שעיקר תשמישו הוא ע״י פתיחה וסגירה תמיד, לא מיקרי גמר מלאכה אף אם הוא תוקע בחוזק השרוי״ף, עכ״ד. הרי מבואר מדברי הט״ז דדבר שעיקר תשמישו הוא ע״י פירוק תמיד לא חשוב מכה בפטיש כשחוזר ומרכיב הכלי. והפמ״ג במשבצות זהב בסי׳ שיג ס״ק ז כתב דכלים שאי אפשר להשתמש בהם כי אם ע״י פירוק והידוק, לאו מכה בפטיש וגם לא בונה הוא, דעשוי מתחילה לכך. הרי שהוסיף הפמ״ג דגם מלאכת בנין לא שייך בכלי שעיקר תשמישו הוא ע״י פירוק והידוק.

ועיין במנחת שלמה ח״א דף ע שכתב להסביר דברי הט״ז וז״ל: בכה״ג שדרך תשמישו של הכלי הוא שרגילים גם לפרק אותו מרצון הטוב אז אין בהחזרתו משום מתקן,

example, since a salt shaker is made to be opened and closed, one is permitted to screw its cover on tightly. Because this is the utensil's normal use, it is not regarded as "building."

c. Attaching a Small Utensil to a Structure

Attaching a small utensil to a structure is regarded as building the structure itself. This has ramifications in the case of a utensil whose parts are always loosely joined, but which is attached to the wall of a building. Although assembling a small utensil that is made to be joined loosely is generally

---

ואמרינן דגם בשעה שהכלי מפורק חשיב כשלם ואינו מחוסר כלל שום תיקון כיון שהפירוק נעשה מרצון וכך הוא דרך תשמישו, ובכה״ג חשיב כמשתמש בכלי ולא עושה כלי חדש, עכ״ל. ומסיק שם המנחת שלמה דלפיכך מובן מדוע מותר להדק ולפרק בקבוק תינוק, מלחיה (salt shaker) וכדומה, משום דבכל הני עיקר שימושם הוא ע״י הידוק ופירוק וממילא בכה״ג חשיב משתמש בכלי ולא בונה או מכה בפטיש.

ולפי דברי הגרש״ז זצ״ל נראה, דכלי כלי שעשוי לפתיחה ולסגירה וכך הוא דרך שימושו של הכלי מותר לסוגרה בשבת אפי׳ לכמה ימים, דכיון שזו צורת השימוש הוה הסגירה השתמשות ולא עשיית כלי, ולא בעינן שאם סוגר הכלי שיהיה צריך לפתוח אותו בשבת. ויש כמה ראיות לזה: א) דבשש״כ פי״ג הלכה כח כתב בשם הגרש״ז זצ״ל דבשעה שזרם החשמל מופסק מותר להוציא את התקע מן השקע כדי שהאור לא יידלק עם חיבורו מחדש של זרם חשמל, אלא שיעשה כן כלאחר יד, והא לכאורה התקע הוא מחובר להשקע כבר כמה ימים ואף על פי כן מותר להוציא ואין כאן שאלה של סתירה. והטעם בזה דכיון דכן הוא דרך השתמשות אין זה נכלל במלאכת בנין וסתירה. ב) במנחת שלמה ח״א סי״ג כתב שמותר לפרק ולהבריג מחדש את הבורג בשעון שבת כדי לאחר את שעת הכיבוי, עי״ש. והתם לכאורה הבורג ודאי נשאר עד שבת הבאה ולפעמים לזמן רב ואף על פי כן כתב הגרש״ז דמותר להוציא ואין זה אסור משום מלאכת סתירה.

אמנם החזו״א בס׳ נ אות ט חולק על ביאורו של המנחת שלמה בדברי הט״ז בההיתר של כיסוי כלים וז״ל: והא דכתבו הט״ז והמג״א בסי׳ שיג דמותר לתקוע את כיסוי הכלי כיון שעומד לסגור ולפתוח היינו דוקא בכיסוי שאין סתימת הכלי בנין אלא שימוש, דכלי סתום לעולם אינו כלי, וכל ענין הכלי הוא להיות פתוח ולשמש בו ולכסותו שלא בשעת שימוש, והלכך אין הכיסוי והכלי כחד אלא שני גשמים משתתפים בשימוש, אבל הרכבה הדרושה לשימוש כמו קנה של סיידין ומטה של טרסיים וזרם חשמל, אף תיקון לשעה חשיב בונה, עכ״ל. הרי מבואר בדברי החזו״א דההיתר של כיסוי כלים הוא דוקא בכיסוי ולא סתם היתר בכלי שאופן ההשתמשות בו הוא לפרק ולהחזיר, דאז אכן אסור משום בנין או מכה בפטיש.

ועיין במנחת שלמה ח״א דף ק שנתקשה בדברי החזו״א אלו, וכתב דלפי דבריו יהיה אסור להשתמש בשבת במנעול שהוא מורכב משני חלקים אשר כל חלק לבדו אינו ראוי לכלום, וכמו כן יהיה אסור לכסות מכסה של מלחיה וכדומה כיון שהשימוש הוא רק ע״י שניהם יחד.

permitted, in this case it would be forbidden, for by assembling the utensil, one is adding to the building (which is prohibited even if the added object is not firmly attached). Accordingly, if a loose-fitting sliding door comes off the track of a small bookcase attached to the wall of a house, one may not reinsert it. Since the bookcase is attached to the building, it is regarded as a part of the building; by reinserting the door one is adding to the building.

3. Utensils That Fold and Unfold

Utensils that come preassembled and need only to be unfolded before using may be unfolded on Shabbos. Since the act of unfolding does not involve joining parts, it does not fall under the *melachah* of building, and is therefore permitted.[22] Accordingly, one is permitted to set up folding beds, chairs and tables on Shabbos, as well as strollers, playpens and the like. [Note, however, that in the case of certain large utensils, unfolding them may be regarded as creating an *ohel*, which is forbidden on Shabbos. See Chapter XXXI for details.]

V. Practical Applications of the Prohibition to Improve the Ground on Shabbos

A. Sprinkling Sand on Mud

Sprinkling dry sand on a muddy patch of earth on Shabbos is prohibited. Because the sand becomes a part of the ground and is intended to improve the ground, sprinkling it is a form of building.[23] This is forbidden even if the person intends to remove the sand later, for we fear that he will end up leaving it there permanently.

---

22. שו״ע סי׳ שטו ס״ה.

23. המחבר בס׳ שיג ס״י כתב וז״ל: חצר שנתקלקלה במימי גשמים יכול לזרות בה תבן ולא חשיב כמוסיף על הבנין, עכ״ל. ופי׳ המ״ב בס״ק נה וז״ל: משום דלא מבטל ליה התם דחזי למאכל בהמה או לטיט, אבל דבר דמבטל ליה התם כמו טיט וחול וצרורות אסור דאיכא משום אשווי גומות, ודוקא הכא שבא לתקן החצר אסור דדמי לבנין אבל בענין אחר כמו שנוהגין לפזר חול בבוקר בבית כדי לכסות הרוק שרי דהא שרי לכסות הרוק באפר, כמש״כ סוף סי׳ שי כיון שאינו מכוין לבנין, עכ״ל.

One is permitted to sprinkle sand over patches of ice in order to prevent a person from slipping on it.[24]

VI. Practical Applications of the Prohibition to Add to or Repair an Existing Structure on Shabbos

A. Attaching Objects to Walls

1. Pounding Nails Into the Wall

One is forbidden to pound nails into the wall on Shabbos for two reasons: (a) because by doing so one adds to the building, and (b) because it is forbidden to make holes in a structure on Shabbos.[25]

2. Attaching Hooks to a Wall

The act of attaching a hook to a wall is one of adding to the structure; therefore, it falls under the *melachah* of building. It makes no difference whether the hook is screwed into the wall

---

24. שש״כ פרק כז סעי׳ יז וז״ל: וכן מותר לפזר אפר או חול שאינם מוקצה, כגון שהכין אותם מבעוד יום לשימוש זה, במקום שנתכסה קרח והוא חלק, כדי למנוע החלקת ההולכים שם, עכ״ל. ושם בהערה מט ציין לדברי המ״ב סי׳ שיג ס״ק נה, וכוונתו דכמו שמותר לכסות רוק או צואה ה״נ מותר לכסות הקרח או השמן.

וראיתי בספר בנין שבת פרק א שכתב לתמוה על דברי השש״כ וז״ל: ולענ״ד יש לחלק טובא, דשאני רוק או צואה שנמצאים במקום קטן ומסויים מתוך כל החצר, ואילו החצר אינה מקולקלת כלל ואפשר להלך בה כרגיל, ולכן כשנותן עפר על גבי הרוק אינו מתכוין לתיקון החצר אלא לכיסוי הרוק (ואין הכי נמי אם כל החצר נתמלאה בצואה אסור לפזר חול, דומיא דחצר שנתקלקלה במי גשמים). משא״כ ברחוב שנתכסה קרח או שמן ואי אפשר להלך בכביש כרגיל דמי ממש לחצר שנתקלקלה ממי גשמים, ונמצא שבכיסוי הקרח הוא מתקן הכביש שיהיה אפשר להלך בו, עכ״ל, עי״ש. ועיין בספר שלמי ניסן פרק הבונה דף שג שכתב לתרץ בשם הגר״י נויבירט וז״ל: דבחצר אסור ליתן חול דנחשב כמתקן החצר שכן מתקנים החצר שמגביה אותה ע״י עפר ונחשב תיקון בקרקע גופא ואסור, משא״כ ברחוב שאין דעתו להוסיף על הרחוב ורק רוצה שלא יחליקו וכדומה אין זה נחשב כמוסיף על הרחוב ומותר, כמו שכשמכסה הרוק אינו נחשב תיקון שאינו מגביה החצר אלא רוצה שלא יראה הרוק, עכ״ל.

25. המ״ב בסי׳ שיד ס״ק ח כתב וז״ל: העושה נקב כל שהוא בין בעץ בין במתכת בין בבנין בין בכלים הרי זה תולדת מכה בפטיש וחייב, עכ״ל. אמנם עיין בקצות השלחן סי׳ קיט סעיף ב וז״ל: התוקע יתד בכותל לתלות בו כלים וכיוצא בזה חייב משום בונה, עכ״ל. ועיין בשש״כ פכ״ג הערה קכ בזה.

or is attached with a nail or glue. In all cases, it is forbidden.[26]

The same is true of rubber, adhesive-backed doorstops. One may not stick them onto the wall on Shabbos.[27]

3. Pressing Thumbtacks Into a Bulletin Board

One may not press thumbtacks into a bulletin board attached to the wall on Shabbos. Since the bulletin board is attached to the wall, it is a part of the structure; therefore, one who presses a thumbtack into it has added to a structure on Shabbos.[28]

4. Replacing the Rod of a Shower Curtain

It is forbidden to reattach the rod of a shower curtain to the wall on Shabbos, for by doing so one adds to the structure.[29]

5. Replacing the Cover of a Baseboard Heater

It is forbidden to replace the cover of a baseboard heater on Shabbos. Since the heater is attached to the wall, it is a part of the structure; therefore, one who replaces the cover has added to a structure on Shabbos. Similarly, if the cover is loose, one may not tighten it on Shabbos. This falls into the category of repairing an existing structure.

6. Hanging a Picture on the Wall

According to many *Poskim*, one is permitted to hang a picture* on the wall on Shabbos, provided that the nail from which it is being suspended was already in the wall before Shabbos. Since the picture is being hung strictly for decorative purposes,

---

*Of course, the picture must not fall into the category of *muktzeh*.

---

26. עיין ציון 25.
27. שלמי ניסן דיני בנין המצויים הלכה א.
28. כן שמעתי מהגאון ר׳ פסח אליהו פאלק שליט״א.
29. פשוט שאסור לתלות וילון מסביב לאמבטיה, דזה נחשב כמוסיף על הבנין.

it is regarded as a separate object, and not as something added to the structure.[30]

7. Towel Rack — Toilet-Paper Holder

In the case of a towel rack whose bar is made to be removed and replaced, one is permitted to remove the bar, change the towel, and return the rack to its holder. Since this is the normal use of this utensil, it is not a violation of the *melachah* of building.[31]

The same holds true with regard to a toilet-paper holder. One is permitted to remove and replace the bar in order to change the roll of paper.

8. Child-Safety Gates

Child-safety gates that fit into tracks attached to the wall are made to be removed and replaced; therefore, their insertion is not included in the *melachah* of building. Accordingly, one is permitted to insert these gates into their tracks on Shabbos.

B. Doors and Windows

1. Using a Door That Came Off Its Hinges

A door that came off its hinges may continue to be used on Shabbos — that is, one using the doorway may move the unattached door out of the way to pass through and then replace it in the doorway after he has passed. Although one is generally

---

30. זה שכתבנו שמותר לתלות תמונה על הקיר אם המסמר תקוע מבעוד יום בכותל היינו על פי שיטת המ״ב בסי׳ שטו ס״ק ז שהבאנו בציון 16 שפסק שמותר לתלות סדינים המצוירים על הכותל לנוי ואפי׳ אם קובעם שלא יהיו נזוזים, דמאי שנא תמונה מסדינים. אמנם בשיטת החזו״א שהבאנו שם שחולק על המ״ב וסובר דאסור לתלות וילון יש לחקור אם תלית תמונה על הקיר שאני ומותר, וכדי לפתור שאלה זו יש לעיין למה באמת סובר החזו״א דאסור לתלות סדינים, ונעתיק דבריו בזה וז״ל: צ״ע אם קובעם לעולם הרי זה בונה, וצריך לומר גם כן בעשוי לתלותם ולהסירם או שתלאן רפוי שנוח להסירן וממילא דרכן להסירן, עכ״ל. הרי מבואר מדברי החזו״א דמותר לתלות סדינים על הכותל רק באופן שהדרך הוא לתלותם ולהסירם אבל אם קובעם לעולם אסור, וא״כ לכאורה בתמונה שאין הדרך לתלותם ולהסירם צריך להיות אסור לתלותה בשבת, וגם לפי מה שהוסיף החזו״א שם שכתב שאם תלאן רפוי ממילא דרכן להסירם, יש לאסור לתלות תמונה כיון שאין הדרך להסירה כלל ואפי׳ אם התמונה תלויה רפוי על הכותל.

31. כן פסק הגאון ר׳ שלמה זלמן אויערבאך זצ״ל, הובא בספר שלמי ניסן דיני בנין המצויים הלכה ז. ועיין ביאור דין זה בספר בנין שבת פ״ב ס״ק ז.

not permitted to attach an object loosely to a structure on Shabbos, this case is different, since the door is made for the purpose of being removed from and replaced in the doorway.

It follows that only an actual door may be used in this manner. One may not take a mere piece of wood (e.g. a sheet of plywood) and use it to close off the doorway. Since the wood is not made to serve as a door, its placement in the doorway resembles an act of building.[32]

2. Replacing a Door That Came Off Its Hinges

One is forbidden to reattach a door that came off its hinges, for by doing so he is adding to the structure. Even if the door can simply be slipped onto the hinge without screwing the hinge into the wall, it is still forbidden.[33]

3. Doorknob

It is forbidden to tighten the screws of a loose doorknob on Shabbos. It is also forbidden to replace a doorknob on Shabbos, even if it is merely inserted into the door without being screwed in.[34] However, one is permitted to insert a screwdriver (or some other metal rod) into the hole of the doorknob, and use it to open the door.

4. Mezuzah Fell Off the Doorpost

If a *mezuzah* fell off the doorpost, it may not be replaced on Shabbos. This refers both to the *mezuzah* holder, and to replacing the *mezuzah* itself inside its holder.[35]

---

32. עיין מ״ב סי׳ שיג ס״ק לא-לג.

33. שו״ע סי׳ שח ס״ט.

34. בנין שבת [מהדורה חדשה] מלאכת בנין דף נד, שא.

35. עיין בשש״כ פרק כג הערה קא וז״ל: ובדבר מזוזה שנפלה בשבת מן המחובר, לענין טלטולה ולהחזירה למקומה בשבת, אם משתמש במסמרים או בנעצים ודאי דאסור, ואם רק מכניסה לחור מוכן שבדלת או לתוך שפופרת מוכנה שבדלת עיין שדי חמד מערכת מ כלל קטו ד״ה אמנם, שדן משום תיקון כלי, ולפי דברינו להלן פכ״ד סעיף כט יש לדון משום בונה שמוסיפה על הבנין, עכ״ל. ועיין בספר שלמי ניסן מלאכת בנין דף שו הערה 68 שכתב וז״ל: הנה זה פשוט דאם נפל כל הבית מזוזה (case) ורוצה לקובעו שוב ודאי דאסור, אלא אפי׳ בגוונא דהבית מזוזה נשאר מחובר ורוצה רק להכניס המזוזה אסור דהוי כמוסיף על הבנין וכו׳, ואפי׳ אם רק מכניס המזוזה לתוך החור שבתוך הכותל ג״כ נראה דאסור, עכ״ל.

5. Covering a Broken Window

One is prohibited to cover a broken window with a piece of plywood or a sheet of metal on Shabbos even as a temporary measure. We fear that one might come to leave the covering there permanently, in which case he will have violated the *melachah* of building. However, one is permitted to cover the window with a cloth, provided that he does not attach the cloth with nails and that he intends it as a temporary measure.[36]

6. Replacing Window Shades or Blinds

According to some authorities, one may reinsert a window shade or a set of blinds into their brackets on Shabbos if they are of the sort that slip easily in and out of the brackets.* If, however, they are of the sort that fit tightly into the brackets, they may not be replaced on Shabbos.[37]

7. Window Screen

If a screen falls out of the window, it may not be replaced in the window on Shabbos. Since a screen is not made to be removed and replaced, it is regarded as a part of the building; therefore, one who replaces it has added to the structure on Shabbos, which is forbidden.[38]

C. Toilets, Sinks, Drains

1. Replacing the Toilet Seat

If the toilet seat was detached from a toilet it may not be

---

*Even these authorities permit one only to replace the shade in its bracket, but not to hang it initially on Shabbos.

---

36. שש״כ פכ״ג הלכה לו.

37. שו״ת אג״מ או״ח ח״ה סי׳ כא ענף ו. אמנם עיין בחזו״א או״ח סי׳ נב ס״ק יג שמבואר מדבריו שאסור לתלות תריסים windowshades בשבת, והבאנו דבריו. ולכאורה לפי שיטת המ״ב בסי׳ שטו ס״ק ז שהבאנו לעיל בציון 20 מותר לתלות windowshade בשבת.

38. פשוט, דכיון דאין מסירים הרשת screen אלא לעיתים רחוקות לכן נחשב חלק מהבנין, ואסור להתקינו בשבת.

reattached on Shabbos.[39] Furthermore, one is forbidden even to replace it without attaching it (i.e. to lay it on top of the toilet without snapping it into its holes or tightening its bolts).[40] If, however, no other toilet facilities are available, one is permitted to replace the seat without attaching it.[41]

2. Removing the Lid That Covers the Toilet Tank

It is permitted to remove and replace the lid that covers the toilet tank on Shabbos, provided that it is of the type that protrudes over the top of the tank.[42]

3. Repairing a Toilet

If a lever in the toilet tank slipped from its place, it may not be repaired on Shabbos. Similarly, if the chain of the stopper became unhooked from the lever, it may not be hooked on again on Shabbos.

Because the toilet is attached to the building, it is regarded as part of the building; therefore, these repairs fall into the category of firmly attaching objects to a structure, which is forbidden by Biblical law. Accordingly, these repairs are prohibited even if there are no other toilet facilities available.

Note, however, that one is permitted to flush the toilet by

---

39. דהוי בונה במחובר לקרקע דאסור.

40. זה אסור משום גזירה שמא יתקע בחוזק.

41. כן נראה, דבמקום כבוד הבריות לא גזרו בו רבנן.

42. בשש״כ פכ״ג הלכה מ כתב וז״ל: מיכל המים שדרכו עוברת אספקת המים של הבית, אם מכסהו מותקן על מעין שפתים בולטות מותר לפתוח אותו, ולכאורה ה״ה בכיסוי שעל גבי מיכל המים של אסלת בית הכסא, עכ״ל. ובהערה קכז כתב בשם הגרש״ז זצ״ל וז״ל: דגם מכסה זה שעשוי לכסות את המיכל, אם השפתים בולטות וניכר המכסה, דין כיסוי שיש לו בית אחיזה יש לו, ולפיכך מותר אפי׳ במחובר ומחזיק מ׳ סאה, עכ״ל.

ועיין בספר מגילת ספר, פרק טז ס״ק ז, שהקשה מהמג״א דהא דשרי פקק החלון הוא דוקא אם הוא עשוי להפתח ולהסגר תדיר אבל אם נפתח לעיתים רחוקות אסור, ולפ״ז צריך להיות אסור גבי כיסוי המיכל דכיון שפותחים אותו רק לעיתים רחוקות צריך להיות אסור לפותחו, עי״ש.

אמנם עיין בתיקונים ומלואים פכ״ג הערה קכד שהגאון ר׳ שלמה זלמן זצ״ל כתב וז״ל: ולכן אף שהפתיחה היא רק לעיתים רחוקות, אבל הואיל והמיכל הוא כעין כלי וגם המכסה שעליו מותקן על שפתים בולטות, הרי שבדבר הניכר שאינו בטל לקרקע ותפקידו לפתיחה ולסגירה, אף שמשתמש בו רק לעיתים רחוקות מותר להשתמש בו ואין בו משום בונה וסותר, עכ״ל.

reaching into the tank and lifting up the stopper. If one's toilet chain comes unhooked on Shabbos, the toilet can be flushed in this manner.

4. Using a Plunger on a Toilet or Sink

a. Where the Blockage Is Easily Removed

The authorities disagree as to whether one is permitted to use a plunger on a clogged toilet on Shabbos. Some *Poskim* rule that it is forbidden. They reason that since the blockage renders the drainpipe unusable, the drainpipe is considered to be "broken"; hence, once who clears the blockage has repaired a structure, which violates the *melachah* of building. Alternatively, one who clears the blockage is regarded as having created a new drain. This violates the *melachah* of *makeh b'patish* (מַכֶּה בְּפַטִּישׁ).

However, other *Poskim* maintain that using a plunger is permitted on Shabbos. They reason that since a blockage does not represent an inherent problem with the toilet, it does not cause the toilet to be regarded as "broken"; therefore, its removal is not regarded as an act of repair (or creation). These *Poskim* argue further that even if one rejects this reasoning, and insists that a blockage does cause a toilet to be regarded as broken, one must surely admit that this is not the case where the blockage is easily removed (i.e. by using the plunger a few times). In this case, the blockage certainly does not cause the toilet to be regarded as broken; therefore, one is permitted to clear it with a plunger on Shabbos. [It should be noted that even those authorities that permit the use of a plunger on Shabbos do not permit the use of a snake (a flexible cable used to clear pipes).][43]

---

43. המקור לשאלה זו הוא בגמ׳ כתובות דף ס. דאיתא שם דצינור שעלו בה קשקשים ממעכן ברגלו בצינעא בשבת ואינו חושש, מ״ט מתקן כלאחר יד הוא ובמקום פסידא לא גזרו בה רבנן. וכן פסק המחבר בשו״ע סי׳ שלו ס״ט. ועיין בספר שביתת השבת במלאכת קוצר בב״ר ס״ק יח שכתב שאם מסיר הקשקשים בדרך הרגיל עובר על איסור בונה מן התורה. וכ״כ בתהלה לדוד סי׳ שלו ס״ק ז, ובאגלי טל מלאכת אופה ס״ק מד, אמנם הפמ״ג במשב״ז בסי׳ שלו ס״ק ט כתב דתיקון הצינור כדרכו אינו אלא איסור דרבנן, וכ״כ בערוך השלחן סי׳ שלו סעיף כה.

ולכאורה לנקות את בית הכסא ע״י משאבת (pluger) לכאורה יש ראיה מהגמרא

Since this dispute involves a possible Torah prohibition, one should not rely upon the lenient view if there are other

---

לאיסור, דכל הטעם שמותר להסיר הקשקשים שעלו בצינור הוא משום שעושה כלאחר יד אבל בציור של בית הכסא שמשתמש במשאבת הרי זה האופן הרגיל, ולכאורה צריך להיות אסור מן התורה משום תיקון מנא או בונה, וכן נקט בפשיטות הגאון ר׳ שלמה זלמן אויערבאך זצ״ל, הובא בשש״כ פי״ב הערה נ, אלא שלבסוף כתב לחלק בין ציור זה להציור של צינור שעלו בה קשקשים, ונביא דבריו לקמן.

ועיין בשו״ת אג״מ או״ח ח״ד סי׳ מ וז״ל: וכשנסתם הכיור בשבת אם מותר לקחת כיפת שאיבה ולנקותו, נראה לענ״ד דאם הוא דבר המצוי אין זה ענין קלקול ותיקון ויש להתיר גם בכיפת שאיבה, דהא מיוחד לכך והוי זה רק כהדחת כלים לצורך שבת, אבל אם אינו מצוי יש להחשיב זה כתיקון קצת אף אם אין צורך לאומן, שלכן בכיפת שאיבה אסור אף אם לא נסתם ממש שיוצאין המים מעט מעט שהרי אינו מיוחד שוב לשבת וגם יש להצריך לעשות שלא כדרך שמנקין, ואם נסתם לגמרי שהוא תיקון ממש כעשיית פתח יש לאסור לגמרי, אך אם יש צורך גדול יש להתיר ע״י נכרי, עכ״ל. הרי לכאורה מבואר מדברי מרן זצ״ל דאם הקלקול אינו מצוי אסור בכל אופן לתקנו.

ובשו״ת מנחת יצחק ח״ה סי׳ עה כתב להקל בשעת הדחק, וטעמו משום כבוד הבריות משום דלהסיר הקשקשים אינו אלא איסור דרבנן ואיסור דרבנן מותר במקום כבוד הבריות, ועוד כתב שם דכיון דלא נסתם בחוזק אולי אין כאן אפי׳ איסור דרבנן. ובמנחת יצחק ח״ו סי׳ כט כתב עוד בשאלה זו, דאפי׳ לשיטות הסוברים דהסרת קשקשים הוא איסור מן התורה, היינו רק באופן שנסתם בחוזק וממילא אמרינן דנתבטל הכלי משא״כ בהנידון של בית הכסא שאינו נסתם בחוזק כ״כ כיון ששוטפים אותו בכל עת א״כ אין כאן אפי׳ איסורא דרבנן. ועוד כתב סברא להתיר דאפי׳ אם יניח המפריע בהברז של בית הכסא יתוקן הדבר מאליו, נמצא דלא הוי סתימה מעלייתא. ועי״ש עוד בחלק ז סי׳ יט דמבואר מדבריו דבאמת בסתימה מעלייתא יש לאסור, ואף בסתימה שאינה חזקה כ״כ כתב דלכתחילה יעשה זה ע״י עכו״ם, ואם אי אפשר ע״י עכו״ם יעשה בשינוי (כגון בשתי ידיו). ועיין בשו״ת באר משה ח״א סי׳ כט ובח״ג סי׳ ע ומבואר מדבריו דכיון דאין זה סתימה ממשית כי אם מניעה בעלמא מותר להשתמש בזה בכיפת שאיבה. ובשו״ת אהל ישכר סי׳ כא כתב שאם נסתם לגמרי באופן שאינו ראוי לתשמישו לגמרי אסור לתקנו.

וז״ל השש״כ פי״ב הלכה יז: נסתם כיור המים מותר לנקותו בעזרת משאבת גומי ביתית (ולא של אומן) כשיש צורך גדול בכך, עכ״ל. ועי״ש בהערה נ שהביא מהגאון ר׳ שלמה זלמן זצ״ל וז״ל: ועיין בסי׳ שלו ס״ט, ומשמע דאינו מותר אלא כלאחר יד, וי״ל דסתימת כיור דומה לבקבוק שנסתם צוארו דמסתבר שמותר להוציא את הסתימה אף אם הבקבוק מחובר לקרקע וכו׳, מ״מ בני״ד כיון שאינו גורף רק דוחף את החומר הסותם ומחזיר את הצינור למצב המאפשר שימוש תקין בו, קיל טפי, והרי זה דומה למי שמנקה שפופרת דקה של זכוכית שרגילים לשתות בה, או גישתא של גומי שרגילין להעביר על ידיה יין מחבית לחבית, דמסתבר שאם סתמוה שמרים ואינה ראויה לשימוש דאפ״ה מותר לדוחפם ולהוציאם משם ואין בזה משום תיקון מנא, וכמו שמותר להוציא בידים קליפות ועצמות שסותמים פי הצואר של הכיור או לתחוב בתוכו דבר דק כדי להוריד בו את הסתימה, כך גם מותר במשאבה ביתית רגילה, וכידוע שכיור סתום אפשר לפתוח פעם ע״י זרם חזק של מים ופעם ע״י המשאבה. ולכן נראה דאין זה נקרא בשם תיקון וכו׳. אך מכיון שאין הדברים כ״כ ברורים, וגם אפשר דיש בזה משום עובדא דחול, לכן אין להקל אף במשאבה

facilities available. If, however, there are no other facilities available, one may rely upon the lenient view, and clear the toilet with a plunger.

A non-Jew may be instructed to clear a toilet with a plunger in all instances; i.e. whether or not there are other facilities available.

b. Where It Is Difficult to Remove the Blockage

If the blockage is tightly lodged in the pipe, and is very difficult to remove, all agree that it is forbidden to use a plunger. A non-Jew, however, may be instructed to use a plunger even in that case.

5. Sink Strainer

It is permitted to remove a sink strainer from the drain and to replace it there on Shabbos. Since the strainer is made to be removed and replaced, it is not a part of the structure. Therefore, one who replaces it has not added to the structure.

6. Replacing the Handle of a Sink Faucet

One is forbidden to replace a faucet handle on a sink even if it will be replaced loosely and will not be screwed on.

7. Replacing Drain Covers

It is prohibited to put a drain cover that has no handle back onto the drain on Shabbos. If, however, the drain cover does have a handle, it may be replaced upon the drain. The fact that it has a handle indicates that it is made to be removed and replaced; therefore, replacing it is not an act of building.[44]

8. Cleaning Out a Rain Gutter

It is forbidden to clear a gutter that is clogged with leaves and dirt on Shabbos. The reason is that since the blockage renders the drainpipe unusable, the drainpipe is considered to be "broken"; accordingly, one who clears the blockage is considered to

---

ביתית אלא בשעת הדחק ובמקום צורך גדול, עכ"ל. הרי מבואר מדברי הגאון ר' שלמה זלמן זצ"ל דהוא ג"כ מתיר רק כשהסתימה אינה חזקה כ"כ, אבל כשהיא חזקה כ"כ הוא ג"כ סובר דאסור משום תיקון מנא. וע"ע בזה בשו"ת ויען יוסף סי' קמט.

44. שו"ע סי' שח ס"י ובמ"ב ס"ק מב.

have repaired a structure. This violates the *melachah* of building. Alternatively, since the drainpipe is regarded as broken, one who clears it is considered to have created a new drainpipe, which is a violation of the *melachah* of *makeh b'patish.*[45]

D. Placing a Carpet on the Floor

It is forbidden to permanently place a wall-to-wall carpet on the floor on Shabbos. This holds true even if the carpet is not attached to the floor (e.g. with nails). Since it is intended to remain on the floor permanently, it becomes an integral part of the floor; hence, by laying it on the floor one has added to the structure.[46]

E. Indoor Swing

The type of baby swing that clips onto the top of a doorframe may be attached and detached on Shabbos. Since it is made to be attached and detached, the *melachah* of building does not apply.

VII. Practical Applications of the Prohibition Against Assembling Utensils

A. Furniture

1. Replacing Shelves or Pegs in a Small Bookcase

It is permissible to replace the shelves and supporting pegs of

---

45. עיין ציון 43.

46. בגמרא ביצה דף ל: איתא דאין נוטלין עצים מן הסוכה אלא מן הסמוך לה, ופריך בגמ׳ מאי סמוך, וע״ז משני סמוך לדפנות. ופירש רש״י בד״ה סמוך וז״ל: קנים הנזקפים סביבות לדפנות, כיון שלא נארגו עם הדופן לא בטלי לגבי דופן, ואינו דומה לסמוך לסכך שהסכך אינו ארוג לפיכך הכל שוה העליון כתחתון סכך הוא, ולפיכך הקנים הסמוכים לסכך כיון שבטלי אסור ליטלן, ע״כ. ועיין במ״ב סי׳ תקיח ס״ק לט וז״ל: ונתבאר בפוסקים דכ״ז בשלא הסמיך הקנים כדי לעבות את דופני הסוכה שיהיו חזקים, אבל בשהסמיכן להדיא כדי לעבות אף על פי שלא נסבכו עם הדופן וקיימי באפי נפשייהו אפ״ה מתבטלי לדופן ואסור ליקח מהם, עכ״ל.

הרי מבואר מכל זה דאינו נחשב מוסיף על הבנין רק כשמבטל החפץ לגמרי להבנין וזה יכול להתקיים או ע״י חיבור החפץ לגמרי להבנין ואינו ניכר באפי נפשיה, או ע״י שמבטל את החפץ לבנין לעולם, דאז אפי׳ בלא חיבור נחשב הוספה.

ועיין בספר שלמי ניסן (מלאכת בונה דף שטז) וז״ל: אסור לתת שטיח על הרצפה אם דעתו שם לבטלו לעולם. ואם השטיח אינו מכסה מקיר לקיר רק באמצע החדר נראה דשרי, עכ״ל.

a small bookcase on Shabbos.* This is because the bookcase is a small utensil and the shelves and pegs are made to fit loosely. Under these circumstances, the *melachah* of building does not apply. If, however, the pegs fit tightly into the holes, they may not be inserted on Shabbos.

This holds true only if the bookcase is not attached to the wall. If, however, the bookcase is attached to the wall, it is regarded as part of the structure. In that case, one is forbidden to replace the shelves or pegs even if they are attached loosely.

2. Rehanging the Door of a Small Bookcase or Cabinet

It is permissible to rehang a door onto a small bookcase on Shabbos,** provided that it is not tightly attached (e.g. a door that hangs loosely from prongs or a sliding door that fits loosely in the track). Since it is a small utensil and the door is made to be attached only loosely, the *melachah* of building does not apply. Here too, if the bookcase is attached to the wall, it is regarded as part of the structure; therefore, even a loosely fitted door may not be rehung.

3. Replacing Doors, Shelves or Pegs in a Large Bookcase or Cabinet

In the case of a large bookcase or cabinet, one is prohibited to replace the components (such as doors, shelves, pegs or the like) on Shabbos even if they are not made to be tightly attached. This is because a large utensil is halachically regarded as a building, and it is forbidden to attach even a loose-fitting attachment to a structure on Shabbos.

4. Returning a Drawer to a Dresser

If the drawer of a small dresser came completely out, it may be replaced on Shabbos, since it is made to fit only loosely in the dresser. If, however, the drawer of a large dresser came out, it

---

*Inserting shelves and pegs for the first time is forbidden on Shabbos, on account of the *melachah* of *makeh b'patish* (see Chapter XXXV).

**As in the case of the shelves and pegs, although the door may be rehung on Shabbos, it may not be attached for the first time.

may not be replaced on Shabbos. For a drawer is not intended to be entirely removed from the dresser; therefore, its replacement is an act of building. Since a large utensil is regarded as a building, even a loose-fitting addition is forbidden.[47]

5. Replacing a Chair or Table Leg

If a leg was detached from a chair or a table, it may not be reinserted in its socket on Shabbos. This holds true even if one inserts it loosely in the socket; since it is not made to fit loosely, this is forbidden.

One may not tighten the screw of a loose chair leg or table leg on Shabbos to keep it from falling off.

6. Caps for Furniture Legs

It is forbidden to slide rubber or plastic caps (made to absorb noise or protect the floor) onto the legs of chairs or tables on Shabbos.[48]

7. Folding Bed or Table

Utensils that fold up may be opened and closed on Shabbos. Therefore, one is permitted to set up a folding bed or table on Shabbos. However, one may not tighten screws or bolts to hold them in the proper position.

8. Lowering and Raising a Shtender

A *shtender* that is made to be used at different heights [i.e. by unscrewing it, raising it to the desired height, and then tightening the screw] may be raised and lowered on Shabbos. Since this is the normal way to use the *shtender*, it is not an act of building.[49]

B. Children's Items

1. Crib

A portable crib made up of separate pieces that require

---

47. כן נראה דכיון שהארון dresser מחזיק ארבעים סאה אסור להחזיר המגירה, אפי׳ אם הוא באופן רפוי.

48. שש״כ פכ״ג הלכה מד.

49. עיין בספר בנין שבת פ״ה אות ה שהסביר הענין בטוב טעם ודעת, שאליבא דהגאון ר׳ שלמה זלמן אויערבאך זצ״ל זה מותר לכתחילה עי״ש. וע״ע בזה בשו״ת מנחת יצחק ח״ט סי׳ לח, ובשו״ת שבט הלוי ח״ו סי׳ לב.

assembly may not be assembled and dismantled on Shabbos.

One is forbidden to raise or lower the mattress of a crib on Shabbos by removing its pegs and reinserting them into different notches.[50]

In the case of a small crib, one is permitted to put in place the board that supports the mattress (provided the board simply lays upon its supports but does not snap into a receptacle). Since the board is made to fit loosely, its placement is not an act of building. However, where the crib is classified as a large utensil (see page 408 for dimensions), one may not put this board in place on Shabbos, for it is forbidden to attach even a loose-fitting object to a large utensil.[51]

2. Folding Cribs, Playpens, Strollers, Pack-n-Play

Folding utensils may be opened and closed on Shabbos. Therefore, one is permitted to unfold a portable crib, a playpen or a stroller. Here too, one may not tighten bolts or screws to ensure that the utensil remains in the unfolded position.

3. Replacing the Wheel of a Stroller or Carriage

It is forbidden to replace the wheel of a stroller or carriage on Shabbos.[52]

4. Lego Blocks

Some *Poskim* permit Lego blocks to be used on Shabbos even though their use entails joining different pieces.[53]

---

50. שש״כ פכ״ד הלכה כג.

51. עיין שש״כ פכ״ד הערה פ, וע״ע בזה במגילת ספר סי׳ יז פ״ק ט.

52. עיין בנין שבת מלאכת בונה פ״ו סוף ס״ק א.

53. בביאור טעם ההיתר לשחק עם ״לעגו״ (lego) עיין בט״ז סי׳ שיג ס״ק ז שכתב דדבר שעיקר תשמישו הוא ע״י בנין ופירוק תמיד לא מיקרי גמר מלאכה אף אם תוקע השרוי״ף בחוזק, וכ״כ הפמ״ג בסי׳ שיג במשב״ז ס״ק ז, דכלים שאי אפשר להשתמש בהם כי אם ע״י פירוק והידוק, לאו מכה בפטיש וגם לא בונה הוא, דעשוי מתחילה לכך, עכ״ד.

וביאור הדבר, דמלאכת בונה הוא דווקא באופן שמרכיב חלק על חלק על מנת לבטלו שם, אמנם כשמרכיב חלק בחלק על מנת לפרקו אח״כ בדרך שימושי אין כאן בנין או גמר מלאכה.

ועיין במנחת שלמה ח״א דף ע שכתב להסביר דברי הט״ז וז״ל: בכה״ג שדרך תשמישו של הכלי הוא שרגילים גם לפרק אותו מרצון הטוב אז אין בהחזרתו שום מתקן ואמרינן דגם בשעה שהכלי מפורק חשיב כשלם, ואינו מחוסר כלל שום תיקון, כיון שהפירוק

C. Refrigerator

1. Replacing the Door

If the door fell off a refrigerator, it may not be replaced on Shabbos.

2. Replacing Shelves

A large refrigerator is halachically regarded as a building; therefore, one is forbidden to attach objects to it even in a loose manner. Nevertheless, there is room for leniency with regard to replacing a refrigerator shelf on Shabbos. For the shelves of a

---

נעשה מרצון וכך הוא דרך תשמישו, ובכה״ג חשוב כמשתמש בכלי ולא עושה כלי חדש, עכ״ל.

והנה לכאורה קשה ע״ז מהגמרא בשבת דף מז. דאיתא שם: רב ושמואל דאמרי תרוייהו המחזיר מטה של טרסיים בשבת חייב חטאת, ע״כ. ועי״ש ברש״י בד״ה טרסיים שפירש דהיינו צורפי נחשת או גרדיים והולכים מעיר לעיר למלאכתן ונושאין עמהם מטות של פרקים. הרי מבואר מזה דאף על פי שמרכיבים את המטה על מנת לפרק אח״כ מ״מ חייב חטאת, ולכאורה דברי הט״ז הם שלא כדברי הגמרא. ועיין במנחת שלמה חלק א׳ דף עב כתב וז״ל: גם נראה דבכלי כזה שצריכים לתקוע יתדות ומסמרים בחוזק ע״י פטיש בכל פעם שרוצה להחזירו, אף אם כך הוא דרך תשמישו של אותו כלי, שרגילים כמה פעמים ביום לפרקו על ידי זה שמוציא ממנו את המסמרים בצבת ואח״כ הוא חוזר וקובעם ע״י הכאה בפטיש, אפ״ה חשיב ודאי בכל פעם כסותר ובונה או מכה בפטיש, אף אם רגיל לעשות כן מאה פעמים בכל יום, והיינו משום דמחוסר מעשה רב של תקיעת יתדות בחוזק חשיב שפיר בכל פעם כמתקן ולא רק בפעם הראשונה, עכ״ל, וכ״כ בשו״ת אבני נזר סי׳ ריא ס״ק כ־כא. הרי מבואר מזה דכל דברי הט״ז מיירי דווקא בכיסוי כלים שאין צריך כלי או אומן כדי לחברם ולפרקם, ולפי זה מיושב שפיר למה במטה של טרסיים יש איסור לפרקם בשבת. וע״ע בזה בספר מתנת משה ח״ב דף תרכז.

ועיין בשו״ת מחזה אליהו סימן סט שכתב שיש לאסור לשחק עם לעגו כשכונת התינוק לעשות צורה ואח״כ מניחה לזמן כמות שהיא ואין כוונת התינוק לשחק בה אח״כ רק כל כוונתו הוא בעשייתה, דכתב שם דחייב על מלאכת כתיבה, עי״ש.

אמנם עיין בשו״ת אור לציון ח״ב דף רעב שכתב וז״ל: אם בונים בלעגו צורה כלשהי על מנת לפרקה לאחר זמן קצר ודאי שמותר דהוי ככסוי הכלים כיון שדרכו לפרקו ולהחזירה תמיד, מותר לפרקו ולהחזירו בשבת וכו׳, ונראה שאף אם רוצים לקיים משחק זה זמן מרובה ג״כ מותר, שכיון שאין הרכבתו אלא לשם משחק בעלמא אין עליו שם בנין ולא שם כלי ואין בו לא משום בונה ולא משום סותר ויש להתיר לשחק בהם בכל אופן, עכ״ל. ועוד כתב שם בס״ק ו שכל סוג הרכבה שאינו אלא למשחק בעלמא אינה אסורה בשבת, וה״ה לפאזעל, שמותר לשחק בו בשבת ואין בו משום כותב, עכ״ד. וכן שמעתי מהגרח״פ שיינבערג שליט״א דבמשחקים של קטנים כגון לעגו וכדומה לא שייך איסורים של בונה, אוהל, כתיבה וכדומה, וע״ע בשו״ת באר משה ח״ו סי׳ כו, ובשו״ת ציץ אליעזר חי״ג סי׳ ל.

refrigerator are made to be removed and replaced (i.e. for cleaning); therefore, the *melachah* of building does not apply.[54]

It is definitely permissible to remove and replace the fruit bin or vegetable bin of a refrigerator on Shabbos.[55]

3. One is forbidden to attach a rubber suction hook to a refrigerator on Shabbos.

D. Eyeglasses

It is forbidden to attach the temple of an eyeglass frame to the frame on Shabbos even in a loose manner. [With regard to replacing a lens that has popped out of its frame, see page 523.]

54. כן פסק הגר״י נויבירט שליט״א, הובא בספר שלמי ניסן מלאכת בונה דף שב, וז״ל: דכיון דהדרך דמוציאים אותם מפעם לפעם לנקותם או לנקות המקרר וגם לא מונחים בחוזק לית ביה משום בונה וסותר, ולא דמי למדף הארון שאסרנו להוציאו ולהכניסו בשבת, דשאני ארון שאם יחבר בו מדפים לא יהיה קלקול, ואדרבא יש ארונות שהמדפים מחוברים לגמרי, משא״כ במקרר אם המדפים יהיו מחוברים יחשב לקלקול כיון שרוצים מפעם לפעם לנקותם, וכן שיוכלו לשנות מידת גובה המדפים, עכ״ל.

55. דכיון דהדרך שמוציאים המגירות והם רק כמונחים בתוך המקרר פשיטא שאין איסור בנין בהנחתם בתוך המקרר.

XXXI / Temporary Ohel

I. The Torah Prohibition Against Erecting an Ohel on Shabbos

As we explained in Chapter 30, one is forbidden by Biblical law to erect a permanent *ohel* on Shabbos. This prohibition is a *toladah* of the *Av Melachah* of בּוֹנֶה, *building*.

"*Ohel*" translates literally as "tent" or "roof" — the prohibition is to erect a roof on Shabbos — e.g. by pitching a tent.

A primary requirement of Biblical *ohel* is that it be erected on a permanent basis (i.e. for more than a few days); an *ohel* that is intended to stand only temporarily does not violate the Biblical prohibition of *ohel*.

II. The Rabbinic Prohibition Against Erecting a Temporary Ohel on Shabbos

The Sages enacted a prohibition against erecting even a temporary *ohel* on Shabbos. They were concerned that erecting a temporary *ohel* might lead to erecting a permanent one, which would violate the Torah prohibition.[1]

The prohibition of temporary *ohel* has two parts: 1) erecting a roof, and 2) erecting walls. However, the main part of an *ohel* is its roof; therefore, most violations of this prohibition involve creating a roof. In some instances, one violates the prohibition only if he creates both a roof and walls; in others, he need create only a roof. In certain selected cases, one violates the prohibition by creating walls alone.

The image generally conjured up by the terms "a roof" and "walls" is one of a building with four walls and a roof. It must be

---

1. שו״ע סי׳ שטו ס״א.

emphasized that insofar as the prohibition of *ohel* is concerned, these terms are defined far more loosely. "A roof" is any object suspended in the air at a certain distance from the ground. "Walls" are any upright objects of a certain size.

We will now elaborate on the laws of a temporary *ohel*.

A. A Temporary Roof

1. The Size of the Roof

The prohibition against erecting a temporary roof applies only to a roof that covers an area measuring at least one square *tefach* (i.e. 1 x 1 *tefachim*).[2] [A *tefach* is a handbreadth; it measures approximately 3.75 inches according to HaGaon Rav Moshe Feinstein *zt"l*.]

2. Empty Space Beneath the Roof

The prohibition to erect a temporary roof applies only where there is at least a *tefach* of empty space underneath the roof.[3] If there is less than a *tefach* of space beneath the roof, it is not halachically regarded as a roof, and is therefore not included in the prohibition of *ohel*. For example, one is permitted to spread a tablecloth upon a table. Since there is no empty space between the cloth and the table, the cloth is not regarded as a roof.[4]

3. The Purpose of the Roof

The prohibition against erecting a temporary roof varies according to the purpose the roof serves. In this section, we will set forth the rules governing these differences. The basic types of roof are two:

a. a roof that is used for people or animals

b. a roof that is not used for people or animals

a. A Roof That Is Used for People or Animals

A roof a *tefach* square that is intended for the use of people[5]

---

2. שו"ע סי' שט"ו ס"ב.

3. שו"ע סי' שט"ו סי"ג.

4. מ"ב סי' שט"ו ס"ק לא.

5. מ"ב סי' שט"ו ס"ק ב.

or animals[6] (e.g. to afford protection from the sun or rain) is a full-fledged roof; therefore, it may not be erected on Shabbos even if the area it covers is not enclosed by walls, or is enclosed by walls that were erected before Shabbos.

An example of this sort of roof would be a mosquito net spread on top of a baby carriage. Because the net protects a person it is a full-fledged roof; therefore, it is forbidden even though it has no walls under it. [Halachically speaking, walls that do not reach within three *tefachim* of the ground are not regarded as walls. It is for this reason that the sides of the carriage are not considered walls.]

b. A Roof That Is Not Used for People or Animals

This category encompasses two cases:
1) Where we use the space beneath the roof — e.g. to store items.
2) Where we generally do not use the space beneath the roof.

1) Where We Use the Space Beneath the Roof

According to many authorities, a roof that is not used to offer protection to people or animals, but whose underneath space is used for some other purpose, is prohibited only if the area beneath it is enclosed by two walls that face each other. The walls must be a *tefach* high and a *tefach* wide, and they must be erected on Shabbos. If any of these criteria are lacking — e.g. if the roof is held up by narrow poles of less than a *tefach* — the prohibition of *ohel* does not apply. These *Poskim* reason that in order for a roof to be included in the Rabbinic prohibition, it must bear some resemblance to an ordinary structure (such as a house or a tent). A roof that does not serve people or animals and has no walls is completely different than other buildings; therefore, it is not included in the prohibition. A roof that has two facing walls,

---

6. עירובין דף קב. הנהו דכרי דהוו ליה לרב הונא. ועיין בקצות השלחן סי' קכ בבדי השלחן ס"ק יח וז"ל: ובדוחק י"ל דאהל גמור לא מקרי אלא כשמגין על בעלי חיים וכמו תינוק, עכ"ל.

however, does resemble other buildings to some degree; such a roof is forbidden even if it does not serve people and animals.[7]

Other authorities disagree. They rule that one is forbidden to erect on Shabbos any roof whose underneath space will be used even if it has no walls or if its walls were erected before Shabbos. Preferably, one should follow this stringent view. However, in case of need one may rely upon the lenient view.[8]

We have explained that according to the lenient view, this roof must have walls that were erected on Shabbos. This does not mean that the walls must be newly created on Shabbos. Even a wall that was in existence before Shabbos is considered to have been built on Shabbos so long as it was moved to a new location on Shabbos. If, however, the walls remain in their pre-Shabbos position, and the roof is simply placed upon them, there is no *ohel* transgression.[9] This holds true not only where the walls are separate entities that are erected opposite one another, but even where they are a single entity. For example, one may not bring an open box from one place to another and then place a covering upon it. For the sides of the box are regarded as walls; thus, one who moves it on Shabbos is in effect erecting walls. When he then covers the box, he has placed a roof onto walls erected on Shabbos.

2) Where We Generally Do Not Use the Space Beneath the Roof

A roof whose underneath space is not generally used for any purpose is prohibited only if it rests above four walls that were erected on Shabbos. If it has less than four

---

7. מ״ב סי׳ שטו ס״ק כב. ועיין בזה בספר זכור ושמור מלאכת בנין דף 23.

8. ביאור הלכה סי׳ שטו ס״ג ד״ה מטות שלנו.

9. מ״ב סי׳ שטו ס״ק מח. אמנם החזו״א סי׳ נב ס״ק י וז״ל: מ״מ אם הביא התיבה ממקום למקום ונתן עליה הדף חשוב כעושה מחיצות, ואין הדבר מוכרע וכו׳ כי מטלטלו ממקום למקום נמי מותר, עכ״ל.

walls, it does not violate the prohibition of a temporary *ohel.*[10] Thus, if one needs a stepstool on Shabbos, one may not fashion one by placing a board over an open box. By bringing the box from another place, one is considered to have erected the walls on Shabbos. Although we have no use for the space beneath the board, this act violates the prohibition of *ohel*, since the board rests on top of four walls.

4. Permissible Methods of Making a Temporary Roof on Shabbos

a. Erecting the Roof Before the Supports

If one erects a temporary *ohel* by first setting up the roof and then erecting walls or supports below it, he has not violated the prohibition of *ohel.*[11] This leniency applies both in the case of a roof that requires walls to be prohibited (i.e. a roof that is not used for people and animals) and in the case of a roof that is prohibited even without walls (i.e. a roof made for the use of people or animals).[12] Thus, if one person holds the roof in the

---

10. מ״ב סי׳ שטו ס״ק כב.

11. שו״ע סי׳ שטו ס״ג.

12. ועיין בחזו״א סי׳ נב ס״ק ב אות יא וז״ל: ודוקא בעושה מקודם הרגלים והמחיצות אבל מותר לאדם לאחוז הגג בידו ולשום אח״כ תחתיו הרגלים ואפי׳ עושה לצל, עכ״ל. הרי מבואר מדבריו דההיתר של מלמעלה למטה מהני אפי׳ בגג הנעשה לצל, ולכן מתיר שם לפרוס רשת העשוי להגן מפני הזבובים על גבי עגלת ילדים בשבת.

אמנם לכאורה יש להבין דבריו, דאיך שייך ההיתר של מלמעלה למטה כיון דבשעה שהוא פורס הגג מיד הוא עובר משום עשית אהל, וממילא אין שייך שינוי בעשייתו כיון דהוא עובר מיד בעשיית אהל. דבשלמא גבי אהל שאינו עשוי לצל כיון שצריך מחיצות ממילא בשעה שהוא אוחז הגג בידו אינו עובר עדיין כיון שעדיין אין כאן מחיצות, וממילא שייך שינוי בעשייתו, משא״כ בציור שלנו דמכוין בעשיית הגג להגן מפני הזבובים הרי מיד הוא עובר על איסור עשיית אהל, ואיך שייך לומר דבעשיית מחיצות אח״כ תשתרי הא הוא עובר מיד בעשיית הגג. וצריך לומר כמו שכתבו האחרונים (בית מאיר סי׳ שטו, דעת תורה סי׳ שטו ס״ק ט, והתהלה לדוד סי׳ שטו ס״ק ז) דכל זמן שהאדם אוחז הגג בידו לא חשוב גג להיות עובר על עשיית אהל כיון שאינו מונח, וממילא שייך ההיתר של מלמעלה למטה אפי׳ גבי אהל העשוי לצל.

וראיתי בספר ברכת השבת בסי׳ שטו אות ה וז״ל: ועמד בזה האבני נזר סי׳ רכז (בשאלה זו) והביא הגמרא שבת מג: גבי מת המוטל בחמה חם להם מלמעלה מביאין מחצלת ופורסין עליהם זה זוקף מטתו והולך לו וכו׳, ופירש״י דהוי כהאי מדורתא

air, and a second person places walls or poles beneath it, they have not violated the prohibition of *ohel*, since they have assembled the roof in reverse order.

Accordingly, although it is generally forbidden to spread a mosquito net over a baby carriage on Shabbos (since doing so creates a protective roof), this may be done if one person holds the net in the air while another person pushes the carriage under the net. In this case, the roof is created before the supports, which is permitted.

b. Adding to an Existing Roof

The Rabbinic prohibition of making a temporary roof is limited to the creation of a new roof. Adding to an already-existing roof, however, is permitted.[13]

This permit applies only if the existing roof measures at least a *tefach*. If, however, it measures less than a *tefach*, it is not considered a roof (see above, Sec. II); therefore, its existence does not permit the adding of another section.[14] Thus, if one wishes to cover his *sukkah* on Shabbos by unrolling a tarpaulin, he must make certain that at least one *tefach* of the tarpaulin was unrolled before Shabbos. If this was done, he may unroll it completely on Shabbos.*

---

* We are referring to a case in which the tarpaulin does not rest directly on the *s'chach* of the *sukkah*. If, however, it rests directly on the *s'chach*, the prohibition of making a temporary roof does not apply, since there is no *tefach* of open space beneath the roof (see above).

מלמעלה למטה, חזינן דגם בעשוי לצל איכא היתר זה, ואין להקשות דליתסר מיד שפורשין על עצמם לצל, משום דאין איסור עשיית אהל במקום שאין לו חיזוק מעצמו רק ע״י שאוחזה בידו וכו׳ וקודם שזקף המטות אין לפריסת המחצלת חיזוק רק ע״י שאוחזה בידו שאם יסלק ידו הרי המחצלת נופל, ואין האהל נעשה רק בשעה שזוקף המטות ואז מותר משום שינוי, עכ״ל.

אמנם עיין בקצות השלחן סי׳ קכ בבדי השלחן ס״ק יא שכתב בשם השלחן ערוך הרב סי׳ שטו ס״ט וז״ל: כל גג עראי שאינו מתכוין בו לעשות אהל שיאהיל על מה שתחתיו וכו׳ ה״ז דומה לאהל ואסור לעשות כדרכו מלמטה למעלה אלא מלמעלה למטה, עכ״ל. דמשמע מדבריו דדוקא באוהל שאינו מתכוין לעשות אהל יש היתר של מלמעלה למטה, אבל במקום שמכוין לעשות אהל אסור אפי׳ באופן של מלמעלה למטה.

13. שו״ע סי׳ שטו ס״ב.

14. שו״ע סי׳ שטו ס״ב.

The new section added to the existing roof must be put in place as an extension of the original roof. For example, one who has unrolled a *tefach* of a tarpaulin over his *sukkah* may begin expanding the roof from the point at which the *tefach* ends (i.e. he may continue unrolling the tarpaulin that was opened before Shabbos, or he may lay a new tarpaulin alongside the open *tefach*). However, he may not begin spreading out a tarpaulin from the other side of the *sukkah*, which was not covered at all before Shabbos.[15]

The permit of adding to an existing roof does not apply where the covering is wound onto a roll and the roll itself is a *tefach* wide. Since the covering was not spread out, there is no pre-existing roof, for the roll itself is not regarded as a roof. Rather, the permit applies only where a *tefach* of the covering was spread out before Shabbos. The spread-out covering forms a roof; one is permitted to add to an existing roof on Shabbos.[16]

c. Opening a Folding Canopy

The prohibition of a temporary *ohel* does not apply to a folding canopy that was assembled before Shabbos and now needs nothing more than to be unfolded. The Rabbinic prohibition was to create, or assemble, an *ohel*. This canopy, however, is already assembled; therefore, it is not included in the prohibition.[17]

According to many *Poskim* this permit applies even when the folding canopy is being used to protect a person* (e.g. from sun or rain).[18] Thus, one is permitted to unfold the hood

* There are some *Poskim* who rule that if the canopy protects a person it may not be unfolded on Shabbos.[19]

---

15. שש״כ פכ״ד סעיף ו.

16. שו״ע סי׳ שטו ס״ב.

17. שו״ע סי׳ שטו ס״ה.

18. כתב החזון איש באו״ח סי׳ נב ס״ק ו כתב וז״ל: דברי הנוב״י תנינא סי׳ ל בפתיחת מטריה אינם מתיישבים, דזה ממש דין כסא טרסקל ואין מקום לחלק כאן בין נעשה לאהל לאין נעשה לאהל ובין עשה גם המחיצות או לא, שהרי זה חשיב כתשמיש דלת וזהו טעם ההיתר, וע״כ מיירי דאיכא גם מחיצות דבלא מחיצות לעולם מותר או דאיירי בבגד שיש

of a carriage on Shabbos (provided it was attached to the carriage before Shabbos) to protect a baby from the sun.

לו מיתוח ומ״מ כיון שהוא גוף אחד וכן דרך תשמישו אין כאן אהל והיינו טעמא דלמד ממנו המג״א היתר פריסת החופה אע״ג דמכוון לאהל וכו׳, ומן האמור נלמד דעגלות של תינוקות שיש עליהן סוכה (hood) הנמתחת ונקפלת מותר למותחה ומותר לקפלה אע״ג דכשמותחה עושה גג למחיצות וגם כוונתו לצל, ויש בגג טפח מ״מ כיון דהסוכה קבועה בעגלה ועשויה לנטותה ולקפלה חשיב כדלת הסובבת על צירה וככסא טרסקל, עכ״ל.

ובאמת דעת החזו״א אינה דעה יחידאה בזה, דמהרבה אחרונים מבואר דמותר לפתוח גגון (hood) של עגלה בשבת. דעי׳ במג״א בסי׳ שטו ס״ק ח (עמ״ש המחבר דמותר לפתוח כסא טרסקל) וז״ל: דלאו מידי עביד אלא ליתובי בעלמא, ומה״ט שרי להעמיד החופה ולסלקה וה״ה דף שקבוע בכותל שבבית הכנסת שמניחין עליו ספרים, עכ״ל. והמ״ב שם בס״ק כז כתב דאליבא דהמג״א מותר להעמיד חופה הגם דכוונתו בעשיית הגג לשם אהל. וכן מבואר במחצית השקל שם ס״ק ח, ובתוספת שבת ס״ק יד. ולכאורה לפי הני אחרונים מותר לפתוח גגון של עגלת תינוק אף שמכוין לעשות גג להגן מפני החמה או הגשמים.

ובשו״ת באר משה ח״ו סי׳ צז ובשו״ת שרגא המאיר ח״ג סי׳ לז כתבו להדיא דמותר לפתוח גגון בשבת.

ובאמת יש עוד סיבה להתיר פתיחת גגון בעגלה בשבת מהא דאיתא ברמ״א סי׳ תרכו ס״ג דמותר לעשות הסוכה תחת הגגות העשויות לפתוח ולסגור ומותר לסגרן מפני הגשמים ולחזור ולפותחן אפי׳ ביו״ט אם יש להם צירים וכו׳ ואין בזה משום סתירה ובנין אוהל וכו׳. הרי מבואר להדיא מדברי הרמ״א דכיון דהגג מחובר ע״י צירים אין כאן איסור עשיית אהל, וא״כ לכאורה ה״ה בפתיחת גגון של עגלה שהוא מחובר דלא גרע מהדין של הרמ״א. ולכאורה קשה על הנך שיטות שהבאנו בציון 19 דאסור לפתוח גג של העגלה מאי שנא מהך דינא של הרמ״א בסי׳ תרכו. ועיין בשו״ת אור לציון ח״ב סי׳ כו שכתב לחלק וז״ל: הרי שהתיר הרמ״א לפתוח אוהל כשיש צירים, מ״מ נראה דיש לחלק בזה לפי מש״כ במג״א שם דטעמו של הרמ״א הוא משום דהוי כפתח, והיינו דאף לאחר פתיחתו אינו מבטל ממנו שם בנין, ומשום אוהל אין שם כיון שאין שם חלל טפח כמבואר שם. משא״כ במטריה ושמשיה (umbrella), כשסוגרן בטל מהם שם אוהל לגמרי, ולא הוי כפתח והוי ככובע שרחב טפח, שאסור להניחו בראשו משום אוהל, כיון דבשעה שמסירו בטל ממנו שם אוהל לגמרי, ומשום הכי אף שיש צירים למטריה אין להתיר לפותחה, כיון שבשעה שסוגרה בטל ממנה שם אוהל, ואינו דומה לפתח, עכ״ל.

19. באג״מ או״ח ח״ד סי׳ קה סוף אות ג כתב וז״ל: ובדבר למתוח האהל קבוע בעגלות תינוקות שהחזון איש התיר (עי׳ לעיל ציון 18) ויש לפקפק בדבריו במה שחולק על הנוב״י ואין עתותי לפי שעה לעיין בזה הרבה, לכן יש להחמיר שיניח מע״ש שיהיה פרוס מעט שיעור טפח וכשיצטרך בשבת ימתחם לגמרי דיהיה רק הוספת אהל עראי שמותר, וכמדומני שכן נוהגין, עכ״ל. כוונת מרן זצ״ל למה שכתב הנודע ביהודה מהדורא תנינא סי׳ ל אודות פתיחת מטריה (umbrella) בשבת. ובפשטות יש להתיר פתיחת מטריה בשבת מדאיתא בשבת דף קלח. דמטה וכסא טרסקל ואסלא מותר לפותחן בשבת, ורש״י בד״ה אבל פירש הטעם וז״ל: דמטה שלנו המחוברת ועומדת אם היתה זקופה או מוטה על צדיה מותר לנטותה לישיבה על רגליה, ואע״ג דהשתא עביד אהל שרי דלא מידי עביד אלא ליתובא בעלמא, עכ״ל, וכן מפרש שם רש״י בד״ה כסא למה מותר להעמיד כסא בשבת וז״ל: . . .ועליונו של עור ומקפלין אותו וכשמסלקין אותו סומכין אותו לכותל,

d. Where the Roof Is Supported by a Person

The prohibition of a temporary *ohel* applies only to a roof that has independent support — e.g. poles or a wall. If, however, the roof is being supported by the person himself, the prohibition does not apply.[20] For example, one is permitted to

---

וכרוצה לישב עליו נוטהו ויושב על ד׳ רגלים, עכ״ל. וא״כ לכאורה כמו כן היה לן להתיר פתיחת מטריה בשבת דככסא העשוי לפרקים דמי דעביד וקאי. ודחה הנוב״י דאינו דמיון, דהטעם דמותר לפתוח כסא וטרסקל אינו משום שהגג והמחיצות כבר עשויות וא״צ שום מעשה בשבת, אלא טעם ההיתר משום דהני כיון דאינם עשויים לצל או להגן מפני הגשמים אינם קרויים אוהל, וזה שכתב רש״י דלאו מידי עביד לא להתיר איסור אהל בא רק בא לפרש אמאי אין כאן איסור בונה וע״ז כתב רש״י דלאו מידי עביד.

מבואר מדברי הנוב״י דאין להתיר מפני שכבר עשוי מע״ש בדבר שנעשה לאהל [ר״ל להגין מפני החמה או הגשמים]. ולפי זה אסור למתוח גגון המחובר לעגלת תינוק משום שהגג נעשה להגן מפני החמה וכדומה. ומרן ז״ל סיים דכמדומה לו שנוהגין להחמיר. ובאמת כדברי הנוב״י מצינו בעוד אחרונים, יעויין בשלחן ערוך הרב סי׳ שטו סי״ג וז״ל: כל גג עראי שאינו מתכוין בו לעשיית אהל לא אסרו לפורסו על המחיצות שמעמיד תחתיו בשבת אלא כשלא היה הגג קבוע במחיצות מבעוד יום, אבל אם היה כבר קבוע בהן מבעוד יום, אלא שהיו נכפלים ומונחים מותר לפושטן ולהעמידן בשבת כגון כסא העשוי פרקים וכשרוצים לישב עליו פותחין אותו והעור נפתח ונמתח וכשמסירין אותו סוגרין אותו והעור נכפל מותר לפותחו לכתחילה בשבת אף אם יש לו מחיצות תחתיו, מפני שאינו דומה לעשיית אהל כיון שאינו עושה כלום שהרי עשויים ועומדים הם כבר עם הגג ומחיצות, עכ״ל. הרי מבואר להדיא בדבריו דכל ההיתר של כסא טרסקל הוא דווקא משום שאינו מתכוין לאהל רק לישיבה בעלמא וזהו כדברי הנוב״י. וכן מבואר בערוך השלחן סי׳ שטו ס״י וז״ל: כסא העשוי לפרקים וכו׳ מותר לפותחו ולסוגרו לכתחילה דאין בזה חשש אהל כיון דנעשה הכל כאחד, וזהו לישיבה בעלמא ולא למתוח אהל, עכ״ל. הרי מבואר ג״כ בדבריו דכל ההיתר הוא משום דנעשה לישיבה ולא לאהל, וכדברי הנוב״י, וכן כתב בקצות השלחן סי׳ קכ בבדי השלחן ס״ק טז. נמצא דלפי הני אחרונים אסור לפתוח גגון בעגלת תינוק כיון דנעשה לאהל. וכן פסק בשו״ת אור לציון ח״ב דף רכד שאסור לפתוח הגגון בשבת, ועי׳ בשו״ת מנחת יצחק ח״י סי׳ כה.

20. כתב החזו״א בסי׳ נב ס״ק ב ס״ק ז וז״ל: למתוח בגד לצל ולאוחזו בידו שרי אף על גב דעשאו לצל ואיכא מיתוח כיון שאינו מניחו אלא אוחזו בידו, וכדאמרינן בשבת מג: חם להם מלמעלה מביאים מחצלת ופורסין עליהן והיינו מלמעלה למטה דשרי, והיינו דפריך קלח: אלא מעתה שרביב בגלימא טפח כו׳ דס״ד דהוי כאוחז בידו, ומשני דמיהדק וקבוע על הראש הוי כמניח על עמודים, עכ״ל. וכדברי החזו״א כתב התהלה לדוד סי׳ שטו ס״ק ו, ובשו״ת אבני נזר סי׳ רכב.

אמנם עיין בקצות השלחן סי׳ קכ ס״ק א שהביא ראיות להפריך יסוד זה וז״ל: ועיין תוספות יו״ט פרק כ דשבת מ״ב דתנן שם ומסננין את היין בסודרין ובכפיפה מצרית, שאמרו ע״ז בגמרא שלא תהא הכפיפה גבוה מקרקעית הכלי טפח משום אהל, והעיר התויו״ט דאם בשבת נותן הכפיפה לתוך הכלי הרי מיד שנותנו בתוך הכלי נעשה האהל קודם שיגיע למטה בתוך טפח הסמוך לקרקעית הכלי, אם לא שנאמר דכל עוד שעוסק

protect himself from rain by holding a coat a *tefach* above his head.[21]*

B. A Temporary Wall

We stated above that an *ohel* consists of two parts — the roof and the walls. We have elucidated the laws of a temporary roof; we turn now to the laws of a temporary wall.

1. The General Permit to Erect a Temporary Wall

In most cases, one is permitted to erect a temporary wall (i.e. one made to stand for only a few days) on Shabbos. Since walls are not the main part of an *ohel*, the Sages did not include them in the prohibition.[22]

* Of course, if he is carrying the coat, it must be an area in which carrying is permitted on Shabbos.

בהורדת הכפיפה ואינו מניח לאו עשיית אהל עראי כלל הוא. מבואר ג״כ דאהל האוחזו ביד לא הוי אהל כ״ז שלא הניחו. אבל יש לדחות דעוסק בהורדה שאני, דהא בט״ז סי׳ שיט ס״ק יא כתב להתיר בכפיפה אם אינו מכסה כל הכלי אלא מחזיק הכפיפה בידו אחת ושופך בידו השניה, עי״ש, ולמה לי להתיר בשביל שאינו מכסה כל הכלי תיפוק לי׳ דכיון שמחזיק הכפיפה בידו אחת לא הוי אהל כלל, ומשמע לכאורה דגם כשאוחזו ביד הוי אהל, עכ״ד. ועי״ש שהאריך עוד בזה ולבסוף מסיק דגם אהל המוחזק בידי אדם הוי אהל וזה שהגמרא בשבת מג: התירה אהל המוחזק בידי אדם התם ההיתר הוא משום צער. [ומבואר מדבריו דבמקום צער מודה להחזו״א דשרי.]

ובאמת מהמ״ב מבואר ג״כ כשיטת הקצות השלחן, דעיין במ״ב סי׳ שיט ס״ק מב שכתב לגבי כיסוי הכלי ע״י הכפיפה כד׳ הט״ז וז״ל: ודע דענין עשיית אהל לא שייך בזה אלא כשמכסה בהכפיפה כל חלל כלי שתחתיה, אבל אם אוחזה בידו אחת על הכלי שלא על פי כולה ושופך בידו השניה מותר אפי׳ ביותר מטפח מעל גבי שולי הכלי, עכ״ל. הרי דכל ההיתר אף בעת שאוחז הכלי בידו הוא רק משום שאינו מכסה כל הכלי אבל אי מכסה כולו אף שאוחזו בידו שפיר נכלל באיסור אוהל. ועיין לקמן בציון 30 שהסברנו אליבא דשיטת המ״ב למה מותר לאחוז הטלית בשמחת תורה למעלה מראשי בני אדם הא אוהל ביד אדם הוי אוהל.

21. בשש״כ פכ״ד הערה כא כתב דאפי׳ לדעת האחרונים האוסרים פתיחת מטריה אפשר להתיר אוהל המוחזק בידי אדם, משום דמטריה היא אהל מצד עצמה אלא שאפשר גם לאוחזה ביד ולהעבירה ממקום למקום ולכן סברו הני אחרונים דפתיחת מטריה אסורה, משא״כ בנידון דידן שרק ע״י האחיזה נעשה האוהל.

22. שו״ע סי׳ שטו ס״א והפמ״ג במ״ז בסי׳ שטו ס״ק ח, וס״ק יא, כתב דמחיצת קבע אסור מן התורה. והמ״ב בסי׳ שטו ס״ק ט כתב וז״ל: אבל לעשות מחיצת קבע שיתקיים כן אסור, עכ״ל. ולא כתב המ״ב להדיא דחייב בעשיית מחיצת קבע רק כתב דאסור, וממילא אין כאן ראיה דסובר שהוא אסור מן התורה.

Thus, one is permitted to temporarily hang up a curtain on Shabbos in order to create a separation between men and women who are *davening* in the same room.*[23] [The curtain may be attached only from above, but not from above and below. This would be regarded as a permanent wall, and is forbidden under the *melachah* of building.[24] Also, it must be hung from nails or hooks that were in the wall before Shabbos. One may not attach hooks or pound nails into the wall on Shabbos.]

2. The Case in Which Erecting a Temporary Wall Is Prohibited

If a temporary wall is needed to divide a room into different

*One might argue that this permit contradicts the prohibition (cited below) to erect a partition that causes something to become halachically permitted, for by hanging up this curtain the men and women become permitted to *daven* in the same room. The answer is that in this case, the curtain is not needed to halachically divide the room in two areas; rather, it is needed only to prevent the men and women from mingling. Therefore, it is not prohibited.

23. הרמ״א בסי׳ שטו ס״א כתב דמחיצה הנעשית לצניעות בעלמא מותר לעשותה בשבת, וכתב המ״ב בס״ק ה וז״ל: כגון להפסיק בין אנשים לנשים כששומעין הדרשה, עכ״ל. ביאור דבריו דמחיצה הנעשית לצניעות אינה מחיצה מתרת כיון דאינו מתיר טלטול וכדומה. והמ״ב נתן משל לזה ממחיצה הנעשית להפסיק בין אנשים לנשים בשעת דרשה. ועתה יש לעיין במחיצה הנעשית בין אנשים לנשים כדי שיהיה מותר להתפלל אם נקראת מחיצה מתרת ואסור לעשותה בשבת או דילמא דלזה לא בעינן הלכות מחיצה כדי להתיר, רק בעינן הפסק בעלמא בין אנשים לנשים, וא״כ לא נחשב מחיצה המתרת ויהיה מותר לעשותה בשבת.

והנה ידועה שיטת מרן זצ״ל באג״מ או״ח ח״א סי׳ לט דחיוב מחיצה הוא כדי שלא יתערבו נשים עם אנשים בנגיעה וקלות ראש, ואע״פ שעדיין שיכולים להסתכל אנשים על נשים אין כאן איסור. וממילא פשוט דאין זה דין בהלכות מחיצה המתרת שאסור לעשות בשבת אלא רק בעינן הפסקה בעלמא בין אנשים לנשים, ולכן אפי׳ אם יתחילו המחיצה למעלה מג׳ טפחים מהקרקע דבהלכות מחיצה הוא פסול דהוי מחיצה תלויה מ״מ בנוגע הך דינא כיון שהמחיצה מעכבת קלות ראש תהיה מחיצה כשרה, ולפיכך מותר לעשותה בשבת. ואפי׳ אליבא דשיטת מרן בעל הדברי יואל זצ״ל בסי׳ י דחיוב מחיצה הוא משום איסור הסתכלות בנשים ג״כ לא תליא בדין מחיצה, דבכל התורה סגי לדין מחיצה במחיצה של י׳ טפחים וכאן צריכה המחיצה להיות יותר גבוה מי׳ טפחים כדי שלא ייראו הנשים, וא״כ בע״כ דאין זה מהלכות מחיצה רק דצריכים לעשות הפסק בין אנשים לנשים, וא״כ אין זה דין בהלכות מחיצה וממילא אין זה מחיצה מתרת וממילא מותר לעשותה בשבת. [ואף דמתירה להתפלל, מ״מ לזה א״צ לבנות מחיצה דוקא, ואפי׳ לשיטת הדברי יואל זצ״ל דאם תכסה האשה כל ראשה ופניה בשק גדול ג״כ יהי׳ מותר להתפלל ופשוט.]

24. מ״ב סי׳ שטו ס״ק ו.

areas for halachic reasons, it is forbidden to erect it on Shabbos. Since the wall or partition accomplishes something in the halachic realm, it is regarded as a significant structure; therefore, the Sages prohibited its creation on Shabbos.[25] For example, if a person needs to perform his bodily needs in a room that contains *sefarim* (e.g. he is ill, and cannot leave the room), one may not partition the room by erecting a temporary wall between the person and the *sefarim*. Since the partition would permit the person to perform his bodily functions, its creation is forbidden on the Shabbos.

This wall is called a מְחִיצָה הַמַּתֶּרֶת, *a partition that permits.* It must measure at least ten *tefachim* in height; a wall that is less than ten *tefachim* high cannot serve (halachically) to divide a room into separate areas.[26]

3. Exceptions to This Prohibition

a. Adding to an Existing Wall

Even in the case of a wall that creates a halachic permit, if a *tefach* of the permitting wall was in existence before the Shabbos, one may add to it on Shabbos.

For example, in the case of a room containing *sefarim*, if one *tefach* of a curtain was unrolled in front of the *sefarim* before Shabbos, one may unroll it completely on Shabbos.[27]

---

25. שו״ע סי׳ שטו ס״א. ועיין בספר שולחן שלמה סי׳ שטו ס״א אות ג וז״ל: חושבני שגם מחיצה שלמה אין להעביר אותה כמות שהיא למקום אחר להיותה שם מחיצה מתרת, עכ״ל.

26. מ״ב סי׳ שטו ס״ק י.

27. בשו״ע סי׳ שטו סעי׳ ב מבואר דמותר להוסיף על הגג אפי׳ אם נעשית להגן, דהוספת גג מותר בשבת. ויש לעיין אם גם במחיצה מתרת שאיתא בשו״ע שם ס״א דאסור לעשותה בשבת אם גם בזה נאמר ההיתר של הוספה (ר״ל דאם כבר יש טפח של מחיצה בערב שבת אם מותר לגמור המחיצה ותהיה באמת מחיצה מתרת בשבת). ובאמת זה נוגע בכמה ציורים, למשל אם נפל חבל של צורת הפתח דבדרך כלל נשאר עדיין מחיצות אחרות ורק דבנפילת הצורת הפתח יש פירצה יותר מעשרה ועד שניתקן הצורת הפתח אסור לטלטל אם מותר להגביה ולקשור בעניבה (דזה מותר בשבת מצד קושר) ועכשיו יהיה מותר לטלטל, ונמצא דמוסיף על מחיצה שכבר קיימת בשבת אבל עכשיו יעשנה מחיצה המתרת (ר״ל דמתיר הטלטול בשבת). וכן נוגע אם מתארח אצל חבירו ויש שם ארון של ספרים ואסור בתשמיש באותו החדר וא״א לו לעשות כל המחיצה בע״ש ורוצה

2. Unfolding a Temporary Wall Which Is Attached to the House

One is permitted to draw out a folding wall that is attached to the house even if this will halachically divide the room into two separate areas. The Sages forbade a person to erect a temporary partition, but not to draw out or unfold one that has already been made.[28]

IV. Practical Applications

A. Spreading a Tablecloth

One is permitted to spread a tablecloth over a table on Shabbos. Although the tablecloth drapes over the sides of the table and seemingly creates a roof with walls, it is not forbidden. For there is no *tefach* of empty space beneath the cloth and the table; therefore, the cloth is not considered a roof.[29]

בע״ש להתחיל המחיצה ובשבת יגמרנה כדי להתיר התשמיש בחדר.

ובאמת אין זה שאלה כלל, דהלא הרמ״א בסי׳ שטו ס״א כתב בשם המרדכי דמותר, דכתב שם דאסור לעשות מחיצה בפני אור הנר כדי להתיר תשמיש המטה (דהא הוי מחיצה מתרת), אמנם הוסיף שם דאם כבר היה שם מחיצה של טפח מבעוד יום מותר להוסיף עליה בשבת. הרי מבואר להדיא דמותר להוסיף על מחיצה לעשותה מחיצה מתרת. אמנם לכאורה קשה ע״ז ממה שכתב בשו״ע סי׳ שטו ס״א דאם יש לסוכה רק שני מחיצות אסור להוסיף בשבת מחיצה ג׳, והא לכאורה מחיצה זו אינה אלא תוספת לשני המחיצות הראשונות, וא״כ היה צריך לפ״ז להיות מותר לעשותה בשבת, וצ״ע. ועיין בזה בשו״ת מחנה חיים ח״א סי׳ כה.

28. שש״כ פכ״ד הלכה לה.

29. המ״ב בסי׳ שטו ס״ק לא כתב ב׳ טעמים למה מותר לפרוס מפה על השלחן וקצות המפה תלויות למטה מן השלחן מכל צד ואפי׳ אם מגיעות סמוכות לארץ, דאין בזה משום אוהל כיון דאין צריך לאויר שתחת השלחן. ועוד כיון שמה שמונח על השלחן אין בו משום אהל שאין שם חלל בינ המפה לשלחן ולכן מותר גם היוצא ממנו, עכ״ד. אבל לכאורה קשה, דהא כתב המ״ב בס״ק כב דאם עושה ד׳ מחיצות וממילא אז ראוי להשתמש באוירו נאסר עשייתו, אף שאין משתמשים תחתיו. וא״כ כאן כשמכסה השלחן במפה הא נעשית ד׳ מחיצות וא״כ מאי מהני דאין צריך לאויר שתחתיו הא בעשיית ד׳ מחיצות נאסר אפי׳ כשאין משתמשין באויר שתחתיו. ושמעתי לתרץ דהא דאמרינן דבעשיית ד׳ מחיצות נאסר אפי׳ כשאין משתמשים תחתיו זהו דוקא כשהן מחיצות טובות, כהציור של המחבר בסי׳ שטו ס״ג דאיירי דהמחיצות הם ד׳ דפין, אז אמרינן דסתמא עומד להשתמש ואסור אפי׳ אם בפועל אינן משתמשין, משא״כ המחיצות של המפה דאינם מחיצות טובות אז לא נאסר רק אם באמת משתמשין באויר שתחתיו.

עוד יש להעיר למה באמת אינו נחשב שמשתמשין באויר שתחת השלחן, שהרי דרך

B. Spreading a Tallis Over People

It is the custom to spread a *tallis* over the heads of the congregation while reading *Chasan Torah* and *Chasan Bereishis* on *Simchas Torah*. This does not violate the prohibition of a temporary *ohel*. For the *tallis* is held up by the people themselves; a roof supported by people is not included in the prohibition (see page 437).[30]

C. Draping a Blanket Over Chairs

It is forbidden for children to drape a blanket over two chairs on Shabbos in order to make a tent in which to play. Because the blanket is being used as a covering for people, it is prohibited even though it lacks walls.

D. Covering Pots

One is permitted to cover a pot on Shabbos even if the pot had been moved to a new location on Shabbos (whereby its walls are considered to have been newly erected on Shabbos — see page 432), and even if there is a *tefach* of space between the lid and the contents of the pot. Covering a pot does not violate the prohibition of a temporary *ohel*.[31]

הישיבה שלנו שרגלי היושבים נמצאות תחת לשלחן וא״כ לכאורה הוי זה בגדר צריך לאויר שתחתיו. ועיין בשש״כ פכ״ד הערה סח שכתב בשם הגרש״ז אויערבאך זצ״ל דכיון דעיקר מטרתו של האדם היא להשתמש על גבי השלחן אלא שבשעת השימוש על גביו נוח לו שהרגלים יהיו תחתיו אין זה נחשב כצריך לאויר שתחתיו.

30. עיין ציון 20 דשם כתבנו דמותר אליבא דשיטת החזו״א דאוהל ביד אדם לא חשוב אוהל אפי׳ אם נעשה לצל, וכתבנו שם דהמ״ב חולק ע״ז. וא״כ יש לדון אם יש היתר בשמחת תורה כשפורסים הטלית על ראשי האנשים. והקצות השלחן סי׳ קכ בבדי השלחן ס״ק א כתב ליישב המנהג דפריסת הטלית לא מקרי אוהל, דהוי רק לכבוד בעלמא, עי״ש.

31. בנוגע לשאלה אם מותר לכסות כלי רחב, המקור לדין זה הוא בשבת דף קלט: אמר רב האי פרונקא (ופירש רש״י בגד ששוטחין על גיגית יין לכסותה) אפלגיה דכובא שרי (ופירש רש״י דלאו אהל הוי) אכוליה כובא אסור, ע״כ. ורוב ראשונים פירשו דהאיסור הוא משום שהכיסוי נראה כאהל וכשאינו מכסה כל החבית אינו נראה כאהל, וכן פסק המחבר בשו״ע סי׳ שטו סי״ג, והכא נאסר אפי׳ בלי עשיית מחיצות בשבת דכיון שהכובא הוא כלי רחב והרי זה נראה כאהל אף שאינו עושה המחיצות. והחזו״א בסי׳ נב ס״ק י כתב הסבר למה כאן נאסר אפי׳ בלי מחיצות וז״ל: דכיון דהמחיצות רחוקות זו מזו כשעושה הגג הוי כעושה גם המחיצות דע״י הגג משתתפות המחיצות לחטיבה אחת ולשימוש

E. Spreading a Tarpaulin on Top of S'chach

One is permitted to spread a tarp over a *sukkah* on Shabbos to protect against rain so long as the tarp is lying directly on the

---

אחד, אבל באין לו תשמיש אחר תחתיהן דמותר אפי׳ בעושה עכשיו המחיצות גם בגדול מותר, עכ״ל. והנה לא נתבאר בפוסקים מה שיעורו של כלי רחב, אמנם עיין במ״ב סי׳ שטו ס״ק יחד מבואר דסתם מטה לא נחשבת כלי רחב, ורק מטה רחבה ביותר היא הנקראת כלי רחב. ועיין בשש״כ פכ״ד הערה עא.

ודעת מקצת הראשונים (ראב״ד ורשב״א) בסוגיא דשבת שם דהאיסור לכסות הגיגית ע״י בגד אינו משום אהל אלא משום דנראה כמשמר (ר״ל כמסנן את היין מפסולת השמרים שבו) ולפי הנך ראשונים לא נאמרה הלכה זו אלא לגבי יין. ולהלכה כתב המשנ״ב בסוף סי׳ שטו דנכון להחמיר כדעת השלחן ערוך, אבל אין למחות ביד הנוהגים איסור זה רק לגבי יין.

ועכשיו יש לדון אם מותר לכסות כלי רחב בשבת, למשל בישיבה שהקדירה רחבה מאוד וליהוי אסור אף בלא עשיית מחיצות. וגם יש לדון דאפי׳ בקדירה קטנה לפעמים צריך להיות אסור לכסות, דשיטת המ״ב (שם) דכשמטלטל הקדירה ממקום למקום חשיב כעושה מחיצות חדשות עם הגג בשבת ולכן אסור בכה״ג לכסות אפי׳ קדירה קטנה, עיי״ש.

וקודם שנפתור השאלה יש לדעת דכל האיסור הוא דווקא כשיש חלל טפח תחת הכיסוי, אבל אם הכלי מלא אוכלין או משקין באופן שלא נשאר חלל טפח אין כאן איסור כלל.

ועיין בט״ז סוף סי׳ שטו שמתיר לכסות הקדירה בכיסוי, דכיון דהכיסוי מיוחד לכך ודרכו בכך תמיד אין כאן איסור עשיית אוהל. ואף כי דברי הט״ז הובאו בשו״ע הרב סוף סי׳ שטו, מ״מ המג״א בסי׳ שטו ס״ק ו חולק וסובר דאסור לכסות קדירה אפי׳ בכיסוי המיוחד, ורק אם הכיסוי עשוי ע״י צירים שרי, ודבריו הובאו להלכה במ״ב סי׳ שטו ס״ק מח, וא״כ לכאורה לכסות קדירה תלי׳ במחלוקת המג״א והט״ז.

אמנם הגאון ר׳ שלמה זלמן זצ״ל, הובא בשש״כ פכ״ד הערה עא, כתב לחדש דאף לשיטת המג״א האוסר אף בכיסוי המיוחד מ״מ אם יש להכיסוי בית אחיזה מותר לכו״ע לכסות הקדירה, כדמוכח בסי׳ שח ס״י דכיסוי בור ודות שיש להם בית אחיזה מותר לכסות בהם בשבת, עי״ש בדבריו. וההסבר בדבריו הוא דכשיש להכיסוי בית אחיזה יש היכר בגוף הכיסוי דלכיסוי בעלמא עבידי ולא מחזי כעשיית אוהל. וממילא בזמנינו שפיר מותר לכו״ע לכסות קדירה בשבת, דהרי יש לכיסוי בית אחיזה. אמנם כל זה שפיר בכיסוי שיש לו בית אחיזה, אבל כשמכסה הקדירה בנייר כסף או שאר כיסוי שאין לו בית אחיזה צריך להיות אסור לכסות קדירה רחבה, או אפי׳ קדירה קטנה כשמביא הקדירה למקום אחר דאליבא דשיטת המ״ב נחשב כעושה גם מחיצות וגם גג דאסור בשבת.

אבל באמת בכלי רחב כמעט אינו נוגע אם אמרינן דהשעור הוא מ׳ סאה (דהוא בערך 116 gallons), אבל בכלי קטן שמכסים בנייר כסף הוא שכיח מאד וצריכין לדון אם יש היתר בזה. וראיתי בקובץ קול התורה (ניסן תש״ס) דף רכד וז״ל: במה שכתבתי שצריך ליזהר כשיש לו תבנית עם עוגה וכדומה ורוצה לכסותה בנייר כסף דאם יש חלל טפח בין העוגה לכיסוי יקפיד שלא למשוך הכלי אליו ולהניח הנייר כסף, אלא יניח הנייר כסף על התבנית במקומה, דבר זה הוא לדעת המג״א (הובא במ״ב סי׳ שטו ס״ק מח) דאף בכלי העשוי עם מחיצותיו אם הביא הכלי אליו כדי לכסותו נחשב שעשה המחיצות, ואם

s'chach. Since there is no *tefach* of empty space beneath the tarpaulin, it is not deemed to be a roof. If, however, the tarpaulin is raised a *tefach* above the *s'chach,* it may not be unrolled on Shabbos, for it is then regarded as a roof. In that case, one who wishes to use the tarpaulin on Shabbos must unroll a *tefach* of it before Shabbos; he is then permitted to unroll it fully on Shabbos.

F. Returning a Drawer to Its Position

In certain cases, replacing a drawer on Shabbos can violate the prohibition against making an *ohel.* This can occur with a drawer that is suspended beneath a table. If the drawer is removed, and is then returned to its place on Shabbos, one is in effect creating walls beneath a roof. For the sides of the drawer are like walls — when they are moved to a new place it is as if they have been newly erected on Shabbos. The tabletop is the "roof" — thus, by replacing the drawer one has created a roof with four walls on Shabbos.

Of course, this is prohibited *only* if there is a *tefach* of space between the tabletop and the bottom of the drawer; otherwise,

---

עכשיו יניח הנייר כסף (שאינו כיסוי הכלי המיוחד לכך) נמצא עושה הגג ונמצא עושה אוהל בשבת, ומשום הכי ראוי להחמיר בזה. ואמנם אם ייחד הנייר כסף לכסות תבנית זו מע״ש יש להקל בזה. ומ״מ אם הביא התבנית למקום זה כדי לאכול ממנו העוגה וכדומה, ורק אחר כך בא לכסותו מותר, דאין הבאת הכלי לכאן כדי לאכול ממנו נחשבת שעשה המחיצות, ורק כשהביא הכלי לכאן כדי לכסותו נחשב כעושה מחיצות לדעת המשנ״ב, כן שמעתי בשם הגרש״ז (מהגר״י נויבירט שליט״א), עכ״ל.

ומש״כ מהגרש״ז זצ״ל דבאמת יש היתר לכסות הכלי אפי׳ בנייר כסף כשלא היתה הבאת הכלי למקום זה על דעת לכסותו דבאופן זה אינו נחשב כעושה המחיצות בשבת, באמת חידוש זה מבואר להדיא במ״ב בסי׳ שטו ס״ק כב, שכתב וז״ל: ומשמע מדברי הפמ״ג דכל זה דוקא כשמטלטל הרגלים ממקום למקום כדי להניח עליהם הדף שלמעלה דאז נחשב כשמעמידן לצורך זה כאלו התחיל בעשיית האהל, עכ״ל. הרי מבואר להדיא מדבריו דלא נחשב בעשיית המחיצות אלא כשמטלטל המחיצות ממקום למקום כדי להניח שם (במקום החדש) הגג עליהם, משא״כ אם מטלטל המחיצות ממקום למקום לתכלית אחרת ולא כדי להניח הגג עליהם אין זה נחשב כעושה המחיצות בשבת. וא״כ גבי קדירה הרי בדרך כלל לא מביאים הקדירה למקום החדש בכונה כדי לכסותו בכיסוי, רק מביאים הקדירה למקום החדש כדי ליטול המאכל וכיוצא בזה ואחר גמר לקיחת המאכל חוזר ומכסה הקדירה, נמצא דלא נעשו המחיצות בכלל בשבת וא״כ אין איסור לכסות הקדירה, דעשיית גג בלבד לא נאסר באופן זה כנ״ל.

the tabletop is not regarded as a roof. Also, the sides of the drawer must reach to within three *tefachim* of the ground; otherwise, they are not regarded as walls.

In the case of a dresser, returning a drawer would not violate the prohibition of *ohel*. For a dresser has sides that remain in place even when the drawer is removed; these sides are regarded as the walls of the *ohel*. Since the *ohel* already has walls before the drawer is returned, the act of returning it creates nothing that was not here before. Therefore, it is permitted.[32]

---

32. הנה כתב המ״ב בס״ק מח בשם חיי אדם וז״ל: דטי״ש קעסטי״ל (מגירה drawer) שנשמט כולה מן השלחן אם יש טפח בעומק חללה אסור להחזירה שעושה אהל, עכ״ל. ואצלנו נוגע הדבר בכמה מיני שולחנות וארונות שיש בהם מגירות (drawers) עם חלל טפח, ונמצא דבשעת החזרת המגירות הם המחיצות ודף השולחן או הארון הוא הגג ונמצא דבהחזרתו עושה מחיצות.

ובעיקר דברי החיי אדם הביא שם בשעה״צ את דברי הקיצור שלחן ערוך שדוחה את דברי החיי אדם, דהרי הוא בכלל ממעלה למטה דלא אסרו חז״ל (ר״ל דכאן הגג נעשית בתחילה ואח״כ בהחזרת המגירה נעשים המחיצות), וע״ז מיישב השער הציון וז״ל: ואפשר דהחיי אדם ס״ל דדוקא ממעלה למטה מפני שהוא דרך שינוי וכו׳ משא״כ בזה, עכ״ל. ר״ל דכיון דהדרך כאן דהלמעלה הוא בתחלה אין זה נקרא שינוי וממילא לא נאמר ההיתר של מלמעלה למטה. אמנם החזו״א באו״ח סי׳ נב ס״ק יד הקשה קושיא אחרת על החיי אדם וז״ל: ואינו מובן הלא הכא עושה רק מחיצות תחת הגג, והלא מחיצה עראית מותרת תחת הגג כמו דופן רביעית של סוכה, עכ״ל (ועי״ש שנתספק דאולי יש איסור בונה בהחזרת המגירה), וכעין זה הקשה הקצות השלחן בסי׳ קכ בבדי השלחן סוף ס״ק כא.

ובאמת יש סתירה בדברי המ״ב שם גופא דבס״ק לא כתב דאחד מהטעמים שמותר לפרוס מפה על השלחן אע״ג דעושה מחיצות ע״י שקצות המפה תלויות למטה מן השלחן, הוא משום ״דכיון שמה שמונח על השלחן אין בו משום אוהל שאין שם חלל בינו לשלחן מותר גם היוצא ממנו״, עכ״ל. הרי מבואר מדבריו דכיון דאין כאן עשיית גג לא נאסר עשיית המחיצות ואף שמשתמש באויר שתחתיו, וכן מבואר מדברי המ״ב בס״ק מב וז״ל: מיהו מטה וכו׳ שפורסין עליה סדין אף על פי דנחית מפוריא טפח לית לן בה, והטעם דהא מה שמונח על המטה לא מקרי אהל כיון שאין חלל תחתיו, עכ״ל, הרי מבואר שוב הך יסוד. וא״כ לכאורה מאי שנא מגירה, דהא בהחזרת המגירה הא אין כאן עשיית הגג.

וראיתי ליישב בספר ארחות שבת פ״ט הערה לו וז״ל: ושמענו ממו״ר הגר״ש אויערבאך שליט״א דמה דלא נאסר אהל בעלמא אם הגג כבר עומד מבעוד יום ובשבת מביא מחיצות היינו משום שהגג משמש קצת כאהל גם בהיותו בלי מחיצות, לכן אין איסור להעמיד מחיצות תחת גג בשבת אף שעיקר שימושו של הגג הוא רק בצירוף המחיצות. אבל טבלת השלחן אינה נחשבת כגג כלל לחלל שתחתיה כל זמן שאין בה מגירה, וע״י הכנסת המגירה נעשים הגג והמחיצות כאחד, ועוד שבהכנסת המגירה מביא גם את הקרקע וגם את המחיצות לאהל, ורק מכח זה יש שם גג להאהל, לכן

G. Covering an Open Box

If a person brings an open box from one place to another and covers it with a board to create a seat, he has violated the prohibition of making a temporary *ohel*. By placing the box in a new location he has created walls; by covering it with a board he has created a roof.

One can avoid the problem by first setting up the roof and then setting up the walls — one does this by holding the board in place and slipping the box beneath it. Alternatively, one can turn the box upside down and place the board onto the closed bottom of the box. Since there is no *tefach* of empty space between the board and the bottom of the box, this does not violate the prohibition of *ohel*.

H. Awnings

A collapsible awning that is attached to a building (e.g. an awning over a porch) may be opened and closed on Shabbos, even though it is used to protect people from sun and rain.

I. Carriage Hoods

It is forbidden to attach an unfolded hood to the top of a baby carriage on Shabbos. The hood is made to protect the baby from the elements; therefore, attaching it violates the prohibition against making a temporary *ohel*.

What if the hood is already attached, and one wishes merely to unfold it? In this case, some *Poskim* hold that it is permitted,[33] while others maintain that it is forbidden.[34] All agree, however,

---

מסתבר שיש איסור אהל אף שלא עשה שום מעשה בגג, עכ״ל.
והנה באמת אין שאלה זו נוגעת ברוב סוגי שלחנות וארונות שלנו שבמקום המגירה יש כבר אוהל גם בלאו הכי, דכבר הביא השש״כ בפכ״ד הערה פה מהגאון ר' שלמה זלמן זצ״ל וז״ל: אבל במגירה של ארון אין לחוש, דכיון דאפי' אם מוציאה עדיין נשאר אוהל, נמצא דבהכנסת המגירה אינו עושה שום אוהל רק מקטין ומצמצם אוהל שהיה מכבר, וגם אפי' נשארו רק שתי מחיצות ג״כ מותר, עכ״ל.

33. עיין ציון 18.

34. עיין ציון 19.

that if before Shabbos the hood was opened sufficiently to cover an area of a *tefach,* one is permitted to extend it fully on Shabbos. If possible, one should follow the stringent view and refrain from unfolding the hood of a carriage unless it has been opened at least a *tefach* before Shabbos. In case of need, one may rely upon the lenient view.

This dispute applies also to *closing* the hood of a carriage on Shabbos. Those who allow the hood to be opened allow it to be closed as well. Those who do not allow it to be opened do not allow it to be closed either, for by closing the hood one is in effect demolishing a roof, which is forbidden under the *melachah* of סוֹתֵר, *demolishing.* All agree that it is permissible to close it most of the way, so long as one leaves a *tefach* of it open. If possible, one should follow the stringent view.

J. Mosquito Nets

One is forbidden to spread a mosquito net over a carriage or crib on Shabbos.[35] However, if the net was placed with a *tefach* of it extending over the carriage or crib before Shabbos, one may extend it fully on Shabbos, for in that case one is merely adding to an already-existing roof. Similarly, if the hood of a carriage was extended a *tefach* before Shabbos, one may place a mosquito net over the rest of the carriage on Shabbos, since the roof formed by the net is deemed an extension of the existing roof formed by the hood. According to those who permit the hood to be unfolded on Shabbos (see previous heading), one may unfold the hood and spread the mosquito net over the carriage on Shabbos.[36]

One must be careful to spread the new section of netting from the point at which the original *tefach* (of hood or netting) ends. One may not begin spreading it from the other side of the carriage.

---

35. שש״כ פכ״ד הלכה ט. ועיין בספר קיצור הלכות שבת דף פא וז״ל: אבל לפרוס אותה רשת על העגלה להגן מפני הזבובים י״א להתיר וכו׳, כיון שהיא מליאה נקבים אין לנו ליתן על פריסתה שם עשיית אהל, עכ״ל.

36. שש״כ פכ״ד סי״ג, שו״ת באר משה ח״ו סי׳ צו. אמנם עיין בשו״ת שבט הלוי ח״ג סי׳ נט, ובשו״ת אבני ישפה סי׳ עט שכתבו שבאופן זה אסור להוסיף על הגג, עי״ש.

Even according to those who hold that one may not open the hood of a carriage on Shabbos, there is still a practical way of placing a mosquito net over a carriage on Shabbos without violating the prohibition of *ohel* — namely, by having one person hold the net spread wide while another person pushes the carriage beneath the net. Since the roof is being created before the walls, this is permitted.

When one removes a mosquito net from a carriage on Shabbos, one must be careful to leave at least a *tefach* of the net covering the carriage until after Shabbos. For if one removes the net entirely, he is considered to have demolished a roof, which is forbidden under the *melachah* of סוֹתֵר, *demolishing.*

K. Umbrellas

According to many authorities, one who opens a rain umbrella on Shabbos has not violated the *melachah* of *ohel,* for he has simply unfolded a previously assembled "roof." Nevertheless, it is forbidden to open an umbrella on Shabbos for other reasons (see Hebrew footnote).[37]

However, this does not apply to an umbrella attached to a baby carriage. According to some *Poskim,* this type of umbrella has the same law as a carriage hood.[38]

L. Unfolding Cribs, Playpens and Carriages

It is generally permissible to unfold cribs, playpens or baby carriages on Shabbos, provided that one does not tighten any screws or bolts to hold them open.

However, there are cases in which unfolding a portable crib might involve the prohibition of making an *ohel.* This can occur when the crib has a removable bottom that is more than a *tefach*

---

37. עיין ביאור הלכה סי׳ שטו ס״ח ד״ה טפח שמבואר מדבריו דמטריות דידן אשר הן מחוברות בצירים ואינן מחוסרות אלא פתיחה בעלמא אין בהן איסור עשיית אהל מן הדין. וכ״כ החזו״א באו״ח סי׳ נב ס״ק ו, אבל הוסיף וז״ל: ומה שיש לדון הוא משום תיקון מנא וכו׳, וגם אושא מלתא טפי וניכר בו עובדא דחול וגורם פרצה, עכ״ל.

38. שש״כ פכ״ד הלכה יג, ובשו״ת אז נדברו חי״א סי׳ כג. אמנם עיין בשו״ת באר משה ח״ו סי׳ קח, ובשו״ת אבני ישפה ח״א סי׳ עט שאסרו לפתוח מטריה בשבת.

from the ground and the sides of the crib reach to within three *tefachim* of the ground. In this case, the bottom of the crib is regarded as a roof, while the sides are regarded as walls. Therefore, one may not assemble the crib in the usual manner, by first setting up the sides and then inserting the bottom. Rather, one person must hold the bottom of the crib in the air while a second person slips the walls around or under it.[39]*

M. Adding a Wall to a Sukkah

A *sukkah* must have three walls to be valid. If one's *sukkah* has only two walls, one may not make it halachically valid by adding a third wall on Shabbos. Since this wall has halachic impact, it is regarded as a significant structure; therefore, adding it violates the prohibition of making a temporary *ohel*.[40] [See page 440.]

N. Creating a Private Domain

Carrying outdoors on Shabbos is permitted only in a *reshus hayachid*, a private domain, which is an area enclosed with halachically valid partitions. If a person neglected to erect partitions before Shabbos, he may not do so on Shabbos. Since the partition permitted carrying, it is deemed a significant structure; therefore, it violated the prohibition of *ohel*.

---

* One may not fold up these items on Shabbos to prepare them for use after Shabbos. Folding them is permitted only if it is for Shabbos use (e.g. to transport them to another location or to create access to an area that they are blocking).

---

39. עי' במגילת ספר סי' יז סק"ט שהעיר דבאמת יש אופנים שיש איסור בנין, וז"ל: ולענין מעשה נראה לאסור מצד אחר, דבהנחת המזרון בין המחיצות איכא משום בונה, ואף שהוא רפוי הרי יש בעריסה מ' סאה וזה נידון כבנין בקרקע שאסור גם ברפוי, עכ"ל.

40. שו"ע סי' שטו ס"א.

XXXII / Demolishing — סוֹתֵר

I. The Av Melachah

סוֹתֵר, *demolishing,* is one of the thirty-nine *Avos Melachos* prohibited on Shabbos. Like other *Avos Melachos,* it is based on an activity performed by the Jews in the wilderness *Mishkan* — specifically, the act of demolishment they would perform when dismantling the *Mishkan* in preparation for wilderness journeys.[1]

II. Definition

The *melachah* of סוֹתֵר is defined as the demolishment of any object, or any part of an object,[2] whose creation would violate the *melachah* of בּוֹנֶה, *building.* This includes, but is not limited to, structures, walls, tents and utensils.

III. The Biblical Prohibition

As a rule, the *melachos* prohibited under Biblical law are constructive acts, intended to accomplish some beneficial purpose. The *melachah* of demolishing is no exception. Accordingly, the Biblical prohibition of demolishing includes only those acts of demolishing that serve a constructive purpose.[3] A primary example is the demolishment of a building for the purpose of rebuilding in the same place. However, demolishment performed for other beneficial purposes is also included in the Torah prohibition.

---

1. משנה שבת דף עג.

2. רמב״ם פ״י מהלכות שבת הט״ו.

3. רש״י שבת דף לא: ד״ה לעולם.

A. Demolishing for the Purpose of Building in the Same Place

It is forbidden by Biblical law to demolish a structure in order to replace it with a better[4] or more suitable structure in that very same place.[5] An obvious example would be demolishing a house

---

4. תוס׳ בשבת דף צד. ד״ה ר״ש כתבו וז״ל: וכן סותר ע״מ לבנות נמי לא מחייב לרב שמעון, דבעי שתהא צריכה לגופה, אלא כגון שסותר ע״מ לתקן יותר ממה שהיה בתחילה כגון שבנין האחרון טוב מן הראשון, עכ״ל. וכ״כ התוס׳ בשבת דף קו. ד״ה חוץ. ולכאורה מבואר מתוס׳ דכדי להתחייב משום סותר בענין שיסתור ע״מ לבנות בנין יותר טוב מהראשון.

אמנם באמת מצינו סתירה בדברי התוס׳. דעיין בתוס׳ שבת דף לא: ד״ה וסותר שכתבו וז״ל: וא״ת לרב שמעון הא דתנן בפרק כלל גדול המכבה והסותר בשלמא מכבה משכחת לה דמתקן כדפירש כגון לעשות פחמין, אלא סותר לא משכחת שיהא מתקן בסתירה זו יותר משלא היה בנוי שם מעולם ואמאי חייב לר׳ שמעון. וי״ל דכולהו ממשכן ילפינן לה ולא היה כיבוי במשכן כי אם לעשות פחמין ולהכי לא מחייב ר״ש אלא בכה״ג אבל סותר אשכחן במשכן שאין מתקן בסתירה זו יותר ולא היה בנוי שם מעולם ולהכי מחייב שם אפי׳ ר׳ שמעון, עכ״ל. ולכאורה מהך תוס׳ מבואר דלא בעינן שיסתור ע״מ לבנות בנין יותר טוב מהראשון. והמהרש״א בשבת דף צד. ד״ה ור״ש הקשה שלכאורה דברי התוס׳ בדף לא: סותרים לדברי התוס׳ בדף צד. דשם כתבו דאינו חשוב תיקון אלא כשהבנין האחרון יותר טוב מהראשון, ואילו תוס׳ בדף לא: כתבו דלא בעינן שהבנין האחרון יהיה יותר טוב מהראשון. ותירץ המהרש״א דבאמת איכא ב׳ שיטות, ופליגי בעלי התוספות.

אמנם המרכבת המשנה פרק א מהלכות שבת הביא דברי המהרש״א ודחה דבריו, וכתב דאין כאן שום סתירה בדברי התוס׳ ולכ״ע בעינן שהבנין השני יהיה טוב מהראשון וז״ל: ונוראות נפלאתי על מה שתירץ וכו׳ וגם קושיתו לא קשה מידי, דכי היכי דמשני בגמרא כיון דכתיב על פי ה׳ יחנו כבמקומו דמי מהאי טעם נמי הוי לי׳ סותר על מנת לתקן, דאין לך קלקול גדול מזה שעל פי הדבור כל המשכן עומד שלא במקומו הראוי לו וסותרו על מנת לתקן ולהעמידו במקום כשרותו, ומ״ש ונאדו התוס׳ וכו׳ לפי דרכנו לא נאדו מפירושם דהתם, דגם הכא וגם התם ס״ל כפי המסקנא דהכא, דדוקא דומיא דמשכן דהיה תיקון בהקמה שניה ע״פ הדיבור אבל סותר על מנת לכתחילה לא הוה דומיא דמשכן, עכ״ל.

5. איתא בגמרא שבת דף לא: סותר על מנת לבנות במקומו הוי סותר, וסותר שלא על מנת לבנות במקומו לא הוי סותר [ר״ל מדאורייתא], ע״כ. ורש״י שם בד״ה לעולם כתב הטעם בזה דהוי מקלקל, ולא חשיב מלאכת סותר תיקון אלא אם כן הוא סותר על מנת לבנות במקומו.

והרמב״ם בפרק א מהלכות שבת הי״ח כתב וז״ל: כל המקלקל על מנת לתקן חייב, כיצד הרי שסתר כדי לבנות במקומו וכו׳ חייב, עכ״ל. הרי מבואר להדיא מדברי הרמב״ם דאינו חייב משום מלאכת סותר אלא אם כן הוא על מנת לבנות במקומו, דבלא״ה חשיב מקלקל. ועיין בביאור הלכה סי׳ שמ סוף ד״ה במשקין, שכתב בשיטת הרמב״ם דרק סותר ע״מ לבנות במקומו הוא איסור מה״ת, וכ״כ האור שמח והאבן האזל.

ועיין בשו״ת אבני נזר סי׳ קד ס״ק ה שג״כ כתב לפרש דברי הרמב״ם כהנך אחרונים שבעינן סותר ע״מ לבנות במקומו כדי שיהיה אסור מן התורה, רק שנתקשה מדברי הרמב״ם בפ״י הלכה טו שכתב שם ״הסותר כל שהוא חייב והוא שיסתור ע״מ לבנות״, הרי משמע

in order to build a larger house on the same lot. Some less obvious, and more common, examples are removing a carpet in order to replace it with a new one, or removing a nonworking bulb from a chandelier attached to the ceiling in order to replace it with a new bulb.

See below for the law of demolishment performed in order to use the various components of the structure (e.g. beams, shingles) to build elsewhere.

B. Demolishing for a Beneficial Purpose

It is forbidden by Biblical law to demolish a structure for any beneficial purpose[6] even if the purpose is not connected to a

---

מדברי הרמב״ם דלא בעינן ע״מ לבנות במקומו שהרי לא הזכיר מזה הרמב״ם כלל דבעינן במקומו. וכתב האבני נזר דהרמב״ם סמך על מה שכתב בפ״א הלכה יח. וכ״כ השביתת השבת בקונטרס מעשה חושב בעינן סותר על מנת לבנות במקומו גם אליבא דהרמב״ם. אמנם הראש יוסף בשבת דף לא: ד״ה פסקא כתב בשיטת הרמב״ם דאין צריך ע״מ לבנות במקומו, ודייק כן מהרמב״ם בפ״י הלכה טו, וכתב שם דהרמב״ם הולך לשיטתו דהלכה כר״י דמלאכה שאינה צריכה לגופה חייב, וא״כ תיקון במקום אחר נמי חשיב תיקון. וכשיטת הראש יוסף כתב ג״כ המנחת חינוך במלאכת סותר.

ועיין בשו״ת אבני נזר סי׳ קד ס״ק ה שהביא דברי הראש יוסף ותמה עליו, ועיין בביאור הלכה סי׳ שמ סי״ג ד״ה אין שכתב בדעת הרמב״ם דהמכבה את הנר משום שחס על השמן חייב ולא חשיב תיקון במקום אחר, דס״ל דהפתילה והשמן והחרס כולהו חשיבא כבמקומו, עי״ש.

ונמצא דדעת הרמב״ם דבעינן על מנת לבנות במקומו, והוא כמו שכתב הביאור הלכה בסי׳ שמ ד״ה במשקין שהבאנו למעלה דהרמב״ם ס״ל דסותר על מנת לבנות שלא במקומו לא הוי סותר.

6. כתב הרמב״ם בפ״י מהלכות שבת הט״ו וז״ל: הסותר כל שהוא חייב, והוא שיסתור על מנת לבנות אבל אם סתר דרך השחתה פטור. הסותר אהל קבע או שפרק עץ תקוע הרי זה תולדת סותר והוא שיתכון לתקן, עכ״ל. ועיין בביאור הלכה סי׳ שמ ד״ה המוחק שכתב בשיטת הרמב״ם וז״ל: משמע דאם היה שלא כדרך השחתה כי אם לאיזה צורך כעל מנת לבנות דמי, דכיון שהוא לצורך איזה תיקון יצא מכלל מקלקל, עכ״ל. וכן מצינו גבי מלאכת קריעה דכל שקורע ע״מ איזה תיקון, כגון בחמתו ועל מתו הרי זה חייב מהתורה ולא בעינן שיהא דוקא על מנת לתפור.

וזה שחייבים בסותר ע״מ לתקן זהו דוקא אליבא דר׳ שמעון שסובר מלאכה שאינה צריכה לגופה פטור ואנן פסקינן כן, ולכן בעינן שיהיה התיקון בגוף הבנין, כגון שסותר על מנת לבנות בנין יותר טוב מהראשון או שסותר כותל מהבנין על מנת להרחיב את מקום החדר או שסותר את הבנין משום שצריך קרקע ריקה לצורך שימושו, בהני ציורים הסתירה נעשית לתועלת הבנין או המקום, אבל כאשר התיקון אינו בגוף הבנין או המקום לא הוי תיקון אליבא דר״ש. ועיין רשב״א שבת קו: ד״ה כל.

future act of building. For example, one who removes a nail from the wall so that people will not be hurt by it violates the Biblical prohibition of demolishing, since he has removed it for a beneficial purpose.

IV. The Rabbinic Prohibition

A. Demolishment Performed for a Nonconstructive Purpose

We have explained that Biblical law does not prohibit an act of demolishment performed without a constructive purpose. However, the Sages were concerned that allowing people to perform nonconstructive acts of demolishment on Shabbos might lead them to transgress the Biblical prohibition by performing constructive acts of demolishment. The Sages therefore extended the prohibition to include even demolishing performed without constructive intent.[7] For example, it is forbidden under Rabbinic law to break down a locked door in order to enter a room [except in certain cases of dire emergency — see Practical Applications].

B. Demolishing in Order to Use the Components to Build Elsewhere

According to most authorities, demolishing a structure in order to use its components to build another structure in a different location is forbidden by Rabbinic law only.[8]*

V. Types of Structures and Objects That May Not Be Demolished on Shabbos

The *melachah* of סוֹתֵר, *demolishing*, is the converse of the *melachah* of בּוֹנֶה, *building*. Accordingly, any structure or object

* However, others maintain that this too is a Torah prohibition.[9]

7. רמב״ם פ״י מהלכות שבת הט״ו, דאם סתר דרך השחתה פטור.

8. עיין ציון 5.

9. עיין ציון 5.

that may not be erected on Shabbos may not be demolished on Shabbos either. If their erection violates Biblical law, so too does their demolishment; if their erection violates Rabbinical law, their demolishment does as well. By the same token, any object that may be built on Shabbos may be demolished on Shabbos as well. [For a full discussion of the *melachah* of building, see Chapter 30.]

A. Reversing Improvements Made to the Ground

One is forbidden under the *melachah* of building to improve the ground on Shabbos. Conversely, one is forbidden under the *melachah* of demolishing to reverse improvements made to the ground. For example, packing down earth to create a firm, level path or floor is forbidden on Shabbos as an act of building; it follows that tearing up the packed-down earth is forbidden as well, as an act of demolishment.

B. Demolishing a Structure

Just as one is forbidden to erect a structure upon the ground on Shabbos, so too is one forbidden to demolish a structure built upon the ground. The prohibition applies whether the structure is attached to the ground or is simply lying upon it, and it applies no matter what the style of the structure and no matter what type of material is used. It includes the demolishment of a wall or a fence, and even the removal of rocks or bricks placed around a garden to protect it. Even if the components of the building are not tightly joined, it is forbidden to demolish the building.

C. Removing Objects That Are Attached to a Structure

Removing objects that are attached to a structure is forbidden under the *melachah* of demolishing. Even if the objects are only loosely attached (e.g. a doorknob that is screwed in loosely), their removal violates Biblical law. If, however, they are entirely unsecured (e.g. a doorknob inserted into a door without being secured with screws), their removal is forbidden by Rabbinic law only.

1. Cases Where It Is Permitted to Remove Objects Attached to a Structure

a. Normal Manner of Use

The prohibition of demolishing does not include the removal of an object whose normal use entails detaching it from and replacing it upon the structure. One who detaches such an object has simply performed its function; therefore, his act does not violate the *melachah* of demolishing. An example of this would be removing a toilet-paper rod from its holder that is attached to the wall. Since the tube is meant to be removed and replaced, removing it is not regarded as an act of demolishment.[10]

b. A Flimsy Attachment

If an attachment is secured in a flimsy manner, it may be removed on Shabbos. An example would be a curtain that hangs from hooks on the ceiling with its bottom left dangling so that it blows in the slightest wind. This flimsy attachment is not considered to be a part of the structure. Therefore, its removal does not fall into the category of demolishment.[11]

D. Disassembling Movable Utensils

1. Large Utensils

Large utensils are, because of their great size, halachically regarded as small buildings.* Therefore, with regard to the *melachos* of both building and demolishing, these utensils are treated as full-fledged structures. Hence, just as it is forbidden by Biblical law to demolish a structure even if the components are not tightly joined, so too is it forbidden by Biblical law to disassemble a large utensil even if the components are not tightly joined. For example, one is forbidden to lift the sliding door of a large

---

*A utensil is considered large if it measures 1x1x3 *amos* (cubits). The contemporary equivalent is between 0.33 and 0.57 cubic meters.

---

10. עיין בזה בפרק בונה ציון 14.

11. עיין בזה בפרק בונה ציון 15.

bookcase out of its track on Shabbos. Since a bookcase is a large utensil, removing even a loosely fitted door from it violates the *melachah* of demolishing.

2. Small Utensils

a. Where the Components Are Tightly Joined

As we explained in Chapter 30, one who assembles a small utensil whose components are tightly joined transgresses the *melachah* of building. Conversely, one who disassembles a small utensil whose components are tightly joined transgresses the *melachah* of demolishing. For example, it is forbidden to unscrew the head of a broom from a broomstick. One who does this in order to reattach it even more firmly (in which case the "demolishment" was performed for a constructive purpose — see Sec. III) has violated a Torah prohibition.

3. Cases Where It Is Permitted to Disassemble a Small Utensil on Shabbos

a. Where the Parts Are Not Tightly Joined

In the case of a utensil whose parts are not made to be tightly joined, one is permitted to disassemble it on Shabbos. Since the pieces are never attached firmly, they are not regarded as a single object; therefore, the *melachah* of demolishing does not apply. An example would be removing a pendant from a necklace or removing the door of a small cabinet, where the door is made to hang loosely on pegs.

b. Where the Utensil Is Made to Be Disassembled and Reassembled

Many *Poskim* maintain that where a utensil's normal use involves taking it apart and then putting it together again, one is permitted to dismantle it even if its parts are tightly joined. For example, since a salt shaker is made to be opened and closed, one is permitted to unscrew its cover. Because this is the utensil's normal use, it is not regarded as "demolishing."[12]

---

12. עיין בזה בפרק בונה ציון 21.

VI. Demolishing a Temporary Ohel

We explained in Chapter 31 that the Sages forbade a person to erect a temporary *ohel* (literally: *roof* or *tent*) on Shabbos. They were concerned that erecting temporary *ohels* might lead to erecting permanent ones, which would violate the Biblical prohibition of building. As we explained above, the *melachah* of demolishing is the converse of the *melachah* of building (see Sec. V). Accordingly, since erecting a temporary *ohel* on Shabbos is forbidden, demolishing one is forbidden as well.

A. The Prohibition

The rule is that any temporary *ohel* that one is forbidden to erect, one is forbidden also to dismantle. In many instances, the *ohel* need consist of nothing more than a roof; in others, it must consist of both a roof and walls; in certain cases, walls alone constitute an *ohel*. These differentiations are elucidated at length in Chapter 31. We will briefly review the main points here.

1. The Roof

The prohibition against dismantling a temporary roof applies only to a roof that covers an area measuring at least one square *tefach* (i.e. 1 x 1 *tefachim*). [A *tefach* is a handbreadth; it measures approximately 3.75 inches according to HaGaon Rav Moshe Feinstein *zt"l*.]

There must be at least a *tefach* of empty space underneath the roof. If there is less than a *tefach* of space beneath the roof, it is not halachically regarded as a roof, and so may be dismantled on Shabbos.

The prohibition of a temporary *ohel* applies only to a roof that has independent support — e.g. poles, a wall etc. If, however, the roof is being supported by the person himself, the prohibition does not apply.

The prohibition also does not apply where the *ohel* was assembled in reverse order — i.e. by first setting up the roof and then erecting its supports. Likewise, one who dismantles a temporary roof in the reverse order — i.e. by first taking down its poles and then lowering the roof — has not violated the prohibition of demolishing.[13]

2. The Purpose of the Roof

A roof that is used by people or animals (e.g. to afford protection from the sun or rain) may not be dismantled on Shabbos even if the area it covers is not enclosed by walls (or is enclosed by walls that were erected before Shabbos). [For the law of a roof whose underneath space is not used for people and animals, see Chapter 31, pg. 432.]

3. A Folding Canopy

One who simply folds up a folding canopy has not violated the prohibition against dismantling a temporary *ohel*. The Rabbinic prohibition was to disassemble an *ohel*. This sort of canopy, however, remains fully assembled even after being folded; therefore, it is not included in the prohibition. According to many *Poskim*, this permit applies even when the folding canopy is being used to protect a person* (e.g. from sun or rain).

4. Where Some of the Roof Remains

One is permitted to dismantle a temporary roof on Shabbos if he takes care to leave a *tefach* of the roof standing. For example, one may remove a mosquito net from on top of a baby carriage if he leaves a *tefach* of the net covering the carriage.[14]

---

* However, other *Poskim* rule that if the covering was meant to protect a person, the leniency does not apply.

---

13. עיין ציון 14.

14. שו״ת אבני נזר או״ח סי׳ רי״א ס״ק לד. אמנם עיין בחזו״א סי׳ נב ס״ק ז דאם היה כל האהל פרוס מערב שבת אין היתר לסותרו בשבת אף אם משייר בו טפח.

ובנוגע לשאר שינויים שמצינו שמותר לעשות אהל עראי שבת כגון מלמעלה מלמטה אם מותר לסותרו ע״י שינויים אלו, עיין בחזו״א סי׳ נב ס״ק ז שכתב דבסתירה לא שייך שינוי. אמנם בשש״כ פכ״ד הלכה כב כתב בפשיטות שמותר לסתור באופן שינוי, וכמו כן בנוגע השינוי שכתבנו שאף שאסור לבנות אהל עראי כשאינו עשוי על מנת להשתמש תחתיו מ״מ זה אסור רק אם עושה ד׳ מחיצות והגג בשבת, וא״כ לכאורה צריך להיות מותר לסתור אם הוא מניח המחיצות כיון דכל האיסור הוא דוקא אם הוא עושה הגג והמחיצות.

אמנם השעה״צ סי׳ שטו ס״ק לא משמע שלא כן, אלא ס״ל שאיסור סתירת אהל נאמר גם כאשר סותר את הגג לחוד, וע״ע בזה בשש״כ פרק כד הערה יז ובשש״כ ח״ג.

5. Dismantling a Temporary Wall

In most cases, one is permitted to erect or dismantle a temporary wall (i.e. a wall without a roof) on Shabbos. If, however, the temporary wall is needed to divide a room into different areas for halachic reasons, one is forbidden to erect or dismantle it on Shabbos. For example, a partition erected to allow a person to perform his bodily needs in a room containing *sefarim* may not be removed on Shabbos. See Chapter 31, pg. 440, for elaboration.

VII. Practical Applications of the Melachah of Demolishing

A. Structures

1. Removing a Window Screen From a Window

It is forbidden to remove a window screen from a window on Shabbos. Since the screen is not made to be removed, it is regarded as a part of the building. Therefore, removing it violates the *melachah* of demolishing.

2. Removing Broken Glass From a Window Frame

The shards of glass that remained in a window frame after the window was broken are regarded as a part of the building. Therefore, it is forbidden to remove them on Shabbos.

3. Removing a Door

It is forbidden to remove the door of a building from its hinges. This is forbidden even if it can be detached without resorting to unscrewing.

4. Breaking Down a Door to Free a Child

If a child is locked in a room and cannot open the door, it is permitted to break down the door to free the child. According to *halachah*, this is a potentially life-threatening situation; therefore, one may break down the door or do anything else necessary to free the child.[15]

---

15. שו"ע סי' שכח סי"ג.

5. Removing Nails or Screws From a Wall

On Shabbos, one is forbidden to remove objects embedded in the wall of a structure — e.g. nails, screws, thumbtacks, or the like. These objects are considered to be a part of the structure; therefore, their removal violates the *melachah* of demolishing.

6. Doorknobs

It is forbidden to unscrew a doorknob on Shabbos. However, if the knob was unscrewed before Shabbos, it may be removed from the door on Shabbos, provided that it is relatively easy to remove. In this case, the knob is not considered to be attached to the building; therefore, its removal does not violate the *melachah* of demolishing.

7. Child-Safety Gates

Child-safety gates that fit into tracks attached to the wall are made to be removed and replaced; therefore, their removal is not included in the *melachah* of demolishing. Accordingly, one is permitted to remove these gates from their tracks on Shabbos.

8. Removing a Toilet-Tank Lid

It is permitted to remove the lid that covers the toilet tank, provided that it is of the type that protrudes beyond the edge of the tank.

9. Pulling Up a Carpet

A carpet that is permanently installed is regarded as a part of the structure. Therefore, it may not be pulled up on Shabbos.

10. Removing a Picture From the Wall

The *Poskim* permit a person to remove a picture from the nail upon which it is hanging.

11. Towel Rod

Many public restrooms provide towels that are looped over rods, which in turn fit into holders attached to the wall. These rods are meant to be removed and replaced on a regular basis. Therefore, one is permitted to remove them from their holders on Shabbos.

12. Removing Drain Covers

A drain cover that has no handle may not be removed from the drain on Shabbos. If, however, the drain cover is designed with a handle, it may be removed from the drain. The fact that it has a handle indicates that it is made to be removed and replaced; therefore, removing it is not an act of demolishing.

13. Unscrewing a Faucet Filter

It is forbidden to unscrew the filter of a faucet on Shabbos. Because the faucet is attached to the structure, removing the filter is an act of demolishing.

B. Movable Utensils

1. The Handle of a Pot

It is forbidden to unscrew the handle of a pot on Shabbos.

2. A Broomstick

It is forbidden to unscrew the head of a broom from the broomstick on Shabbos.

3. A Watch

One may not remove a back panel of a watch (e.g. to change the battery) on Shabbos.

4. Removing the Door of a Bookcase

It is permissible to remove the door of a small bookcase on Shabbos, provided that it is not tightly attached (e.g. a door that hangs loosely from prongs or a sliding door that fits loosely in the track). Since it is a small utensil and the door is made to be attached only loosely, the *melachah* of demolishing does not apply. If, however, the bookcase is attached to the wall, it is regarded as part of the structure; therefore, even a loosely fitted door may not be removed.

In the case of a large bookcase or cabinet, it is prohibited to remove the door on Shabbos even if it is not made to be tightly attached. This is because a large utensil is halachically regarded as an actual structure; therefore, one is forbidden to remove even a loose-fitting attachment.

5. Removing a Shelf From a Bookcase

It is permissible to remove the shelves of a small bookcase on Shabbos. This is because the bookcase is a small utensil and the shelves are made to fit loosely. Under these circumstances, the *melachah* of demolishing does not apply. Here too, if the bookcase is attached to the wall, the shelves may not be removed.

In the case of a large bookcase, the shelves may not be removed. (See above, page 408, for the halachic definition of "large.")

XXXIII / Extinguishing a Fire — מְכַבֶּה

I. The Av Melachah

מְכַבֶּה, *extinguishing a fire,* is one of the thirty-nine *Avos Melachos.*[1] As we have often explained, all *Avos Melachos* are based on the activities performed during construction of the *Mishkan.* One such activity is extinguishing fires in order to produce charcoal. Charcoal burns hotter than plain wood; it was used in the *Mishkan* for melting metal, which requires especially intense heat.[2]

---

1. שבת דף עג.

הנה במלאכת מבעיר ציון 3 כתבנו את חקירת אחרונים בגדר מלאכת מבעיר, אם הוא שריפת וכילוי העצים, או ריבוי האש ויצירתה. ועכשיו יש לחקור כמו כן במלאכת מכבה האם החיוב הוא משום דע״י הכיבוי הוא מבטל האש, או משום דע״י הכיבוי הוא פועל שיהיה נשאר העץ קיים ולא יהיה נשרף ע״י האש.

והנה מהמרכבת המשנה מבואר דיסוד החיוב של מלאכת מכבה הוא ביטול האש, דעיין בדבריו בפ״י דהלכות שבת הלכה כד וז״ל: פשוט דעינינו הרואות דכל מלאכה שחייבין על עשייתה חייבין ג״כ על ביטולה, כמו אורג ובוצע קושר ומתיר תופר וקורע כותב ומוחק בונה וסותר מבעיר ומכבה וכו׳, עכ״ל.

הרי מבואר מדברי המרכבת המשנה דמלאכת מכבה היא ביטול והיפך מלאכת מבעיר, וזה שפיר מובן אם אמרינן דמלאכת מבעיר היא יצירת האש, וא״כ מלאכת מכבה היא ביטול יצירת האש. משא״כ אי אמרינן דיסוד מלאכת מבעיר הוא שריפת וכילוי העצים, א״כ יסוד מלאכת מכבה הוא שפועל שיהיה נשאר העץ קיים, א״כ לכאורה אי אפשר לומר דמלאכת מכבה היא ביטול מלאכת הבערה, דאדרבה מלאכת כיבוי היא קיום הדבר ומלאכת הבערה היא הביטול. אכן עדיין אפ״ל בכוונתו דמבעיר הוא יצירת מצב כילוי העצים, ומכבה הוא ביטול אותו מצב. עכ״פ חזינן מדבריו דמכבה הוא היפך מלאכת מבעיר.

אמנם עיין במגדל עוז פי״ב מהלכות שבת ה״א וז״ל: ואני אומר אין מביאים ראיה ממכבה למבעיר ואינה חובה שיהי׳ שני הפכים בחיוב, עכ״ל.

הרי מבואר דנחלקו האחרונים אי מלאכת מכבה הוי ביטול מלאכת מבעיר, דדעת המרכבת המשנה היא דהוא ביטול והיפך מלאכת מבעיר והמגדל עוז סובר דאינו כן.

2. תוס׳ שבת דף צד. ד״ה ר״ש.

II. Definition

מְכַבֶּה is defined as extinguishing or diminishing a fire. This can be accomplished in various ways, as will be explained below, in Section V.

III. The Torah Prohibition

In order to transgress the Torah prohibition of מְכַבֶּה, one must perform the act of extinguishment for its own sake.

This means that one's purpose in extinguishing the fire cannot simply be to rectify an undesirable condition — e.g. to save one's belongings from being burned. If this is one's purpose, his act is deemed a מְלָאכָה שֶׁאֵין צְרִיכָה לְגוּפָהּ, *a melachah not performed for its own sake,* which is permitted under Biblical law.

Rather, one's purpose in extinguishing the fire must be to achieve a positive benefit. For example, if one extinguishes a fire in order to produce charcoal, his act provides a positive benefit, for he has produced something new in the only way it can be produced — through extinguishing a fire. Therefore, he has violated the Torah prohibition.[3]

Why is the Torah prohibition limited to an act that provides a positive benefit? It is because the activity upon which this *melachah* is based — namely, the extinguishing performed during construction of the *Mishkan* — possessed this characteristic. Since the original act of extinguishing was one that achieved a positive benefit, the *Av Melachah* that is derived from it must do so as well.

IV. Rabbinic Prohibition

A. Where There Is No Positive Benefit

Although an act of extinguishment that provides no positive benefit is deemed a מְלָאכָה שֶׁאֵין צְרִיכָה לְגוּפָהּ, *a melachah performed not for its own sake,* and is permitted under Biblical law,

---

3. מ״ב סי׳ רעח ס״ק ג, ומ״ב סי׳ שטז ס״ק כז.

it is forbidden under Rabbinic law. Accordingly, if one extinguishes a fire in order to conserve fuel or in order to prevent his belongings from being burned, he has violated a Rabbinic prohibition.[4]

1. Degrees of Severity

Generally speaking, the Rabbinic prohibition against extinguishment is more severe than other Rabbinic prohibitions. This is because the act forbidden by Rabbinic law is identical to that forbidden by Torah law — they differ only in the intent and purpose of the transgressor. Consider: If one extinguishes a candle so that the wick will light more easily on another occasion, he has violated Torah law, since his purpose is to achieve the positive benefit of a charred wick. On the other hand, if he extinguishes a candle because he no longer desires the light, he has violated only a Rabbinic law, since his purpose was simply to rectify an undesirable situation. Both acts are identical in that both produce a charred wick — the difference between them lies solely in the intentions of the transgressor. Since this act has the potential to be a Biblical transgression, it is of greater severity than an ordinary Rabbinic transgression.[5]

However, there are cases of extinguishment that do not possess this greater stringency. For example, the act of extinguishing a gas flame by turning off the gas is intrinsically different than a Biblically forbidden act of extinguishing. Since the gas flame leaves no charred wick or fuel behind, its extinguishment cannot ever provide a positive benefit. It is inherently a Rabbinic transgression, and is therefore of no greater severity than other Rabbinic transgressions.[6]

V. Activities Included in the Melachah of Extinguishing

These following activities violate the *melachah* of מְכַבֶּה:

---

4. מ״ב סי׳ רע״ח ס״ק ג.

5. מ״ב סי׳ רעח ס״ק ג.

6. מאורי אש דף פז.

A. extinguishing a fire
B. decreasing the size of a fire
C. removing fuel from a fire

A. Extinguishing a Fire

Any and all methods of extinguishment violate the Shabbos prohibition. These include:

1. extinguishing a fire by pouring liquid upon it.[7]
2. extinguishing a fire by blowing it out.
    This refers not only to a case in which a person blows out a fire by mouth, but to any case in which a person extinguishes a fire by directing a current of air onto it. One example would be opening the door swiftly next to a lit candle.[8] Another would be opening a window near burning candles where the wind will extinguish the flames. [See Practical Applications.]
3. smothering a fire by placing something over it.

B. Decreasing the Size of a Fire

Even if one does not extinguish a fire completely, but merely decreases its size, he has transgressed the *melachah* of extinguishing.[9] Accordingly, one may not tilt a lit oil lamp on Shabbos, for by doing so, one causes some of the oil to move away from the wick, thereby decreasing the size of the flame. Therefore, one carrying a table with a lit oil lamp upon it must be careful not to carry it too quickly, lest he cause the oil to move away from the wick.

C. Removing Fuel From a Fire

One who removes fuel from a fire causes the fire to go out more quickly. This is a violation of the *melachah* of

---

7. משנה שבת דף מז: ולא יתן לתוכו מים מפני שהוא מכבה.

8. שו"ע סי' רעז ס"א.

9. מ"ב סי' רעז ס"ק ו.

extinguishing.[10] Accordingly, one may not remove oil from a lit oil lamp or cut off part of a lit candle on Shabbos.

VI. Cases in Which One Is Permitted to Extinguish a Fire on Shabbos

A. Where the Fire Endangers Human Life

If there is even the remotest possibility that a particular fire poses a threat to human life, one may extinguish it himself on Shabbos; likewise, one may telephone the fire department to come and extinguish it.

If a house catches fire and there is no danger to human life, one may not extinguish the fire himself, nor may one explicitly instruct a non-Jew to extinguish it.* However, since a fire in a house almost always constitutes a danger to human life, one is generally permitted to extinguish it; therefore, we have not elaborated on these *halachos*.[11] [See, however, below, for the procedure to follow when a tablecloth catches fire.]

B. Extinguishing a Fire Through Indirect Causation (גְרָמָא)

As a general rule, *melachah* performed through indirect causation (*grama*) is prohibited by Rabbinic law. In some instances, however, it is permitted.

One such instance is given in a Mishnah in Tractate *Shabbos* (120a), which states that in case of need (e.g. monetary loss), one

* There are many *halachos* taught concerning what items a person may remove from a burning house on Shabbos.

---

10. במסכת ביצה דף כב. איתא:הנותן שמן בנר חייב משום מבעיר, והמסתפק ממנו חייב משום מכבה, ע״כ. ותוס׳ כתבו שם בד״ה המסתפק וז״ל: אינו ר״ל מפני שממהר כיבוי, דלא הוי אלא גרם כיבוי וגרם כיבוי ביום טוב שרי אף על פי שממהר כיבויה, ובשבת נמי אינו חייב, אלא היינו טעמא הואיל דבאותה שעה שהוא מסתפק ממנה מכבה קצת ומכסה אורו דלא יכול לאנהורי כולי האי כי איכא שמן מועט בנר ולכך נראה ככיבוי וכו׳, עכ״ל.

ונחלקו האחרונים בביאור דברי התוס׳, דהפנ״י כתב לדייק מדברי התוס׳ שכתבו ״ולכך נראה ככיבוי״ דמשמע דאין זה כיבוי ממש אלא אסור מדרבנן משום שנראה ככיבוי. אמנם עיין בשפת אמת בביצה שכתב דאסור מן התורה להסתפק מן השמן שבנר. וע״ע בזה בשו״ת כתב סופר או״ח סי׳ נה.

11. עיין בכל זה בסי׳ שלד.

is permitted to cause the extinguishment of a fire by placing barrels filled with water in the fire's path. When the fire reaches the barrels, they catch fire and burst open, whereupon their contents extinguish the flames. Because the extinguishment is only an indirect consequence of the person's action, it is permitted.

This ruling has many practical ramifications. For instance, if a tablecloth catches fire and — while posing no danger to human life — will cause a person to suffer a monetary loss, he is permitted to extinguish the fire in an indirect manner.[12] See Practical Applications for further discussion.

VII. Electric Lights and Electrical Appliances

A. Electric Lights

Turning off an incandescent bulb (i.e. one that contains a red-hot, glowing filament) on Shabbos violates the *melachah* of מְכַבֶּה, for a red-hot filament is deemed to be a fire.

[Although a fluorescent bulb does not utilize a burning filament, it does contain a piece of metal that becomes hot while in use. This metal might even become red hot; accordingly, turning off a fluorescent bulb might be a violation of מְכַבֶּה.]

B. Electrical Appliances

As was explained in Chapter 34 (page 476), the *Poskim* give various reasons for why it is forbidden to turn on an electrical appliance on Shabbos. Some of these reasons can be applied also to forbid turning *off* an electrical appliance on Shabbos:

1. According to some *Poskim*, completing an electrical circuit is comparable to completing a building or wall, or to assembling the parts of a utensil, and is therefore forbidden under the *Av Melachah* of בּוֹנֶה, *building*. Conversely, *breaking* a circuit by turning *off* an appliance is forbidden under the *Av Melachah* of סוֹתֵר, *demolishing*.

2. According to other *Poskim*, turning on an electrical appliance is forbidden because it generates sparks, which is a

---

12. שו״ע סי׳ שלד סי׳ כב.

violation of the prohibition of מוֹלִיד, *creating something new*. Since turning off an appliance also generates sparks, it too is forbidden for this reason.

VIII. Practical Applications

A. If a Tablecloth Catches Fire on Shabbos

It sometimes occurs that one of the Shabbos candles will fall on the table on Friday night and set fire to the tablecloth. If there is any possibility at all that the fire will spread and pose a danger to human life, one should extinguish the fire in the normal manner, as if it were a weekday. If, however, there is no immediate danger of the fire spreading, there are several methods that may be used to contain the fire:

1. Pouring Liquid Around the Fire

One may pour liquid* on those parts of the tablecloth that the fire has not yet reached. When the fire reaches the soaked areas of the tablecloth, it will go out of its own accord. Because the extinguishment is merely an *indirect* consequence of the person's action, it is permitted.

2. Placing a Container of Liquid Next to the Flames

Another method that makes use of the principle of indirect causation is this: One places a container of liquid next to the fire. When the fire reaches the container, it causes the container to burst, whereupon the liquid pours out and extinguishes the flames.

3. Removing the Burning Tablecloth

One is permitted to carry the burning tablecloth to a place where it will burn itself out without doing further damage (e.g. a bathtub).

---

* It is preferable not to use water for this purpose, for the act of pouring water on cloth violates the prohibition against laundering on Shabbos. However, in the event no other liquids are available, water may be used. See note on p. 246.

B. Opening a Window Next to Burning Candles

If burning candles are located next to a window, and the wind is blowing against the window, one may not open the window, for the wind will surely cause the candles to be extinguished. Even if the wind ceases to blow for a moment, one may not take advantage of the respite to open the window. For it is in the nature of wind to die down and then start up again, and one cannot be certain that at the moment he opens the window a new gust will not arrive and extinguish the candles. However, if the room is uncomfortably hot (or if there is some other pressing need), one may wait for the wind to cease blowing for a moment, and open the window at that time.[13]

C. Carrying a Table Containing a Burning Oil Lamp

When one moves a table with an oil lamp on it* one must be very careful not to move it too quickly, lest he inadvertently shake the oil in the lamp. Shaking can cause the oil to draw closer to the flame and burn more quickly, which would violate the *melachah* of מַבְעִיר, *kindling*. It can also cause the oil to move away from the flame, and burn less quickly, which would violate the *melachah* of מְכַבֶּה, *extinguishing*.[14]

D. Carrying a Table Containing a Burning Candle

A table with burning candles upon it, unlike one containing a burning oil lamp, may be carried in a quick manner.** Because there is very little loose fuel in a burning candle, we are not concerned that carrying it will cause the fuel to move away from the flame.[15]

---

* Moving the table is permitted only if the table did not become a base for the oil lamp; otherwise, the table is *muktzeh* (see *Muktzeh: A Practical Guide*, Chapter 7).

** Here too, it is permitted to move the table only if it did not become a base for the candles.

---

13. שו"ע סי' רעז ס"א, ומ"ב ס"ק ג.

14. מ"ב סי' רעז ס"ק יח.

15. מ"ב סי' רעז ס"ק יח.

E. Lowering a Gas Flame

One is forbidden to lower a gas flame on Shabbos, even if he does not extinguish it entirely.

F. Turning Off Gas on Stove With Electronic Ignition

On gas ranges with electronic ignition, the electric igniter gives off sparks when the knob is in the correct position. If the fire on the burner goes out on Shabbos, and gas is coming out of the burner, one may turn off the gas even though the igniter will give off some sparks as the knob passes the igniting position. However, the knob should be turned in an unusual manner (e.g. backhandedly). The reason this is permitted is because it is dangerous to allow gas to leak.

XXXIV / Kindling a Fire — מַבְעִיר

I. The Av Melachah

מַבְעִיר, *kindling a fire*, is one of the thirty-nine *Avos Melachos*.[1] All *melachos* have their origin in activities performed in the construction of the *Mishkan*. During the *Mishkan's* construction, fires were kindled to cook the dyes used in the various fabrics of the *Mishkan*.[2]

II. Definition

מַבְעִיר is defined as creating or enlarging a fire.[3] There are numerous activities that fit this halachic definition. They will be enumerated in Section IV.

III. Torah and Rabbinic Prohibitions

One transgresses the Torah prohibition of מַבְעִיר by lighting a fire for a beneficial purpose (e.g. he kindles a torch to illuminate a room).[4] If, however, one creates a fire for no beneficial purpose

---

1. משנה שבת דף עג.
2. רש"י שבת דף עג. ד"ה המכבה.
3. בגדר מלאכת מבעיר נחלקו האחרונים האם עיקר האיסור משום שריפת וכילוי העצים, או שעיקר האיסור הוא משום ריבוי האש ויצירתה, דעיין בשלחן ערוך הרב הלכות יו"ט ס' תצה ס"ב שכתב בא"ד וז"ל: שהרי ענין ההבערה הוא הוצאת האש או שמרבה האש, עכ"ל. ובקונטרס אחרון אות ב כתב וז"ל: הנה אע"פ שהמבעיר אינו חייב אלא א"כ צריך לאפר אף על פי כן עיקר החיוב אינו משום שריפת וכליון העצים אלא משום ריבוי האש, כדמשמע בהדיא בהרמב"ם וכו', וזה פשוט וא"צ לפנים, עכ"ל. הרי מבואר דעיקר חיוב מלאכת מבעיר הוא משום עשיית האש ולא משום כליון ושריפת העצים.

אכן בשו"ת אבני נזר או"ח סי' רלח הביא דברי השלחן ערוך הרב וחלק עליו ודעתו שחיוב מלאכת הבערה הוא ע"י כליון הדבר הנשרף ומתבער ע"י האש. אמנם האבני נזר גם מודה שגם במקרה שאין כילוי ושריפה כמו בגחלת של מתכת (לפי הרמב"ם) יש איסור מבעיר מן התורה, אלא שאינו בגדר אב כי אם תולדה בלבד. ועיין בזה בספר מאורי אש עמוד סז.

4. רמב"ם הלכות שבת פי"ב הלכה א.

(e.g. he burns an item for no reason), he has transgressed a Rabbinic prohibition only.[5]

IV. Activities Included in the Melachah of Kindling a Fire

The activities that are classified as מַבְעִיר fall into two categories — creating a new fire and enlarging, or prolonging, an existing fire. Here are examples of both activities:

1. Creating Fire

Certain actions are understood by all to involve creation of fire. There are other actions, however, which would not be thought to fall into this category, but which are nevertheless included in the prohibition against creating fire.

A. Striking a Match

Striking a match creates a new flame, and is an obvious violation of מַבְעִיר.

B. Creating Fire With Sparks

One is forbidden to strike sparks off a flint onto a heap of tinder or kindling, causing it to burst into flame. Doing so violates the *melachah* of מַבְעִיר.[6]

C. Creating Fire With a Magnifying Glass

Another example of creating a new fire is setting an object alight by concentrating sunlight onto it with the aid of a magnifying glass.[7]

D. Lighting From an Existing Fire

In this case, one uses an existing fire to create a new fire. An example would be lighting one candle from another.

---

5. רמב״ם הלכות שבת פי״ב הלכה א.
6. עיין בזה בארחות שבת פט״ז הערה ט.
7. שש״כ פי״ג הלכה א.

E. Making Metal Red Hot

Metal that becomes red hot is considered to actually be on fire. Therefore, heating a piece of metal until it glows red hot is a violation of מַבְעִיר. However, this is contingent upon the metal being so hot that it will ignite something else that is placed on it.[8]

F. Electric Lights

Turning on an incandescent bulb (i.e. one that contains a red-hot filament) is a violation of the *melachah* of מַבְעִיר,[9] for a glowing filament is considered to be a fire. [See page 476 for *halachos* regarding electric appliances.]

[Although only incandescent bulbs use a red-hot filament, fluorescent bulbs too contain a piece of metal that heats up during use. This metal piece might even become red hot; therefore, turning on a fluorescent bulb could constitute a violation of מַבְעִיר.]

2. Enlarging or Prolonging a Fire

Enlarging an existing fire on Shabbos is forbidden under the *melachah* of מַבְעִיר. Accordingly, one may not enlarge fire by fanning it — e.g. with a bellows. Likewise, one may not lift a burning wick so that more of it is exposed, for this too enlarges the flame.[10]

---

8. ספר כשרות ושבת במטבח להגאון ר׳ לוי יצחק היילפרין שליט״א ח״ב דף פח.

9. שו״ת אחיעזר ח״ג סי׳ ס, שו״ת קרן לדוד סי׳ פ, שו״ת מלמד להועיל סי׳ לט ומנחת שלמה ח״א סי יב. ועיין בשו״ת נשמת שבת ח״ב (הלכות אמירה לעכו״ם) סי׳ מז שכתב שכל מיני נרות פלארעסענט יש להם בקצוות הנר נר קטן שיש בה חוט דק מן הדק שבשעת הדלקתה מתלהבת לגחלת בוערת שזה נותן הכח להגאז שבתוך נר הפלארעסענט שתאיר, נמצא שגם הדלקת נר פלארעסענט הוא איסור תורה, עי״ש. וכ״כ באנציקלופדיה תלמודית עמוד תשטו אות ה. מ״מ אם צריך להדליק חשמל לצורך חולה שיש בו סכנה עדיף להדליק מנורת פלארעסענט מלהדליק נר חשמל רגיל הואיל וחוט הלהט שבמנורת פלארעסענט קצר יותר מחוט הלהט שיש במנורה רגילה, ונמצא ממעט בשעור ההבערה. ועיין עוד בזה באנציקלופדיה תלמודית שם.

ועיין בספר ארחות שבת פט״ז הלכה ז וז״ל: אסור להדליק בשבת מנורת פלואורסצנט משום שבשעת ההדלקה נוצר ניצוץ המדליק את המנורה וניצוץ זה לא נחשב לאש גמורה, עכ״ל.

10. שו״ע סי׳ רעז ס״ב.

One is also forbidden to prolong the duration of a fire. Thus, one may not add oil to a burning oil lamp, for by doing so, one causes the fire to burn for a longer period of time.[11]

V. Practical Applications

A. Driving a Car

Pressing the accelerator of a car releases gas into the combustion chamber of the engine, where it is ignited. Thus, driving a car represents a continuous transgression of the *melachah* of מַבְעִיר.[12]

B. Raising an Electric Light

It is forbidden to make a bulb burn more brightly by raising a rheostat (a "dimmer") to a higher setting. By raising the setting one enlarges the fire.

C. Sterilizing a Needle

It is forbidden to sterilize a needle by placing it in a fire and making it red hot.[13]

D. Adding Oil to a Lamp

It is forbidden to add oil to a burning oil lamp, for this prolongs the burning time of the flame, which is a violation of מַבְעִיר.

E. Moving a Table That Contains a Burning Oil Lamp

One moving a table with an oil lamp on it* one must be very careful not to shake the oil in the lamp. Shaking can cause the oil to move closer to or farther away from the flame, which

---

* Moving the table is permitted only if the table did not become a base for the oil lamp (see practical guide to *Muktzeh: A Practical Guide*, Chapter 6.)

---

11. ביצה דף כב. הנותן שמן בנר חייב משום מבעיר.
12. עיין בזה בשו״ת נשמת שבת ח״ב (הלכות אמירה לעכו״ם) סי׳ טז.
13. עיין בזה בספרי הלכות חינוך בהלכה דף 84.

would violate the *melachos* of מַבְעִיר, *kindling*, or מְכַבֶּה, *extinguishing*.[14]

F. Sparks Created by Static Electricity

Clothes made of synthetic materials may be worn even if they give off sparks (from static electricity) while being put on and taken off.[15]

VI. Electrical Appliances

✦ Introduction

We explained above that turning on an incandescent bulb is included in the Biblical *melachah* of מַבְעִיר. This is because the bulb has a red-hot filament, which is considered to be a fire. However, there are many applications that do not contain the bulb. The use of these appliances on Shabbos is the subject of much debate among the later authorities. All agree that it is forbidden to turn on electrical appliances on Shabbos. They disagree only with regard to which prohibition is being transgressed, and whether it is a Torah prohibition or a Rabbinic one. This dispute has many ramifications. For example, in certain cases it is permitted to instruct a non-Jew to perform a *melachah* that is forbidden by Rabbinic law. If turning on an electrical appliance is forbidden by Rabbinic law only, it would be permitted in these instances to instruct a non-Jew to turn on the appliance. If, however, it is forbidden by Biblical law, there would be no such permit.

The possible prohibitions violated when turning on electrical appliances are as follows:

A. Creating Something New (Molid)

The Sages instituted a prohibition against creating a new entity on Shabbos (e.g. by transforming a solid into a liquid).

---

14. מ״ב סי׳ רעז ס״ק יח.

15. שש״כ פט״ו הלכה עב, וע״ע בזה בספר יסודי ישורון מלאכת מבעיר עמוד 119.

This prohibition is known as מוֹלִיד, *molid*. Several authorities rule that the act of switching on an electrical appliance is included in this prohibition. They argue that the introduction of electric current creates something new — namely, a functioning appliance. Therefore, this act falls under the prohibition of *molid* (see *Beis Yitzchak* 2:31).[16]

1. Creating Sparks

Some *Poskim* suggest that turning on an electric appliance on Shabbos violates the prohibition of *molid* because creating an electrical circuit generates sparks. The sparks are a new entity — thus, their creation is forbidden under the Rabbinic prohibition of *molid*.[17]

B. Makeh B'Patish

One of the thirty-nine *Avos Melachos* is *makeh b'patish* (מַכֶּה בְּפַטִּישׁ). Under this *melachah*, one is forbidden to perform the final act in finishing any product and making it useful (for example, winding a watch that has stopped). Some authorities rule that since an electrical appliance is useless without electricity and becomes useful only once the current is switched on, we view the introduction of electric current as the final step in

---

16. שיטת הבית יצחק עי׳ בחלק יו״ד במפתחות לסימן לא וז״ל: יש לאסור עוד, משום דע״י סגירת זרם העלקטערי נולד בה עלקטערי, וזה אסור בשבת, דכמו בסחופה כסא אשיראי אמרינן בביצה דף כג: דאסור משום מוליד ריחא, ה״ה דאסור לעשות עלקטערישע פארבינדונג (קישור אלקטרוני) בשבת, עכ״ל.

ולכאורה לפי דברי הבית יצחק אין איסור בניתוק החשמל (כשאין בו חוט להט) משום שרק הולדת זרם נאסרה משום מוליד ולא הפסקתו.

ובשו״ת ציץ אליעזר ח״א סימן כ פרק י מביא בשם ספר צל״ח החדש בקונטרס אחרון למאמר א׳ תשובה מהגאון אב״ד דרישא שחולק על הבית יצחק, משום שלא מצינו איסור מוליד אלא בהולדת ריח בבגדים שזהו דבר שניתן להשיג בחוש, משא״כ בהולדת זרם שאינו ניתן להשגה באחד החושים ונחשב כאין בו ממש, עי״ש.

וכן הגאון ר׳ שלמה זלמן אויערבאך בקובץ מאמרים עמוד 53 חולק על הבית יצחק, וטעמו כיון שזרם מתחדש ונפסק מספר פעמים ביום על פי רצון האדם ואין זה נחשב כדבר חדש כל פעם שנוצר זרם מחדש, ובכלל קשה לחדש איסור מוליד כזה שלא נזכר בש״ס, והבו דלא לוסיף עלה, ע״ש.

17. עיין בזה בשו״ת מנחת שלמה ח״א סי׳ י ס״ק ז.

creating the appliance. It is therefore prohibited under the *melachah* of *makeh b'patish.*[18]

C. Building — בּוֹנֶה

The *Chazon Ish,* one of the greatest *Poskim* of our times, rules that completing an electrical circuit is comparable to completing a building or wall, which is forbidden under the *Av Melachah* of בּוֹנֶה, *building.* In addition, completing a circuit is comparable to assembling the parts of a utensil, which is forbidden as an act of building.[19]

---

18. שו״ת ציץ אליעזר ח״ו סי׳ ו, שו״ת מנחת יצחק ח״ג סי׳ מא. ועיין בשו״ת מנחת שלמה ח״א סי׳ יא, וח״ב סי׳ יז שהאריך לבאר דאין איסור מכה בפטיש שייך בפתיחת עלעקטרי.

19. מפורסמת וידועה שיטת החזו״א בנוגע לכל הפעלה חשמלית בשבת, שאסור להפעילו מן התורה משום בונה, וסגירת כלי חשמלי בשבת אסורה מן התורה משום סותר. ומקור דברי החזו״א הוא בספרו על או״ח, הלכות שבת סי׳ נ ס״ק ט, וז״ל: עוד יש בזה (הדלקת חשמל) משום תקון מנא, כיון שמעמידו על תכונתו לזרום את זרם החשמל בתמידות, וקרוב הדבר דזה בונה מה״ת, כעושה כלי, וכ״ש כאן שכל החוטין מחוברין לבית והו״ל כבונה במחובר ואין כאן משום אין בנין בכלים אלא דינו כמחובר דיש בו משום בנין וסתירה, אבל הכא אין נפקותא בזה דאפילו בכלים כה״ג חשיב בונה.

ובהמשך מתמודד החזו״א עם הכלל הידוע שבנין לשעה אינו חשוב בנין, והרי הפעלת חשמל זה באופן זמני — עד לכיבוי, וגם בפוסקים (ט״ז ומג״א סי׳ שיג) מובא בפירוש דמותר לתקוע כיסוי הכלי כיון שעומד לסגור ולפתוח, והכא נמי לא יהיה בזה משום בונה וסותר, וכותב ע״ז החזו״א שם: היינו דוקא בכיסוי, שאין סתימת הכלי בנין אלא שימוש, דכלי סתום לעולם אינו כלי, וכל ענין הכלי הוא להיות פתוח ולשמש בו ולכסותו שלא בשעת שימוש, והלכך אין הכיסוי והכלי כחד אלא שני גשמים משתתפים בשימוש, אבל הרכבה הדרושה לשימוש כמו קנה סיידן ומטה של טרסיים וזרם החשמל, אף תיקון לשעה חשוב בונה, עכ״ל. ועיין במנחת שלמה ח״א סי׳ יא וח״ב סי׳ כה שהאריך לחלוק על שיטת החזו״א.

ולא ברור לנו כ״כ מדברי החזו״א מה הדין בחיבור מתח בלבד הגורם שבעתיד יעבור זרם אם תופעל המערכת החשמלית, כגון הורדת או העלאת כפתור החשמל בזמן שאין מעבר זרם, ששעון השבת עדין לא הגיע לזמן ההדלקה או הכיבוי, וע״י לחיצה על הכפתור גורם שהחשמל יידלק בעתיד באותו מקום בשעה היעודה או יתכבה באותו מקום, ובזמן עשיית הפעולה אינו גורם לשום הפעלה חשמלית. או בכגון שמחבר את חוט החשמל או הטלפון לשקע וכד׳, או פעולה הפוכה של הוצאת החוט מהשקע. כגון שאינו רוצה שהמכשיר החשמלי או הטלפון יפעל בשבת וע״כ רוצה לנתק את התקע מהשקע — האם גם בפעולות שכאלו יש משום בונה וסותר כיון שמאפשר מעבר זרם בעתיד, וגם זה בבחינת מעמידו על תכונתו לזרום את זרם החשמל בתמידות או לא.

וכנראה שנחלקו פוסקי זמנינו בזה. דהגאון ר׳ שלמה זלמן אויערבאך בספר קובץ מאמרים (מלואים א עמוד 59) דן בזה ומביא מספר חידושים וביאורים להגרח״ש גריינמן

D. Heating a Wire

Another possibility mentioned by the *Chazon Ish* is that the current passing through a wire raises the temperature of the wire

---

שליט״א או״ח ח״ב שכתב שלדעת החזו״א אסור גם בשעה שאינו מחובר עדיין לזרם החשמל וחייב משום בונה ע״י לחיצה על הכפתור. אמנם מרן הגאון ר׳ שלמה זלמן זצ״ל חולק על דבריו וסובר שגם החזון איש לא אסר אלא הפעלה חשמלית מיידית הגורמת למעבר זרם במערכת וביצוע פעולה חשמלית, אך כאשר אינו אלא להכשיר בעתיד מעבר זרם, אם ע״י לחיצה על כפתור החשמל המחובר לשעון חשמל שידלק בעתיד, וכל שכן ע״י חיבור חוט החשמל לשקע פשיטא שאין בזה משום בנין מן התורה.

וכן פסק בשו״ת ציץ אליעזר ח״ו סימן ה אות ג וכתב בפשיטות שגם לשיטת החזו״א איסור בונה וסותר הוא רק אם בפעולתו מפעיל את הזרם או מפסיקו,

ולפ״ז פסק בספר שש״כ (פי״ג, כח), שמותר להוריד מתג חשמלי כדי למנוע הדלקת החשמל או הפעלת החשמל בעתיד ע״י שעון שבת (בשינוי - משום מוקצה של הכפתור), או במקום צורך גדול מותר אף להעלות את המתג ע״מ לאפשר הדלקת החשמל בעתיד ע״י שעון שבת, ואין בזה משום בונה או סותר אף לשיטת החזו״א. ועיי״ש (בהערה קא) שציין למה שהבאנו בשם הגרש״ז אויערבאך בקובץ מאמרים הנ״ל, שאף שיש אומרים בשם החזו״א (הגרח״ש גריינמן שליט״א) שיש בונה וסותר גם בזמן שאין החשמל פועל, במכתב של החזו״א לגרש״ז זצ״ל לא משמע כן.

וכמו כן פסק לגבי טלפון (שם, לז) וז״ל: יש להפקיד על כך להפסיק את חיבורו של הטלפון מבעוד יום (ע״י הוצאת התקע מן השקע או ע״י המתג המיוחד לכך) כך שכאשר יצלצל אדם לא ישמע קול הצלצול, אך אם שכח לעשות כן, וחושש שהצלצול יגרום להפרעות מותר להפסיק את החיבור בשבת וביו״ט, והוא שיעשה כן בשעה שאין הפעמון מצלצל. ובהערה שם (קכג) מציין להערה הנ״ל שהביא דעת הגרשז״א בביאור דברי החזו״א שאין איסור בונה וסותר מן התורה בזמן שאין החשמל פועל, אע״פ שתתחדש פעולתו בעתיד על סמך פעולתו כרגע.

ומה שהבאנו לעיל דבספר חידושים וביאורים סובר שלדעת החזו״א יש איסור בונה וסותר גם בזמן שאין הזרם פועל, כיון שמעמידו על תכונתו שיזרום בו זרם החשמל כן כתב בשו״ת אור לציון או״ח ח״ב (פרק מא, א) ששאל השואל האם מותר או להרים את כפתור החשמל בזמן שלא עובר בו זרם, והשיב וז״ל: אסור להוריד או להרים את כפתור החשמל אפילו בזמן שלא עובר שם זרם חשמל, עכ״ל. והוסיף לבאר שם (סק״א), שיסוד האיסור בעיקר מצד בונה וסותר לחזו״א זצ״ל, שאמנם יש שסוברים בדעתו שכ״ז אם זרם החשמל עובר שם, אבל אם אינו עובר אינו נחשב בונה או סותר, אך יש שסוברים שבכל ענין יש בונה וסותר - וכן נראה למעשה.

והסביר שם את דבריו וז״ל: ומשום שנראה שלדעת החזו״א אין איסור בונה דוקא ביצירת המעגל החשמלי אלא אף בהכשרת הדרך שיעבור בו הזרם החשמלי, והרי כשהוא מזיז את הכפתור הוא בונה את הדרך שיעבור בו זרם החשמל, והרי זה כמחבר צינור מים למערכת צינורות מים, שפשוט שחייב משום בונה אף שכעת לא עוברים מים בצינור וכו׳, עכ״ל.

ועפי״ז פסק עוד, שאם שכחו להוציא את הנורה מן המקרר לפני שבת באופן שאם יפתח המקרר תידלק הנורה, אין לנתק את זרם החשמל (ע״י הוצאת התקע מהשקע) אף

above the level of *yad soledes bo* (110° F). This is prohibited as an act of cooking (בִּישּׁוּל).[20]

E. Burning Additional Fuel

A final possibility is that the initiation of a new circuit might cause additional fuel to be burned by the power station supplying the electricity. This perhaps falls into the category of kindling a fire, which is forbidden under Biblical law.[21]

We repeat: Although the *Poskim* disagree as to *why* it is forbidden to turn on an electrical appliance on Shabbos and Yom Tov, all agree that it is indeed forbidden.

VII. Practical Applications of the Prohibition on Turning On Electrical Appliances on Shabbos

A. Kitchen Appliances

1. Refrigerators

The permissibility of opening a refrigerator door on Shabbos is a matter of dispute among the contemporary *Poskim*. Opening the door allows warm air to enter the refrigerator, which causes a rise in the inside temperature. Since the motor is

---

בזמן שאין המנוע פועל, משום סותר לחזו״א, אף שלא עובר זרם כרגע בזמן שמנתק, כנ״ל בביאור החזו״א, ורק לגוי מותר לנתק את זרם החשמל בזמן שאין המנוע פועל.

[וכן פסק שם (ח״י) שאין לנתק בכל אופן את חיבור הטלפון בשבת משום איסור סתירה במחובר, שהחוט המחובר לקיר נחשב בנוי שם, וכשמוציאו סותרו, בלי קשר לדין החזו״א בענין בונה וסותר בחשמל, כמו שאסור להוציא דלת מציריה.]

וגם בשו״ת מעשה חושב ח״א סי׳ ט האריך להוכיח שלדעת החזו״א יש בונה וסותר גם כשאין הזרם פועל באותו זמן, כיון שמכשיר אפשרות למעבר הזרם. ועפי״ז כתב (עמ׳ קי) וז״ל: לפי״ז יוצא פשוט שחיבור טלפון למקור מתח, גם אם אין בו זרם בעת חיבורו יש בזה משום איסור בונה להחזו״א, הואיל והעמידו על תכונתו שאנשים מבחוץ יוכלו להתקשר אליו אימתי שירצו, וגם הוא יכול להתקשר עם החוץ מתי שירצה, איסור זה חל כאמור אף כאשר אין בו זרם וכו׳, עכ״ל.

וכן כתב שם בענין חיבור וניתוק מקרר מזרם חשמלי אף בזמן שאין המקרר עובד, וכנ״ל בשם האור לציון, ע״ש.

20. חזון איש או״ח סי׳ נ ס״ק טו.

21. עיין בזה בשש״כ פכ״ג הערה קלז.

hooked up to a thermostat, the rise in temperature will eventually cause the motor to start running. In many cases, the motor does not begin running until after some time has elapsed; if, however, the temperature in the refrigerator was already high when the door was opened, then the motor begins running immediately.[22]

Some authorities rule that since opening the door of the refrigerator will eventually cause the motor to begin running, it is regarded as the equivalent of actually starting the motor, and is therefore forbidden. According to these *Poskim*, one may never open the door of a refrigerator while the motor is off. However, many of those who embrace this view permit the door to be opened while the motor is running, for this merely causes the motor to run for a longer period of time, which is permitted.[23]

Others maintain that it is permitted to open the refrigerator

---

22. בנוגע פתיחת מקרר חשמלי בשבת עיין באנציקלופדיה תלמודית כרך יח דף תרסב שהסבירו צדדי השאלה וז"ל: מקרר שיש בו טרמוסטט שתפקידו לשמור על טמפרטורה מסויימת, וכשהטמפרטורה שבמקרר עולה מעבר לרמה הראויה מפעיל הטרמוסטט את המנוע עד שהיא יורדת לרמה הרצויה, שהיא בדרך כלל נמוכה במספר מעלות מהרמה שבה הטרמוסטט מפעיל את המנוע, ואז הוא מפסיק את פעולת המנוע, וחוזר חלילה. ועל ידי פתיחת דלת המקרר נכנס לתוכו אויר חם יחסית וגורם לטרמוסטט להפעיל את המנוע, וכמו כן סגירת הדלת מונעת חדירת האויר החם לתוכו וגורמת שהטרמוסטט לא יפעיל את המנוע, ודנים אם אסור להשתמש במכשיר באופן כזה הגורם לפעולת הטרמוסטט, הן אם יש במכשיר גוף חימום לוהט או נורת להט שהדלקתם אסורה מן התורה משום מבעיר וכיבויים אסור מדרבנן, והן אם יש בו מנוע חשמלי שאסור להפעילו בשבת משום כמה איסורים דרבנן (כמו שהזכרנו בפנים בהלכה), עכ"ל.

23. שיטות הסוברים שמותר לפתוח דלת המקרר אבל דוקא בשעה שהמנוע פועל הם: שו"ת אג"מ או"ח ח"ב סי' סח, שו"ת הר צבי או"ח ח"י סי' קנג, חלקת עקב ח"ג סי' קעט, מנחת יצחק ח"ב סי' טז, אז נדברו ח"ב סי' לו. ועיקר הטעמים של פוסקים אלו הם: א) לפי שאינו עושה שום איסור אלא מונע את הטרמוסטט מלהפסיק את פעולת המנוע, והרי זה כסוגר חלון בפני הרוח שלא תכנס לבית ותכבה את הנר שאינו נחשב כגורם הבערה, ואינו דומה למוסיף שמן לנר שהוא חייב, לפי ששם השמן עצמו בוער, מה שאין כן בפתיחת המקרר שהאויר החם אינו בוער ואינו מבעיר אלא מונע את הפסקת פעולת המנוע.
ב) אף אם דנים פתיחת הדלת כמאריך פעולת המנוע וכמוסיף שמן לנר אין זה אלא גרמא, וכיון שאינו עושה מעשה בגוף הדבר הדולק, וכיון שאינו מתכוין לכך ואינו אלא פסיק רישא יש לסמוך על הסוברים שגרמא מותרת בפסיק רישא, ועוד שיש סוברים שגרמא מותרת באיסור דרבנן, ואין בהפעלת מקרר לדעה זו אלא איסור דרבנן.

door even when the motor is not running. They reason that since the motor generally does not begin running until some time after the door is opened, its running is not regarded as a *direct* consequence of the person's action. Rather, it is an *indirect* consequence (a גְרָמָא), and is therefore permitted.

It is true that on some occasion, the motor will begin running as soon as the door is opened. However, since the person's intention in opening the door is not to start the motor, his act does not violate the Shabbos, for it is a דָבָר שֶׁאֵינוֹ מִתְכַּוֵּין, *an unintended consequence.* Although the permit of דָבָר שֶׁאֵינוֹ מִתְכַּוֵּין does not apply in the case of an *inevitable* consequence (a פְּסִיק רֵישָׁא), in our case the consequence is not at all inevitable. For it is altogether possible that the motor will not begin running immediately, but will begin only after some time has passed. On this basis, these authorities rule that is permitted to open the refrigerator door on Shabbos.[24]

---

24. שיטות הסוברים שמותר לפתוח דלת המקרר אפי׳ בשעה שהמנוע אינו פועל הם: הגרי״א הענקין זצ״ל בספרו עדות לישראל עמוד 151, ובעמוד 122 כתב שראוי שלא לפותחו כשאינו פועל אבל מעיקר הדין מבואר שם דמותר בכל אופן לפתוח הדלת. הגאון ר׳ שלמה זלמן אויערבאך זצ״ל בספר מנחת שלמה ח״א סי׳ י, שו״ת ציץ אליעזר ח״ח סי׳ ב, וחי״ב סי׳ צב, והדיין מבריסק הגאון ר׳ שמחה זעליג ריגר בחוברת הפרדס שנת תרצ״ד חוברת ג. וכן שמעתי מפי מרן הגר״מ פיינשטיין זצ״ל הגם שבתשובותיו כתב להחמיר בזה.

ומקצת טעמים של הני פוסקים הם: א) שאף על פי שהאויר החם הנכנס גורם לטרמוסטט להפעיל את המנוע, כיון שבדרך כלל אין די באויר החודר מיד עם הפתיחה, והאויר הבא אחר כך הוא המפעילו, לכן אין זה אלא גרמא, וכמי בידקא דמיא בכח שני, ואף לסוברים שגרם מלאכה בשבת אסור שלא במקום הפסד, יש להתיר פתיחת המקרר, שכן אין בהפעלת המקרר אלא איסור דרבנן — לדעה זו — ויש לסמוך על הסוברים שגרמא במלאכה דרבנן מותרת. ואף על פי שאפשר שהחום בתוך המקרר הגיע כמעט לאותה הרמה שבה מפעיל את הטרמוסטט, ונמצא שהאויר החם הנכנס מיד עם פתיחת המקרר יפעיל את הטרמוסטט, והרי זה כבידקא דמיא בכח ראשון שחשוב כחו, אין לאסור לפתוח, שכיון שבפתיחת הדלת אינו מתכוין להפעיל את המנוע, אין לאסור אלא אם כן הדבר ברור שתיעשה המלאכה שהוא פסיק רישא, ומאחר שבשעה שפותח את הדלת הדבר ספק אם המנוע יופעל בספק לשעבר (היינו לאיזו דרגה הגיע כבר החום בתוך המקרר), דנים אותו בספק שמא הוא פסיק רישא או שמא הוי רק אינו מתכוין בדבר שאינו פסיק רישא, ולכן אין לאסור לפתוח, שכיון שאין כאן אלא מלאכה דרבנן, לדעתם, ספק דרבנן להקל. ולא עוד אלא שרוב פעמים לא נפעל המנוע מיד ויש לסמוך על הרוב. ועוד שאף אם האויר הנכנס מיד עם פתיחת הדלת מפעיל את הטרמוסטט אין זה אלא גרמא, לפי שאינו מפעיל אותו מיד אלא עובר זמן מה עד שהוא משפיע עליו ולכן אין זה ככח ראשון.

2. Opening an Oven Door

Opening the door of an oven allows cool air to enter the oven. The drop in temperature triggers the thermostat, which ignites the fire. Some *Poskim* rule that it is therefore forbidden to open an oven door on Shabbos (if the oven is turned on).[25]

Others rule that the halachic status of an oven door is the same as that of a refrigerator door.[26] One should consult a halachic authority for a final ruling.

B. Telephones

Using a telephone involves four actions, each of which constitutes the violation of Shabbos law:

a. Lifting a Receiver

Lifting a receiver closes an electric circuit. According to the *Chazon Ish* (see Sec. VI), this violates the Torah prohibition of *building*. According to the *Beis Yitzchak* (see ibid.), it violates the Rabbinic prohibition of *molid*. Furthermore, in some telephone systems a light goes on when a person lifts a phone off the hook. This may represent a violation of the *melachah* of מַבְעִיר.[27]

b. Dialing

The act of dialing creates electrical connections between the telephone in use and the one receiving the call. This is

---

25. עיין קובץ מבית לוי (קובץ ו עמוד לג) וז״ל: מותר להחזיר תבשיל לתנור חשמלי, ובתנאי שאין חשש שע״י פתיחת הדלת מפעיל את גוף החימום כגון שהטרמוסטט מנותק או בשעה שהתנור דולק, וכמו שמורים במקרר, וכאן חמור יותר כיון שנדלק גוף חימום לוהט, עכ״ל. וכ״כ בספר תורת השבת פל״ט, עמוד שפא.

26. כן שמעתי מפוסקי זמנינו. ועיין בשו״ת אג״מ או״ח ח״ד סי׳ עד דיני בישול שאלה כח, וז״ל השאלה: תנורים שיש בהם טערמוסטאט האם מותר לפתוח דלת התנור בשבת, כשהאש אינה דולקת, דנראה שאינו פס״ר כיון שאפשר לפתוח דלת התנור והאש לא תדלק, וא״כ הוי דבר שאינו מתכוין. וע״ז השיב מרן זצ״ל: כפי הנראה אין בזה פסיק רישא והוא דבר שאינו מתכוין ואין לאסור, עכ״ל. ולא הבנתי למה אצל פתיחת מקרר כתב מרן זצ״ל באו״ח ח״ב ס׳ סח שטוב להחמיר ולפתוח המקרר רק בשעה שהמנוע עובד וכאן כתב בפשיטות שמותר לפתוח דלת התנור בכל אופן.

27. שו״ת ציץ אליעזר חלק ח סימן טו פ״ז ס״ק י. ועיין בספר מעשה חושב עמוד נה שכתב שאין הדלקה זו אסורה מן התורה כיון שאינו מתכוין, ולא נחשב כפ״ר דניחא ליה כיון שאינו צריך לה כעת. ועיין בשש״כ פל״ח הערה כ שהגרש״ז זצ״ל נשאר בצ״ע בזה.

forbidden, as explained in the previous paragraph. Another prohibition involved in dialing is the Rabbinic prohibition of הַשְׁמָעַת קוֹל, *creating sound* (see page 531), for through dialing one causes the receiving phone to ring.[28]

c. Speaking

Some authorities rule that speaking on the telephone violates the Rabbinic prohibition of *creating a sound* (see page 531), since the telephone causes one's voice to be heard elsewhere.[29]

d. Returning the Phone to the Handset

According to the *Chazon Ish*, who states that closing a circuit transgresses the *melachah* of בּוֹנֶה, *building*, it is prohibited to return the phone to its holder after use. Since closing a circuit is *building*, it follows that breaking a circuit is סוֹתֵר, *destroying*. (Other prohibitions may also apply when returning the receiver.)[30]

C. Using the Telephone in an Emergency

a. An Emergency Where Time Is of Essence

If one must summon help by phone in an emergency and time is of the essence (e.g. an accident occurred), then one should use the telephone in the usual manner.[31]

b. An Emergency Where Time Is Not of the Essence

If an emergency occurs and time is *not* of the essence, one should try to get a non-Jew to place the phone call. If this is not possible, one should use the telephone in an unusual manner in order to minimize the prohibitions involved in its use.

❑ One should lift the receiver by knocking it off, or lifting it with one's elbow.

---

28. שו"ת בית יצחק יור"ד ח"ב במפתחות לסימן לא, מאורות נתן פ"א אות קב, מעשה חושב ח"א סי' ב, ומנחת שלמה ח"א עמוד סט.
29. שו"ת בית יצחק שם, מנחת שלמה ח"א סי' יא.
30. עיין שו"ת ציץ אליעזר ח"ח סי' טו פ"ז ס"ק י, ושש"כ פל"ב סעיף מג.
31. דכיון דהוא לצורך חולה שיש בו סכנה, ואין לבזבז זמן, אסור לעשות שינויים כיון דע"י כן יכול לקחת יותר זמן.

- ☐ Dialing should be done with one's knuckle or with a utensil.
- ☐ There is no way to speak on a telephone in a halachically unusual manner. Therefore, one may speak in the normal manner.
- ☐ If the receiver must be replaced on the hook (so that the doctor will be able to call back), it should be done in an unusual manner (e.g. with one's mouth).[32]

If for some reason one cannot use the phone in an unusual manner, one should place the call in the usual manner.

c. Using the Telephone for a Choleh She'ein Bo Sakanah

In the event a telephone must be used for a *choleh she'ein bo sakanah* (a patient whose life is not in danger), one should try to find a non-Jew to place the call. If one cannot locate a non-Jew, one may place the call himself. However, it must be done in an unusual manner, as described above. [See page 384 for the halachic definition of a חוֹלֶה שֶׁאֵין בּוֹ סַכָּנָה, *choleh she'ein bo sakanah*.]

C. Microphone; Intercom; Hearing Aid

◆§ Using a Microphone

One may not switch on a microphone on Shabbos because of the prohibitions detailed above regarding electrical appliances.

Even if the microphone was switched on before Shabbos, it may not be used on Shabbos. The *Poskim* give various reasons for this prohibition.[33]

◆§ Using an Intercom

One may leave an intercom switched on over Shabbos in order to monitor the welfare of a child. However, adults must take care not to speak near the intercom.[34]

---

32. שש״כ פל״ב סעיף מ.

33. כמה טעמים נאמרו פוסקים למה אסור לדבר ברמקול (microphone) אפילו באופן שמופעל מערב שבת: א) משום השמעת קול בכלי המיוחד לכך, ב) משום שבדיבורו מוליד זרם, ג) משום משמיע קול בשבת ואוושא מילתא, ד) שמא יתקן כלי שיר. ועי׳ אריכות בזה באנציקלופדיה תלמודית חלק יא עמודים תשכז – תשלא.

34. עיין בזה בשו״ת ויברך דוד סי׳ מד, ועיין בספר שערי חיים דף כא מה שכתב בזה.

✒§ Hearing Aids

One is permitted to wear a hearing aid if it was switched on before Shabbos.[35] Some *Poskim* advise a person to place a piece of tape over the knob that controls the volume so that he will not inadvertently raise the volume on Shabbos.[36] However, others rule that it is not necessary to place tape over the knob.[37]

Some authorities rule that one speaking to a person who is wearing a hearing aid should preferably not speak directly into his ear. However, in case of need it is permitted.[38]

Others maintain that there is no reason to refrain one from speaking directly into the hearing aid. It is permitted in all circumstances.[39] One may rely on these authorities.

D. Doors and Doorbells

✒§ Automatic Doors

It is forbidden to cause automatic doors to open or close on Shabbos.

If one must use automatic doors on Shabbos (e.g. to stay with a sick person in the hospital) he should wait for two non-Jews to enter one after another and should then enter after the first and before the second. In this way, he neither opens *nor* closes the doors. (Simply walking behind a single non-Jew would not suffice, since the last one to pass through the door activates a closing device.) If there are no non-Jews entering, one should walk through the doors in an unusual manner (e.g. by walking backwards).[40] This is permitted because visiting the sick is regarded as a vital necessity for which one may transgress a Rabbinic prohibition in an unusual manner.

---

35. מנחת שלמה ח"א דף סד הערה צ, וכן כתב במנחת שלמה ח"ב וג' דף ע. שו"ת מנחת יצחק ח"ג סי' מא, שו"ת באר משה חלק א סימן יז אות ו.
36. הגאון ר' יוסף אליהו הענקין, הובא במנחת שלמה ח"ב דף סט, וח"ב וג' דף סט.
37. הגאון ר' שלמה זלמן זצ"ל במנחת שלמה שם וכן שאר הפוסקים שמתירים אין מזכירים חומרא זו.
38. שו"ת אג"מ או"ח ח"ד סי' פה.
39. שו"ת מנחת יצחק ח"ב סי' יז, מנחת שלמה ח"א דף עד.
40. זכור ושמור להגאון ר' פסח פאלק שליט"א במלאכת הבערה.

☙ Using a Doorbell

It is forbidden to ring a doorbell on Shabbos. In the event that one mistakenly rang an electric doorbell on Shabbos, he is permitted to remove his finger from the button.[41]

E. Security Systems

1. Motion Sensor

In today's security-conscious world, we commonly encounter a variety of sophisticated devices intended to protect one's person and home. One such device, the motion sensor, raises Shabbos issues that pertain not only to the owners of these systems, but also to their guests, and even to unwitting passersby. A motion sensor works by sensing a signal reflected off an object or person that comes into its range. Sensors placed inside the house are usually linked to a central security system, which treats activation of the sensor as a sign of illegal entry and sounds an alarm. The central controller can be disarmed; however, even if it is disarmed, the sensor still operates, and will turn on a LED (light-emitting diode) light upon sensing movement within its range. Sensors set up outside the house generally activate a security floodlight upon sensing movement on the grounds. Sometimes the light is activated even by people strolling by on the public sidewalk in front of the house.

To avoid all halachic issues one should deactivate the sensors before Shabbos. This will prevent the LED lights from going on when people pass the sensors. However, there are various authorities that permit a person to walk by a motion sensor that activates a light (provided that activating the light is not his

---

41. שש״כ פכ״ג הלכה מז וז״ל: טעה ולחץ על כפתורו של פעמון חשמלי ובעודו לוחץ נזכר ששבת היום מותר לו להרפות מן הכפתור, עכ״ל. ובהערה קלג כתב הטעם בזה וז״ל: מכיון שכל רגע שהוא לוחץ על הכפתור הוא גורם לזרימת החשמל ועם הרפיית היד רק גורם להפסקת זרימה, עכ״ל.

ועיין בספר מעשה וגרמא בהלכה ח״ד פ״ו שחקר בהך התירא של השש״כ וז״ל: עתה יש לדון האם כח או חפץ שהיו תפוסים בידי אדם, או שהאדם לחץ עליהם והחזיקם, וע״י הרפיית ידיו מהם נפלו או פרצו ופעלו פעולה, האם פעולה זו מתייחסת לאדם ככל פעולה הנעשית ע״י הסרת מונע, או יש הבדל ביניהם, עכ״ל, ועי״ש שהאריך בזה.

purpose). If one disarms the alarm but forgets to deactivate the sensors, he may rely upon these authorities.[42]

Regarding the outdoor motion sensor, one should, if possible, avoid walking in the area covered by the sensor. If that is

---

42. שאלה זו המצוי׳ לאחרונה שנדלק אור עלעקטרי לפני הבתים כשאדם עובר לפני הבית (motion detector). ומי שעובר לפני בית כזה בשבת גורם להדלקת האור הנ״ל אם מותר לילך שם. ולא נכתב הרבה על שאלה זו וכדאי להעתיק מה שכתב בזה בעל שבט הלוי בח״ט סי׳ סט וז״ל: ואומר בטח דבענייי אין חשש איסור בזה עכ״פ מעיקר הדין, דכבר בארתי בשבט הלוי ח״ג סי׳ מא ושם סי׳ צו, ובח״א סי׳ מו, דיסוד מלאכת שבת פעולת מלאכה, וגם שיהי׳ מלאכת מחשבת אבל מחשבת בלי מלאכה המצטרפת לזה לא אסרה תורה, והיינו נמי טעמא פלוגתת ר״ש ור״י בדבר שא״מ דגורר מטה כסא וכו׳ דר״ש מתיר כל זמן שאינו פס״ר בודאי הגם שע״פ רוב יעשה גם חריץ, דכ״ז שאינו הכרח גמור שיעשה גם חריץ אין מעשה פעולת הגרירה מתיחסת עוד לעשית חריץ רק מעשה גרירה לשם גרירה, ונמצא שנעשה חריץ בלי פעולה מתיחסת אלי׳, ועיין מה שהבאתי בזה בסי׳ צז שם מתשובת הרשב״א ח״ד סי׳ עד, ואין פלוגתא ביסוד זה בין הרשב״א והר״ן סו״פ האורג לענין נעילת דלת בעוד הצבי בתוכו, אלא דהרשב״א דעתו דנעילת דלת היותה פעולת היתר רגילה אינה מתיחסת לצידה כל זמן שעדין לא חישב עליה, ונמצא שיש תוצאה של צידה בלי פעולת המלאכה, והר״ן חולק בזה כיון דסו״ס עושה מעשה צידה מובהקת אנו מצרפים מעשה הנעילה ע״י הדלת להכרח של פס״ר כאילו כיוון אליה כשאר מלאכת שבת בפועל, ובזה יש לדון אם דברי הרשב״א הלכה הם או לא.

אבל לא כן כשאדם אינו עושה כלום ממש והולך לדרכו לפי תומו ואינו מוסיף אף תנועה אחת למען מלאכה אף שבגרמתן נדלק אור או דבר כיו״ב בזה פשיטא שכל זמן שאינו חושב ממש ללכת למען הדליק וכיו״ב שאין אנו מצרפים הליכתו הרגילה להתוצאה הנ״ל, ואין כאן פעולה של מלאכה. ודבר זה בכלל מש״כ הפוסקים כעין זה לענין מלאכת מכה בפטיש דישנם פרטים דכל זמן שאין מכוונים בפי׳ אינו בגדר אינו מתכוין אלא שאינו בגדר מלאכה כלל כמבואר בהה״מ פי״ב מהל׳ שבת ה״ב ובמג״א סי׳ שיח ס״ק לו, ודידן ק״ו משם ומובן דאין זה דומה לנדון השכיח היום שדלתות בית נפתחות ע״י עין אלקטרי ע״י הנכנס לתוכו דבזה ודאי איכפת לי׳ בתוצאה של כניסתו ואסור, משא״כ העובר ברחוב גרידא בלי שום ניחותא הנ״ל, עכ״ל.

ובאמת כדברי בעל השבט הלוי דכשאדם הולך לתומו ואינו עושה כלום דאין זה נחשב כמלאכה בכלל, מצינו יסוד זה בחיי אדם הלכות כלל יח הלכה ג שכתב וז״ל: מותר ליטול מאכל לבהמה בכברה וליתן לתוך האבוס אף על פי שהמוץ נופל דרך נקבי הכברה, כיון שאינו מתכוין לכך, עכ״ל, ובנשמת אדם ס״ק ב כתב וז״ל: ואין להקשות דהא הוי פסיק רישא, דדוקא במקום שעושה מלאכה כגון משקה מים לזרעים וכיוצא בו דהוא עושה המלאכה רק שאין מכוין לפעולתה משא״כ הכא שאינו מרקד כלל אלא שנוטל בכברה ולכן אף שנופל דרך נקבי הנפה אין לחוש דמלאכת מחשבת אסרה תורה, עכ״ל. הרי מבואר מדברי הנשמת אדם דבאופן שאין הוא עושה המלאכה בכלל אין נפקא מינה לן בהתוצאה שנעשית, וא״כ ה״ה הכא כשהאדם הולך לתומו והאור נדלק כיון דאין הוא עושה המלאכה לא איכפת לן בהתוצאה.

impossible, or even inconvenient, one may rely on the permit mentioned in the previous paragraph.

2. Surveillance Cameras

There are many houses and public buildings (such as hospitals) that have surveillance cameras for security reasons. Entering these buildings can pose a halachic problem since a person walking by the camera generates electrical activity in the camera and monitors. As mentioned above, some *Poskim* permit walking by a motion sensor if necessary. The same is true with regard to surveillance cameras. Therefore, in case of need one may rely on these authorities and enter such a building on Shabbos.[43]

If one's own house has a surveillance camera covering an area where people generally walk (e.g. the front door), one must deactivate the camera before Shabbos. If one forgets to deactivate it, one should avoid walking in the area covered by the camera. If this is impossible, or even inconvenient, one may rely upon the permit mentioned above.

3. Burglar Alarms

If one's home is wired with a burglar alarm, it must be disabled before Shabbos; otherwise, it would be forbidden to open the door on Shabbos. If one forgets to disable the alarm before Shabbos, he may not disable it on Shabbos. However, he may instruct a non-Jew to disable it. Likewise, if one inadvertently sets off the alarm on Shabbos, he may not turn it off. However, he may instruct a non-Jew to turn it off.

Even after an alarm is disabled, opening the door of the house will generally cause various lights to flash on the alarm's keypad. If this is the case, one must entirely deactivate the security system before Shabbos. If one forgets to deactivate the system, and wishes to open the door of the house on Shabbos, he should

---

43. בקובץ עטרת שלמה (קובץ ו) כתב הגאון ר' זלמן נחמיה גולדברג שליט"א וז"ל: בעיקר העתיקה בירושלים התקינו בכל רחוב מצלמה הפועלת כל שעות היום ומצלמת כל מה שנראה ברחוב, והשאלה אם מותר לילך בשבת ברחובות אלו, שהרי על ידי הליכתו מצטלמת תמונתו. . . כבר נשאלה שאלה זו ממו"ח זצ"ל (הגאון ר' שלמה זלמן אויערבאך זצ"ל) והתיר בפשיטות, עכ"ל. ועי"ש שהאריך בזה.

take a child who is not aware that he is causing the lights to flash and instruct him to open the door.[44] Alternatively, one may instruct a non-Jew to open the door. If one cannot employ either of these suggestions, in case of great need one may take an adult who is not aware that he is causing the lights to flash and instruct him to open the door.[45]

F. Adjusting Timers on Shabbos

According to the view of Hagaon Rav Moshe Feinstein *zt"l* it is forbidden under any circumstances to adjust a timer on Shabbos. In some cases this involves a Torah prohibition; in others it involves a Rabbinic prohibition.[46]

Thus, one who wishes to cause an appliance or light to be turned on or off earlier or later than originally intended may not adjust a timer to achieve that effect. (E.g. one may not move the dial so that an action scheduled for 9 a.m. will take place at 8 a.m., or so that one scheduled for 8 a.m. will take place at 9 a.m.)

Not only is one forbidden to cause a light or appliance to turn on or off at a different time than originally scheduled, one is also forbidden to simply cancel the scheduled action, and cause the light or appliance to remain in its present state. This is because

---

44. עיין בזה בספרי חינוך בהלכה דף 70 בשם הגאון ר׳ ח.פ. שיינבערג שליט״א.

45. עיין בזה במנחת שלמה ח״א סי׳ צא ס״ק ט.

46. כתב מרן זצ״ל באג״מ יור״ד ח״ג סי׳ מז אות ד וז״ל: ובדבר אם מותר להזיז את השעון שיכבה באיחור זמן מכפי שהועמד או שלא יכבה כלל או בקירוב זמן, וכן שידלק באיחור זמן או בקירוב זמן או שלא ידלק כלל, הנה אסור בכל אופן, אבל יש גם איזה אופן שהוא מלאכה דאורייתא, כגון שעושה שידלק בין באיחור זמן בין בקירוב הוא מלאכה. וכן שיכבה בין באיחור זמן בין בקירוב זמן הוא מלאכה אך כבוי הוא מלאכה שאינה צריכה לגופה ופליגי רבוותא דלהרמב״ם הלכה כר׳ יהודה שחייב ולהתוס׳ הלכה כר׳ יוסי ור״ש שפטרי, ובעושה שלא ידלק כלל אלא שישאר כמו שהוא עתה וכן כשעושה שלא יכבה כלל ליכא איסור מלאכה אבל עכ״פ אסור מדין מוקצה, עכ״ל.

ובאו״ח ח״ד סי׳ צא אות ה כתב מרן זצ״ל וז״ל: ולהזיז את השעון שבת שמעמידים מערב שבת שיכבה ושידלק לשעה פלונית, כדי לקרב הזמן או להרחיק הזמן דהדלקה אסור כמדליק בעלעקטרי מתחלה, עכ״ל. אמנם עי׳ במנחת שלמה ח״א סי׳ יג שהגאון ר׳ שלמה זלמן אויערבאך זצ״ל יש לו שיטה אחרת ממרן זצ״ל, והתיר בכמה אופנים להזיז הבורג בשבת, עיי״ש.

the mere handling of a timer is forbidden under the prohibition of *muktzeh*.

One is permitted, however, to instruct a non-Jew to perform any of these actions on Shabbos.

G. Elevators

The authorities debate whether one is permitted to use an elevator on Shabbos if he himself will not press any buttons, but will have them pressed by a non-Jew. One who finds it necessary to use an elevator should consult a halachic authority.[47]

H. Using an Electric Blanket

If an electric blanket was turned on before Shabbos it may be used on Shabbos. Some *Poskim* advise a person to put a piece of tape over the switch so that he will not inadvertently raise the setting on Shabbos.[48]

VIII. Rabbinic Prohibitions Based on the Prohibition Against Kindling a Fire

The Sages prohibited the following activities to ensure that one will not come to transgress the *melachah* of מַבְעִיר: A.) washing one's body, B.) reading alone by the light of an oil lamp. We will now elaborate on these *halachos:*

A. Washing One's Body

1. The Prohibition

The Sages enacted a prohibition against washing one's body with hot water on Shabbos. They did this because the bathhouse attendants would heat water on Shabbos and say that it was heated before Shabbos. The Sages forbade bathing to ensure that the attendants would not transgress the *melachos* of מַבְעִיר,

---

47. בהשתמשות במעלית בשבת כבר האריכו פוסקי זמננו, ועיין אריכות גדולה בזה באנציקלופדיה תלמודית חלק יח עמוד תרצא, וכן עי״ש בדף תשיג אודות מדרגות נעות (escalator).

48. שו״ת אג״מ או״ח ח״ג סי׳ נ.

kindling a fire, and בִּישׁוּל, *cooking* the water.[49] The prohibition applies even if the water was heated before Shabbos.[50]

2. How Much of the Body Must Be Washed?

The prohibition is for a person to wash his entire body or a majority of his body.[51] It is not necessary for the person to wash the majority of his body all at once. Rather, if he washes himself one limb at a time, he has violated this prohibition.[52]

3. Types of Washing

This prohibition applies to any type of washing, whether bathing, showering or washing oneself with water from a utensil.

4. Temperature of the Water

With regard to this prohibition, "hot water" is defined as water that is above body temperature (98.6). Water below body temperature is considered to be cold water.[53]

---

49. שו״ע סי׳ שכו ס״א.

50. שו״ע סי׳ שכו ס״א שם.

51. שו״ע סי׳ שכו ס״א, ומ״ב שם ס״ק ב.

52. שו״ע סי׳ שכו ס״א.

53. בשיעור חום המים כמה צריכים להתחמם כדי שייחשבו חמים ויהיה אסור להתרחץ בהם, לכאורה אי אפשר לומר דאיירי בחמין שהיד סולדת בהם דהלא הרשב״א בשבת דף מב: ד״ה נותן כתב דאין אדם רוחץ במים חמין שהוא מסלד בהן. ועיין בערוך השלחן סי׳ שכו סעיף ג וז״ל: שהרחיצה האסורה אינה אלא כשהמים חמין הרבה עד שיהיה קרוב להיד סולדת, דאם לא כן אין זה חמין אלא פושרין, ומ״מ אין הדבר מבורר אצלנו כמה הוא השיעור ולא מצינו זה מבורר, ולענ״ד דכל שנקרא חם בפי העולם אסור, עכ״ל. ועיין בשו״ת נודע ביהודה מה״ת סי׳ כד שכתב דלא נאסר רחיצה בפושרין רק בחמין, וכן סובר המ״ב סי׳ שכו ס״ק ז, ועיין בתהלה לדוד סי׳ שכו ס״ק יא וז״ל: דכל שהיא יותר מחמימת הרוק או שמרגישין חמימות יצא מכלל פושרין ואסור, עכ״ל. וכן כתב בשביתת השבת מלאכת בישול ס״ק קכה בשם התהלה לדוד.

ועיין בשו״ת אג״מ או״ח ח״ד סי׳ עד דיני רחיצה שכתב מרן זצ״ל וז״ל: שיעור החום דמים שאסור לרחוץ הוא אף חום קטן, דהא אף בחול אין רוחצין בחום גדול, ואם הוא פחות ממדת החום שדרך סתם בני אדם לרחוץ בחול יש להתיר, ואף אם אחד יכול לסבול יותר חם אסור דבטלה דעתו, עכ״ל. ובשו״ת תשובות והנהגות ח״א סי׳ רכד כתב דגדר חמין לענין זה הוא כשצריך ליכנס להמים לאט לאט ואינו יכול ליכנס מיד מפני חמימותו, ושעור זה אינו ברור לכאורה.

5. Cases in Which Washing With Hot Water Is Permitted
a. Washing Part of the Body

One is permitted to wash less than 50 percent of one's body in hot water, but only if the water was heated before Shabbos.[54]

If water was set to heat before Shabbos, but only became hot on Shabbos itself, it is considered to have been heated before Shabbos,[55] since the action that caused it to become hot was not performed on Shabbos. For example, if an urn was filled with water before Shabbos and the water became hot during Shabbos, the water may be used for washing on Shabbos. Likewise, if the hot-water tap was left running before Shabbos, one may wash his hands with this water.

However, one may not wash even a single limb with water that was heated as a result of a person's actions on Shabbos. This applies even if his action did not violate the prohibition against cooking. For example, if water was made lukewarm by being placed near a *blech* on Shabbos, even though this entails no transgression, the water may not be used on Shabbos.

b. Washing the Entire Body

In certain cases, one is permitted to wash even the entire body with hot water on Shabbos.

1. In Cases of Discomfort

To alleviate discomfort, the Sages permitted one to bathe even one's entire body on Shabbos. Thus, if one has chicken pox or a rash that causes discomfort, it is permissible to bathe in hot water. However, as previously noted, one may use only water that was heated before Shabbos.[56] A competent halachic authority should be consulted regarding the use of medicine in the bath.

---

54. שו״ע סי׳ שכו ס״א ומ״ב ס״ק ה.

55. הגהות רע״א על המג״א בסי׳ שכו ס״ק ד, שש״כ פי״ד ס״ג בשם הגרש״ז אויערבאך זצ״ל. אמנם עיין בשו״ת שבט הלוי ח״א סי׳ נח, וח״ג סי׳ מז, וח״ד סי׳ לא וח״ז סי׳ לב שס״ל שמים שהוחמו בשבת אף שנתחממו דרך היתר אסור לרחוץ בהן בשבת, עי״ש.

56. רע״א הובא בביאור הלכה ריש סי׳ שכו.

2. Choleh She'ein Bo Sakanah

It is permitted for a *choleh she'ein bo sakanah* (a sick person who is not in mortal danger — see page 384 for a halachic definition) to wash his entire body on Shabbos with warm water.[57] One may instruct a non-Jew to turn on the hot-water tap or to boil water for a *choleh she'ein bo sakanah.*[58]

3. Washing Children

If a child becomes dirty on Shabbos, it is permissible to wash the child's body with hot water. As previously noted, the water must have been heated before Shabbos.[59]

If a child has a rash or other skin problem that causes him discomfort, the child is considered a *choleh she'ein bo sakanah* (see previous paragraph). Therefore, one may instruct a non-Jew to perform even a *melachah* forbidden by the Torah in order to relieve his discomfort (e.g. to turn on the hot-water tap or to boil up water). A Jew, however, may perform only Rabbinically prohibited *melachos* for a *choleh she'ein bo sakanah* (see 384). If possible, the *melachah* should be done with a *shinui,* i.e. in an unusual manner.

4. Other Prohibitions That Apply Even When Bathing Is Permitted

Even in cases where washing or bathing is permitted, one may not use a bar of soap.[60] However, one may use free-flowing liquid soap.[61] [See page 381.]

---

57. כיון דאיסור רחיצה הוא איסור דרבנן ומותר לעבור על איסור דרבנן בשביל חולה שאין בו סכנה.

58. דמותר לומר לעכו״ם לעשות איסור דאורייתא בשביל חולה שאין בו סכנה.

59. שו״ת אור לציון ח״ב סי׳ רנב.

60. מ״ב סי׳ שכו ס״ק ל. ועי׳ בשו״ת ארץ צבי סימן א שכתב שהאיסור דווקא בסבונים שהיו בימיהם שלא היו חלקים וע״י הרחיצה בהם נעשו חלקים, אמנם בסבונים שלנו שבלא״ה הם חלקים אין במה שמחסר מהסבון משום ממחק, עי״ש.

61. בספר שלמי יהודה דף קנח כתב וז״ל: סבון נוזלי שמעתי מהגרי״ש אלישיב שליט״א שכל זמן שזה נשפך מהבקבוק מותר להשתמש בו, אפי׳ הוא מרוכז מאד. שפכתי לפניו מבקבוק חומר נוזלי שהיה כל כך עבה שלקח זמן עד שיצא מהבקבוק ובכל זאת התיר להשתמש בו, עב״ל. ועי׳ בספר קיצור הלכות שבת סי׳ לב ציון 19 וז״ל: עי׳ ברית עולם, ונראה שיעור עבה לא מה שכתוב שם שהוא רק אם עב קצת אלא שהוא עב כל כך שאין

Another *melachah* applicable to bathing is that of סְחִיטָה, *squeezing*. One may not use a sponge or washcloth when bathing or washing a child because one will inevitably squeeze water out of it. Instead, one should wash the child by hand. One must also take care when drying the child's hair after a bath or shower not to squeeze out the water that is trapped between the hairs. The best practical solution is to drape a towel over the child's head and allow it to slowly absorb the water.[62]

5. Washing With Cold Water

The Rabbinic prohibition against washing was not stated with regard to cold water. However, the *Poskim* cite a custom established a few hundred years ago that prohibits a person to wash his entire body with cold water. The *Poskim* write that one who violates this custom is liable to a severe punishment.[63]

יכולים לערותו בדרך שמן ואינו זב מעצמו רק צריכים להחליקו בידים כמו שומן ובזה דומה למירוח, וכיון שאין שיעורי מפורש אז כמו כל שיעורי דרבנן הולכים בזה להקל, ואין לדורש לפרש בהם אלא דבר המועט שבו וכו׳, עכ״ל. ולבסוף העלה שם דמנהג העולם הוא להשתמש עם סבון נוזלי, ולאמיתו של דבר יש עוד אחרונים שמקילים להשתמש בסבון נוזלי והם הערוך השלחן סי׳ שכו סי״ב והבן איש חי (שנה ב פרשת יתרו אות טו). אמנם בשו״ת אג״מ חלק א סי׳ קיג החמיר בסבון נוזלי, וז״ל: אף שאפשר שבדבר לח ליכא איסור ממחק אבל בביתי אין נוהגין היתר בזה וכן ראוי להחמיר, עי״ש. ועי׳ בשו״ת נשמת שבת ח״ד סי׳ תקכח שהעיר על דברי האג״מ וז״ל: ולא הבנתי שאין ממרחין אותו על שום דבר ואינו עומד להתקיים שם כלל רק שופכין עליו מים ומשפשפין בו ביחד עם המים ותיכף נימס לתוך המים ונוזל למי השופכין, עכ״ל.

62. מ״ב סי׳ שכו ס״ק כה ובספר מנחת שבת סי׳ פו ס״ק א. ובשש״כ פי״ד הערה ס״ד בשם הגרש״ז אויערבאך שליט״א כתבו דליכא איסור סחיטה בשערות דרך ניגוב, ובשו״ת נשמת שבת ח״ד סי׳ רס האריך בזה, וע״ע בשו״ת אז נדברו ח״א סי׳ נ ובשו״ת באר משה ח״א סי׳ לא.

63. הגם דהמחבר פסק בסי׳ שכו ס״א דמותר לרחוץ כל גופו בצוננין הביא המ״ב בס״ק כא שם וז״ל: כתבו הפוסקים דנהגו שלא לרחוץ כלל בנהר דמצוי לבוא לידי סחיטת שער ועוד כמה טעמים, עכ״ל. ועי׳ בשו״ת מהרי״ל סי׳ קלט שהוא המקור למנהג זה וז״ל: דמהאי טעמא מנהג פשוט שלא לרחוץ בצונן בשבת משום ד׳ טעמים: א) משום סחיטה ב) משום שנושא מים שעליו ד׳ אמות בכרמלית, ג) משום שנושאין אלונטית (towel), ד) ומשום שיטת גופו וקיסמין. והערוך השלחן בסי׳ שכו ס״ט כתב וז״ל: ומנהג זה נתקבל מאבותינו ואבות אבותינו מכמה מאות שנים והבא לפרוץ גדרן של ראשונים עליו נאמר פורץ גדר ישכנו נחש דקבלנו זה כאיסור חמור לבלי לרחוץ בנהרות ובאגמים ובמעיינות בשבת כלל וכלל, עכ״ל. וכן כתב מרן זצ״ל באג״מ אבהע״ז ח״ב סי׳ יג ובאו״ח ח״ג סי׳ פז. ועי׳ לקמן בציון 62 שכתבנו שאפי׳ במקום שאין שום חשש מחששות אלו נשאר המנהג לאיסור, עי״ש.

Some *Poskim* differentiate between bathing and showering with respect to this custom, and permit a person who is suffering from the heat to take a cold shower. However, bathing in cold water is forbidden even in this case.[64]

6. Swimming

Because of the aforementioned custom, one is forbidden to swim in a swimming pool on Shabbos. Swimming in a river or lake not only violates this custom, but could involve other prohibitions as well.[65]

7. Mikveh

There are various opinions among the authorities regarding whether it is permitted for a woman to immerse herself in

---

64. נשאל מרן זצ״ל באג״מ או״ח ח״ד סי׳ עד דיני רחיצה, בהא דנהגו שלא לרחוץ בשבת אפי׳ בצונן האם בכלל מנהג זה שלא להתקלח במים קרים אף ביום שרב. וע״ז השיב מרן זצ״ל וז״ל: בלא צער יש להחמיר אף שלא מצינו בספרי רבותינו מנהג זה (ר״ל מקלחת בביתו) אבל כשמצטער מחום היום רשאי להקל, עכ״ל. וכן כתב בקצות השלחן סי׳ קלז ס״ק ח, ובשערים מצויינים בהלכה סי׳ פו, א, ובשש״כ פרק יד הלכה יא דמותר להתקלח בשבת במקום צער. אמנם עיין בשו״ת משנת שכיר ח״ב סי׳ סט דכתב דמצד המנהג אסור גם שטיפה ומקלחת, וכן כתב בספר ארחות רבינו ח״א עמוד רסח.

65. המחבר בסי׳ שלט ס״ב כתב: אין שטין על פני המים אפי׳ בבריכה שבחצר מפני שכשהמים נעקרים ויוצאים חוץ לבריכה דמי לנהר, ואם יש שפה סביב מותר דכיון דאפי׳ נעקרו המים השפה מחזרת אותם למקומם הוי ליה ככלי וליכא למגזר ביה שמא יעשה חבית של שייטין, עכ״ל.

ולכאורה לפי זה היה לנו להתיר לשוט בבריכת שחיה swimming pool המוקף מחיצות, דהא מצד איסור שיטה ליכא איסור כמבואר בהמחבר דמותר לשוט בבריכה שיש לו שפה סביבו, וא״כ מאחר שבבריכת שחיה יש לו שפה סביב מותר לשוט שם.

אמנם כבר הבאנו למעלה בציון 60 שהמנהג שלא לרחוץ כלל בשבת וכתבנו שם שיש ד׳ טעמים: א) משום סחיטה, ב) משום שנושא המים שעליו ד׳ אמות בכרמלית, ג) משום שנושא האלונטית, ד) משום חשש שיטת גופו וקיסמין

והנה לכאורה בבריכת שחיה לא שייך חשש שיטת גופו, דבאמת מותר לשוט שם דבמקום שיש מחיצה לא גזרו לאסור שיטה דלא שייך כל כך הגזירה שמא יתקן חבית של שייטין, וכן אין שייך הטעמים של נושא המים והאלונטית כיון שהבריכה מוקפת מחיצות.

אמנם אף על פי כן אסור מצד המנהג, דעיין בשו״ת מהרי״ל החדשות סי׳ צו שמבואר מדבריו שטעם מנהג העולם שלא לרחוץ במים הוא משום חשש סחיטת שערות, אלא דבמקום שטובלות בנהרים יש עוד חששות, ע״ש.

a hot *mikveh* on Shabbos.[66]

B. Reading by the Light of a Lamp

1. The Prohibition

The Mishnah in Tractate Shabbos (11a) states: וְלֹא יִקְרָא לְאוֹר הַנֵּר, *one may not read [from a text] by the light of a lamp.* This is a Rabbinic prohibition, enacted because the oil in a lamp will frequently draw away from the wick, thereby causing the light to grow dim. This is rectified by tilting the lamp, so that the oil will move toward the wick. The Sages feared that one reading with a lamp on Shabbos would unthinkingly tilt the lamp to obtain more light, thereby violating the *melachah* of מַבְעִיר, *kindling.* They therefore forbade a person to read by the light of an oil lamp. This prohibition applies even if the lamp is out of the person's reach (i.e. it is standing in a high place).[67]

2. To What the Prohibition Applies

The prohibition applies to all types of oils that are being used in a lamp. It does not apply to candles, for it is never necessary to adjust candles while they are burning.[68] For the same reason,

---

66. ומבואר בשו״ע סי׳ שכו ס״א דאסור לרחוץ בשבת כל גופו בחמין אפי׳ בחמין שהוחמו בע״ש. ומשום זה צריך להיות אסור לאשה לטבול בחמין בשבת, ובאמת בשו״ת חכם צבי סי׳ יא כתב דאסור, וכתב שם דהוא מורה הלכה למעשה שאין לנשים לטבול בליל שבת בחמין אלא תטבולנה בצונן בליל שבת, או בהפגת צינתן בלבד עד שלא יקרא עליהן שם חמין, ועי״ש עוד. ובשו״ת חתם סופר או״ח סי׳ קמו הביא דברי החכם צבי וכתב דכן נוהגות ברוב הקהלות כהחכם צבי. והקרבן נתנאל בשבת פ״ב סי׳ כב אות ק כתב דטבילה בחמין אינו בכלל איסור רחיצה אבל לא כתב טעם ע״ז. והנוב״י במהדורא תנינא סי׳ כו כתב דאין לסמוך על דברי הקרבן נתנאל מאחר שלא כתב טעם ע״ז, ועי״ש שכתב כמה טעמים להקל וכתב שלכן אינו מוחה, אבל לדינא אין היתר אלא בפושרין.

אמנם כמה אחרונים מקילין לטבול בחמין והם: שו״ת דברי שאול יוסף דעת סי׳ מו, שו״ת נחלת שמעון סי׳ יב, ובשו״ת מהרש״ג ח״ב סי׳ קכז. ובשו״ת דברי חיים ח״ב או״ח סי׳ כו כתב דאף שמעיקר הדין אסור לטבול בחמין כשיטת הנוב״י מ״מ כבר נהגו לטבול בחמין, והנח להם לישראל שכן נהגו גדולי דורינו.

והנה בסדרי טהרה ביו״ד סוף סימן קצז הביא דברי שו״ת דברי יוסף סד שכתב וז״ל: ולהיות שהמנהג הזה נתפשט בינינו לטבול בחמין בליל שבת ואין פוצה פה ומצפצף, ראיתי ללמוד זכות, עי״ש.

67. שו״ע סי׳ רעה ס״א.

68. מ״ב סי׳ רעה ס״ק ד.

the prohibition does not apply to electric lights. Even if the lights can be raised or lowered with a rheostat ("a dimmer"), it is still permissible to read by their light. This is because electric lights maintain a steady light without being adjusted. In the case of an oil lamp, by contrast, the light is maintained only by adjusting the flame. It is therefore forbidden for use.[69]

3. The Prohibition Nowadays

Since nowadays all houses have electric lights, this prohibition has almost no practical application. However, if the lights happen not to be on (e.g. there was a blackout or they were shut off by a timer), it is forbidden to read by the light of an oil lamp.

However, there are certain cases in which one *is* permitted to read by the light of an oil lamp, as follows:

a. There Is a Person Watching Him

If there is someone watching the person who is reading, he may read by the light of the lamp, since the watcher will surely prevent him from adjusting the wick.[70]

b. Two People Reading Together

If two people are reading together, they are permitted to read by the light of an oil lamp, for each one will remind the other not to adjust the wick. However, this is true only if they are reading from the same *sefer*. If they are reading from different *sefarim*, it is forbidden.[71]

---

69. שש״כ פי״ג הלכה לב בשם הגרש״ז אויערבאך זצ״ל.

70. שו״ע סי׳ רעה ס״ג.

71. שו״ע סי׳ רעה ס״ב.

XXXV / Makeh BePatish — מַכֶּה בְּפַטִּישׁ

מַכֶּה בְּפַטִּישׁ, *makeh bepatish*, is one of the thirty-nine *Avos Melachos*.[1] This *melachah* entails putting the final touch on an article, and encompasses any act of "finishing."

I. Definition of the Melachah

The literal translation of מַכֶּה בְּפַטִּישׁ is "one who strikes with a hammer." In this sense, it refers to the final blow that a craftsman delivers to a finished utensil to smooth out any rough edges. Although the utensil was previously shaped [and its production may have involved other *melachos*], the final hammer blow is what completes and perfects it.[2] This is a significant act that is considered a *melachah* in its own right.

The name of the *melachah* — *makeh bepatish*, or "one who strikes with a hammer" — reflects the fact that during construction of the *Mishkan* (Tabernacle), the craftsmen who made the gold and silver utensils would perfect them by "striking [the final blow] with a hammer."[3] Conceptually, however, the

---

1. משנה שבת דף עג.

2. הביאור הלכה בסי׳ שב ס״ב בד״ה הלוקט כתב וז״ל: הפמ״ג נתספק אי דוקא כשלוקט כל היבלות שיש שם או אפי׳ ביבלת אחד חייב אף שנשאר שם עוד. ונ״ל להביא ראיה ממה דאיתא בגמרא בפרק הבונה הצר בכלי צורה כל שהוא חייב והחיוב הוא משום מכה בפטיש וכו׳. וכן הוא ברמב״ם וז״ל הצר אפי׳ מקצת הצורה חייב, הרי מבואר דחיוב מכה בפטיש הוא אפי׳ בעושה רק מקצת מהגמר מלאכה כיון שהוא מהפעולות הנעשים בגמר הכלי וזה פשוט דאין לפרש דהכונה שעושה מקצת האחרון מהצורה שנגמר תיקון הכלי על ידי זה דהא איתא שם בגמרא ר״ש אומר עד שיצור את כולה א״כ לת״ק על מקצת הראשון ג״כ חייב, עכ״ל.

3. תוספת שבת דף קב: ד״ה מכה בפטיש.

והנה רש״י בשבת דף עג. ד״ה המכה בפטיש כתב שכן אומן מכה על הסדן בגמר מלאכה ומכה בפטיש נמי לא מחייב אלא בגמר מלאכה. והקשה הריטב״א והרמב״ן וז״ל הריטב״א: ואין לשון זה מחוור, כי מלאכה זו באומן המכה בפטיש על הסדן לבטלה בגמר

melachah of *makeh bepatish* encompasses any act that either completes an article, or perfects it, or makes it usable.[4] The act itself may be relatively minor; its significance lies in the fact that it marks the completion of the article.

As an example, the Gemara states (*Shabbos* 48a): הַפּוֹתֵחַ בֵּית הַצַּוָּאר בְּשַׁבָּת חַיָּיב חַטָּאת, *If one makes a neck opening* (in a garment) *on Shabbos, he is liable to a chatas offering. Rashi* explains that the Gemara is speaking of a new garment whose manufacture (i.e. the weaving and stitching) was complete except that it lacked an opening for the neck. By making this opening, the person has completed the garment, thus transgressing the *melachah* of *makeh bepatish.*

מלאכה אינה חשובה לרבנן) ורשב״ג הוא דמחייב עלה ורבנן פליגי עלה כדאיתא בפרק הבונה, עכ״ל. ביאור קושית הריטב״א, דבמשנה בדף קב: איתא: רשב״ג אומר אף המכה בקורנס על הסדן בשעת מלָאכה חייב, ע״כ, ולכאורה זהו רק דעת רשב״ג אבל החכמים חולקים וסוברים שאין בזה חיובא דמכה בפטיש, וא״כ איך כתב רש״י בדף עג. דהפירוש של מכה בפטיש הוא שכן אומן מכה בקורנס על הסדן הא זה אינו אלא שיטת רשב״ג ולא קי״ל כוותיה אלא כחכמים שחולקים ע״ז, וכן הק׳ הרמב״ן שם. והרש״ש שם: כתב לתרץ שיטת רש״י דזה תלוי בב׳ הגירסאות במשנה שם בדברי רשב״ג, דהריטב״א והרמב״ן שהקשו על רש״י גרסו במשנה כגירסת הרי״ף דגריס ״רשב״ג אומר אף המכה בקורנס על הסדן בשעת גמר מלאכה״, ולכן שפיר הקשו שפירש בדף עג כדעת רשב״ג ולא כחכמים שפליגי וסברי שאין חיוב מכה בפטיש במכה בקורנס על הסדן בשעת גמר מלאכה. אבל רש״י גריס במשנה כהגירסא שלפנינו ״רשב״ג אומר אף המכה בקורנס על הסדן בשעת מלאכה״, ולפ״ז המחלוקת בין רשב״ג וחכמים הוא דוקא במכה בקורנס על הסדן בשעת המלאכה משא״כ בגמר המלאכה דבזה גם חכמים מודים שחייב משום מכה בפטיש, ולכן שפיר כתב רש״י בדף עג. דהפירוש של מכה בפטיש הוא שכן אומן מכה על הסדן בשעת גמר מלאכה שבזה חייב אליבא דכ״ע.

ועיין ברש״י דף קג. ד״ה עושין שהסביר שיטת רשב״ג שסובר דהמכה בקורנס על הסדן חייב וז״ל: מכין ג׳ על הטס ואחת על הסדן להחליק הקורנס שלא יבקע הטס שהוא דק, ובעלי מטבע במקומנו ראיתי עושין כן, עכ״ל. משמע שמכה כדי שהקורנס יהיה חלק, וממילא חיוב מכה בפטיש הוא משום תיקון הקורנס. ולכאורה צריך ביאור אמאי חייב משום מכה בפטיש, במה גמר ותיקן המלאכה בהכאת הקורנס על הסדן. ועיין בספר שלמי ניסן שבת דף קג שהעיר בזה.

4. בספר בנין שבת דף פו במבוא למלאכת מכה בפטיש כתב וז״ל: מלאכת מכה בפטיש היא אב לכל גומרי מלאכה (כ״כ רש״י שבת מז. ד״ה חייב) וכן הוא בגמרא (שבת עה:) רבה ורב זירא דאמרי תרוייהו כל מידי דאית ביה גמר מלאכה חייב משום מכה בפטיש, פירוש גמר מלאכה הוא אחרי שהכלי או הבגד כבר מורכב וקיים עושה בו פעולות להכשירו למלאכתו, כגון פותח בית הצואר של הבגד, מלבן את הרעפים, וכו׳ פעולות אלו נקראות גמר מלאכת הכלי והעושה בו בשבת חייב משום מכה בפטיש, עכ״ל.

II. Clarification of the Parameters

Before discussing in detail the various acts that fall under the category of *makeh bepatish*, let us address a basic question pertaining to this *melachah*. The act that completes a utensil often involves another *melachah* besides *makeh bepatish*. For example, when a person who is building a table affixes its fourth and final leg, this single act is a component in the construction of the table and also serves to complete it. In theory, then, he should transgress both the *melachah* of בּוֹנֶה (*building*) and the *melachah* of *makeh bepatish* with this single act. Does his act actually violate two *melachos*, or is there a guiding principle that distinguishes between an "act of construction" and an "act of completion"?

Some Rishonim rule that indeed one does transgress both prohibitions.[5] However, others disagree and rule that affixing the fourth leg to a table constitutes only *building* and not *makeh bepatish*. Their reasoning is that the production of a utensil consists of two distinct stages. The first involves its actual construction — shaping it to serve its function and attaching to it all the components that make it the utensil it is designed to be. The second is perfecting the utensil by adding a finishing touch. Any act that is part of the utensil's basic construction falls under the category of *building* and not *makeh bepatish*. Only an act that *follows* the construction and is simply a "finishing touch" is in the category of *makeh bepatish*.[6]

---

5. מנחת חינוך במוסך השבת מלאכת בונה, שנות אליהו שבת פי״ב משנה א, בשיטת רש״י שהבאנו בציון 6. וכן מבואר מחידושי הר״ן שבת דף עה: על הגמרא דהמסתת את האבן בשבת חייב משום מכה בפטיש וז״ל: פירש״י ז״ל אחר שנחצבה מן ההר הוא מתקנה לדעת אורכה ורחבה, וזה קשה דא״כ לחייב משום מחתך דהא מיכוון אמשחתא, וליחייב עוד משום ממחק שהרי מחליקה. וי״ל דאין הכי נמי דחייב משום תלת, והכי קאמר חייב אף משום מכה בפטיש, עכ״ל. הרי מבואר מדברי הר״ן דשייך להתחייב גם משום מלאכה אחרת יחד עם מלאכת מכה בפטיש.

6. שיטת המאירי היא דמלאכת מכה בפטיש הוא דוקא אחר שהכלי כבר עשוי ועושה מלאכה להשוות פניו ולגמור מלאכתו, דעיין במאירי שבת דף קד: אהא דאמרינן בשבת קד: השלים אות אחת בספר חייב משום כותב,וז״ל: וחכמי הדורות שואלים בה כהוגן ויתחייב בה משום מכה בפטיש, וכמו שאמרו בפרק כלל גדול (עה:) האי מאן דשקיל וגו׳

Another illustration of this concept is the case of one who writes the very last letter in a *Sefer Torah.* According to the latter

---

חייב משום מכה בפטיש. ותירצו שלא נאמר מכה בפטיש אלא במלאכה שנשלמה כולה כגון שחצב אבן בהר ונתפרקה כולה מסביבותיה ונמצא שנשלמה מלאכת האבן אלא שלא נפלה וזה מכה בפטיש ומפילה שנמצא המלאכה בגוף אותו דבר כבר נשלמה, וכן מה שאמרו בשקיל אקופי בגלימיה שהרי הגלימא כולה עשויה, אבל באלו לא נשלם הספר והבגד עדיין וכל שהוא עושה לצורך השלמה אינו מכה בפטיש, שאם לא כן אף המלאכות שתחלתן וסופן בא כאחת כגון קצירה וכיוצא בו היה ראוי להתחייב בה משום מכה בפטיש, עכ״ל. הרי מבואר מדברי המאירי דמלאכת מכה בפטיש שייך דוקא אחרי שהכלי כבר עשוי.

וכדברי המאירי כתב הר״ן בחידושיו בשבת דף עג, וז״ל: פירש ר״ח שלאחר שנעשה הכלי משוה פניו, והיא בעצמה אינה מלאכה שהרי כבר נעשה הכלי אלא שגומר המלאכה. ומכאן למדו לכל דבר שהוא בעצמו אינה מלאכה אלא שעל ידו נגמרה, לחייבו על גמר מלאכה, כנופח בכלי זכוכית פעם שניה שע״י כך נגמרת המלאכה והוא חייב כנופח נפיחה ראשונה שהיא המלאכה, עכ״ל. הרי מבואר להדיא מדברי הר״ן כדברי המאירי, וכ״כ בהגהות מיימוניות פ״י מהלכות שבת אות מ.

ועיין ביראים סי׳ רעד וז״ל: והא דאמרינן בהבונה (קב:) עייל שופתא בקופינא דמרה רב אמר משום בונה ושמואל אמר משום מכה בפטיש, אלמא סבירא ליה לרב יש בנין בכלים, ואם יש בנין יש סתירה דחדא טעמא הוא כדאמרינן בכל הכלים (קכב:) הא לא קשיא, דבהבונה הכי פירושו רב אמר משום בונה פירוש מרה זאת מחוסרת בנין בחסרון שופתא הלכך אין בו איסור מכה בפטיש שאינו נקרא מכה בפטיש אלא בדבר שאינו מחוסר בנין שהכאת פטיש הוא לאחר גמר בנין, ולא אמר רב משום בונה לומר שיש חיוב בדבר דהא אין בנין וסתירה בכלים ולא אמרינן משום בונה אלא להסירו מטעם מכה בפטיש שהוא לאחר בנין, שלעולם בחסרון בנין לא תהיה מלאכת מכה בפטיש וכו׳, עכ״ל.

הרי מבואר להדיא גם מדברי היראים דכל שלא נגמרה העשיה לאו מכה בפטיש הוא, ורק במלאכת הגמר שהיא אחר עשיית הדבר איכא לחיובי משום מכה בפטיש.

ויש להעיר כמה הערות על שיטת הני ראשונים שסוברים דמלאכת מכה בפטיש לא שייך כי אם לאחר שכבר נגמרה המלאכה. א) בשבת דף עה: איתא דהנופח בכלי זכוכית חייב משום מכה בפטיש, ולכאורה לדברי הנך ראשונים כיון דע״י הניפוח הוא עושה הכלי אי אפשר לחייבו משום מכה בפטיש. ובאמת בחידושי הר״ן שם נתקשה מגמרא זו ותירץ שהגמרא מיירי במנפח בפעם שניה, ר״ל אחר שהכלי זכוכית כבר עשוי נופח בו פעם נוספת כדי להשוות צורתו ובאופן זה חשיב גמר מלאכה וחייב משום מכה בפטיש, וכן תירץ המרכבת המשנה פ״י מהלכות שבת הלכה ח, וכ״כ בשו״ת אג״מ או״ח חלק א סי׳ קכב ענף ה.

ב) ועוד קשה על הני ראשונים משבת דף מז. דאיתא שם דהמחזיר מטה של טרסיים רב ושמואל דאמרי תרוייהו דחייב, ולדעת רש״י שם חייב משום מכה בפטיש, ולדעת תוס׳ חייב משום בונה, ולכאורה אליבא דהמאירי א״א לחייבו משום מכה בפטיש דהא התם הוי עשיית כל הכלי.

ועיין בשו״ת אבני נזר סי׳ ריא שכתב דהגמרא מיירי שהמטה כבר מוכנה ורק צריך לתקוע ולכן נחשב גמר מלאכה וחייב משום מכה בפטיש. וע״ע בזה בציון 7.

ורש״י חולק על המאירי וסובר דכל שגומר המלאכה חייב משום מכה בפטיש, ולא

interpretation, the person transgresses the *melachah* of *writing* but not that of *makeh bepatish.* This is because although writing the last letter completes the *Sefer Torah,* it is part of the *Sefer Torah's* essential *creation.* As such, it falls under the category of *writing* and is excluded from the category of *makeh bepatish.* Only when the article was essentially whole and lacked an *additional* act — as in the above case of a completely woven garment that lacks only a neck opening — can the act be considered *makeh bepatish.*

As mentioned, not all authorities recognize the preceding distinction, for some Rishonim maintain that *makeh bepatish* is violated even when the act that provides the finishing touch also completes the formation of the article. Some examples of *makeh bepatish* that will be cited further in this chapter may fall into this category.

III. Types of Activities Classified as Makeh BePatish

An act that constitutes the finishing touch on an article is considered a violation of *makeh bepatish* whether it is done with a utensil or merely with one's hand. There are various types of acts that can be classified as "finishing touches." For the sake

---

אכפת לן שעכשיו גומר המלאכה ועושה המלאכה באותו הזמן דמ״מ כל שגומר המלאכה חייב גם משום מכה בפטיש (עיין לעיל ציון 5).

ומבואר כן מרש״י בכמה מקומות, דעיין ברש״י שבת דף קב: ד״ה המכה וז״ל: שמפוצץ בו את האבן מן הסלע לאחר שחצב את האבן סביב ומבדיל מן ההר קצת הוא מכה בפטיש מכה גדולה והיא מתרפקת ונופלת וזהו גמר מלאכה של חוצבי אבן, וכל הגומר בשבת מלאכה תולדת מכה בפטיש היא, עכ״ל. הרי מבואר מדברי רש״י שאף שעדיין עוסק במלאכת חציבה אפ״ה חייב גם משום מכה בפטיש.

וכן כתב רש״י בשבת דף מז. על מימרא דרב ושמואל דהמחזיר מטה של טרסיים בשבת חייב חטאת, וע״ז כתב רש״י וז״ל: הוא תחילתו וגמרו ונמצא עושה כלי וחייב משום מכה בפטיש אב לכל גומרי מלאכה ולא משום בנין דאין בנין בכלים, עכ״ל. הרי מבואר להדיא מדברי רש״י דאף דהחזרת מטה טרסיים הוא תחלתו וגמרו אפ״ה חייב משום מכה בפטיש. וכן כתב רש״י בשבת דף עד: ד״ה תנור, דכתב לתרץ למה גבי עושה חבית ומניחה באש ונעשית מאליה למה לא חייב משום מכה בפטיש, וכתב רש״י לתרץ וז״ל: אבל גבי חבית ליכא משום מכה בפטיש דמאליה נגמרה מלאכתו בתנור, עכ״ל. הרי מבואר מדברי רש״י דלולי דנעשית מאליה היה מתחייב משום מכה בפטיש אף דע״י כך נעשית מלאכתו.

of clarification, we will divide them into several categories. These are:

A. Making an article usable
B. Perfecting or improving a usable article
C. Creating or assembling a utensil
D. Repairing or reassembling a broken utensil
E. Making a new opening in a container

Let us examine each of these categories.

A. Making an Article Usable

As mentioned above, the Gemara states that if one makes a neck opening in a garment on Shabbos, he is liable to a *chatas* offering. By forming this opening, the person has made the garment usable, and for this reason his act is considered a transgression of *makeh bepatish.*[7] Another example that the Gemara

---

7. בשבת דף מח. איתא הפותח בית הצואר בשבת חייב חטאת, ע״כ. ופי׳ רש״י דמיירי שפותח בית צואר של חלוק לכתחילה (ר״ל שלא היה פתוח מעולם) ועי״ז חייב חטאת, והטעם כתב רש״י וז״ל: דהשתא קמשוי ליה מנא וחייב משום מכה בפטיש והיינו גמר מלאכה, עכ״ל. ועיין בריטב״א במכות דף ג: שכתב להסביר למה לא מחייב משום קורע כשפותח בית הצואר, וכתב משום דקורע שלא ע״מ לתפור הוא.

ובשיטת הרמב״ם נחלקו האחרונים אם החיוב הוא משום מכה בפטיש או משום קורע, דהרמב״ם הביא הך הלכה בפ״י מהלכות שבת ה״י ושם מיירי הרמב״ם בדיני קורע, וכתב המרכבת המשנה דכיון דהרמב״ם הביא הך הלכה בדיני קריעה משמע דחיובו הוא משום קורע, וכן פירשו הרבה אחרונים בשיטת הרמב״ם, והם: העולת שבת הובא במג״א סי׳ שיז ס״ק י, ערוך השלחן סי׳ שיז סכ״א, אמרי בינה דיני שבת סי׳ לב, ושו״ת אג״מ או״ח ח״א סי׳ קכב ענף ו. אך הקרית ספר הביא טעמו דרש״י דהחיוב הוא משום מכה בפטיש, וכן המגיד משנה והכסף משנה העתיקו דברי רש״י ולא כתבו שהרמב״ם לא סובר כן. והחזו״א בסי׳ נא ס״ק ד כתב דאף דהרמב״ם הביא הך הלכה בהלכות קורע אין זה הכרח שהוא סובר דחיובו הוא משום קורע, דאפשר דחיובו הוא משום בונה או מכה בפטיש, ורק משום שיש כאן פעולת קורע קבעו הרמב״ם בהלכות קורע.

ובספר טל אורות מלאכת בנין הקשה אליבא דשיטת המאירי והיראים שהבאנו לעיל בציון 6 שסוברים דמלאכת מכה בפטיש לא שייך אלא לאחר גמר המלאכה, וז״ל: והיותר מתמיה אצלי על הרא״ם ז״ל על מה שפירש בדברי רב דאמר עייל שופתא בקופינא דמרא, דאין בו איסור מכה בפטיש כיון דמרא זו מחוסרת בנין בחסרון שפותא, ואין איסור מכה בפטיש אלא בדבר שאינו מחוסר בנין, ולא אמר רב משום בונה אלא להסירו מטעם מכה בפטיש שהוא לאחר בנין, ולעולם בחסרון בנין לא תהיה מלאכת מכה בפטיש, יעוין שם. והוא עצמו ז״ל במלאכת מכה בפטיש גבי הא דאמר ריב הפותח בית הצואר בשבת חייב חטאת פירש ז״ל דמשום מכה בפטיש הוא דמתחייב, דבהסרת חתיכת בגד בפתיחת בית הצואר היא נקראת מלבוש, וחייב משום מכה בפטיש, ע״כ יעוין שם, הרי הכא דחלוק

cites (ibid. 102b) is that of one who makes a hole in a chicken coop. The reference is to a wooden coop that has no windows and that requires a small perforation near the top, so that the fumes generated by the chicken's droppings will escape and not harm the chickens. The Gemara cites the opinion of Shmuel that one who makes this hole on Shabbos has violated *makeh bepatish,* and the reason is that this is the final act needed to make the chicken coop usable.[8]

זה מחוסר [הסרת] חתיכת בגד לפתיחת בית הצואר ולא נקרא מלבוש אלא בפתיחת בית הצואר, ואמאי מתחייב משום מכה בפטיש, הא אין מכה בפטיש אלא לאחר גמר מלאכה, והכא כיון דלא נקרא מלבוש אלא בפתיחת בית הצואר אם כן עדיין לא נגמרה מלאכתו, ומאי משום מכה בפטיש איכא. ועיין להגהות המרדכי ז״ל בפרק במה טומנין, שכתב כן בשם הרא״ם ז״ל וזה לשונו, שפותח בית הצואר עדיין לא נגמרה מלאכתו, שצריך לפתוח בית הצואר, וכשפותח הוא גמר מלאכתו וחייב משום מכה בפטיש, ע״כ יעוין שם, הרי שאף על פי שעדיין לא נגמרה המלאכה אפילו הכי כשנגמרה חייב משום מכה בפטיש, ואם איתא להאי פירושא דהרא״ם ז״ל דפירש דרב סובר דאין מכה בפטיש אלא לאחר גמר המלאכה אם כן בפותח בית הצואר שהיא מימרא דרב אמאי מתחייב משום מכה בפטיש, כיון שעדיין לא נגמרה המלאכה, ואם כן לדבריו קשה דרב אדרב, וכעת צריך עיון, עכ״ל.

8. בביאור פלוגתא דרב ושמואל בעושה נקב בלול של תרנגולים דרב סובר דחייב משום בונה ושמואל סובר דחייב משום מכה בפטיש, כתבו התוס׳ בשבת דף קג. ד״ה בשלמא דלרב אף בנין כל דהו חשיב בנין ומשום הכי חייב משום בונה. אבל שמואל סובר דבנין כל דהו לא חשוב בנין ולכן אי אפשר לחייבו משום בונה אלא משום מכה בפטיש.

והנה נחלקו האחרונים אי רב סובר דחייב רק משום בונה ולא משום מכה בפטיש או דחייב משום תרווייהו. המנחת חינוך במוסך השבת מלאכת בונה כתב דלרב חייב גם משום מכה בפטיש, והלחם משנה פ״י מהלכות שבת הי״ד כתב כן בשיטת הרמב״ם דחייב בין משום בונה ובין משום מכה בפטיש, אלא דאין לחייבו בפועל שתי חטאות אלא רק על אחד משני אבות מלאכה אלו או משום בונה או משום מכה בפטיש, ונפקא מינה דאם אתרו ביה משום אחד מהם חייב, עי״ש.

ולעיל בציון 7 הבאנו שיטת היראים שסובר להדיא דלרב אינו חייב רק משום בונה ולא משום מכה בפטיש, עי״ש.

ועיין במרכבת המשנה פ״י מהלכות שבת הלכה יד, שאחר שהביא דברי הלחם משנה שסובר דלרב חייב משום בונה ומשום מכה בפטיש כתב וז״ל: וגוף הסברא של הלחם משנה דחויה, דא״כ בכל הל״ח מלאכות היכא דהוי גמר מלאכה כמו האופה שהיא גמר מלאכת הפת והאורג יתחייב משום מכה בפטיש, והאמת יורה דרכו דל״ד לזומר וצריך לעצים דחייב שתים משום שנמשך מפעולתו שתי מלאכות זריעה וקצירה, וכן החותה בגחלים שהוא מכבה ומבעיר, וכה״ג זורק חץ והרג אדם ועקר אילן דחייב משום שוחט ומשום קוצר. משא״כ העושה פעולה אחת הדומה למלאכה מל״ח מלאכות אע״פ שהיא גמר מלאכה אין לחייב משום מכה בפטיש, עכ״ל. וכ״כ בשפת אמת שבת דף עד: והחזון איש סי׳ נא ס״ק יד. וע״ע בזה לעיל בציון 5.

On a more practical level, this form of *makeh bepatish* applies in the case of a new book that has some uncut pages. Since the book cannot be properly read while these pages are attached, cutting them makes the book fully usable and is thus forbidden under the *melachah* of *makeh bepatish*.[9] [This refers specifically to pages that were never cut, not to pages that became stuck together accidentally after the book was cut.]

B. Perfecting or Improving a Usable Article

Another activity that is included in the *melachah* of *makeh bepatish* is perfecting or improving an article that is usable in its present state. As an example, the Gemara states (*Shabbos* 75b): הַצָּר צוּרָה בִּכְלִי חַיָּיב מִשּׁוּם מַכֶּה בְּפַטִּישׁ, *One who engraves an image in a utensil is liable on account of makeh bepatish.* This refers to a utensil that has been crafted to the point that it is completely functional, but is of the type that is customarily beautified with engravings. The engraving is the finishing touch that perfects its design, and adding this embellishment is considered an act of *makeh bepatish*. However, this applies only if the article would not be sold without the engravings. In that case, the engraving is viewed as the act that "completes" the utensil, and is thus considered a *melachah*. Adding an embellishment to a utensil that was previously "complete" is not a violation of *makeh bepatish*.[10]

---

9. מ״ב סי׳ שמ ס״ק מה.

10. בשבת דף עה. איתא: א״ר שמעון בן לקיש הצר צורה בכלי חייב משום מכה בפטיש, ע״כ. וכן בדף קג: איתא דהצר בכלי צורה כל שהוא חייב. וכן פסק הרמב״ם בפ״י מהלכות שבת הט״ז.

וראיתי בספר בנין שבת פ״י שנתקשה להבין טעם דין זה וז״ל: ודין זה צריך ביאור, שהרי הכלי כבר ראוי ומוכשר לתשמישו ונגמרה מלאכתו, ואילו תוספת הנוי והיפוי אינה מוסיפה תשמיש לכלי, והלא כתב רש״י (שבת עג: ד״ה המכה): ולא מחייב אלא אגמר מלאכה״, וא״כ אמאי הצר צורה חייב משום גמר מלאכה.

אולם כשנדייק בלשון רש״י יתבאר לן האי דינא, דכתב (בדף עה: ד״ה הצר צורה) תוספת על דברי הגמרא: ״בכלי שעומד לכך לנאותו״, והמבואר בדברי רש״י ז״ל שהצר צורה חייב רק בכלי חשוב שהאומן מקפיד עליו ליתן בו נוי וצורה ובלא הצורה נמנע האומן מלמוכרו, ולכן הצורה היא חלק מהכלי, ונמצא שע״י נתינת הצורה נגמרה מלאכת הכלי. אולם כלי שאין מקפיד האומן לנאותו ונמכר בלא יפוי אם נתן בו צורה

Improving the functionality of an article is also included in *makeh bepatish.* For example, oiling the hinges of a squeaky door is considered an act of *makeh bepatish,* since eliminating the disturbing noise constitutes an improvement to the door.[11]

C. Creating or Assembling a Utensil

Another type of act that is included in the *melachah* of *makeh bepatish* is that of creating a utensil. For example, the Gemara in *Beitzah* (33b) teaches that if one clips a fragment of wood in order to fashion it into a toothpick, he is liable to a *chatas* offering.[12] The reason is that by creating this utensil he has violated the *melachah* of *makeh bepatish.*

Similarly, if one molds a piece of clay into a usable shape (e.g. a cup), he has violated *makeh bepatish* by creating a utensil. The same applies to one who crafts a utensil by peeling, shaving or carving a hard substance.[13]

Assembling two separate items that are not usable individually but become usable when combined (e.g. inserting a new shoelace in a shoe) is a form of "creating" a utensil. This will be discussed in detail below, in Section IV.

אינו חייב משום מכב״פ, דחשיב כנגמרה מלאכתו מכבר.

וכן כתב הר״ן (דף עה:) שאיירי בכלי שעומד לנאותו. וכן במגיד משנה פ״י מהל׳ שבת הל׳ טז כתב וז״ל: ״הצר צורה כולה או מקצתה, בכלי שהוא עומד לצורה וחשיבותו לכך״, וכ״כ בפסקי הרי״ד: ״דרך כלים החדשים לציירן כדי ליפותן, ואותה הצורה שהוא עושה בהן היא גמר מלאכתן״. ובשו״ע הגר״ז סי׳ שב ס״ה כתב: ״הצר צורה בכלי העומד לציירו, אפי׳ לא צייר אלא מקצת הצורה, הרי עשה מקצת גמר הכלי וחייב. שאף שהציור מצד עצמו אינו חשוב מלאכה, מ״מ עכשיו שהכלי נגמר וניתקן ע״י הרי הוא נחשב למלאכה״. ומודגש בדבריו שמדובר בכלי העומד לציירו וע״י ציור הכלי נהיה גמור ומתוקן, ובכה״ג חשיב הציור גמר מלאכה, אבל בלא״ה אינו חייב, עכ״ל.

11. שש״כ פרק כט הלכה לח. וע״ע בזה בבנין שבת מלאכת מכה בפטיש פרק כז.

12. גמרא שם, הובא להלכה במ״ב סי׳ שכב ס״ק יג. ועוד דוגמא לזה מצינו בגמרא שבת דף עה: אמר רב שמעון בן לקיש המנפח בכלי זכוכית חייב משום מכה בפטיש, ע״כ.

ועיין בשו״ת חתם סופר או״ח סי׳ עא שנשאל אם מותר למוהל ששכח לתקן את ציפורניו לצורך פריעה אם מותר לתקנם בשבת, וכתב שם החת״ס וז״ל: ולפענ״ד הוא עושה כלי גמור וחוששני מחטאת מכה בפטיש, דאפי׳ אי אין בנין בכלים מ״מ חייב משום מכה בפטיש ומה לי עושה כלי ויתד מברזל או עושהו מציפורניו, ואין זה תיקון בעלמא אלא עושה כלי גמור, עכ״ל.

13. שו״ע סי׳ תקיד ס״ז.

D. Repairing or Reassembling a Broken Utensil

Repairing or reassembling a broken utensil is often included in the *melachah* of *makeh bepatish*. However, there are many details to this law, as the halachah varies depending on the type of repair and the solidity of the assembly. This will be discussed at length below, in Section V.

E. Making a New Opening in a Container

Making an opening in a container is a finishing touch, since it facilitates the removal of items contained inside and the insertion of new items.[14] This is therefore included in the *melachah* of *makeh bepatish*. [This pertains to creating a *new* opening. It is surely permitted to reopen a closed container.]

When the opening is intended to serve for two-way transfer — i.e. to remove things from the container *and* to insert new things — it is considered a full-fledged פֶּתַח, *opening*, and creating it is prohibited Biblically.[15] When it is intended only for

---

14. במשנה בשבת דף קמו. איתא: שובר אדם את החבית לאכול הימנה גרוגרות, ובלבד שלא יתכוין לעשות כלי, ע״כ. ופי׳ רש״י בד״ה ובלבד וז״ל: לנוקבה יפה בפתח נאה, עכ״ל, הרי דאסור לעשות בחבית פתח יפה.

15. בגמרא שבת דף קמו. איתא: אמר רבה דבר תורה כל פתח שאינו עשוי להכניס ולהוציא אינו פתח, ורבנן הוא דגזור (לאסור לעשות כל נקב) משום לול של תרנגולין דעביד לעילוי אוירא ולאפוקי הבלא. וכן פסק הרמב״ם בפ״י מהלכות שבת הט״ז, וז״ל: העושה נקב כל שהוא בין בעץ בין במתכת בין בבנין בין בכלים, הרי זה תולדת מכה בפטיש. וכל פתח שאינו עשוי להכניס ולהוציא אין חייבין על עשייתו, עכ״ל, וכן פסק בפכ״ג הלכה א. וראיתי בספר אורה ושמחה בפ״י מהלכות שבת הט״ז שנתקשה בדברי הרמב״ם וז״ל: ובעניי לא זכיתי להבין דבר זה דכיון דמכה בפטיש חיובו בתיקון כל שהוא א״כ למה אין חייב בנקב שאינו עשוי אלא להכניס או להוציא בלבד הרי סוף סוף עשה כאן תיקון בכלי ולמה לא יתחייב, עכ״ל. והנה בהערה זו כבר נתקשה החזו״א באו״ח סי׳ נא ס״ק י וז״ל: ויש לעיין בטעמא דמילתא, דהא בעושה נקב להכניס לחוד או להוציא לחוד נמי מתקן מנא. וי״ל כיון דכל כלי אינו ראוי לשימוש אלא אם יש לו פתח להכניס ולהוציא ואם עשה עוד פתח לחד מינייהו פתחא רבה עיקר, ופתח לחד מינייהו אינו מתיחס אל גוף הכלי אלא זה שימושו לפי שעה להכניס או להוציא, עכ״ל.

ביאור דבריו הקדושים דלכל חבית בעינן פתח כדי להכניס ולהוציא נמצא שכשנוקב נקב בהחבית כדי להוציא בלבד הנקב החדש טפל ביחס לפתח העיקרי שנעשה להכניס ולהוציא, ולכן נקב זה שאינו נעשה אלא להוציא אינו מתיחס אל גוף הכלי אלא זה שימוש לפי שעה להכניס או להוציא ואינו חשוב מתקן פתחא. ולכן אינו חייב

one-way transfer — i.e. to remove *or* insert things — creating it is prohibited Rabbinically.[16]

The Rabbis, however, did not prohibit a person from making an opening that is designed for one-way transfer if he does it in a place where it is unusual to make a real opening. The Gemara (*Shabbos* 146a) provides the example of boring a hole in the stopper of a barrel. If one wanted the barrel to have a bona fide "opening" in that place, he would merely remove the stopper, rather than ruin it and enable dirt to fall through. Therefore, we view the hole that he bored as merely a passage through which he wishes to extract the contents, and not as a true "opening" that perfects the container. Practical applications of these concepts are discussed in *The Shabbos Kitchen*, pages 182-188 and *The Shabbos Home*, Volume One pages 86-92.

IV. When Is Assembling Considered Makeh BePatish?

A. Assembling That Is Forbidden

As mentioned above, assembling two separate items that are not usable individually, but become usable when combined, is a form of "creating" a utensil.[17] This applies even when the items

---

מדאורייתא אלא בפתח שעשוי להכניס ולהוציא שהוא נחוץ ומתיחס לגוף הכלי.

נמצא לפ״ז דהא דבעינן פתח להכניס ולהוציא אין הטעם משום דבלא זה לית ליה מן התורה שם פתח, אלא דבדרך כלל נקב לחד מינייהו הוא טפל ביחס לפתח הגדול.

ועיין בשעה״צ סי׳ שיד ס״ק ט שכתב וז״ל: ונראה דרק אכלים קאי דהנקב שעושה להם יש עליו שם פתח כדאיתא בגמרא, ולכן בעינן שיהא עשוי להכניס ולהוציא דומיא דפתח, אבל בשאר דברים לא בעינן רק שיהיה דרכו של אותו דבר לעשות נקב כזה לאיזה תשמיש, עכ״ל. הרי מבואר מדברי המ״ב חידוש גדול בהך דינא דבעינן להכניס ולהוציא דהוא דווקא במקום שדרך וצורך הכלי לפתח שעשוי להכניס ולהוציא. כגון בחבית של יין או מאכל, אבל במקום שאין דרך להשתמש בפתח להכניס ולהוציא כגון בבגד חייב אפי׳ אם הוא רק להכניס או רק להוציא. ודבריו מתיישבים עם דברי החזון איש הנ״ל, דבכה״ג דדרכו של חפץ זה בנקב כזה ודאי מתייחס הנקב לגוף הכלי.

16. שו״ע סי׳ שיד ס״ו.

17. בשבת דף מח. איתא: רב חסדא שרא לה לאהדורי אודרא לבי סדיא בשבת. איתיביה רב חנן לרב חסדא וכו׳ ואין נותנין את המוכין לא לתוך הכר ולא לתוך הכסת ביו״ט ואין צריך לומר בשבת, לא קשיא הא בחדתי הא בעתיקי, ע״כ. ורש״י שם בד״ה חדתי פירש טעם האיסור וז״ל: דהשתא עביד ליה מנא, עכ״ל. וכן פסק המחבר בסי׳ שמ ס״ח, והמ״ב

are only loosely connected.[18] For example, inserting a new shoelace into a shoe renders the shoe usable and is thus considered a form of creation.[19] The same applies to attaching a new clasp to a necklace. Stuffing a pillow with feathers is another example of "creating" a utensil.[20] All of these activities fall under the category of *makeh bepatish*. [This pertains to assembling the items for the first time (e.g. using a *new* shoelace or clasp). Reassembling items that came apart is sometimes permitted, as clarified below, in Section V.]

B. Assembling That Is Permitted

There are several exceptions to the prohibition against assembling a utensil.

1. Articles Normally Separated After Usage

When two separate articles need to be combined for use but are generally separated again after being used, attaching them initially is not considered a "creation" of a utensil, and is thus permitted on Shabbos.[21]

For example, it is permitted to insert a belt for the first time

---

בס״ק לג כתב וז״ל: דהשתא עביד ליה מנא ויש בזה חיובא דאורייתא, עכ״ל. אמנם עיין בראש יוסף בשבת דף מח. שכתב דנראה לו שהוא רק איסור דרבנן.

18. דנתינת מוכין לתוך הכר הוא ברפיון ואעפ״כ אסור.

19. מ״ב סי׳ שיז ס״ק טז.

20. עיין ציון 17.

21. בב״י סוף סי׳ שיז הביא מתשובות אשכנזיות וז״ל: וששאלת אם מותר להכניס אבנט במכנסים בשבת, פשיטא דמותר, אמאי לא, והא דאמר רב חסדא שרא לאהדורי אודרא לבי סדיא בשבת (ר״ל להחזיר מוכין שנפלו מן הכר לתוכן) וכו׳ ה״מ בעתיקי אבל בחדתי לא, היינו משום דעביד כלי, אבל הכא דלא מבטל ליה ועשוי להכניס ולהוציא תדיר פשיטא דשרי אפי׳ בחדתי, עכ״ל.

הרי מבואר מהב״י דהרכבת ב׳ חלקי הכלי ע״מ לפרקם תמיד אינו חייב משום תיקון מנא. ועיין בטללי שדה מלאכת בונה ציון 3 [נדפס בסוף שו״ת הר צבי או״ח ח״א בקונטרס טל הרים] שכתב וז״ל: וראיתי בתהלה לדוד (סי׳ שיז ס״ק ו) דבדבריו משמע שדין מיוחד הוא במלאכת מכה בפטיש, שאם אינו עשוי לקיום כלל מותר לכתחילה וכו׳, לכן כיון שהאבנט הוא עשוי להכניס ולהוציא אין בו משום מכה בפטיש. ולא ביאר את הטעם המיוחד במכה בפטיש. ונראה להסביר את הדברים משום שכל מהותו של מכה בפטיש היא גמר המלאכה, ולכן בהכנסת האבנט למכנסיים כיון שהוא עומד להוציאו אחר שעה אין זו גמרו, ואין כאן גמר מלאכה, עכ״ל.

into a new pair of pants. Even if one cannot wear the pants without the belt, he is not considered to be creating a new, usable article, because pant belts are generally removed after the pants are worn. Since the belt is meant to be removed, the pants and belt are not viewed as becoming a unified item, but as separate articles that serve each other temporarily.

In a situation where one intends to leave the belt in place permanently (as is commonly the case with coat belts), he may not insert it for the first time on Shabbos.

2. Articles Normally Discarded After Use

Some *Poskim* rule that when two separate articles need to be attached in order to be used, but their attachment is not of a strong nature *and* the finished article is intended for only a single use, one is permitted to attach them on Shabbos. This holds true even if one does not separate them, but merely discards them while they are still assembled. For example, it is permitted to attach a needle to a syringe on Shabbos.[22]

V. Repairing or Reassembling Broken Utensils

As mentioned above, repairing or reassembling a damaged or broken utensil is included in the *melachah* of *makeh bepatish.* This pertains whether the repair is done with a tool or merely with one's hands.

---

22. יסוד זה דמותר להרכיב ב׳ חלקי כלי לשימוש חד פעמי ואינו אסור משום תיקון כלי מבואר בשו״ת מנחת יצחק ח״ח סי׳ כז שהביא תשובת הגאון ר׳ שלמה זלמן אויערבאך זצ״ל וז״ל: משא״כ הכא שההרכבה צריכה להעשות יחד עם השימוש של חד פעמי וכדאמרן דחשיב רק כמשתמש ולא כעושה כלי או מכה בפטיש. דאף שאסור ודאי לתקן קיסם כדי לחצוץ בו שיניו אפי׳ רק לפעם אחת בלבד שאני התם דבתיקונו עשה שינוי בגוף הדבר ונעשה כלי שראוי לחצוץ בו לכשירצה, משא״כ בנד״ד הואיל והרכבת המזרק צריכה להיות דוקא סמוך לשימוש של מעשה הזריקה, יתכן שההרכבה כזו לא חשיב כבונה אלא כמתחיל להשתמש במעשה הזריקה. והן אמנם שאם היה ראוי להשתמש בו פעמים הרבה היה נחשב שפיר כבונה או כמכה בפטיש, אבל כיון שרגילין תיכף לזרוק אותו אינו חשוב להקרא משום כך בונה ותיקון מנא, עכ״ל. ועיין במנחת שלמה ח״ב סי׳ יג שהאריך בזה וכתב להתיר אפי׳ אם אחר השימוש זורק המזרק ביחד עם המחט ואינו מפרידם, עי״ש. וע״ע בזה בבנין שבת מלאכת מכה בפטיש פ״כ אות ג.

When the article cannot be used at all without repair, performing the repair is prohibited Biblically. When it is somewhat functional, making a repair that improves its functionality is prohibited Rabbinically.

It should be noted that when a broken utensil is unfit for proper use and its repair is prohibited Biblically, its components are often considered *muktzeh*. This will be explained in detail in the following section.

A. Examples of Prohibited Repairs

The Mishnah states (*Beitzah* 28a): אֵין מַשְׁחִיזִין אֶת הַסַּכִּין בְּיוֹם טוֹב, *We may not sharpen a knife on Yom Tov.* A dull knife that cannot cut at all is considered like a "broken" utensil, and by sharpening it one in effect "recreates" it, thus violating the *melachah* of *makeh bepatish* on the Biblical level.[23] The same

---

23. בבנין שבת פכ״ג הסביר הך דינא וז״ל: במלאכת מכה בפטיש כלול גם איסור תיקון כלי שהתקלקל, שהמתקנו בשבת חייב מה״ת משום מכב״פ. וכדמצינו בגמ׳ (ביצה כח): אין משחיזין את הסכין שפסק מלחתוך. וכן שיפוד שנרצף (שנתעקם או נשבר ראשו, תלוי במח׳ רש״י והר״ן) אסור לתקנו ביו״ט. [ומה דאיתא שם בגמ׳ דבאנו למחלוקת ר״י ורבנן היינו דוקא ביו״ט, דלרבי יהודה שרי מכשירי אוכל נפש ביו״ט. אולם בשבת לכו״ע אסור מה״ת.]

ולכאורה צ״ב, הא איסור מכה בפטיש חל רק על פעולת גמר מלאכת הכלי, וכמו שכתב רש״י שבת עג. (ד״ה המכה): ״דכל שאינו גמר מלאכה אינו חייב״, וא״כ קשיא הא כלי שנתקלקל כבר נגמרה מלאכתו, ואינו אלא מתקן כלי ישן שכבר קיים.

וביאור חיובא דמתקן מנא נראה, דכיון שהכלי נתקלקל ואינו ראוי למלאכתו חשיב כאילו בטל ממנו שם כלי, ונמצא שע״י התיקון חשיב כעושה כלי מתחילה וגומר מחדש את מלאכת הכלי. וכהאי סברא כתבו הראשונים (הרמב״ן, הרשב״א, והר״ן) בר״פ הבונה וז״ל: ״כלי שנתפרק וצריך אומן בחזרתו, כל שהחזירו חייב עליו משום בונה, שמשעה שנתפרק ואין הדיוט יכול להחזירה בטל מתורת כלי, ונמצא כשמחזירו עושה כלי מתחילה״. והראשונים אמנם כתבו זאת באופן שחייב משום בונה ע״י הרכבת חלק לכלי, אך עיקר הסברא שייכא נמי באופן של תיקון כלי שלא בצורת הרכבה, כגון משחיז סכין דחייב משום מכב״פ, ולעולם הכלל הוא שמעשה אומן חשיב כעושה דבר מחדש.

וכ״כ הר״ן (ביצה כח:) דהא דשרי רבי יהודה להשחיז הסכין ולליישר השיפוד ביו״ט הוא דוקא באופן שעדיין ראויים הכלים למלאכתם ושם כלי עליהם. אבל כשנשברו לגמרי אסור אפי׳ לר״י, שהוא עושה כלי מתחילה ובודאי שאסור לעשות כלי חדש אף ביו״ט. וכעין זאת מצינו בדין טומאת כלים, שכלי טמא שנתקלקל ואינו ראוי למלאכתו פקע ממנו שם כלי וירדה טומאתו, כמבואר בר״מ הל׳ כלים פי״א, עיי״ש. נמצא לפי״ז דאינו חייב מה״ת אלא במתקן כלי שנתקלקל לגמרי ובכה״ג פקע ממנו

would apply to straightening out a bent knife that is unusable in its present state. When the knife is somewhat usable before the repair, however, sharpening or straightening it is prohibited Rabbinically.[24]

According to many *Poskim,* the Biblical prohibition also applies to winding a watch that stopped.[25] Although it would not be considered "broken" in the conventional sense, a watch is unusable while stopped. Therefore, rewinding and rendering it usable is a violation of *makeh bepatish.*

B. Limitation of the Rabbinic Prohibition

In the case of Biblical *makeh bepatish,* i.e. when the article is completely unusable, the repair is forbidden even though it requires very little effort (as in the case of winding a watch that stopped). By contrast, the Rabbinic restriction against improving the functionality of a usable article applies only if the repair requires some effort. If it can be done effortlessly, the repair is permitted.[26]

Thus, when the temples of soft metal eyeglasses are bent

שם כלי, והמתקנו חשיב כעושה כלי מחדש, עכ״ל.

ומבואר מכל זה דהיכא דפקע שם כלי מפני שנתקלקל, כשמתקן הכלי חשוב כעושה כלי מתחילה.

אמנם לכאורה צריך ביאור דמאי שנא הך דינא דשפוד שנעקם שאסור לתקן הכלי מהך דינא דאיתא בשבת דף מח. רב חסדא שרא לאהדורי אודרא לבי סדיא בשבת (ר״ל להחזיר מוכין שנפלו מן הכר לתוכו), דהא טעם האיסור בנתינת מוכין לתוך הכר הוא משום מכה בפטיש כדאיתא ברש״י שם, וא״כ מבואר משם דחיובא דמכה בפטיש הוא רק בפעם הראשון משא״כ אם אח״כ נתקלקל וחוזר ומתקן אין על זה חיובא דמכה בפטיש, ולכן מותר להחזיר המוכין לתוך הכר, ולכאורה מאי שנא החזרת מוכין להכר שמותר הגם שנתקלקל לגמרי הכר משפוד שנעקם שאסור לתקן. ויש לחלק דהתם הוי מעשה הדיוט בעלמא ואינו מחוסר מעשה אומן, וכמו שנביא לקמן הערה 39 בשם קצות השלחן שבקל יכול להחזירן, ע״ש, וצ״ע.

24. כתב המג״א בסי׳ ש״מ ס״ק יא וז״ל: מחט שנתעקמה אפי׳ מעט אסור לישרה, עכ״ל. ובפשטות אינו אלא איסור דרבנן, כמבואר בדברי הרמב״ם בפ״ד מהלכות יום טוב הלכה ח וז״ל: שפוד שנרצף אף על פי שהוא יכול לפושטו בידו אין מתקנין אותו מפני שהוא כמתקן כלי, עכ״ל. והיינו מדרבנן שלכן כתב מפני שהוא כמתקן כלי ור״ל לא מתקן ממש.

25. חיי אדם כלל מד הלכה יט, שו״ת מים רבים סי׳ לא, וכן נוטה הפמ״ג בא״א סי׳ שח ס״ק עח, משנה ברורה סי׳ שלח ס״ק טו, חזון איש או״ח סי׳ ז ס״ק ט.

26. שו״ת נשמת שבת סי׳ שמ סימן שלב.

slightly out of shape and the glasses are still usable, it is permitted to bend them back into the correct shape. When the repair requires effort, however, it is forbidden. Accordingly, a firm item that is bent out of shape may not be repaired. Similarly, if a wig lost its shape, one may not repair it on Shabbos, because reshaping a wig is a task that involves effort.[27] [A wig is unlike one's natural hair in that it is regarded as a utensil or article of clothing.]

Another exception to the Rabbinic restriction is the case of an article that requires reshaping on a regular basis. When such an article is out of shape, it is not regarded as "broken," since this interruption of its use is normal. For example, it is permitted on Shabbos to reshape a soft hat that became dented or crushed, since soft hats commonly suffer dents in the course of regular usage.[28]

C. Reassembling

If an article made of different components comes apart and the components need to be reattached tightly in order for it to be repaired, doing so is prohibited Biblically. Reattaching the components in a loose manner is prohibited Rabbinically. Thus, if the handle of a pot came off, screwing it into place tightly violates the Biblical prohibition of *makeh bepatish*.[29] [Even tightening a loose screw before the handle falls off is prohibited Biblically.] Loosely screwing on a handle that fell off is prohibited Rabbinically.

The above pertains to reassembling items that are normally attached tightly. The Sages forbade even making the attachment loosely, out of concern that one might come to attach them tightly and violate the Biblical prohibition. With repect to items

---

27. ש״כ פי״ד הלכה נ. וע״ע בזה בתיקונים ומילואים.

28. שו״ת מנחת שלמה ח״ב סי׳ לה ס״ק טז וז״ל: רבים שואלים אם מותר ליישר כוס פלאסטי חד פעמי שהתקמט, אבל לענ״ד באמת נראה שמותר, דכמו שאם נדבקו שלא לרצון דפים שבספר מותר להפרידם ולתקן אם בקל אפשר לתקן כך גם במגבעת או בכוס של פלסטיק הואיל ודבר זה רגיל, עכ״ל.

29. שו״ע סי׳ שיג ס״ו ושו״ת אבני נזר סי׳ ריא ס״ק כא.

that are attached loosely in the first place, a more lenient law applies.

Although it is forbidden to *initially* assemble two articles loosely on Shabbos in order to create a usable item (e.g. inserting a new shoelace into a shoe), reassembling them is permitted.[30] Thus, one is permitted to reinsert a shoelace into a shoe on Shabbos, even though he thereby makes the shoe usable. However, inserting a *different* shoelace is forbidden, since this does not constitute the reassembly of a previously made utensil, but the creation of a new one.[31]

D. Strengthening an Article

Strengthening a damaged article to prevent further damage is also considered a "repair" and is thus forbidden. For example, it is prohibited to apply nail polish to stockings that have a run in order to prevent the run from spreading further. Applying nail polish strengthens the hosiery and thereby improves it, making this an act of *makeh bepatish.*[32]

Even strengthening an article that is not damaged is prohibited. Thus, one may not put hair spray on a wig to strengthen the coiffure, even when the wig is properly shaped.

---

30. מקור להיתר זה הוא בגמרא שבת דף מח. אין נותנין את המוכין לתוך הכר והיינו דוקא בחדתי (שלא היו מעולם לתוכו) אבל בעתיקי מותר להחזיר (להחזירו לכר זה שנפלו ממנו) וכן פסק המחבר בסי׳ שמ ס״ח.

ועיין בקצות השלחן סי׳ קמו ס״ג שמדייק מדברי רש״י שכתב להחזירו לכר זה שנפלו ממנו דשרי להחזיר רק אותן מוכין שכבר היו באותו כר אבל מוכין אחרים אסור ליתנם.

ועיין עוד בקצות השלחן בסי׳ קמו בבדי השלחן ס״ק ב שכתב להסביר הך היתר וז״ל: אבל בעתיקי שכבר היה בכר זה מותר להחזירם, כיון שהכר היה ראוי כבר לשכיבה, ומה שנפלו המוכין ממנו אין זה ביטול גמור, שהרי לא נתהוה שום קלקול בעצם הכר, והמוכין שנפלו בקל הוא יכול להחזירן, עכ״ל.

31. כתב האליה רבה הובא במ״ב סי׳ שיז ס״ק יח, וז״ל: ודוקא אותן הרצועות שנשמטו, אבל רצועה חדשה שלא היתה שם מתחילה אסור, עכ״ל. ודברי הא״ר הם כמו דברי הקצות השלחן שהבאנו לעיל בציון 39, וכ״כ הגרש״ז אויערבאך זצ״ל בתיקונים ומילואים פט״ו הערה רב וז״ל: ואפילו אם הסרוך הישן נקרע לפני שבת וייחד כבר את החדש, אפ״ה אסור להשחילו, עכ״ל.

32. שש״כ פטו הלכה עג. וע״ע בזה בבנין שבת מלאכת מכה בפטיש פכ״ז אות ב.

E. Repairs That Are Permitted

1. Removing an External Obstruction

When an article has nothing inherently wrong with it, but there is an external factor that prevents it from being used, removing the external factor is *not* forbidden under the *melachah* of *makeh bepatish*. In these instances, we do not view the article as a broken one, since it has no internal defect.[33] For example, it is permitted to remove the price tag from a new garment, since the garment itself is inherently fit for use and the tag is an external matter that interferes with its use. [Although one may tear off the tag, one must avoid ripping any words or letters that are printed on it.]

2. Temporary Repairs

Making a repair that is only temporary is permitted, provided it is evident that the repair is of a temporary nature.[34] For example, although it is ordinarily forbidden to insert a new shoelace in a shoe on Shabbos, it is permitted to insert a brown shoelace into a black shoe, since it is obvious that this lace is being used only as a stopgap measure.

3. Normal Adjustments

With respect to an article whose normal manner of use requires certain adjustments to be made from time to time, *Poskim* rule that making these adjustments does not violate *makeh bepatish*. For example, it is permitted to shake down a thermometer in order to use it on Shabbos, even though this act makes it fit for use. Since the normal usage of a thermometer calls for this adjustment prior to each use, the thermometer is not viewed as "broken" before the adjustment, and hence, adjusting it is not considered a "repair."[35]

---

33. הט"ז בסי' תקיד ס"ק יב הסביר דינו של המחבר שמותר להסיר הפחם שבראש הנר כשהוא דולק וז"ל: שאין כאן תיקון כלל אלא מסיר דבר המקלקל והוי כאילו היה דבר אחר דבוק בנר, עכ"ל. וכן כתב בשש"כ פי' כח הערה ד בשם הגרש"ז אויערבאך זצ"ל, וע"ע בזה בשער הציון סי' שב ס"ק ט.

34. קצות השלחן סי' קמו בבדי השלחן סוף ס"ק ג.

35. בשו"ת קובץ תשובות ס"מ כתב בפשיטות דאין איסור לנענע את המד חום בשבת בכדי להוריד את החום ואין בזה משום מכה בפטיש אבל לא כתב שם הסבר בזה. והנה

VI. When a Broken Article Is Muktzeh

As mentioned previously, when a broken utensil is unfit for proper use and its repair is prohibited Biblically, its components are often considered *muktzeh.* When the components are unfit for any use in their current state, they are inherently *muktzeh.*[36] Even if they are somewhat usable, whenever there is a concern that the owner might use them to repair the utensil and violate the Biblical *melachah,*[37] the Rabbis decreed that they be

---

בשו״ת מנחת שלמה בדף צח ביאר בזה וז״ל: ואפי׳ הכי מותר מפני שזה רק שימוש ולא תיקון, עכ״ל. ובדף ע כתב וז״ל: ולענ״ד דבכה״ג שדרך תשמישו של הכלי הוא שרגילין גם לפרק אותו מרצון טוב אז אין בהחזרתו משום מתקן, ואמרינן דגם בשעה שהכלי מפורק חשיב כשלם, ואינו מחוסר כלל שום תיקון כיון שהפירוק נעשה מרצון הטוב וכך הוא דרך תשמישו, עכ״ל, וכל שכן כאן שאינו מפורק.

והנה במנחת שלמה סי׳ ט אות ב כתב בשיטת הפרמ״ג והחיי אדם הסוברים ששעון שפסק מלכת אסור מדאורייתא לעורכו משום תיקון מנא. והקשה שם: והיה נראה לכאורה דאין שום איסור לערוך שעון אפי׳ כשעומד לגמרי, כיון שתשמישו תמיד שמפעם לפעם הוא מפסיק הילוכו ומעריכים אותו מחדש, ונמצא שאין לחשוב כלל את העריכה כתיקון מנא או מכה בפטיש. ואולם מסקנת דבריו בביאור דעת הפרמ״ג הוא: שהשעון תיקונו הוא שיהא נמצא תמיד במצב כזה שיוכל להורות את השעה, ואין שום תועלת בזה שהשעון פוסק מפעם לפעם את הילוכו, ולכן הו״ל ככלי שדרכו תמיד להתקלקל וצריכים בכל פעם לתקנו, עכ״ל, וכן כתב בשו״ת ציץ אליעזר ח״א סי׳ לח.

ובמנחת שלמה בדף עא כתב שמשחקי ילדים כמו אוטו או רכבת שמפעילים אותם ע״י קפיץ מותר להפעילם בשבת. ולא דמי כלל לאיסור מילוי שעון כיון שאין המשחק עומד לכך שיפעל תמיד, אלא כך דרכו שפועל קצת ואח״כ מפסיק, ונמצא שכשהמשחק אינו פועל אינו חשיב כמקולקל, ולכן אין ההפעלה נחשבת כתיקון אלא כשימוש בכלי, עי״ש.

ועוד כתב לפי זה במח״ש דף צח וכן המפעיל שעון בשבת כדי שיצלצל וישמיע קול (שעון מעורר), אע״ג שהוא מפעיל קפיץ שבתוך השעון אפ״ה אסור רק משום השמעת קול בלבד ולא משום מתקן. וחושבני שהעריכה ע״מ לצלצל לא דמיא לסתם עריכת שעון אשר הפרמ״ג חושש בזה לאיסור תורה, דהתם רוצה תמיד מהילוכו ולכן שפיר חשיב מתקן, משא״כ כדי שיצלצל אינו תיקון כללי אלא השתמשות לשעה, עכ״ל.

ועיין בשמירת שבת כהלכתה (פ׳ כח סי׳ כט) בשם הגרש״ז זצ״ל: ״אם ברצונו להתעורר בשעה מסוימת לדבר מצוה, כגון לתורה או לתפילה יכונן את השעון מבעוד יום ויסגור את נצרת הפעמון, ובשבת ישוב וישחררה, כדי שהפעמון יצלצל בשעה הרצויה,״ ובהערה סה כתב הטעם דהוי רק גרם להשמעת קול דשרי לצורך מצוה. והנה אם כינון הפעמון יש בו איסור תורה כמו מילוי השעון, לא הוה שרי אפי׳ בגרמא. אלא דהגרש״ז לשיטתו שאין בכינון הפעמון משום תיקון, עכ״ד.

36. שו״ע סי׳ שח סט״ז. ועיין בזה בספרנו הלכות מוקצה פ״ב הערה 35.

37. הגרי״ש אלישב שליט״א, הובא בספר שלמי יהודה פ״ד הערה נ.

considered *muktzeh*. For example, if a leg became detached from a chair, so that the chair is no longer functional in the usual sense, both the leg and the chair are *muktzeh*.[38]

Since the *muktzeh* status is imposed only to ensure that one not make a repair that violates the Biblical *melachah*, it applies only when this concern exists. Thus, only when the detached leg is available and fit to be reattached are the chair and leg decreed *muktzeh*.[39] If the leg is missing or broken, the chair is not considered *muktzeh*. [This is because a broken chair is *somewhat* fit for use, so the only basis for considering it *muktzeh* is the special Rabbinic decree, which is not applicable in this case. Utensils that are completely unfit for any use when broken are inherently *muktzeh*.]

Moreover, if the chair was used without the leg before Shabbos, the concern that one might repair it on Shabbos is mitigated, and it is not decreed *muktzeh*.[40]

[For further discussion of these laws, see *Muktzeh: A Practical Guide* p. 30.]

VII. Items to Which Makeh BePatish Applies

The *melachah* of *makeh bepatish* applies to hard material[41] or soft material,[42] to garments,[43] cutlery[44] and books.[45] It applies to large and small items, to new items as well as old ones.[46] [As mentioned previously, the *melachah* applies whether the act is done with a utensil or merely with the hand.[47]]

---

38. עיין בזה בספרנו הלכות מוקצה פ"ב הערה 37.
39. מ"ב סי' שח ס"ק סט.
40. רמ"א סי' שח סט"ז.
41. רש"י שבת דף עג. ד"ה מכה.
42. שבת דף מח. אין נותנין מוכין לתוך הכר.
43. שבת דף מז. אין פותחין בית הצוואר בשבת.
44. ביצה דף כח. אין משחיזין את הסכין.
45. מ"ב סי' שמ ס"ק מה.
46. ביצה דף כח. אין משחיזין את הסכין.
47. מהא דאסור ליתן מוכין לתוך הכר.

The *melachah* applies even if the item will be used only once and then discarded.[48] For example, whittling a piece of wood into a toothpick is forbidden even though it will be discarded after a single use. [However, *assembling* an item that will be discarded after one use is sometimes permitted, as explained above, Section IV,B,2.]

◆§ Food Items

Some *Poskim* rule that the *melachah* of *makeh bepatish* does not apply to food items.[49] Therefore, it is permitted to rinse or soak a salty fish that is inedible due to its saltiness. However, although the Biblical *melachah* of *makeh bepatish* does not apply to foods, the Sages forbade certain improvements to food items that resemble "repairs." These are the following:

1. It is forbidden on Shabbos to separate *terumos* and *maasros* from fruits and vegetables grown in *Eretz Yisrael*. Since these foods may not be eaten while untithed and by separating *terumos* and *maasros* one renders them edible, he is in effect "repairing" the food and this is prohibited.[50]

---

48. ביצה דף לג: שהקוטם קיסם לחצוץ בו שיניו אע״פ שמשתמש עם הקיסם רק פעם אחת ואח״כ הוא משליך אותו, אעפ״כ אסור.

49. כתב הביאור הלכה בסי׳ שיח ס״ד ד״ה והדחתן וז״ל: היוצא מדברינו דענין מכה בפטיש באוכלין דבר חדש הוא שלא נמצא בפוסקים, ואדרבא יש כמה סתירות לדבר וכו׳ על כן אין להחמיר בכל גוונא, עכ״ל. והביא שם דהלבוש והפמ״ג סוברים דיש איסור מכה בפטיש באוכלין וכן סובר החיי אדם בנשמת אדם כלל כ ס״ק ו, ובשו״ת באר יצחק או״ח סי׳ יג. והבאר יצחק הביא ראיה דיש מכה בפטיש באוכלין מהא דאיתא בירושלמי פ״ז משבת הלכה ב הך דשחק תומא (ר״ל שום) כד מפריך חייב משום דש, כד מברר בקליפתה משום בורר, כד שחיק משום טוחן, כד יהיב משקין משום לש, גמר מלאכתן משום מכה בפטיש. הרי מבואר מדברי הירושלמי דיש חיוב מכה בפטיש באוכלין ולפיכך כתב הבאר יצחק וז״ל: וכיון דמצינו בירושלמי מפורש דמכה בפטיש שייך אף באוכלין לכן אין לנו לפלוג עליו במקום שלא מצינו פלוגתא ע״ז בש״ס דילן, עכ״ל.

וקצת פלא שהביאור הלכה לא הביא הך ירושלמי וכתב בפשיטות שלא שייך מכה בפטיש באוכלין. ועיין בשו״ת מהרש״ם ח״א סי׳ קסד שכתב דהבבלי חולק על הירושלמי, ואפי׳ אם נאמר דהבבלי אינו חולק על הירושלמי מ״מ אם אין מניחים האוכל רק אוכלין אותו מיד גם הירושלמי סובר דאין מכה בפטיש באוכלין, עי״ש. ועיין בשו״ת אג״מ או״ח ח״ג סי׳ נב דהגם דמסתבר לדינא כהביאור הלכה, אבל עכ״פ אין לנו לדחות דברי הלבוש להלכה ולכן הוא קצת ספק לדינא, עי״ש.

50. ש״ע סי׳ שלט ס״ד.

2. It is forbidden to remove the *challah* portion from bread or cake.[51] The reason is the same as mentioned above regarding *terumos* and *maasros*: The baked item may not be eaten until *challah* is taken from it, and taking the *challah* is thus analogous to a prohibited "repair." In the event that one forgot to remove *terumos* and *maasros* or *challah* prior to Shabbos, one should consult a *halachic* authority.

VIII. Practical Applications

Since there are many practical applications of *makeh bepatish*, we have arranged the cases as pertaining to several categories:
A. Clothing
B. Personal Accessories and Jewelry
C. Books
D. Toys
E. Household Utensils
F. Furnishings

A. Clothing

1. Removing Price Tags, Pins or Thorns

It is permitted to remove the price tag from a new garment[52] [but one must avoid tearing any letters printed on the tag]. It is similarly permitted to remove the pins from a new shirt. In either case, the garment is inherently complete and fit for use, and the tags or pins are merely external things that stand in the way of one's using it. For the same reason, it is permitted to remove thorns from a garment.[53]

2. Rubbing Chalk Marks Off a Garment

It is forbidden to rub off a tailor's chalk marks from a new garment, since chalk marks constitute a defect in the garment itself.[54]

---

51. מ״ב סי׳ שלט ס״ק כו.
52. בנין שבת מלאכת מכה בפטיש פי׳ יב.
53. רמ״א סי׳ שב ס״א.
54. שש״כ פ׳ טו הלכה סה.

3. Reshaping a Crushed Hat

It is permitted to reshape a soft hat, even if it was completely crushed. Since it is common for a hat to lose its shape and the correction is effortless, reshaping it is considered part of its normal use and not a forbidden "repair." It is forbidden, however, to steam or brush the hat.[55]

4. Inserting a Shoe Tree

It is permitted to insert a shoe tree in a shoe in order to keep the shoe in its shape. It is forbidden, however, to insert a tree in order to reshape a shoe that lost its shape.[56]

5. Inserting Shoelaces

It is forbidden to insert a new shoelace into a shoe on Shabbos, because one thereby "completes" the shoe.[57] However, it is permitted to reinsert laces that were in these shoes prior to Shabbos.[58]

In the event that a shoelace tore on Shabbos, there are two solutions that one can employ: (a) One may put a shoelace of a different color in the shoe.[59] (b) One may put a shoelace of the same color and insert it only in the first two eyelets.[60] Since these repairs are obviously temporary measures, they are permitted.

6. Inserting a Belt

It is permitted to insert a belt in a pair of pants, even if one cannot wear the pants without the belt, because presumably the

---

55. שו"ת מנחת שלמה ח"ב סי' לה ס"ק טז. ועיין בשו"ת אור לציון ח"ב פכ"ז הלכה ט כתב דאם נתמעך הכובע לגמרי יש להמנע מלסדרו בשבת.

56. שו"ת מחזה אליהו סי' מב.

57. מ"ב סי' שיז ס"ק יח. ועיין בספר שש"כ פט"ו הערה קצט שמתספק במנעלים שלנו שאפשר לילך בהם בלא שרוך, דאולי מותר להשחיל בהם שרוך בשבת אפי' בפעם הראשונה, שהרי הנעל ראוי לשימוש גם בלא השרוך ונמצא שהנעל כבר עשויה ועומדת ולא עושין כלי ע"י הכנסת השרוך, אמנם הביא בשם הגרש"ז אויערבאך זצ"ל שלא מצינו חילוק זה בפוסקים ויש להחמיר. ועיין בשו"ת נשמת שבת ח"ד סי' שלא שרוצה להקל במנעלים שלנו לשום לתוכו רצועה חדשה, עי"ש.

58. שו"ע סי' שיז ס"ב.

59. קצות השלחן סי' קמו בבדי השלחן ס"ק ג.

60. קצות השלחן סי' קמו בבדי השלחן ס"ק ג.

belt will not be left in the pants permanently. It is forbidden, however, to insert a new belt in a coat for the first time, since the belt will presumably remain there permanently. Reinserting an old belt is permitted.[61]

7. Repairing a Run in Hosiery

It is forbidden to apply nail polish or a similar substance to stockings that have a run in order to prevent the run from spreading further.[62]

B. Personal Accessories and Jewelry

1. Combing a Wig That Lost Its Shape

If a wig lost its shape, one is forbidden to comb it back into shape, as this is considered a repair.[63] [Regarding combing to perfect the coiffure of a properly shaped wig, see *The Shabbos Home*, vol. I p. 164.]

2. Spraying a Wig

It is forbidden to spray a wig (even a new one) in order to stiffen and preserve the coiffure.[64]

3. Attaching a Clasp to a Chain

It is forbidden to attach a clasp to a chain for the first time. Reattaching a clasp that came off the chain is permitted.

4. Attaching a Band to a Watch

It is forbidden to fasten a band to a watch on Shabbos, since this is the finishing touch that makes the watch fit to be worn. It is similarly forbidden to replace the back of a watch that came off, or even to screw it on loosely.

5. Adjusting the Time

Many *Poskim* rule that it is permitted to move the handles on a watch or clock in order to set it to the correct time [provided that no electrical current is utilized]. This is not considered a

---

61. עיין לעיל ציון 21.
62. שש"כ פ' טו הלכה עג.
63. קצות השלחן סוף סי' קמג בבדי השלחן ס"ק ח.
64. שש"כ פ' יד הלכה כ.

repair, because setting the time is a normal adjustment that is required occasionally, and normal adjustments do not fall under the category of *makeh bepatish*.[65] Other *Poskim* disagree, and the custom is to rule stringently in this matter. If, however, the watch or clock is needed for a *mitzvah* purpose (e.g. to display the correct time for *davening*), adjusting it is permitted.[66]

6. Winding a Watch

It is prohibited to wind a watch that stopped.[67] When the watch is needed for purposes of a *mitzvah*, however, one may ask a gentile to wind it. The same applies if it is needed for the care of an ill person [חוֹלֶה שֶׁאֵין בּוֹ סַכָּנָה].[68]

[Regarding winding an automatic swing, see below.]

7. Reinserting Eyeglass Lenses

a) Plastic Frames

Generally, a plastic frame holds the lenses in place without screws. If the lens popped out and the frame is pliable, allowing the lens to be reinserted without difficulty, one is permitted to replace it in the frame. If, however, the frame is firm and the replacement is difficult, then it is forbidden.[69] In this case, the frame and lens are *muktzeh*. [Even if the glasses are usable with a single lens, the Rabbis declared them *muktzeh* out of concern that one might come to repair them.]

b) Metal Frames

Metal frames are generally held together with a screw. If the screw came loose and the lens fell out, one is forbidden to replace it.[70] Furthermore, the lens and the frame are *muktzeh*,

---

65. הגאון ר' שלמה זלמן אויערבאך זצ"ל, הובא בשש"כ פכ"ח הערה נב.
66. שש"כ הערה הנ"ל בשם כף החיים.
67. מ"ב סי' שלח ס"ק טו. וע"ע בזה בשו"ת נשמת שבת ח"ג סי' שעט.
68. מ"ב סי' שלח ס"ק טו. וע"ע בזה בשו"ת נשמת שבת חלק ג סי' שפ.
69. בנין שבת מלאכת מכה בפטיש פי' כג.
70. עיין קובץ אור השבת חוברת י שכתב הגאון ר' יחזקאל ראטה שליט"א בזה"ל: נראה דאם נפל הזכוכית דאין דרך ללכת בו כך אסור בטלטול וכדין כירה שנשמטה אחת מרגליה המבואר בסי' שח סט"ז, דאין שרי אלא כשלבשו רק פעם אחת מבעוד יום וכו'. שוב ראיתי בשו"ת אמרי יושר ח"א סי' רב דמותר בטלטול אף אם נפל הזכוכית מתוך

due to the concern that one might come to make the forbidden repair on Shabbos. [If the screw is lost, and none are readily available, there is no concern that one will repair the glasses on Shabbos. In this case, they are not *muktzeh*, provided that they are somewhat functional in their current state.]

8. Repairing Temple of Eyeglasses

If a temple bent but the glasses are functional in their current state and the temple can be bent back easily, one is permitted to return it to its proper shape, even though this improves the glasses.[71]

If the screw holding the temple came out and was lost, one is permitted to attach the temple to the glasses with a safety pin.[72] If the screw is present, however, the glasses are *muktzeh*, due to the concern that the Biblical *melachah* will be violated through use of the screw for repair.

C. Books

1. Separating Pages

Often, new *sefarim* or books have uncut pages. Tearing open these pages is forbidden, since this act completes the production of the book.[73]

If the pages were cut and they became stuck together afterward (e.g. by glue or paint in the bindery, or by food in the home), it is permitted to separate them. This is not considered a repair, since there is nothing wrong with the book, as there is merely an external factor interfering with its use. However, this applies only when the pages are stuck together on the margin. If

---

מסגרו, וכתב בטעם הדבר משום דירא להחזיר שמא ישבר. וטעם קלוש הוא לענ״ד דודאי עומד לכך להחזירו, ובפרט בזמנינו זה דעל פי הרוב הזכוכית של הבתי עינים הם חזקים בלתי נשברים כ״כ בקל, ושונה הוא בזה הזכוכית של זמנינו מבזמן הגאון בעל אמרי יושר, כידוע. ולכן לענ״ד אם נפלה הזכוכית דומה ממש לכירה שנשמטה אחת מרגליה דאסור בטלטול, עכ״ל.

71. שו״ת נשמת שבת ח״ד סי׳ שלג.
72. מכתבי הגרש״ז אויערבאך זצ״ל (מכתב כט-ג)נדפס בסוף ספר מאור השבת ח״ב.
73. מ״ב סי׳ שמ ס״ק מה.

the attachment is in the middle of a page where there are letters, and separating the pages will inevitably cause some of the letters to be erased, it is forbidden to separate them.[74]

2. Covering a Book

It is forbidden to shape a piece of paper or cloth into a cover for a book, since this constitutes a creation of a utensil (i.e. the cover).

D. Toys

1. Inflating Balls

Inflating a ball in essence constitutes the creation of a utensil, since one thereby fashions the ball into its proper, usable shape. It is therefore prohibited to inflate rubber or hard plastic balls for the first time on Shabbos. Reinflating a ball that was once inflated before Shabbos is permitted.[75]

2. Inflating Balloons

A balloon may not be inflated for the first time on Shabbos. Moreover, even if it was inflated previously, it may not be reinflated when the common practice is to tie a knot in it to hold in the air.[76]

---

74. מג״א סי׳ שמ ס״ק יח. ושש״כ פכ״ח הערה ד בשם הגרש״ז אויערבאך זצ״ל.

75. שעורי הגאון ר׳ פסח אליהו פאלק שליט״א מלאכת מכה בפטיש.

ועיין בשו״ת מנחת יצחק ח״ו סי׳ ל הביא בשם ספר אחד שכתב דמותר לנפח אויר בכדור וכדומה בתנאי שכבר השתמשו בו פעם וההיתר בנוי על הדין דמותר להחזיר מוכין לתוך הכר בשבת (עיין לעיל בציון 26 שהארכנו בזה).

אמנם המנחת יצחק חולק ע״ז שהרי מבואר מדברי רש״י בד״ה בשבת דף מח. דכדי שיהיה מותר להחזיר המוכין לתוך הכר בענין תרתי שהמוכין היו כבר בכר ודוקא לאותו כר מותר להחזיר אבל לכר אחר אסור, ושכן מבואר מהריטב״א שם שכתב דכי מפרקינן הא בחדתי וכו׳ בענין שיחזיר את המוכין הללו לאותו כר שנפלו ממנו. וממילא במילוי אויר שזה לא שייך, שהרי בכל פעם חדתי הוי, ולכן אסור למלאותו בשבת, אפי׳ שכבר מילאו בו פעם ונשתמש בו, ע״ש, וכן פסק בשו״ת חלקת יעקב ח״ג סי׳ קנט.

אמנם במנחת שלמה ח״א סי׳ יא אות ה חולק ע״ז וז״ל: ולענ״ד נראה דאע״ג שהאויר הוא אחר ולא זה שהיה תחילה בכדור, מ״מ אין זה חשיב כנותן בתחילה אלא כחוזר ומכניס ממש אותו אויר שהיה בו מקודם, עכ״ל, וכ״פ הגאון ר׳ שלמה זלמן זצ״ל בתיקונים ומלואים לשש״כ פט״ז הערה כד וז״ל: וכל האויר שבעולם חשוב כדבר אחד ואין זה דומה למוכין, עכ״ל.

76. שעורי הגאון ר׳ פסח אליהו פאלק שליט״א מלאכת מכה בפטיש.

3. Paper Airplanes

It is forbidden to make a paper airplane, as this constitutes the creation of a toy. Since the airplane must be shaped, the prohibition pertains even if it will be discarded after one use.[77]

4. Construction-Type Toys

See page 426 for discussion of this subject.

E. Household Utensils

1. Sharpening a Pencil

Sharpening a pencil is forbidden, since this perfects or improves the pencil.[78]

2. Bending a Safety Pin

Bending a safety pin that is unusable in its present state is prohibited Biblically. If it is usable in its present state, bending it back into shape is prohibited Rabbinically.[79]

3. Assembling a Fruit Cup

Some *Poskim* permit assembling a plastic fruit cup whose cup must be attached to a stem. In their view, since the attachment is not of a strong nature and the cup is discarded after use, the prohibition of *makeh bepatish* does not apply.

Other *Poskim* maintain that one should assemble the cup briefly before Shabbos, and then the reassembly is permitted on Shabbos.[80] It is best to follow their view.

---

77. שש"כ פ' טז הלכה יט בשם הגרש"ז אויערבאך זצ"ל.

78. בנין שבת פמ"ח אות ג.

79. בנין שבת מלאכת מכה בפטיש פי' כג.

80. היתר זה בנוי על מה שכתבו הפוסקים דהרכבת ב' חלקי כלי על מנת לפרקם או לשימוש חד פעמי לית ביה משום תיקון מנא, כמו שהבאנו לעיל בציון 21 א"כ הכי נמי בהנך כוסיות חד פעמיים שמרכיבין חלק העליון להבסיס שלו שמותר להרכיבם בשבת. ואם תקשי מהדין שהקוטם קיסם חייב אף על פי שחוצץ את שיניו רק פעם אחת ואח"כ זורקו, כדאיתא בביצה דף לג: י"ל דשאני קיסם שמתקן את גוף הקיסם ונמצא שעשה כלי חדש, וכיון שכך שימושו לפעם אחת הרי זה עושה כלי גמור, משא"כ בהרכבת ב' חלקי כלי אינו מתקן או משנה מידי בגוף הכלי, אלא הרכבת שני הדברים היא עשיתו, וממילא כשהרכבה היא רפויה אין ההרכבה חשובה כעשיית כלי אלא כשמרכבים החלקים לעולם. וראיתי בספר פיתוחי חותם פ"ח ענף ז שהאריך בדין זה ומוסיף שיש להפריד הכוסות בגמר ההשתמשות בהם.

4. Straightening a Plastic Cup, Paper Napkin, Aluminum-Foil Pan

It is permitted to straighten a plastic cup, paper napkin or aluminum-foil pan that is out of shape. Since it is common for these items to lose their shape during use, and straightening them out is an easy task, *makeh bepatish* does not apply.[81]

5. Attaching the Handle of a Broom

It is forbidden to screw a handle into a broom. A broom without its handle is considered a broken utensil, and by reattaching it one repairs it. Screwing the handle back loosely is prohibited Rabbinically.[82]

6. Attaching the Handle of a Pot

It is forbidden to rescrew, even loosely, a handle that came off a pot. Even if the handle did not come off completely, tightening it is prohibited Biblically.[83]

7. Attaching a Needle to a Syringe

It is permitted to attach a needle to a syringe on Shabbos.[84]

8. Bending a Key Into Shape

If a key is out of shape one is forbidden to bend it back, even if the key can be used in its present state.[85]

9. Straightening a Bent Hook

It is forbidden to straighten out a bent hook, even if it usable in its present state.

10. Winding Up an Automatic Swing

Some *Poskim* permit winding up an automatic swing on Shabbos. They explain that since the normal manner of operating the swing is to wind it up and let it unwind immediately, the swing is not viewed as being in a state of disrepair when it is

---

81. שו״ת מנחת שלמה ח״ב סי׳ לה ס״ק טז.

82. בנין שבת מלאכת בונה פ״ו.

83. עיין שו״ע סי׳ שיג ס״ו.

84. עיין לעין ציון 22.

85. שו״ת נשמת שבת ח״ד סי׳ שלג.

unwound. Thus, although by winding it up one makes it work, this is not a prohibited "repair," but a normal act of operation.[86]

---

86. לכאורה בהשקפה ראשונה שאלה זו תלי׳ במחלוקת הפוסקים, דבמ״ב סי׳ שלח ס״ק טו הביא שיטת הפמ״ג והחיי אדם שסוברים דאסור לערוך שעון שנפסק הילוכו בשבת משום תיקון מנא, ולכאורה אליבא דהני פוסקים יש לאסור לערוך סווינ״ג (swing) משום תיקון מנא. אבל בשו״ת פנים מאירות ח״ב סי׳ קכג כתב דמותר לערוך שעון שנפסק בשבת ואין כאן תיקון מנא וכן סובר הבנין עולם בסימן יא. נמצא להני פוסקים יש להתיר לערוך סווינג בשבת.

אמנם אף להני פוסקים דסברי דאסור לערוך שעון בשבת יש להתיר לערוך סווינ״ג בשבת ע״פ מה שראיתי בשו״ת מנחת שלמה מהגאון ר׳ שלמה זלמן אויערבאך זצ״ל ס״ט שביאר הסברא בהני פוסקים שסוברים שאסור לערוך שעון בשבת וז״ל: דשעון שעיקר תיקונו הוא שיהא נמצא תמיד במצב כזה שיוכל להורות את השעה ואין שום תועלת בזה שהשעון פוסק מפעם לפעם את הילוכו ולכן הו״ל ככלי שדרכו להתקלקל תמיד וצריכים כל פעם לתקנו, משא״כ מטה וכוס של פרקים שהפירוק נעשה לרצון שפיר אמרינן דגם בשעה שהוא מפורק אינו חשוב כלל כמקולקל, ובשלמא אם היה דרך תשמישו של שעון שהבעלים יפסיקו את מהלכו מפעם לפעם מרצון הטוב אז היה דומה לכוס מפורק [שמותר להחזירו בשבת עי׳ סי׳ שיג], אבל למעשה הרי אינו כן והפסקת מהלכו נעשה רק ממילא ולא מרצון האדם, לכן חושבני שאפשר לדמותו למטה רפויה שאין רגילין כלל בשום פעם לפרקה מרצון הטוב אלא שדרכה להתקלקל תמיד מחמת השכיבה ועל ידי זה היא מתפרקת וצריכים תמיד לחזור ולהעמידנה דפשוט הוא שאיסור גמור הוא להחזירה בשבת וכו׳ וה״נ גם בשעון סובר הפמ״ג דבשעה שהוא עומד הרי הוא חשוב כמקולקל ורק ההערכה היא המתקנתו עי״ש וכו׳, עכ״ל. עוד כתב שם וז״ל: ברם נראה דחבור מאורר [fan] ומקרר עם הזרם בשבת קיל טפי מעריכת שעון ולכאורה אין בו שום איסור כיון שכך תשמישם תדיר שאין מכניסים בהם את הזרם כי אם בשעה שרוצים להשתמש בהם ואח״כ תיכף מפסיקים את החיבור, ואדרבה מאורר כזה שאי אפשר לסוגרו ולעכב תנועתו והוא הולך וסובב כל הזמן אין לך קלקול גדול מזה. וכיון שכן שפיר מסתבר דהואיל ואם היה מאורר מתוקן על אופן זה שתנועתו נעשית לא על ידי זרם כי אם בעזרת קפיץ מסתבר שהיה מותר לעשותו גם בשבת אף להאוסרים עריכת שעון. משום דכמו שרשאי כל אדם להקר את עצמו ע״י תנופות מפוח שמנענע אותו הנה והנה, כך הוא רשאי לגרום תנועה זו ע״י מתיחת קפיץ הואיל והמתיחות אינה נשארת בו קבוע לעולם (וה״ה נמי שלפי״ד מותר למתוח קפיץ של צעצוע ילדים כעין רכבת ואוטו כדי לשחק בו וכו׳), עכ״ל. מבואר מדברי הגרש״ז זצ״ל דכל הטעם שאסור לערוך שעון בשבת הוא מטעם דכל תכלית השעון הוא שילך כל הזמן ואם השעון נפסק זה לא הוי מרצונו של האדם. א״כ נמצא דבסווינ״ג שאין כוונת האדם שילך כל זמן אדרבה כשהתינוק אינו נמצא בתוכו רוצה האדם שלא תתנדנד הסווינ״ג א״כ אין זה דומה לשעון אלא למקרר שהגאון ר׳ שלמה זלמן זצ״ל כתב שמותר להפעיל ע״י קפיץ בשבת וכן אוטו של התינוק, והסברא בכל זה דכיון דאין כאן קפידא שתלך כל הזמן אין זה בגדר של תיקון מנא. ועי׳ בשו״ת באר משה ח״ו סי׳ לב שכתב כעין זה, עי״ש. ואפי׳ אם רוצה להחמיר על עצמו ולא להתיר ע״פ מה שכתבנו יש עוד עצה פשוטה לדפוק הסווינ״ג שילך ואח״כ להעריכו, דזה דומה לשעון שעדיין לא נפסק הילוכו שיש פוסקים שס״ל שמותר להעריכו. עי׳ דעת תורה סי׳ שלח ס״ג, ועי׳ בשו״ת מהרש״ג ח״ב סי׳ קיח.

11. Shaking Down a Thermometer
It is permitted to shake down a thermometer prior to usage.

12. Removing Rust
It is forbidden to remove rust from a utensil, since this is considered an act of repair.[87]

13. Immersing Utensils in a Mikveh
See page 538.

F. Furnishings

1. Adding a Leaf to a Table
One may increase or decrease the length of a table by inserting or removing a leaf. This is true even if one inserts pins protruding from the leaf into corresponding holes in the table.[88]

2. Reinserting a Seat Cushion
If the cushion that was attached to a chair came off, it is forbidden to reattach it even loosely.

3. Opening a Playpen, Folding Bed, Folding Table
It is permitted to open and close a playpen, folding bed, folding table, etc. Since all the components are integral and connected parts of one unit, this is not viewed as a reassembling of the article.[89]

---

87. עיין בספר בנין שבת פכ"ד אות ב וז"ל: הנה מצינו בגמ' (שבת קמט.) אין רואין במראה בשבת, ופירש"י שמא יראה נימין המדולדלים ויגלחם במספרים. ואולם לרבינו חננאל פירוש אחר: "שמא יראה כי עלה בו כעין חלודה בזה המראה ויצחצחנו בשבת ונמצא מתקן מנא".

וראיתי שבספר בני-ציון (לכטמן) סי' שב סי"ג הקשה על פירוש ר"ח וז"ל: ועל גוף הפירוש קשה לי, מהא דאמרינן פ' במה טומנים (דף נ.) בכל חפין את הכלים) הרי דמותר לשפשף ולצחצח כל הכלים בשבת. וצ"ל דחלודה שאני ואסור, וצ"ע, עכ"ל. ולפמש"כ מובן, שהחלודה היא מגוף המתכת עצמה וע"י שמוריד החלודה חשיב כמתקן את גוף הכלי, ודמיא למגרד כלי ברזל (עי' ר"מ פ"י הל' טז) שחייב משום מכב"פ, משא"כ כשמדיח ומנקה כלי מליכלוך חיצוני בלבד הדבוק בו. נמצא לפי"ז שאסור להסיר חלודה שנצטברה על צדי הסכין, משום איסור תיקון מנא כמבואר ברבינו חננאל. ובשש"כ פ' יב הערה עב כתב לאסור אי משום ממחק אי משום טוחן, ולפי האמור אסור נמי משום תיקון כלי, עכ"ל.

88. שש"כ פ' כד הלכה כג.

89. שש"כ פ' כד הלכה כג.

4. Reinserting a Drawer or Sliding Door

It is permitted to reinsert a drawer that came out of a small desk or table on Shabbos [provided that there are no *muktzeh* articles in the drawer]. Since it is attached only loosely, the reassembly does not violate *makeh bepatish*. However, assembling it initially is forbidden.

Similarly, it is permitted to return a sliding door to a small bookcase, but attaching it for the first time is prohibited.

The preceding applies to desks and bookcases that have a volume of less than 20 cubic feet. In the case of a large desk or bookcase (greater than 20 cubic feet), even reinserting a drawer or door is prohibited, because the *melachah* of בּוֹנֶה, *building*, applies to large articles of furniture.

5. Hanging a Swing on a Frame Indoors

It is permitted to reassemble an indoor swing if no screwing or tight assembly is needed. However, assembling it for the first time is prohibited.

6. Reattaching a Wheel to a Carriage

Reattaching the wheel of a carriage or stroller, even loosely, is forbidden. Tightening a loose wheel is also forbidden.

7. Faucet Handle

A faucet handle that became detached may not be replaced (nor may a loose one be tightened). Since it is part of real property, replacing it is a transgression of the *melachah* of בּוֹנֶה, *building*. This is true even it can be attached without screwing.

8. Doorknob

It is forbidden to replace a doorknob on a door, under the *melachah* of בּוֹנֶה, *building*.

IX. Rabbinic Prohibitions Based on Makeh BePatish

There are a number of activities that are forbidden on Shabbos — by Rabbinic decree — because they resemble the *melachah* of *makeh bepatish*, or because they might cause a person to transgress that *melachah*. They are:

A. Producing Musical and Other Sounds
B. Immersing Utensils in a *Mikveh* (*T'vilas Keilim*)
C. Separating *Challah*
D. Perfuming Clothing and Other Objects
E. Folding a Garment

Let us now elaborate on these prohibitions:

A. Producing Musical and Other Sounds

The Rabbis prohibited a person to produce musical and other sounds on Shabbos because they were concerned that this could lead to transgressing the *melachah* of *makeh bepatish*. The prohibition against producing sound encompasses a wide range of activities.

1. Creating Sound With Instruments or Utensils Made for This Purpose

a. Musical Instruments

It is forbidden by Rabbinic law for a person to play any sort of musical instrument on Shabbos. This is because musical instruments often need to be adjusted and mended (e.g. they must be tuned and their strings tightened), and we are concerned that a person might adjust them on Shabbos, thereby transgressing the prohibition of *makeh bepatish*.[90]

b. Other Utensils Made to Create Sound

The prohibition encompasses not only musical instruments, but *any* utensil whose purpose is to create sound. For example, one is forbidden to create sound on Shabbos by ringing bells or blowing whistles, since these are utensils made for this purpose.[91]

---

90. ש"ע סי' שלח ס"א.

91. כתב בשו"ע סי' שלח ס"א: השמעת קול בכלי שיר אסור, אבל להקיש על הדלת וכיוצא בזה כשאינו דרך שיר מותר, ע"כ. מבואר מדברי המחבר שחז"ל אסרו רק כלי שיר אבל לא אסרו כל השמעת קול בכל כלי אחר, אבל הרמ"א הוסיף בשם האגור דלאו דווקא כלי שיר אסור אלא כל כלי שמיוחד להשמעת קול אסור, ולכן אסור להכות על

2. Creating Sound With Utensils Not Made for This Purpose

Utensils whose purpose is *not* to create sound may not be used on Shabbos to produce musical or rhythmic sounds as an accompaniment to singing. For example, one is forbidden to tap a spoon on a table or against a bottle, or bang two pot covers together, to produce musical or rhythmic sounds while singing.[92] Furthermore, one is forbidden to drum on a table with one's hands in order to produce a rhythmic accompaniment to singing.[93]

However, one *is* permitted to use *these* utensils to produce sound if his purpose is not to produce musical or rhythmic sounds.[94] For example, one may tap a bottle with a spoon in order to silence an audience. Thus, the law of these utensils is more lenient than that of utensils whose purpose is to create sound.

3. Creating Sound With One's Body

a. Clapping; Snapping Fingers

The Rabbis prohibited a person to clap or snap his fingers on Shabbos as an accompaniment to singing.* In earlier times, clapping and singing generally accompanied music; the Sages

* Some people permit themselves to clap while singing on Shabbos. There is a halachic basis for this practice; therefore, one need not admonish them for their behavior.[95]

הדלת בטבעת הקבועה בו. ויש ג׳ טעמים בפירוש שיטת האגור. הב״י הובא במ״ב ס״ק ד פירש דאיסורו משום דחיישינן שמא יכוין לשיר. הלבוש, הובא בשעה״צ ס״ק פירש דטעמו משום שמא ישבר ויתקננו, והביאור הלכה ד״ה הואיל הוכיח מהפמ״ג והתוספת שבת שסייל טעם האיסור הוא משום עובדין דחול ולכן יש להקל במקום מצוה וצורך להקיש על הדלת בכלי המיוחד רק לשבת.

92. שו״ע סי׳ שלח ס״א ובמ״ב ס״ק א, שו״ע סי׳ שלט ס״ג ומ״ב ס״ק ט.

93. שו״ת אבני ישפה ח״ב סי׳ לה ענף א, וע״ע בזה בשו״ת נשמת ח״ג סי׳ תסג.

94. עיין ציון 3.

95. הרמ״א בסי׳ שלט ס״ג כתב וז״ל: והא דמספקין ומרקדין האידנא ולא מחינן בהו משום דמוטב שיהיו שוגגין וכו׳. וי״א דבזמן הזה הכל שרי דאין אנו בקיאין בעשיית כלי שיר וליכא למגזר שמא יתקן כלי שיר דמלתא דלא שכיח הוא ואפשר שעל זה נהגו להקל בכל, עכ״ל. והמ״ב בס״ק י כתב וז״ל: האי להקל בכל קאי על טיפוח וסיפוק וריקוד ולא על שאר דברים הנזכרים בסעיף זה, ואפי׳ בטיפוח וריקוד אין כדאי להניח המנהג

feared that engaging in these activities on Shabbos might lead a person to use, and then adjust, a musical instrument on Shabbos, which would violate the *melachah* of *makeh bepatish*.[96]

Because the prohibition applies only to clapping performed while singing,[97] one is permitted to clap his hands in order to get someone's attention (e.g. to wake someone or to quiet down an audience),[98] or to clap during prayer [i.e. as an expression of fervor].

Because clapping is performed without utensils (and so is less likely to lead to *makeh bepatish*), there are various leniencies associated with its prohibition:

◆§ Clapping in an Unusual Manner

The *Poskim* permit a person to clap his hands while singing on Shabbos if the clapping is performed in an unusual manner. For example, one may clap the back of one hand onto the palm of the other.[99]

◆§ Clapping on Simchas Torah

Although this decree applies on Yom Tov as well as Shabbos,

שלא במקום מצוה אלא משום "הנח", עכ"ל, הרי מבואר מדברי המ"ב דבכל הטעם שאין מוחין שלא במקום מצוה הוא דוקא משום שהנח להם שיהיו שוגגין ואל יהיו מזידין.

אמנם עיין בשו"ת אג"מ או"ח ח"ב סי' ק שהאריך בדין זה ולבסוף כתב וז"ל: ולכן היה מן הראוי להחמיר אבל עכ"פ לדינא הביא הרמ"א בסי' שלט ס"ג שיטת התוס' וכתב שעל זה נהגו להקל, וכן רואים אנו שהרבה יראים ושלמים מרקדין בשבת וביו"ט. . . אבל כיון שהמחבר פליג וכו' היה מן הראוי להחמיר לכל הפחות לבעלי נפש אבל לדינא, הא חזינן שמקילין, עכ"ל.

ועיין בערוך השלחן סי' שלט ס"ט שכתב חידוש גדול בהך דינא וז"ל: ולענ"ד נראה ט עם פשוט דסיפוק וריקוד שלנו לא נאסרה מעולם דבזמן חז"ל היה זה בעת שמזמרים בכלי שיר והיו מטפחים ומספקים ומרקדין ע"פ סדר השיר, אבל עכשיו אין זה כלל בעת שמזמרים בכלי שיר אלא בעת ששוררים בפה שירי שמחה מטפחים כף אל כף טיפוח בעלמא ולא על פי סדרי השיר, והך דסיפוק כף על ירך לא נודע לנו כלל, וגם הריקוד בעת השמחה אינו כריקוד שלהם בסדר כרקודי נשים אלא מרקדים בלא סדרים ואין כאן גדר שמא יתקן כלי שיר דאין להם שייכות זה לזה כלל ולא ע"ז גזרו חכמים, עכ"ל.

96. שו"ע סי' שלט ס"ג.

97. שו"ת נשמת שבת ח"ג סי' תסה.

98. שו"ת נשמת שבת ח"ג סי' תסד.

99. שו"ע סי' שלט ס"ג.

one is nevertheless permitted to clap while singing and dancing on Simchas Torah.[100] For the decree was not instituted where it would detract from the honor of the Torah.

⌇ Clapping in Honor of a Mitzvah (e.g. at the Shabbos Meal)

Some *Poskim* rule that a person may clap while singing during a *seudas mitzvah*, such as the Shabbos meal, or a *Sheva Brachos*, for this honors the mitzvah.[101] Similarly, one is permitted to clap while singing during *davening*, for this too honors the *mitzvah*.

b. Whistling

A person is permitted to whistle a tune on Shabbos — e.g. by pursing his lips or placing his fingers into his mouth. The Rabbis did not extend their prohibition to include sound created by the mouth.[102]

4. Dancing

The Sages prohibited a person to dance while singing on Shabbos. This is because one generally dances to music; the Sages therefore feared that dancing on Shabbos might lead a person to use, and then adjust, a musical instrument on Shabbos, which would violate the *melachah* of *makeh bepatish*.[103]

The prohibition against dancing shares the leniencies of the prohibition against clapping. Therefore, one is permitted to dance on Simchas Torah or in honor of a *mitzvah*, as detailed above.

Walking around in a sedate circle is not regarded as dancing. It is permitted on Shabbos.[104]

---

100. מ״ב סי׳ שלט ס״ק ח.

101. עיין בזה בשו״ת נשמת שבת ח״ג סי׳ תסג.

102. רמ״א סי׳ שלח ס״א.

103. שו״ע סי׳ שלט ס״ג.

104. פשוט הוא. ועיין בשו״ת אבני ישפה ח״ב סי׳ לה אם יש עצה לעשות שינוי בטפוח וריקוד בשבת.

Practical Applications

a. Door Knocker

A door knocker (i.e. a metal ring attached to the door with a hinge) falls into the category of utensils made to create sound; therefore, one is forbidden to use this utensil on Shabbos. However, in case of great need (e.g. where this is the only way a person can get into his house), one is permitted to use a (non-electric) door knocker on Shabbos.[105]

b. Toys That Make Noise

All musical toys, such as toy instruments or wind-up music boxes, are included in the Rabbinic decree that prohibits a person to play a musical instrument on Shabbos. Thus, none of these toys may be used on Shabbos.

Furthermore, one is forbidden to use even toys that are *not* musical, but are simply intended to make noise. These toys fall into the category of utensils made to create sound, which are forbidden even if the sound they create is not especially pleasant to the ear.

As a general rule, then, one may not use whistles, rattles, talking dolls, toy telephones, or any other sound-emitting toy on Shabbos. However, this is not a hard-and-fast rule — depending on the type of toy and the age of the child, there are situations in which these toys are permitted on Shabbos. Let us elaborate:

✥ Children Above the Age of Chinuch

A child that has reached the age of *chinuch* (*religious training* — approximately 4 years old) should be taught to refrain on Shabbos from using any toy whose primary purpose is to produce a sound.

If a particular toy is not *primarily* intended to produce sound, but does include a noisemaker as a secondary feature, one may permit the child to play with the toy, *provided* that the

---

105. רמ״א סי׳ שלח ס״א, וביאור הלכה שם ד״ה הואיל.

noisemaking function is not the focus of the child's interest.[106] For example, if a spinning top emits a clicking sound as it spins, it may be used on Shabbos, since the sound is only secondary to the toy's primary function. [Some authorities dispute this leniency. Therefore, although one may rely upon this ruling in allowing a child to use the toy, an adult should not rely upon this ruling for his or her own use.]

◆§ Children Below the Age of Chinuch

A child that has not yet reached the age of *chinuch* is permitted to play with noise-making toys on Shabbos. This includes toys whose primary purpose is to produce sound (e.g. talking dolls).

However, an adult may not directly place this sort of toy into the child's hand; rather, he must place it before the child, and allow the child to take it by himself.[107] If, however, the child is

---

106. בציון 2 כתבנו אודות שני סוגים של כלים המשמיעים קול, אבל יש עוד סוג כלי המשמיע קול וזה מחלוקת אחרונים אם מותר להשתמש בו בשבת. דעיין במ״ב סי׳ שלח ס״ק ו וז״ל: כתב הט״ז כאן וביו״ד סי׳ רפב דזה מוכח דאסור לתלות בשבת אותן הפרוכת שיש בהם פעמונים להשמיע קול כשפותחין הארון וכן לתלות הפעמונים על העצי חיים של הס״ת כיון דעיקר עבידתיה לקלא, והש״ך שם חולק עליו מטעם דהא קי״ל דלצורך מצוה שרי וכו׳ והכי נמי צורך מצוה, וכ׳ ותו דאותו הפותח הפרוכת אין מכוין להשמיע הקול כלל כ״א ליטול הס״ת. והמ״ב מסיק דבשעת הדחק נראה דיכול לסמוך על הסברא הנ״ל שאינו מכוין להשמיע קול. והשלחן ערוך הרב סי׳ שלח ס״א והערוך השולחן ס״ג כתבו כסברת כהמקילים. א״כ נראה לומר דכלי משחק שעיקר השחוק אינו עבור השמעת קול וגם אין כוונת התינוק בשביל זה, יש להתיר אפי׳ לקטן שהגיע לחינוך לשחק בו בשבת כיון שהוא מחלוקת הפוסקים אם בכלל נאסר וכמה פוסקים פסקו להתיר. וראיתי בשו״ת באר משה ח״ו סי׳ כח שהכריע כעין זה, עיי״ש.

107. וראיתי בשש״כ פט״ז הלכה ג וז״ל: מותר ליתן בידי תינוק קטן מן הצעצועים המשמיעים קול כשהוא מנענע אותם או לוחץ עליהם, ע״כ, ובהערה י ציון לסי׳ שמג בביה״ל ד״ה מד״ס בשם הרע״א [כוונתו דמבואר לספות איסור דרבנן לצורכו של קטן]. ולא כתבנו בפנים דיכול לכתחילה ליתן את המשחק להתינוק משום דהא דמותר לספות איסור דרבנן לצורכו של קטן זהו דווקא כשאי אפשר בענין אחר, אבל כשיש עצה פשוטה לשים המשחק לפני התינוק והוא יקחנו מעצמו פשוט שיש לעשות כן. ועי׳ בקיצור הלכות שבת סי׳ לז ס״ק כב אות ו שכתב וז״ל: אלו שמשמיעים איזה קול בעת טלטולם, וכמו פעמונים וכו׳, אין ליתן לתינוק לשחק עמהם. ואם משמיעים קול רק אם עושים בהם איזו פעולה, וכגון שמשמיעים קול כשדוחקם וכו׳, אז אין לאסור משחקם, שעל ידי טלטול בלבד לא ישמיעו שום קול אבל יש להשגיח על התינוק שלא ידחוק וכו׳ ויבוא להשמיע קול, עכ״ל.

unhappy without the toy, but refuses to take it by himself, one is permitted to place the toy directly into the child's hand. When doing so, one should be careful not to activate its noise-making function (e.g. if it is a rattle, one should not shake it).[108] If this cannot be avoided, one is permitted to hand the toy to the child even if he will thereby cause it to emit a sound.[109]

➳ Where There Is a Need to Calm a Child

One is permitted to shake a rattle in order to calm a crying child. Preferably, though, he should shake it in an unusual manner (כִּלְאַחַר יָד).[110]

c. Alarm Clock

One is permitted to set an alarm clock before Shabbos so that it will ring on Shabbos, even though the clock will be emitting sound on Shabbos.[111] [However, one may *not* set the clock on Shabbos itself.]

If one's alarm clock is set, but a button or lever is preventing it from sounding, this is the rule:

If releasing the lever will allow the alarm to sound immediately, one may not release the lever on Shabbos, for by doing so, one violates the prohibition against creating sound on Shabbos.*

---

* If the alarm clock is an electric one, he may violate other prohibitions as well.

---

108. עי' לעיל בציון 20, ועי' בזה בשו"ת ויברך דוד סי' מח.

109. עי' בזה בשו"ת ויברך דוד סי' מח.

110. שו"ת משנה הלכות ח"ו סי' עד.

111. בשו"ת מהרש"ג ח"א יור"ד ס"ז פסק דמותר לערוך מורה שעות מערב שבת שיעוררנו בשבת, כמו שמותר להעריך זייגער שיקשקש לשעות שהכל יודעים שדרכו בכך, עי"ש. ועיין בשו"ת אג"מ או"ח ח"ד סי' ע ס"ק ו שכתב וז"ל: ולענין להעמיד שעון שיש בו דבר המצלצל לפני השבת על זמן שיצלצל שבת בבקר כדי שיעירו לזמן התפילה, הנה אם הוא קול כזה שלא נשמע אלא בחדרו שהוא לעצמו אין בזה איסור אבל אם נשמע גם חוץ מחדרו שנשמע להרבה הלנים בביתו וכל שכן כשנשמע לחוץ אסור מצד גזירת השמעת קול דנתינת חטין, עכ"ל ועי"ש.

הרי מבואר מדברי מרן זצ"ל דההיתר להשתמש בזייגער הוא דוקא אם אין הקול נשמע מחוץ לחדרו. ועיין בשו"ת נשמת שבת ח"ג סי' שסו שכתב דכל האיסור של השמעת הקול הוא דוקא אם הקול גדול ונשמע בחוצות ורחובות, וכתב דכן הוא מנהג העולם, עי"ש.

If, however, releasing the lever will not cause the alarm to sound immediately, but will simply allow it to be activated at some later time, one is permitted to release the lever on Shabbos, *provided* that he is doing so for the sake of a *mitzvah*. The reasoning is as follows: Causing the alarm to sound at a later time is halachically regarded as an indirect action (i.e. a גְּרָמָא, *grama*). One is permitted to perform a *melachah* in an indirect manner for the sake of a *mitzvah*. Accordingly, if one needs the alarm clock to wake up on time for *davening* or Torah study, he may release the restraining lever even on Shabbos. This is an instance of indirectly performing a *melachah* for the sake of a *mitzvah*.[112]

B. Immersing Utensils in a Mikveh

Utensils made by or acquired from a non-Jew bear a form of *tumah* (ritual impurity). Before using these utensils, one is required, by Torah law, to immerse them in a kosher *mikveh* to remove their *tumah*.[113]

Many *Poskim* forbid a person to perform this immersion on Shabbos. They argue that since the immersion makes the utensil usable by removing its *tumah*, it resembles an act of *makeh bepatish*, and is therefore forbidden by Rabbinic decree.[114]

If a person forgot to immerse a new utensil before Shabbos, and then finds that he needs the utensil on Shabbos, he should consult a halachic authority for guidance.

C. Separating Challah

When baking bread, or certain types of cake or pastry, one is obligated, by Torah law, to put aside a small portion of the dough. This portion is known as *challah*. In ancient times, the *challah* portion was given to a *Kohen*; nowadays, it is burned. If *challah* is not taken, one may not eat the bread.

---

112. עיין בכל זה בשו"ת נשמת שבת ח"ג סי' שסט.

113. שו"ע יור"ד סי' קכ ס"א. ועיין בערוך השלחן בסעיף ד שכתב שכל רבותינו הסכימו דטבילת כלים הוא חיוב מה"ת.

114. שו"ע סי' שכג ס"ז ובמ"ב ס"ק לג.

It is prohibited, by Rabbinic decree, to separate the *challah* portion on Shabbos. Since the act of taking *challah* renders the dough permitted for consumption, it is, in effect, making an unusable item usable. In this, it resembles an act of *makeh bepatish*; therefore, it is forbidden.[115]

In the event *challah* was not taken from a particular loaf before Shabbos, and one finds that he needs the loaf on Shabbos, he must consult a halachic authority for guidance.

D. Perfuming Clothing and Other Objects

1. The Prohibition

We learned above (see page 506) that it is forbidden, under the *melachah* of *makeh bepatish*, to improve an article on Shabbos. Based on this prohibition, the Rabbis forbade a person to perfume a garment or to infuse any article at all with a pleasant odor on Shabbos. The Rabbis felt that perfuming is a form of improvement; therefore, they prohibited it.[116]

2. Items Included in the Prohibition

The prohibition of perfuming applies to most objects — e.g. clothing, furniture, carpets, curtains.

The prohibition applies also to water; hence, one is forbidden to perfume water that will be used for washing (see below).

3. Items Excluded From the Prohibition

a. Food

The prohibition of perfuming does not apply to articles of food or drink. Therefore, one is permitted to add ingredients that impart a pleasant odor to these articles.[117]

[Water has a dual use. If it is being used as a beverage, one is permitted to give it a pleasant odor (e.g. by adding lemons). If, however, it is being used for another purpose,

---

115. שו"ע סי' שלט ס"ד.

116. רמ"א סי' תקיא ס"ד.

117. שו"ע סי' תקיא ס"ד.

such as washing, this is forbidden.[118] The same is true of other foods: If they are being used for nonfood purposes, such as decoration, one may not give them a pleasant odor on Shabbos.]

b. Human Body

The prohibition of perfuming does not apply to the human body. Therefore, a person is permitted to put perfume (or deodorant)* on his or her body (or hair) on Shabbos.[119]

Although this generally will result in one's garment also acquiring a pleasant odor, it is nevertheless permitted. For one is prohibited only to *deliberately* perfume garments on Shabbos; perfuming that occurs incidentally is not included in the prohibition.[120]

Practical Applications

a. Perfuming Garments

One is forbidden to spray perfume or cologne onto any garment on Shabbos (e.g. a dress, shirt or suit). Likewise, one is forbidden to place scented powder or any scented deodorizer into shoes on Shabbos.

b. Spraying Scent on a Wig

Spraying a wig with hairspray on Shabbos is generally forbidden, because it violates the *melachah* of בּוֹנֶה, *building*. However, spraying a wig with *scented* hairspray violates another prohibition as well — that of perfuming.

c. Spraying Furniture or Carpets

It is forbidden to spray scented deodorizers onto furniture (e.g. a sofa) or carpets on Shabbos.

---

* See Chapter 35 for the types of deodorant that are permitted.

---

118. מ"ב סי' קכח ס"ק כג.
119. שש"כ פי' יד הלכה לב.
120. מ"ב סי' שכא ס"ק כה.

d. Air Fresheners

One is permitted to spray air fresheners into the air on Shabbos.

e. Deodorizer in a Toilet Tank

One is forbidden on Shabbos to place a scented deodorizer into the toilet tank, for this imparts a pleasant odor to the water.

Similarly, if a toilet already contains a perfume dispenser, it may not be flushed on Shabbos, for with each flushing, the new water that flows in will be newly perfumed.

f. Diluting Mouthwash

One is forbidden on Shabbos to dilute flavored mouthwash with water, for one thereby imparts a scent to the water.

E. Folding Garments

In most instances, Rabbinic law forbids a person to fold garments along their original folds on Shabbos. This is because folding a garment on its original fold smooths out the wrinkles that develop while the garment is worn. Because this improves the garment, it resembles the *melachah* of *makeh bepatish*; therefore, it is forbidden.[121]

Accordingly, one may not fold a pair of pants along the crease on Shabbos. One is permitted, however, to simply hang a pair of pants onto a hook or hanger without attending to the crease; if the garment then falls into the existing crease on its own, he has done nothing wrong.

---

121. שו״ע סי׳ שב ס״ג.

Index

Index

Adding to a structure, 405
Aerosol spray, using, 307
Airplane paper, making, 526
Alarm clock
  in need of a mitzvah, 537
  releasing the lever, 537
  setting, 537
Aluminum foil, straightening, 527
Animal
  bringing from loose confinement into close confinement, 347
  capturing by hand, 341
  capturing by non-Jew, 350
  capturing by setting a trap, 341, 351
  capturing forbidden by Biblical law, 343-345
  capturing that inflicts minor pain, 349
  capturing that inflicts severe pain, 349
  capturing to prevent monetary loss, 350
  capturing where not closely confined, 346
  capturing with an animal, 342
  closing door of a room, 342, 351
  domesticated, trapping, 348
  healthy capturing, 343
  killing, 355
  riding, 284
  semidomesticated, trapping, 347
  slow moving, trapping, 348
  that is commonly trapped, 346
  that is not commonly trapped, 346
  weak capturing, 345
Ants, trapping 350

Appliances,
  see electrical appliances
Assembling utensil
  permitted, 412
  where made to be disassembled and reassembled, 411
  where parts are not tightly joined, 408-409
Automatic door, 486
Automatic swing, winding up, 527
Awning, opening, 446
Baby carriages,
  pulling on earth, 258
Baby oil, using, 383
Ball, rolling on ground, 254
Balls, inflating, 525
Banging table, 532
Beans, salting, 369
Bed, folding, 425
Beeswax, smoothing, 376
Bees, trapping, 349, 350, 351
Bells, ringing, 531
Belt, inserting into pants, 521
Bent knife, straightening out, 512-513
Blanket, draping over chairs, 442
Blinds, replacing, 418
Blocks, Lego, 426
Blood
  drawing, 357
  sucking, 361
Blush powder, using, 333
Book
  covering, 525
  separating pages, 524

Bookcase
  removing door, 461
  removing shelf, 462
  replacing pegs, 424
  replacing shelves, 424
Bottle, banging with spoon, 532
Bouquet of flowers, arranging, 299
Box, covering open or, 446
Bread crumbs, throwing, 306
Bricks, around garden, removing, 454
Broom, removing stick, 461
Broom handle, attaching, 527
Bruise, causing, 357
Brushing teeth, 362, 382
Building
  a structure, 404
  activities included in the *melachah*, 402-413
  adding to a structure, 405
  assembling which is permitted, 411
  attaching small utensil to structure, 412
  caps of furniture legs, 425
  carpet, placing on floor, 423
  child-safety gates, 416
  cleaning out rain gutter, 422
  crib, 425
  curtain hanging, 407
  decorative attachments, 407
  definition, 401
  digging in the ground, 403
  doorknob, inserting, 417
  doorknob, screwing, 405, 417
  doors, 416-417
  drain cover, 422
  folding bed, 425
  folding table, 425
  folding utensils, 413
  hanging picture on wall, 415
  hooks attaching to wall, 414
  improving the ground, 403
  landscaping, 404
  large utensil, 408
  Lego blocks, 426
  lowering *shtender*, 425
  mezuzah fell off door, 417
  nails pounding into wall, 414
  permanent, 401
  playpen, 426
  plunging toilet, 420-422
  Rabbinic prohibition, 401
  refrigerator, 480-482
  rehanging door of small bookcase, 424
  removing lid of toilet tank, 419
  repairing a structure, 405-407
  repairing a toilet, 419-422
  replacing cover of baseboard heater, 415
  replacing leg of chair, 425
  replacing leg of table, 425
  replacing pegs, 423
  replacing shelves, 423
  replacing the rod of a shower curtain, 415
  replacing window shades, 418
  returning a drawer to dresser, 424
  sink faucet, 422
  sink strainer, 422
  small utensil, 409
  sprinkling sand, 413
  stroller, 426
  swing, indoor, 423
  temporary, 401
  the *av melachah*, 401
  thumbtacks pressing into board, 415
  toilet-paper holder, replacing, 406, 416
  toilet seat, replacing, 418
  Torah prohibition, 401
  towel rack, replacing rod, 416
  unfolding utensils, 413
  window, covering broken one, 418
  window, screen replacing, 418
  windows, 418

Bulb
   fluorescent, 474
   incandescent, 474
   placed in soil, 230
   removing, 452
Burglar alarm, 489
Burglar alarm, opening door, 489
Butter, spreading, 380
Cake
   icing, 379
   tracing lines, 400
Camera, surveillance, 489
Candle, cutting, 396
Cane, walking with on ground, 261
Canopy, folding, 458
Car, driving, 475
Carpet
   placing on floor, 423
   removing, 460
Carriage, unfolding, 448
Carriage hood
   closing, 447
   opening, 446
Cesspool, 243
Chain, attaching a clasp, 522
Chair
   leg replacing, 425
   sitting outdoors, 263
Chalk marks, removing from garment, 520
Challah, tracing lines, 400
Chapstick, using 382
Chicken, removing skin, 363
Children, washing, 494
Child-safety gates
   removing, 460
   replacing, 416
Choleh she'ein bo sakanah, washing, 494
Clapping
   at the Shabbos table, 532
   in an unusual manner, 533
   in honor of a *mitzvah*, 534
   on Simchas Torah, 533
Clay
   modeling, 383
   molding into shape, 507
Climbing a tree
   prior of Shabbos, 279
   with knowledge of prohibition, 278
   without knowledge of prohibition, 277
Clothing,
   creating sparks, 476
   inserting a shoe tree, 521
   inserting shoe laces, 521
   regarding *makeh b'patish*, 520-522
   removing from tree, 281-283
   removing pins, 520
   removing price tags, 520
   removing thorns, 520
   repairing run in hosiery, 522
   reshaping a crushed hat, 521
   rubbing chalk marks off, 520
Coffee
   making, 331, 337
   straining, 315
Cold water, washing one's body, 495
Coloring
   activities not included in the *melachah*, 328, 329, 331
   av melachah, 322
   Biblical prohibition, 323
   cloth, 328-329
   coffee, 331, 337
   coloring, taking a suntan, 335
   cosmetics, 333
   creams used for covering blemishes, 333
   definition, 322
   disclosing tablet, 334
   dyeing, 327
   face powder, 333
   food, 329-331

human skin, 325, 333
lipstick, 333
liquid, 337-338
makeup, 333
nail polish, 333
painting, 327
paper napkin, 329
photo gray lenses, 336
pictures, 323, 326
polishing shoes, 337
producing dyes, 327
Rabbinic prohibition, 324-325, 328
red wine adding to white wine, 338
removing cosmetics, 334
suntan, 335
temporary, 324
tissue, 329
toilet deodorizers, 336
urine testing, 334
wiping blood away from a wound, 335
wiping up spills, 335

Combing
a wig, 319
a wig that lost its shape, 522
av melachah, 319

Container, making an opening, 508

Cooked meat, salting, 372

Cosmetics
removing, 334
using, 333

Covering a book, 525

Cream
using, 383
using for covering blemishes, 333

Cream in tube, using 380

Creasing the corner of a page, 400

Crib
folding, 426
unfolding, 448

Crushed hat, reshaping, 521

Cup, fruit assembling, 526

Curtain
hanging, 407
opening next to plant, 243
removing, 455

Cutting
candle, 396
condition for *melachah* to apply, 388-393
definition, 388
food items, 393
hard material, 393
measured objects, 390
packets of sugar, 395
paper, 394
pills, 395
plastic bags from a roll, 394
pre-shaped objects, 390
Rabbinic prohibition, 392
soft material, 393
the *av melachah*, 388
the usual method, 392
to an exact size of shape, 389
toilet paper, 394

Dancing, 534

Decorative attachment, hanging, 407

Demolishing
accessories that became loose, 454
a temporary wall, 459
av melachah, 450
Biblical prohibition, 450
breaking down a door, 459
converse of the *melachah* of building, 453
definition, 450
flimsy attachment, 455
for a beneficial purpose, 452
for a nonconstructive purpose, 453
in order to use components to build elsewhere, 453
large utensils, 455
reversing improvements made to the ground, 454

small utensils, 456
to rebuild, 451
types of structures that are subject to the *melachah*, 453-456
Deodorant, using, 382
Deodorant gel, using, 382
Deodorant liquid, 382
Detaching plants in unusual manner, 269
Dialing, telephone, 483
Diamonds, stringing, 299
Digging in the ground, 403
Disclosing tablet, using, 334
Door
  automatic, 486
  breaking down, 459
  opening with burglar alarm, 489
  oven opening, 483
  refrigerator, 427
  refrigerator opening, 480-482
  removing from small bookcase, 461
  replacing, 417
  sliding, removing, 461
Door hinges, oiling, 507
Door knocker, 535
Door of bookcase, removing, 461
Door of small bookcase, rehanging, 424
Door of small cabinet, rehanging, 424
Doorbell, using, 487
Doorknob
  inserting, 417
  loose, screwing, 417
  removing, 460
  screwing, 417
Drain cover
  removing, 461
  replacing, 422
Drawer
  reinserting, 530
  returning to its position, 444

Drawer of dresser, returning, 424
Drawing blood, 357
Dresser, drawer returning, 424
Drink, coloring, 331-332, 337-338
Drinks, serving outdoors, 244
Driving a car, 475
Drowning an insect, 359
Drumming, on table, 532
Dyeing hair, 327
Earplug, using, 383
Earth
  compressing, 256
  pulling objects, 256-259
Eating fruits outdoors, 231
Eating vegetables outdoors, 231
Edible items, sifting, 310
Egg salad, smoothing, 380
Eggs, salting, 371
Electrical appliances
  adjusting timers, 490
  automatic door, 486
  burglar alarm, 489
  doorbell, 487
  electric blanket, 491
  elevator, 491
  hearing aid, 486
  intercom, 485
  microphone, 485
  motion sensor, 487-488
  oven door, 483
  prohibition, 476-480
  refrigerator, 480-482
  surveillance camera, 489
  telephone, 483-484
  extinguishing, 468
Electric blanket, 491
Electric lights
  extinguishing, 468
  prohibition, 474
Elevators, 491
Emergency, using telephone, 485
Enlarging a fire, 474

Extinguishing a fire
　by blowing it out, 466
　by liquid, 466
　by opening a window, 470
　carrying a table with a lit candle, 470
　carrying a table with an oil lamp, 470
　decreasing the size of a fire, 466
　definition, 464
　electrical appliance, 468
　electric lights, 468
　placing a container of liquid next to a flame, 469
　pouring liquid around a fire, 469
　Rabbinic prohibition, 464
　removing fuel from a fire, 466
　tablecloth that catches fire, 469
　the *av melachah*, 463
　through indirect causation, 467
　Torah prohibition, 464
　where endangers human life, 467
　where there is no positive benefit, 464
Eye makeup, using, 333
Eyeglass lenses,
　reinserting, metal frame, 523
　reinserting, plastic frame, 523
Eyeglass temple, bending, 524
Eyeglasses
　bent out of shape, 523-524
　replacing temple, 428, 524
Facial cream, using, 382
Faucet filter, removing, 461
Faucet handle, replacing, 530
Fence, removing, 454
Figs, stringing, 293, 299
Fingers, snapping, 532
Fire
　creating, 473
　creating with magnifying glass, 473
　creating with sparks, 473
　decreasing the size of, 466
　enlarging, 474
　extinguishing through indirect causation, 467
　lighting from existing, 473
　preventing from spreading, 468, 469
　prolonging, 474
　Rabbinic prohibition, 472
　Torah prohibition, 472
Fish
　killing, 355, 356
　pickling, 369
　removing from water, 356
Fleas, trapping, 350
Floor
　carpet placing, 423
　sweeping, 251
　washing, 252
Flour, sifting, 308-315
Flowers
　cutting, 268
　placing in water, 233-235
　smelling, 284
　walking upon, 286
　whose blooms are not open, 236-237
　whose blooms are open, 238
Flowerpot
　changing its position, 49, 233, 271-273
　earthenware, 232
　indoors, 231-234, 271-273
　moving, 271
　nonperforated, 233, 273
　perforated, 31, 271-273
　planting, 231-234
　plucking, 271-273
　taking outdoors, 233
　wooden, 232
Fluorescent bulb, 474
Folding bed, 425
Folding canopy, opening, 435
Folding crib, 426
Folding playpen, 426

Folding table, 425
  opening, 529
Folding utensil, 413
Food
  cooked, salting, 371
  cutting, 393
  in tubes, using, 380
  salting, 369-372
  tanning, 367-371
Food coloring
  for taste, 329
  if not meant to be eaten, 330
  to make it easier to sell, 330
Food items
  regarding *makeh b'patish*, 519
  smoothing, 378
  tracing lines, 400
Frame, reinserting eyeglass, 523
Fruit
  detaching, 268
  eating outdoors, 231
  gathering in one's hand, 293
  muktzeh, 284
  regathering, 292, 296-298
  scattered, indoors, gathering, 298
  scattered, outdoors, gathering, 297
  smelling, 284
  that fell from tree on Shabbos, 284
Fruit cup, assembling, 526
Furniture legs, caps returning, 425
Furrows, making in ground, 255-259
Garments, removing from tree, 286
Gas flame
  extinguishing, 471
  lowering, 471
Gas stove, turning off, 471
Gates, child-safety, removing, 460
Gathering
  bringing items into house one at a time, 294
  collecting fruits in one's hands, 294
  definition, 288
  figs, 293, 299
  for beauty, 295, 299
  fruit, 288, 290, 294, 296, 297
  in place of growth, 290
  items found in the ground, 290
  items growing from ground, 290
  items to which the *melachah* applies, 291
  leaves, 292
  making piles, 289
  nonfood items, 298
  number of items needed, 291
  permitted methods, 294
  produce that became scattered indoors, 298
  produce that became scattered outdoors, 297
  Rabbinic prohibition, 295-298
  regathering fruit that became scattered, 292, 296, 297
  stringing diamonds, 299
  Torah prohibition, 289-291
  twigs, 292
  vegetable, 288
Glass broken,
  removing from window, 459
Grain, harvesting, 267
Grass
  dried, pulling out, 270
  running through, 270
  sitting on, 275
Ground
  compressing, 256
  high heels, 261
  improving, 403
  leveling, 251
  loosening, 248-250
  making furrows, 255-258
  making holes, 260
  moving barrel, 263
  plowing, 246-249
  pouring strong liquids, 250

pouring water, 249
pulling objects, 256-257
removing excrement from shoes, 261
removing obstacles, 259
rolling balls, 254
rubbing mucus, 262
rubbing saliva, 262
sitting on chair, 263
smoothing, 403
sweeping, 251
walking with cane, 261
washing, 252
Gutter, rain, cleaning out, 422
Hair, drying, 495
Hammock, on tree, 277, 286
Hand cream, using, 382
Handle of pot, unscrewing, 461
Handling plants, 271-273
Hanging, curtain, 407
Hat
    crushed, reshaping, 521
    removing from tree, 282
Hearing aids, 486
Heater, replacing cover of baseboard, 415
Hides
    salting, 366
    scraping, 374
    soaking, 366
    straightening, 366
    trampling, 366
High-heeled shoes
    walking on ground, 261
Hole
    exposing, 261
    making in ground, 260
Hood carriage
    closing, 447
    opening, 446
Hooks, attaching into wall, 414
Hornets, trapping, 351
Hosiery, repairing run, 522

House, demolishing, 451
Human life endanger,
    extinguishing a fire, 467
Icing cake, 379
Incandescent bulb, 474
Inedible items, sifting, 310
Inflating balls, 525
Injection, administering, 361
Insect
    capturing that causes minor pain, 349
    capturing that causes severe pain, 349
Insect repellents, using, 354
Insecticide, spraying, 240, 360
Insects
    drowning, 359
    killing, 358
    removing from vegetable, 359
    spraying, 359
Instruments, musical, 531
Intercom, using, 485
IV line, setting, 361
Jacket hanging on tree, 280
Jacket on tree,
    removing object from it, 283
Jelly, spreading, 380
Juice, straining, 316
Key, bending into shape, 527
Killing
    where they endanger human life, 358
    where they inflict great pain, 358
Killing lice, 358
Kindling a fire
    activities included in the *melachah*, 473-475
    adjusting timers, 490
    definition, 472
    doorbells, 487
    doors, 486
    electrical appliances, 476-480

electric lights, 474
hearing aid, 486
intercom, 485
kitchen appliances, 480-483
microphone, 485
Rabbinic prohibition, 472
Rabbinic prohibitions based on the prohibition against kindling a fire, 491-498
security system, 487-489
telephone, 483
the *av melachah*, 472
Torah prohibition, 472
Knife bent, straightening out, 512-513
Kugelach, playing outdoors, 255
Ladder, climbing which is against a tree, 280
Lamp, reading with light of, 498
Landscaping, 404
Leaf
  adding to table, 529
  breaking off, 267
Leaning, on tree, 279
Leather
  lubricating, 367
  oiling, 367, 373
Leaves, gathering, 292
leg
  chair replacing, 425
  table replacing, 425
Lego blocks, 426
Lice
  killing, 358
  removing, 358
Lipstick, using, 333, 382
Liquid Soap, 381
Liquids
  moderately impure, straining, 313
  sifting, 310, 311-314
  straining, 311-314
  straining large items from, 314
  straining while in process of drinking, 314
  that are exceedingly impure, 314
Lotions, smoothing, 377
Lubricating, leather, 367
Magnifying glass, creating fire with, 473
Makeh b'patish
  accessories, 522-524
  assembling a utensil that is forbidden, 509-510
  assembling that is permitted, 510-511
  books, 524-525
  clarification of the parameters, 501
  clothing, 520-522
  creating a utensil, 507
  definition, 499
  food items, 519
  furnishings, 529-530
  household utensils, 526-529
  items to which the *melachah* applies, 518
  jewelry, 522-524
  making a new opening in a container, 508-509
  making an article usable, 504-506
  normal adjustments, 516
  perfecting an article, 506
  reassembling a utensil, 514-515
  removing an external obstruction, 516
  repairing a broken utensil, 511-514
  repairs that are permitted, 516
  reshaping, 514
  strengthening an article, 515
  temporary repairs, 516
  toys, 525-526
  types of activities included, 503-509
  with bare hand, 518
  with utensil, 518
Match, striking, 473

Measured objects, cutting apart, 390
Meat
  cooked, salting, 371
  pickling, 369
Menapaitz, av melachah, 319
Mesarteit, see *Tracing Lines*
Metal, making red hot, 474
Mezuzah, fell off doorpost, 417
Microphone, using, 485
Mikveh, 496
Mixture, sifting, 310-311
Mosquito net, 447
  removing, 458
  trapping, 344, 346, 349, 350
Motion sensor, 487-488
Mounting the warp on the loom, *av melachah*, 319
Mud
  removing from shoes, 261
  sprinkling on ground, 413
Mushrooms, detaching, 270
Music,
  clapping, 532
  clapping in an unusual manner, 533
  clapping in honor of a *mitzvah*, 534
  clapping on Simchas Torah, 533
  creating sound with instruments made for this purpose, 531
  creating sound with one's body, 532
  creating sound with utensils not made for this purpose, 532
  snapping fingers, 532
  whistling, 534
Nail polish, using, 333
Nail removing, 453, 460
Nails
  pounding into all, 414
  removing, 460
Necklace, removing pendant, 456

Needle
  attaching syringe, 527
  sterilizing, 475
Non-Jew
  capturing animal, 350
  capturing insect, 350
Nonperforated flowerpot, moving, 273
Obstacles, removing from ground, 259
Oil, adding to a lamp, 475
Oil lamp, moving table, 475
Oil thick, smoothing, 377
Ointments
  using, 383-387
  using for children, 387
  using if illness is life-threatening, 383
Opening
  making in container, 508
  making in garment, 504
Oraig, av melachah, 320
Orange juice, straining pulp, 316
Oseh shtei botei nivin, av melachah, 320
Outdoors, serving drinks, 244
Oven door, opening, 483
Pages, separating, 524
Paint, producing, 327
Pants, inserting belt, 521
Paper, cutting to an exact size, 389
Paper airplane, making, 526
Paper napkin
  straightening, 527
  wiping up spill, 329
Partition, removing, 459
Pegs, replacing, 424
Pencil, sharpening, 526
Perfecting an article, 506
Perforated flowerpot, moving, 273
Photo-lenses, using, 336
Picking fruits and vegetables, 268

Pickles, replacing in pickle jar, 369
Pickling
  fish, 369
  food, 368-369
  meat, 369
  vegetables, 369
Picture
  coloring, 326
  hanging on wall, 415
  removing a wall, 460
Piles
  making of fruit, 288
  making of vegetables, 292, 288
Pills, cutting, 395
Pin, removing from garment, 520
Pin, safety, bending, 526
Pits, straining, 317
Planting
  amount required for prohibition, 225
  bulbs, 230
  by eating fruits outdoors, 231
  covering plants, 239
  definition, 225
  house plants, 231-235
  in a nonperforated flowerpot, 233
  in a perforated flowerpot, 231
  in a wooden flowerpot, 232
  in an earthenware flowerpot, 232
  in desert, 230
  in water, 235
  initiate growth, 230
  opening a *sukkah* roof which has water on it, 240-242
  opening curtains next to a plant, 243
  promoting growth, 235
  pruning a tree, 240
  putting cut flowers into water, 236-238
  removing debris, 240
  seeds, 230
  serving drinks outdoors, 244
  water sprinklers, 243
  when is the *melachah* transgressed, 226-230
  where people trample, 230
  with other types of liquids, 236
  with water, 235
  with water on a chair outdoors, 242
Plants
  covering, 239
  dead, removing from ground, 270
  soft and flexible stems, 284
  touching, 284
  watering, 235
Plastic bags from a roll, tearing, 394
Plastic cup, straightening, 527
Playing ball, outdoors, 254
Playing kugelach, outdoors, 255
Playpen
  folding, 426
  opening, 529
  unfolding, 448
Plowing
  compressing the earth, 256
  definition, 247
  fertilizing the soil, 259
  leveling the ground, 251-255
  making furrows in the ground, 255-259
  making holes in the ground, 260
  removing obstacles from the ground, 259
  sweeping floors, 251
  washing floors, 252
  where the *melachah* is applicable, 247
Plunging toilet, 419-422
Polishing shoes, 337
Pot handle, came off, 527
Pots, covering 442
Potzaya, av melachah, 321
Pre-shaped objects, cutting apart, 390

Price tag, removing from garment, 520
Private domain, creating, 449
Prolonging a fire, 475
Pulling, objects on earth, 256-259
Pus
 draining from an abscess, 361
Rain gutter, cleaning out, 422
Rain water, on *sukkah* roof, opening, 240-242
Reading by the light of a lamp, 498
Reaping
 climbing a tree, 277-279
 constructive purposes, 268
 definition, 265
 detaching mushrooms, 270
 dried-out trees, 273
 extracting sap from a tree, 285
 flowerpots, 271-273
 fruit smelling, 284
 grass, 268
 leaning on tree, 279-280
 lifting a potted plant from the soil, 271-273
 methods, 269
 moving flowerpots, 271-273
 placing object on tree, 280
 pulling out dried grass, 270
 removing object from tree, 280-283
 removing seeds that did not take root, 270
 riding an animal, 284
 running through tall grass, 270
 the *av melachah*, 265
 touching plants, 284
 vegetable picking, 268
Reassembling articles
 Biblically forbidden, 514
 permitted, 510-511
 Rabbinically forbidden, 514
Refrigerator
 opening door, 480-482

replacing door, 427
replacing shelves, 427
Regathering items that became scattered, 292
Removing
 color, 334
 growing beans from water, 285
 moss from trees, 271
 two threads, *av melachah*, 321
Repairing
 a structure, 405
 doorknob, 417
 toilet, 419-422
Repairing articles
 Biblically forbidden, 512
 permitted, 516
 Rabbinically forbidden, 513
Reshaping
 permitted, 514
 wig, 522
Riding an animal, 284
Rod, see *Temporary Ohel*
Rod, shower curtain, replacing, 415
Rolling ball on ground, 254
Roof
 adding to an existing roof, 434
 erecting for animals, 430
 erecting for people, 430
 opening *sukkah* with water on it, 240-242
 permissible methods of erecting, 433
 supported by a person erecting, 437
 temporary removing, 457
 where the space beneath will be used, 431
 where we generally do not use the space beneath, 432
Running through tall grass, 270
Rust, removing, 529
Safety pin, bending, 526
Salting
 hides, 366

permitted method, 370-371
vegetables, 369-370
Salt
  sifting, 315
  small packets, opening, 395
Salt water, making, 372
Sand, sprinkling on ground, 413
Sandbox, playing, 263
Scab, removing, 360
S'chach, spreading tarpaulin, 443
Scoop using, 380
Scraping
  definition, 374
  leather shoes, 375
  materials to which the *melachah* applies, 374
  the *av melachah*, 374
Screen
  trapping a fly, 353
  window removing, 459
Screwing a doorknob, 417
Screws, removing, 460
Seat cushion, reinserting, 529
Security system
  burglar alarms, 489
  motion sensor, 487-488
  surveillance camera, 489
Seeds
  eating outdoor fruits, 231
  placed in soil, 230
  placing in sandbox, 230
  removing that did not take root, 268
  straining, 317
  throwing to chicken to eat, 230
Sefer, opening uncut pages, 506, 524
Sefer Torah, writing last letter, 502
Setting two heddles,
  av melachah, 320
Sewer, 243
Shaking, tree, 283
Shelf, removing from bookcase, 462

Shelves
  refrigerator, 427
  replacing, 424
Shoe leather,
  scraping against metal, 375
Shoe polish, using 383
Shoe tree, inserting, 373, 521
Shoelace, inserting in shoe, 521
Shoes
  bending new leather, 373
  polishing, 337
  removing excrement, 261
  removing mud from, 261
Shower curtain, replacing rod, 415
Shtender
  lowering, 425
  raising, 425
Sick person, washing his body, 494
Sifting
  coffee, 315
  definition, 308
  edible items, 310
  filter of faucet, 317
  flour, 308, 315
  inedible items, 310
  liquids, 310, 311-314
  mixture, 310-311
  permitted methods, 314-315
  pits, 317
  pulp in orange juice, 316
  removing contact lenses from solution, 317
  sand, 317
  seeds, 317
  solids, 310
  straining liquids, 311-314
  straining things that grow from the ground, 310
  sugar, 315
  tea, 315
  the *av melachah*, 308
  two waste items, 315
  with utensil, 308
Silly putty, using, 383

Sink faucet, replacing handle, 422
Sink strainer, removing, 422
Sitting on tree, 279
Skin
   coloring, 333
   removing after cooking, 363
Skinning
   definition, 363
   Rabbinic prohibition, 363
   removing skin after cooking, 363
   the *av melachah*, 363
   Torah prohibition, 363
Slaughtering
   animal, 355
   bird, 355
   brush teeth, 362
   causing a bruise, 357
   definition, 355
   draining pus, 361
   drawing blood, 357
   drawing blood for medical purposes, 360
   drowning an insect, 359
   fish, 355
   insect, 355
   lice, 358
   methods of, 356-357
   pulling out teeth, 360
   Rabbinic prohibition, 355
   removing a fish from water, 356
   removing a scab, 360
   removing splinters, 362
   reptile, 355
   spraying insecticide, 360
   sucking blood, 361
   swarm of insects, 359
   Torah prohibition, 355
   where they endanger human life, 358
   where they inflict great pain, 358
Sliding door, reinserting, 530
Smelling fruits, 284
Smoothing
   creams, 383
   definition, 374
   food items, 378
   liquid soap, 381
   material to which the *melachah* applies, 374
   Rabbinic prohibition, 377
   soap, 380
   substances that are excluded from prohibition, 378
   Torah prohibition, 376
Snapping, fingers, 532
Soap bar, using 380
Soap liquid, using, 381
Soiling a cloth, 328-329
Soiling a napkin, 329
Soiling a tissue, 329
Sole leather, scraping against metal, 375
Solids, sifting, 310
Sparks
   created by static electricity, 476
   creating fire with, 473
Speaking, telephone, 484
Spills, wiping up, 335
Spinning, *av melachah*, 319
Splinter, removing, 362
Spoon, banging on table, 532
Spraying
   a wig, 522
   counter with Windex, 256
   insecticide, 240, 360
   swarm of insects, 359
Sprinkler, water, 243
Sterilizing a needle, 475
Stick deodorant, 376, 382
Stone, scraping, 374
Strainer, sink, removing, 422
Straining
   liquids, 311-314
Straining, see *sifting*
Strengthening an article, 515
Stringing diamonds, 299

Stringing figs, 299
Stroller, folding, 426
Structure, demolishing, 450-453
Sucking blood, 361
Sugar
    opening small packets, 395
    sifting, 315
Sukkah, adding wall, 449
Suntan, taking one, 335
Surveillance camera, 489
Sweeping floors, 251
Swimming, 496
Swing
    hanging on frame indoors, 530
    indoor, replacing, 423
    on tree, 276-277, 286
Syringe, attaching to needle, 527
Table
    adding leaf, 529
    affixing fourth leg, 501
    banging spoon, 532
    carrying with a candle, 470
    carrying with an oil lamp, 470
    drumming, 532
    folding, 425
    leg replacing, 425
    moving that contains a burning oil lamp, 475
Tablecloth
    catches fire, 469
    spreading over a table, 441
Tallis, spreading over people, 442
Tanning
    activities included in the *melachah*, 366-367
    bending new leather shoes, 373
    definition, 366
    food, 367-368
    inserting shoe trees, 373
    lubricating the leather, 367
    making salt water, 372
    oiling articles of leather, 373
    pickling, 368
    salting hides, 366
    salting vegetables, 369-371
    salting which is forbidden, 369
    salting which is permitted, 370-372
    soaking hides, 366
    softening hides, 366
    straightening hides, 366
    the *av melachah*, 365
    trampling hides, 366
Tar, smoothing, 376
Tea, straining, 315
Teeth
    brushing, 362
    pulling out, 360
Telephone
    dialing, 483
    lifting receiver, 483
    returning phone to handset, 484
    speaking, 484
    using in emergency, 484
    using not in emergency, 484-485
Temple
    eyeglass, bending, 523
    eyeglasses replacing, 428, 524
Temporary *ohel*
    a roof that is not used for people, 431
    a roof that is used for animal, 430
    a roof that is used for people, 430
    a temporary wall, 438
    adding a wall to a *sukkah*, 449
    adding to an existing roof, 434
    adding to an existing wall, 440
    awnings, 446
    carriage hoods, 446
    covering an open box, 446
    covering pots, 442
    draping a blanket over chairs, 442
    empty space beneath the roof, 430
    erecting the roof before the supports, 433
    mosquito nets, 447

opening a folding canopy, 435
permissible methods, 433-437
returning a drawer to its position, 444
spreading a tablecloth, 441
spreading a *tallis* over people, 442
spreading a tarpaulin on top of *s'chach*, 443
temporary roof, 430
the purpose of the roof, 430-433
the Rabbinic prohibition, 429
the size of the roof, 430
the Torah prohibition, 429
umbrellas, 448
unfolding a temporary wall which is attached to a house, 441
where the roof is supported by a person, 437

Temporary repairs, 516

Thermometer, shaking down, 516

Thick substances, placing without smoothing them, 377

Thorns, removing from garment, 520

Thumbtacks, pressing into board, 415

Timers, adjusting, 490

Toilet
 disinfectants, using, 336
 plunging, 419-422
 repairing, 419-422

Toilet paper, tearing, 394

Toilet-paper holder, replacing, 406, 417

Toilet-paper rod, removing, 460

Toilet seat, replacing, 418

Toilet tank, removing lid, 419

Toilet-tank lid, removing, 460

Toothpaste, using 382

Toothpick, using, 360

Towel, staining, 328-329

Towel rack, replacing bar, 416

Towel rod, removing, 460

Toys, gathering, 293

Toys that make noise, playing with,
 children above the age of *chinuch*, 535
 children below the age of *chinuch*, 536
 where there is a need to calm a child, 537

Tracing lines
 creasing the corner of a page, 400
 definition, 398
 food item, 400
 hard material, 399
 in cake, 400
 in *challah*, 400
 methods of performing the *melachah*, 399
 Rabbinic prohibition, 399
 soft material, 399
 the *melachah*, 398
 Torah prohibition, 399

Trapping
 a fly, between the window and screen, 353
 ants, 350
 bees, 349, 350, 351
 confining an animal to a room, 342
 definition, 340
 domesticated animals, 348
 fleas, 350
 gnats, 349
 hornets, 349, 351
 in order to prevent a monetary loss, 350
 insects, 350
 loose confinement, 346
 methods, 340-343
 mosquito, 344, 346, 349, 350
 permitted acts, 348-351
 Rabbinic prohibition, 345-347
 reducing the area of, 347
 setting a trap, 341, 351

the act of confinement, 345
the *av melachah*, 339
Torah prohibition, 343-345
wasps, 349
with animals, 342
yellow jackets, 351
Trap, setting, 341, 351
Tree
  climbing on, 277-279
  dried out, plucking, 273
  extracting sap from, 285
  if one climbed by mistake, 277
  leaning on, 279-280
  penalty for climbing, 277
  placing items on hook, 283
  placing object on, 280-283
  removing object from, 283
  shaking, 283
  sitting, 275, 279
  sitting on ,276
  stump, 275
  using, 274-283
  using sides, 276
  using sides of the side, 277
Tube, squeezing food out, 379
Tuna salad, smoothing, 380
Twigs, gathering, 292
Umbrella, opening, 448
Unfolding utensil, 413
Urine test, taking, 334
Utensil,
  large, assembling, 408
  perfecting, 506
  putting final touches, 499
  small, assembling, 409
  small, attaching to structure, 412
Vaporizer, adding water, 307
Vegetable
  eating outdoors, 231
  insect on it, 359
  picking, 268
  pickling, 361
  salting, 369-370
  scattered, indoors, gathering, 298

Walking by a tree,
  causing it to shake, 283
Walking upon flowers, 286
Wall
  adding to an existing, 440
  hanging picture, 415
Wall temporary
  erecting, 438
  forbidden to erect, 439
Washing floors, 252
Washing hands over grass, 235
Washing one's body
  cases which are permitted, 493
  children, 494
  how much must be washed, 492
  other prohibitions that apply, 494
  temperature of water, 492
  the prohibition, 491
  types of washing, 492
  with cold water, 495
Watch
  adjusting time, 522
  attaching a band, 522
  replacing back, 522
  stopped, winding up, 513
  winding up, 523
Water
  adding to a vaporizer, 307
  adding to vase, 237
  filling a vase with, 237
  placing *arba minim*, 239
  placing flowers in, 235-237
  planting in, 235
  pouring from a height, 306
  pouring on ground, 235, 249
  removing for chair, 242
  sprinklers, 243
  straining, 317
Watering plants with,
  apple juice, 236
  soda, 236
  urine, 236
  water, 235
Wax on braces, using, 382

Weaving, *av melachah*, 320
Wheel carriage, reattaching, 530
Wheelchairs, pulling on earth, 258
Whistling, 534
Wig, reshaping, 522
Windex, spraying on floor, 254
Winding up, automatic swing, 527
Window
  covering broken one, 418
  opening next to burning candles, 470
  removing broken glass, 459
  replacing, 418
  trapping a fly, 353
Window screen
  removing, 459
  replacing, 418
Window shades, replacing, 418
Wine, coloring, 338
Winnowing
  adding water to a vaporizer, 307
  aerosol spray, 307
  amount required for prohibition, 303
  av melachah, 300
  definition, 300
  how the throwing is done, 301
  pouring water from a height, 306
  Rabbinic prohibition, 304
  sources of wind, 302
  throwing bread crumbs, 306
  to which items the *melachah* applies, 301
  with fan, 303
  with fork, 300, 301
  with hand, 301
  with machine, 301
  with shovel, 301
  with spade, 301
  with wind created by person, 303
  without separating, 304
Wiping up spills, 335
Yellow jackets, trapping, 351

In memory of my Great Rebbi
the Gaon and Tzaddik

מו"ר הגה"צ ר' אביגדור מיללער זצ"ל

and my father

אברהם בן ר' אהרן

Dedicated by
Dr. and Mrs. Aaron Lancz

❧ ❧ ❧

לזכר נשמת

אבי מורי ר' מאיר יעקב בן ר' יצחק אהרן
נפטר ז' אדר תשנ"א

ואמי מורתי מרת פייגע בת ר' יחיאל מרדכי
נפטרה י"א כסלו תשנ"ג

מורי חמי החבר ר' זאב שמשון בן החבר רפאל
Moller
נפטר י"ג אב תשנ"ז

Dedicated by their children,
Mr. and Mrs. Mordechai Perlstein

This volume is part of
THE ARTSCROLL® SERIES
an ongoing project of
translations, commentaries and expositions on
Scripture, Mishnah, Talmud, Midrash, Halachah,
liturgy, history, the classic Rabbinic writings,
biographies and thought.

For a brochure of current publications
visit your local Hebrew bookseller
or contact the publisher:

Mesorah Publications, ltd

313 Regina Avenue
Rahway, New Jersey 07065
(718) 921-9000
www.artscroll.com